॥ श्रीः ॥

भगवत्पाणिनिमुनिप्रणीतः

॥ अष्टाध्यायीसूत्रपाठः ॥

वार्त्तिक-गणपाठ-धातुपाठ-

पणिनीयशिक्षा-परिभाषापाठ-सूत्रसूची सहितः

सि० शंकररामशास्त्रिणासंशोधितः

श्रीमत्या रत्नावसुदेव्या

विरचितया प्रस्तावनया

विभूषितः

दिल्लीनगर्यां

शारदा-पब्लिशिंग्-हाउस

इत्यनया संस्थया

प्राकाश्यंनीतः

AṢṬĀDHYĀYĪ SŪTRAPĀṬHA

With Vārttikas, Gaṇas, Dhatupāṭha, Pāṇinīya Śikṣā, Paribhāṣā-pāṭha and Sūtra Index

EDITED BY
C. SANKARARAMA SASTRI

INRODUCTION BY
RATNA BASU

1994
Sharada Publishing House
DELHI-110052

First Published 1937
Reprinted 1994

ISBN : 81–85616 – 32–9

Published by :
B.L. Bansal
for SHARADA PUBLISHING HOUSE
(Publishers on India's Past and Present)
E–239, Shastri Nagar, Delhi-110052
Phone: 7516539

Printed at:
Garg Offset Works
B–76, Naraina Ind. Area, New Delhi

॥ श्रीः ॥

लोके छन्दसि चाखिले हि विततो यः शब्दराशिर्महां-
स्तत्तत्त्वं प्रसमैक्षतातिनिपुणं यस्यैव सूक्ष्मेक्षिका ।
यावच्चन्द्रदिवाकरौ विजयते भूमौ यदीया कृति-
स्तस्मै पाणिनये ममास्तु सततं भक्तिप्रसूनाञ्जलिः॥

INTRODUCTION

In Western tradition, 'Grammar' (from Greek *grammatikē*) stands for that branch of the study of language, which deals with the inflexional forms, rules for their correct application, syntax and, sometimes, the phonetic system of the language and its representation in writing. It appears from Plato (Soph., 253b; Crat., 431e et al.) that the ancient Greeks considered orthography and etymology to be important parts of grammar proper. The grammars of modern European languages, however, deal chiefly with the structure of the respective languages, rather than with their phonetics and etymology. In Sanskrit. the science of language is called 'Vyākaraṇa' which is now accepted as a synonym of 'grammar' for all practical purposes. But the scope of 'Vyākaraṇa' is much wider than that of grammar in the European sense of the term. Sanskrit grammar includes phonetics, etymology, accentuation syntax, word formation by declension and conjugation, and semantics. The word '*vyākaraṇa*' is derived from the root '*kṛ*', with the prefixes '*vi*' and '*ā*' and the suffix '*lyuṭ*', thereby primarily meaning 'analysis' and secondarily, explanation of words by 'analysis' (*vyākriyante śabdā anena*—Patañjali's *Mahābhāṣya*, Āhnika I, vārttika 13), i.e. showing the etymology of words with a view to explaining them; and hence, Vyākaraṇa is a branch of knowledge regarding the science of speech, which consists of rules and examples ('*lakṣaṇa*' and '*lakṣya*'), governing and describing the formation of words by analysis (*Ibid.* Āhnika I, vārttika 19).

The urge to analyse 'speech', which is the basis of all grammatical literature, is alluded to in the *Taittirīyasaṃhitā* (VI. 4.7) where it is said that the gods approached Indra and requested him to analyse speech (*imām no vācam vyākuru*) and Indra complied. Systematic grammatical speculations took definite shape very early in India, at least as early as the period of the Brāhmaṇas. There is no doubt that, in the beginning, grammatical speculations were concerned with Vedic studies, i.e. correct chanting, understanding and ritualistic application of the Vedic hymns. Grammar was first developed as one of the six Vadāṅgas (lit. limbs of the Vedas), i.e. auxiliary sciences related to the Vedas. One of the earliest mentions of the Vedāṅgas, which presupposes the existence of Vyākaraṇa may be met with in the *Ṣaḍviṃśa-brāhmaṇa* (V.7.2.) of the Sāmaveda. Vyākaraṇa is specifically mentioned in the *Gopatha-brāhamaṇa* (1.12) of the *Atharvaveda* and the mention of some important terminology, viz. '*dhātu*' (verbal root), '*prātipadika*' (stem), '*nāman*' (substantive), *ākhyāta*' (verb), '*liṅga*' (gender), '*vacana*' (number), '*vibhakti*' (declensional and conjugational endings, i.e. inflexions), '*pratyaya*' (suffix), '*svara*' (accent), '*upasarga*' (prefix) and '*nipāta*' (indeclinable), in the same text points to the fact that the science of grammar of the Vedic Sanskrit was well advanced during the Brāhmaṇa period. Some traces of grammatical study may be found in the *Śatapatha-brāhmaṇa* as well. The *Chāndogyopaniṣad* (VII. 1. 2) 'knew one branch of Vedic knowledge called the 'Veda of the Vedas' (*vēdānāṃ vedaḥ*) which, according to Śaṃkarācārya, alludes to grammar, since the '*Ṛgveda*' etc. are understood by splitting up the words etc. with the help of grammar' (*vedānāṃ bhārata-pañcamānāṃ vedaṃ vyākaraṇam ityarthaḥ; vyākaraṇena hi padādivibhāgaśa ṛgvedādayo jñāyante*). The *Muṇḍakopaniṣad* (I.1.5) specifically names Vyākaraṇa along with other Vedāṅgas. By the sūtra period, Vyākaraṇa was well-established as a Vedāṅga along with other Vedāṅgas as it is enumerated by name in the *Āpastamba-dharmasūtra* (II.8.11).

To the oldest phase of Sanskrit grammatical literature belong the prātiśākhyas. The word '*prātiśākhya*' primarily means 'treatises, each concerning a particular recension (*śākhā*) of a particular Veda.' It may, however, be deduced on the authority of old commentators that some of the prātiśākhyas might have covered more than one recension of the same Veda. Though the prātiśākhyas contain rudiments of grammar and grammatical terminology which may be applicable to classical Sanskrit as well, they are professedly concerned with the Vedic phase of the language exclusively (vide *Vājasaneyiprātiśākhya* of Kātyāyana I.1-2). Though they chiefly belong to the Vyākaraṇa group, the prātiśākhyas overlap the areas of śikṣā and chandas Vedāṅgas.

Pāṇini : Aṣṭādhyāyī

The oldest grammarian of India, whose complete work has come down to us, is Pāṇini, who is also, in many respects, the greatest of all Indian grammarians. His mother is Dākṣī and hence he is often referred to as Dākṣīputra; e.g. *dhṛtir dākṣīputre* (*Subhāṣitaratnakoṣa* 1698). Pāṇini is called Śālāturīya (cf. Inscription of Śilāditya VII of Valabhī collected in J.F. Fleet's *Corpus Inscriptionum Indicarum*, Vol. III, p. 175). So his home was the town of Śalātura in ancient

Gandhāra, i.e. modern Lāhur near the meeting point of the rivers Kabul and Indus. Pāṇini is believed to have composed a kāvya called *Jāmbavatījaya* or *Pātālavijaya* besides his monumental work on grammar entitled *Aṣṭādhyāyī*, 'The eight chapters' (cf. A.K. Warder: *Indian Kāvya Literature*, Vol. II, p. 102. ff). The most probable date of Pāṇini may be determined to be 5th or even 6th cent. B.C. (cf. Hartmut Scharfe: *Grammatical Literature*, p. 88). The Indian tradition supposes that the great grammarian Pāṇini was killed by a lion *siṃho vyākaraṇasya kartur aharat prāṇān priyān pāṇineḥ—Pañcatantra* 2. 34).

The *Aṣṭādhyāyī* is composed in a most concise sūtra style and consist of nearly 4000 sūtras, which are divided into eight chapters *adhyāyas*—and hence the title,—each of which again is divided into four *pādas* or segments. Pāṇini had many predecessors; he mentions sixty-four earlier grammarians of whom Āpiśali, Gālava, Gārgya, Kāśyapa, Cākravarmaṇa, Bhāradvāja, Śākalya and Śākaṭāyana are most prominent. Pāṇini deals with the Vedic and classical phases of Sanskrit—the latter more extensively. His treatment of the grammar is highly scientific and precise.

As Pāṇini was most concerned with the economy of words, he uses some devices such as the technical use of the cases, omision of verbs, leading rules which govern those which follow, algebric formulae in place of full words. The subjects treated in the eight chapters of his work may be summed up as: *(i)* technical terms and rules of interpretation, *(ii)* nouns in composition and case relations, *(iii)* primary suffixes, *(iv-v)* secondary suffixes, *(vi-viii)* the word in the sentence; but there are many occasions of interruptions in this scheme.

Here, it is better to remember the basic categories of the Pāṇinisūtras—(1) the *vidhisūtras*, i.e. the operational rules, (2) the *saṃjñāsūtras*, the sūtras for definitions and technical terms in the system, (3) *paribhāṣāsūtras*, the metarules, (4) the *adhikārasūtras*, the headings, like "*kārake*" (1.4.23), "*kṛtyāḥ*" (3.1.95), etc., (5) *atideśasūtras*, i.e. the rules which may be extended to other applications under certain conditions, (6) *niyamasūtras*, the restrictive rules and (7) *niṣedha-* or *pratiṣedha-* or *apavāda-sūtras*, the negation rules, which disallows an operation prescribed by a previous *vidhi*.

The whole of the *Aṣṭādhyāyī* functions with the basic acceptance of the *Māheśvara-sūtras*. Pāṇini develops a special grammatical language with its own technical terms and indications of each letter, which is termed as 'metalanguage' (cf. H. Scharfe: *Grammatical Literature*, p. 93; and *Pāṇini's Metalanguage*, Philadelphia 1971). But he takes up the alphabetical order of the *Māheśvara-sūtras* for economy of his explanations and makes the most concise formulations regarding grammatical forms and analysis, and there too the words used bear those special meanings only in the context of the *Aṣṭādhyāyī*; e.g. words like *lopa*, *bahula*, *vṛddhi*, *asiddha*, etc. should not be understood in their primary sense while understanding the Pāṇini-sūtras. The concepts of *kāraka* and *vibhakti* are very special in the Pāṇinian system. These involve reality and grammatical categories as well which are to be understood further in the structure of the syntactical relation. H. Scharfe rightly remarks: "...Pāṇini has raised them above the level of case-values and made them intermediaries between reality and the grammatical categories. Their importance, often misunderstood, goes far beyond the syntax of cases; next to the roots, they are the prime moving factors of the whole grammar." (H. Scharfe: *Grammatical Literature*, p. 95). The suffixes added to roots cannot be understood in their implication unless the *kāraka-vibhakti*-relation involved therein is properly analysed and realised. Thus the derivatives would not reveal any thing with the bare analysis of the root and the suffix alone;

e.g. Pā. 3.1.95 gives the *adhikārasūtra* "*kṛtyāḥ*". In a latter sūtra (3.4.70 "*tayor eva kṛtya-kta-khalarthāḥ*") it is said that these kṛtya-suffixes are added in passive voice and impersonal passive voice (*ete bhāvakarmaṇor eva syuḥ*—Bhaṭṭoji Dīkṣita). So *snā* + *anīya* = *snānīya*, meaning *snāti anena*, medium of bath, *snānīyaṃ cūrṇam*. But another sūtra records other varied use of these suffixes where the difference in meaning, however, involves the *kāraka*-relation, not syntactical relation only. Thus under the sūtra "*kṛtyaluṭo bahulam*" (3.3.113), *dānīya* (*dā* + *anīya*) means the person to whom something is given: *dīyate asmai* and not *anena*, as we should understand in the use *dānīyo vipraḥ*. The root *vah* with the kṛtya-suffix *ṇyat* gives the 'object of carrying', whereas with *yat* gives rather the 'means of carrying', i.e. transport; e.g. *vāhyaṃ sarṣapajātam; vahati anena = vahyam, vahyaṃ śakaṭam*. On the other hand, following the *adhikārasūtra* "*kartari kṛt*" (3.4.67) we have "*ṇvul-tṛcau*" (3.1.133) and other rules recording the suffixes which added to the verb signify the *kartṛ*, i.e. the doer of the action. These are the suffixes *ṇvul*, *tṛc*, *tṛn*, *kvip*, *ṇini*, *ktavatu*, etc. So *kṣīrapāyinaḥ* means those who repeatedly drink milk, i.e. who are very much fond of milk; the totally invisible suffix *kvip* leaves the meaning of doer, the *kartṛ*-sense in the derivative, so *jagat* (*gam* + *kvip*) means *which* goes, moves; *upaniṣad* (*up-ni-sad+kvip*) means the knowledge which liberates, not the means or medium (*karaṇa*) or the object (*karman*) desired as goal; *bhuktavat* (*bhuj+ktavatu*) means the person who has eaten, and *bhukta* (*bhuj+kta*) means that which has been eaten, i.e. the object of eating, *bhuktam annam.* Yet it should be noted that the intransitive verbs, and the root meaning 'to go' etc. take the suffix *kta* in *kartṛvācya,* i.e. the suffix *kta* with these roots would denote the doer; "*gatyarthākarmaka...*" (3.4.73). So *gaṅgām prāptaḥ* or *gataḥ* means he who has gone to the Gaṅgā; similarly *glānaḥ bhavān,* you are emaciated. The other sūtra recording the use of *kta* in *kartṛvacya* is "*ādikarmaṇi ktaḥ kartari ca*" (3.4.71).

The system of the *Aṣṭādhyāyī* has basically the guidelines of continuation (*anuvṛtti*) of whole or part of a sūtra in the following sūtras, and on the other hand the greater strength in case of application of the latter sūtras involving the same context, "*vipratiṣedhe paraṃ kāryam*" (1.4.2). But the great deviation from it, is conveyed in the formula "*pūrvatrāsiddham*" (8.2.1), which heading actually marks the two-storey system of Pāṇini's *Aṣṭādhyāyī*; one is from 1.1.1 to 8.1 and the second one is from 8.2.1 till the end. The sūtras contained in the part from 8.2.1 till the end is not at all valid for any purpose for the sūtras of the previous part, i.e. upto 8.1 and each latter sūtra in this part starting from 8.2.2 also will have no relation with any of the previous sūtra herein—"*sapādasaptādhyāyīṃ prati tripādī asiddhā, tripādyām api pūrvaṃ prati paraṃ śāstram asiddhaṃ syāt.*" Hartmut Scharfe calls these 'one directional sūtras'. This shows the mastery of Pāṇini in observing the use of language and its morphological forms without overlooking the exception and presenting them in the most comprehensive and yet most pithy form. One single example is enough to illustrate his method of concise formulation. The lengthening of the simple vowels followed by another homogeneous simple vowel is observed in the rule "*akaḥ savarṇe dīrghaḥ*"; it is 6.1.101, i.e. in *sapādasaptādhyāyī.* But following another Sandhi-rule "*eco 'yavāyāvaḥ*" (6.1.78), the vowels *e, o,* etc. are replaced by *ay, av,* etc. respectively, when followed by vowels, and the final *y* and *v* of *ay, av,* etc. are subject to elision according to the opinion of Śākalya. Well, in that case *dvau + atra = dvāv atra* and *dvā atra*; and for *dvā atra,* one could think of "*akaḥ savarṇe dīrghaḥ*" and proceed for further euphonic combination of it into *dvātra,* which is not in use in Sanskrit. So, for excluding this possibility without spending much explanation on it, Pāṇini puts the sūtra of the elision of *y* and *v* in the *tripādī*; "*lopaḥ śākalyasya*" stands in Pāṇini's arrangement as *8.3.19*; and hence it should not be brought in any connection with "*akaḥ svarṇe dīrghaḥ*" which is *6.1.101*.

Another important feature of Pāṇini's *Aṣṭādhyāyī* is contrasting the language in use, 'bhāṣā' with the language of the Vedas, 'chandas'. In respect of several morphological forms and their validity, Pāṇini has altogether eleven times the same formula "*bahulam chandasi*" (2.4.39; 2.4.73; 2.4.76; 3.2.88; 5.2.122; 6.1.34; 7.1.8; 7.1.10; 7.1.103; 7.3.97; 7.4.78). "*Chandasi ca*" is met with thrice (5.1.67; 5.4.142; 6.3.126); we get three times "*chandasy ubhayathā*" (3.4.117; 6.4.5. 6.4.86) and twice "*chandasy api dṛśyate*" (6.4.73 and 7.1.76). Another quite important sūtra in noting the contrasting feature is "*bahulaṃ chandasy amāṅyoge 'pi*" (6.4.75).

"*bahulaṃ chandasi*" (*2.4.39*) is in the context of the changing of the root *ad* to *ghas*, e.g. *ghāsa, jighatsati, jagdha*, etc.; and *2.4.39* says in the Vedas this change takes place even elsewhere, e.g. *ghastām*. The same wording in *2.4.73* is in the context of the conjugation of the *adādigaṇīya*-s (2nd. conjugation roots) without the *vikaraṇa śap*; here "*bahulaṃ chandasi*" bears the meaning, 'it is also otherwise possible in the Vedic texts, so *śete* and *śayate* (with the *vikaraṇa*) both are correct in a Vedic text; and similarly *hanti* and *hanati* too. *2.4.76* notes that the reduplication of the roots of the group *juhotyādi* (3rd. conjugation) and insertion of the *vikaraṇa ślu* may or may not occur in a Vedic text; hence *dāti* and *dadāti*, *dhāti* and *dadhāti* both are met with. In connection with the previous sūtra *7.4.78* states that the reduplication in the conjugation is found in the Vedas in cases other than *bibharti* etc. and hence *vivakti* is not wrong in a Vedic text. *6.1.34* is concerned with the conjugational alternative forms of the root *hvā* (*hve*) and *7.1.8* with those after the model of the root *vid*. *7.1.103* notes the Vedic exceptions in contrast of the language in use so far as the conjugational forms of the roots ending in long *ṝ* such as *tṝ, gṝ, pṝ*, etc. are concerned. The sūtra *previous* to *3.2.88* explains the use of the suffix *kvip* with the root *han* (as exception to the suffix *in* when the object is there) when the object is *brahman, bhrūṇa* or *vṛtra*. Then follows "*bahulaṃ chandasi*" (*3.2.88*), hence conveying that in

the Vedic texts this exception of using the suffix *kvip* is not restricted to the particular above mentioned objects only; it may be found with the root *han* having other objects too; thus *mātṛhan* and *pitṛhan* are found freely parallel to *mātṛghāta* and *pitṛghāta*. *5.2.22* deals with the Vedic use of the *taddhita* suffix *vin*. *7.1.10* is related to the well-known declensional rule "*ato bhisa ais*" (*7.1.9*) which records that the stems ending in *a* develop a form ending in *ais* instead of *bhis* as expected in the third case-ending plural. But this may or may not happen (*bahulaṃ*) in the Vedas (*chandasi*); this is the content of the sūtra *7.1.10*, thus giving forms like *devebhiḥ* or *sarvebhiḥ* and *nadyaiḥ* as well, where the last stem *nadī* is not ending in *a*, and yet taking *ais* instead of *bhis*.
The other sūtras having this contrasting aspect are stated above; they are in respect of the aorist forms (*7.3.97*), the augment *a* and *ā* in aorist (6.4.75; 6.4.73), the stem *danta* changing to *datṛ* (*5.4.141*), lengthening of the end-vowel of the stem *aṣṭan* (*6.3.126*), lengthening of the end-vowel of stems in the declension in the sixth case-ending plural, and its exception in the case of the stems *tisṛ* and *catasṛ* (*6.4.5*), the augment *n* in the declension of the stems *asthi, dadhi, akṣi, sakthi* (*7.1.76*) and so on.
To conclude this point, it can be said that "*balulaṃ chandasi*", "*chandasi ca*", "*chandasy api dṛśyate*" or "*chandasy ubhayathā*" are not independent sūtras. Their word-setting remains the same and the sense conveyed is clear only in the context they are put in by Pāṇini, quite planfully,—to highlight the contrasting exception or peculiarity in the use of the standard language and the Vedic idiom.

Further, it is quite relevant to note in this context that Pāṇini has synthesized the morphological analysis of roots-suffix, stems-suffix, prefix, compound, etc. with the accent-system of the Vedas in his descriptive grammar. He codified the accents in terms of the derivative analysis and prepared another code-system for the suffixes. The elided elements (*anubandhas*) of the suffixes have bearing on the accent. Without the knowledge of accentution the meaning of the Vedas would not be revealed and understood; so it was at the very base necessary to learn them and apply the same. At the same time, if the morphological analysis and these accents were in completely separate chambers, independent of each other, it would be quite impossible to learn and understand both at the same time with the same effort. Pāṇini's mode of analysing the derivatives in his meta-code helps to bring both the ends together and present a compact science to grasp and memorise, even though codified in itself, which is to be learnt before one is initiated in the Pāṇinian system at all. As already mentioned, all the *anubandhas* of the suffixes added to the roots or stems have significant bearing on the *guṇa*, *vṛddhi*, *saṃprasāraṇa* of the base-vowel on one side and on the accentuation of the derivative on the other.

Before the final conclusion of these structural and methodical notes on Pāṇini's *Aṣṭādhyāyī*, it should be mentioned that one should not expect in it what Pāṇini does not teach, and criticise him wrongly. He does not teach phonetics, which was in his days actually the area of śikṣā, another Vedāṅga parallel to Vyākaraṇa, which is Pāṇini's object. Further, he does not give any logical or psychological analysis of the use of language but a grammatical description of the language (cf. Scharfe: *Grammatical Literature*, p.111).

> "Pāṇini and with him the grammarians that contributed to the science of grammar before him, owe their greatness to a combination of fundamental discoveries: (*1*) the insight that the proper object of grammar is the spoken language, not its written presentation; (*2*) the theory of substitution; (*3*) the analysis in root and suffix; (*4*) the recognition of ablaut correspondences; (*5*) the formal description of a language as against a 'logical' characterization; and (*6*) the concise formulation through the use of a metalanguage. It is often said that the trasnparent nature of Sanskrit made the analysis possible. But we can argue as well that it was first Pāṇini's (and his predecessors') analysis which made the structure so transparent: was the relationship of *dohmi* and *adhukṣat*, or *majjati* and *madgu* really that obvious?" (*Ibid.*, p. 109). "The algebric formulation of Pāṇini's rules was not appreciated by the first Western students; they regarded the work as abstruse and artificial. This criticism was evidently not shared by most Indian grammaians....The Western critique was muted and eventually turned into praise when modern schools of linguistics developed sophisticated notation systems of their own. Grammars that derive words and sentences from basic elements by a string of rules are obviously in greater need of a symbolic code than paradigmatic or direct-method practical grammars." (*Ibid.*, p. 112).

Pāṇini is not only a single grammarian but he is the fountain-head of an enormous and vigorous tradition. He is being reviewed, supplemented and commented upon since his own time till today. Many grammarians followed him; most probably the earliest one was Vyāḍi who composed the *Saṃgraha* comprising hundred thousand verses, only a few fragments of which are preserved in later works. The works of Bhāradvāja, Sunāga, Vyāgrabhūti and Vaiyāghrapāda who wrote *'vārttikas'* (critical and supplementary rules on the *Aṣṭādhyāyī*) have been lost. Kātyāyana who was junior to Pāṇini by a century or two composed *vārttikas* on 1245 sūtras of Pāṇini which have been incorporated and commented upon by Patañjali in his *Mahābhāṣya.*

Patañajali's *Mahābhāṣya* is a monumental work in the tradition of Pāṇinian grammar. He is believed to be an incarnation of Śeṣanāga, resting place of Viṣṇu. That he flourished in the second century B.C. is supported by his mention of the Mauryas, Puṣyamitra Śuṅga and a Greek invasion upto Sāketa. He explains a great number of Pāṇini's sūtras and the vārttikas of Kātyāyana. Though he generally defends Pāṇini against the criticism of Kātyāyana, he himself is critical of the original, at some places; nevertheless, his veneration for Pāṇini is great. The *Mahābhāṣya* has set model for exegetical writings. It is written in a charming and lively conversational style. He often mentions matters from everday life and hints at social conditions of his time, which make his work more interesting and valuable. The *Māhābhāṣya* has been over and again commented upon; the earliest commentary was Bhartṛhari's *Mahābhāṣyadīpikā* which is preserved only in fragments. The next important one is Kaiyaṭa's *Pradīpa* (11th cent. A.D.) which in turn has been commented upon by the versatile scholar, Nāgeśabhaṭṭa (17th cent. A.D.) in his *Pradīpoddyota.* There have been quite a few commentaries and supercommentaries on the *Mahābhāṣya* and *Pradīpa,* e.g. *Uddyotana* of Annambhaṭṭa. *Ratnaprakāśa* of Śivarāmendra Sarasvatī, *Nārāyaṇīya* of Nārāyaṇaśāstrin, *Chāyā* of Vaidyanātha Pāyaguṇḍe, *Tattvāloka* of Rudradhara Jhā, etc.

The earliest extant commentary (*vṛtti*) on the whole of the *Aṣṭādhyāyī* is the *Kāśikā-vṛtti* of Vāmana and Jayāditya (6th cent. A.D.), both known to be Buddhists. It shows some variants in the sūtras of Pāṇini and the vārttikas of Kātyāyana. There are two well-known supercommentaries on the *Kāśikā-vṛtti,* viz. *Kāśikāvivaraṇa-pañjikā,* also known as *Nyāsa,* by Jinedrabuddhipāda and *Padamañjarī* by Haradatta. Among other commentaries on the *Aṣṭādhyāyī* mention may be made of the *Bhāṣāvṛtti* of Puruṣottamadeva (11th cent. A.D.), the *Mitākṣarā* of Annambhaṭṭa (16th cent. A.D.), the *Śabdakaustubha* of Bhaṭṭoji Dīkṣita (16th cent. A.D.), the *Vyākaranasiddhāntasudhānidhi* of Viśveśvara (17th cent.), *Vyākaraṇadīpikā* of Orambhaṭṭa (19th cent. A.D.) and an easy commentary by Swami Dayananda Saraswati (19th cent. A.D.). Commentaries and supercommentaries on the *Aṣṭādhyāyī* and its redactions are written even today.

Other works of Pāṇini

It is to be noted here that Pāṇini's Vyākaraṇa does not consist of the *Aṣṭādhyayī* alone. The Vyākaraṇa is called 'pañcāṅga' (lit. having five limbs), i.e. having, besides the *Aṣṭādhyāyī*, four supplementary texts, viz. (1) *Dhātupāṭha,* (2) *Gaṇapāṭha,* (3) *Paribhāṣās* and (4) *Liṅgānuśāsana.* According to some authorities, the *Uṇādisūtra,* and not the *Paribhāṣās,* constitutes the third supplement. The *Dhātupāṭha,* rightly ascribed to Pāṇini, is a register of verbal roots (*dhātus*), approximately two thousands in number, grouped under ten classes according to their conjugational variations. The available text of the *Dhātupāṭha* indicates the primary meanings of the roots, but the tradition holds that such indications are not Pāṇini's; they are later additions (*arthanirdeśas tu ādhunikaḥ*). The most important works on the *Dhātupāṭha* are the *Kṣīrataraṅgiṇī* of Kṣīrasvāmin (11th cent. A.D.), the *Dhātupradīpa* of Maitreyarakṣita (12th cent. A.D.) and the *Mādhavīyadhātuvṛtti* of Sāyaṇācārya (14th cent. A.D.). The *Gaṇapāṭha* is a supplement to the *Aṣṭādhyāyī,* listing of words belonging to particular groups; the first word of each group having been mentioned in a particular sūtra of the *Aṣṭādhyāyī,* with '*ādi*' or '*prabhṛti*' (i.e. etc.). Its ascription to *Pāṇini* is disputed by some modern scholars, but Pāṇini's authorship of the *Gaṇapāṭha* is quite probable since correct interpretation of a number of sūtras presupposes the lists in the *Gaṇapāṭha.* The most important work on the *Gaṇapāṭha* is the *Gaṇaratnamahodadhi* of Govardhana (12th cent. A.D.). The *paribhāṣās* are formulations of guiding principles for correct interpretation of Pāṇini's rules as well as for resolving apparent conflicts between two or more rules. In Pāṇini's system there are different collections of the *pāribhāṣās,* most acceptable of them is that which has been worked upon by Nāgeśabhaṭṭa (17th cent. A.D.) in his *Paribhāṣenduśekhara* which, in turn, has been commented upon by dozens of later grammarians. The *Liṅgānuśāsana* is a short treatise, attributed to Pāṇini, on the science of gender of Sanskrit words. Important commentaries on this treatise are: two glosses by Bhaṭṭoji Dīkṣita and a commentary by Bhairavamiśra (18th cent. A.D.)

It is true that the analysis of the Sanskrit language as presented by Pāṇini in his *Aṣṭādhyāyī* is quite scientific from linguistic point of view. The organization of the contents of the work, as described above, provides the students with a comprehensive knowledge of the structure of both the Vedic and classical phases of Sanskrit. The *Aṣṭādhyāyī*, along with the *Vārttika* of Kātyāyana and the *Mahābhāṣya* of Patañjali and the commentaries and supercommentaries thereupon, has risen to the status of an independent *śāstra*, a subject of life-long study. It was gradually felt that the *śāstra*, inspite of its depth and comprehensiveness, was of little help to those who wanted to learn the language quickly, to use it with accuracy and to study other *śāstras* written in Sanskrit, because important topics of Sanskrit grammar such as definitions (*saṃjñā*), euphonic changes (*saṃdhi*), declension (*śabadarūpa*), conjugations (*tiṅanta*), feminine suffixes (*strīpratyaya*), etc. have not been dealt with in particular chapters in a cohesive manner. Therefore, efforts were on, since as early as the 12th century to rearrange the sūtras of Pāṇini's *Aṣṭādhyāyī* along with easy and concise gloss (*vṛtti*), to serve the practical purposes mentioned above. This new arrangement of the *Aṣṭādhyāyī* is generally known as the '*prakriyākrama*'. In all probability, the model for the *prakriyā* system was provided by the *Kātantra-vyākaraṇa* of Śarvavarman, which was in use since the 2nd cent. A.D. The earliest extant work of the new *prakriyā* system is the *Rūpāvatāra* of Dharmakīrti (11th cent. A.D.). Dharmakīrti has selected sūtras from the *Aṣṭādhyāyī*, which he considered useful to teach different grammatical topics and wrote a brief but easy gloss on the selected sūtras. There are a few commentaries on the *Rūpāvatāra*. The next work in the line, which deserves mention, was the *Rūpamālā* of Vimala Sarasvatī (14th cent. A.D.). Then came the *Prakriyākaumudī* of Rāmachandra Śeṣa (15th cent. A.D.), which became very popular for its treatment of all the sūtras of the *Aṣṭādhyāyī* and the erudition displayed in the gloss. There are several commentaries on the *Prakriyākaumudī*, most well-known of which are: the *Prakāśa* by the author's nephew Śeṣa Śrīkṛṣṇa and the *Prasāda* by author's grandson Viṭṭhala. Another good work of the *Prakriyā* system is the *Prakriyāsarvasva* of Melputtur Nārāyaṇa Bhaṭṭa (16th cent. A.D.), the celebrated poet of the *Nārāyāṇīya*. The work covers the whole of the *Aṣṭādhyāyī*. The *Prakriyāsarvasva* was very popular in South India, particularly in Kerala wherefrom the author hailed. There are three commentaries on the work; one is by Keralavarman (19th cent. A.D.), other two are anonymous.

The fame of all the earlier *prakriyā* works was eclipsed by the *Siddhāntakaumudī* (also called *Vaiyākaraṇa-sidhhāntakaumudī*) of Bhaṭṭoji Dīkṣita, which is the most widely read text of Sanskrit grammar till today. The gloss of Bhaṭṭoji Dīkṣita is to-the-point, erudite and easy. He wrote a commentary called the *Prauḍhamanoramā*, on his own work to explain all the intricacies of the sūtras as well as of his gloss. The commentary is terse and erudite. Other commentaries on the *Siddhāntakaumudī* are: The *Tattvabodhinī* of Jñānendra Sarasvatī (16th cent. A.D.), the *Śabdenduśekhara* (both *Bṛhat* and *Laghu*) of Nāgeśabhaṭṭa, and the *Bālamanoramā* of Vāsudeva Dīkṣita (18th cent. A.D.). While the *Tattvabodhinī* and *Bālamanoramā* are for the beginners, the *Prauḍhamanoramā* and the *Śabdenduśekhara* which embody much discussions and relevant controversies (*śāstrārtha*) are meant for advanced students and scholars. A long chain of commentaries and supercommentaries have been written on both these works, till very recently. Nageśabhaṭṭa in his *Śabdenduśekhara* has adopted the idiom, epistemological terminology and technique of Navyanyāya which models have been followed by later commentators. Negeśa is, therefore, regarded as the father of the Navyavyākaraṇa tradition which flourished chiefly in Varanasi.

The literature of the Pāṇinian school is too vast even to mention all the works.

It is no wonder that the *Aṣṭādhyāyī* as well as other works ascribed to Pāṇini are available in many editions. While independent vulgate editions of the *Aṣṭādhyāyī* are printed very often, every edition of the *Siddhāntakaumudī* is appended with the *Aṣṭādhyāyī-sūtrapāṭha, Gaṇapāṭha, Dhātupāṭha,* etc. But the readings are not always very accurate and dependable. It has been found from experience that the edition prepared by C. Sankararama Sastri and published as no.2 of the Balamanorama series, by Balamanorama Press, Madras in 1937 (2nd ed.) is by far the best one. It not only presents a very accurate text of the *Aṣṭādhyāyī*, the *Vārttika*-s, the *Gaṇapāṭha*-s, and the *Dhātupāṭha*, it places all the authentic *vārttika*-s and *gaṇa*-s below the relevant sūtras. Placing the *gaṇa*-s just below the sūtras which refer to them with the words such as *ādi* and *prabhṛti* proves to be very useful to the students. They can immediately know the words referred to by Pāṇini by *ādi* or *prabhṛti*. These special features of the Balamanorama edition prompted Pandit Satkari Mukhopadhyaya to request the publishers, M/s Sharada Publishing House, Delhi, to bring out a reprint, which they have complied with. Pandit Mukhopadhyaya also desired that this edition of the works of Pāṇini should contain an introduction which will bring out the greatness of the tradition of grammatical literature in India in general and of the contribution of Pāṇini to the science of the Sanskrit language, as preserved in his monumental work, the *Aṣṭādhyāyī*, in particular. My humble attempt is aimed at fulfilling his long cherished desire. An index to the sūtras is also appended by me to facilitate ready referencing.

Sri Vijaya Dasami 1993
Calcutta

RATNA BASU

SELECT BIBLIOGRAPHY

Abhyankar, K.V. : *A dictionary of Sanskrit Grammar.* Baroda 1961.

Belvalkar, S.K. : *An account of the different existing systems of Sanskrit Grammar.* Poona 1915.

Böhtlingk, Otto: *Pāṇini's Grammatik.* Leipzig 1887 (repr. Hildesheim 1964).

Cardona, George : *Pāṇini, his works and its traditions.* (Vol. I). Delhi 1983

Goldstücker, Theodor: *Pāṇini, his place in Sanskrit literature.* London 1861 (repr. Osnabrueck 1966).

Haldar, Gurupada: *Vyākaraṇa-darśanera itihāsa.* (Prathama Khaṇḍa). Calcutta 1943.

Katre, S.M. : *Pāṇinian studies* (Vols. I-III). Poona 1967-1969.

Mukhopadhyaya, Satkari: "Grammatical literature (Sanskrit)". In: *An Encyclopaedia of Indian Literature.* Delhi, Sahitya Akademi, Vol. 2.

—,—: "Pāṇini". In: *Ibid.*, Vol. 4.

Renou, L. : *La grammaire de Pāṇini.* Paris 1966. (2nd ed.)

Scharfe, Hartmut: *Pāṇini's metalanguage.* Philadelphia 1971.

—,—: *Grammatical literature.* Wiesbaden 1977. In: A history of Indian literature. Edited by Jan Gonda. Vol. 5, Fasc. 2.

Sen, Sukumar: *Pāṇinica.* Calcutta 1970.

Thieme, Paul : *Pāṇini and the Veda.* Allahabad 1935.

Vasu, S.C. : *The Ashṭādhyāyī of Pāṇini.* Allahabad 1987. (repr. Delhi 1962).

Warder, A.K.: *Indian Kāvya Literature* (Vol. II). Delhi 1974.

Texts

Bhaṭṭoji Dīkṣita: Siddhāntakaumudī Tattvabodhinīsamākhyavyākhyāsaṃvalitā. Ed. Vāsudevaśarman Pāṇaśīkara. Delhi 1985 (repr.).
—: *Vaiyākaraṇasiddhāntakaumudī*. Bālamanoramā-tattva-bodhinīsahitā. (Vols. I-IV.) Delhi.
Viṣṇuśarman : *Pañcatantra*. Ed. M.R. Kale. Delhi.

॥ श्रीरस्तु ॥

॥ श्रीगुरुचरणारविंन्दाभ्यां नमः ॥

॥ सवार्तिकगणाष्टाध्यायीसूत्रपाठः ॥

येनाक्षरसमाम्नायमधिगम्य महेश्वरात् ।
कृत्स्नं व्याकरणं प्रोक्तं तस्मै पाणिनये नमः ॥

येन धौता गिरः पुंसां विमलैः शब्दवारिभिः ।
तमश्चाज्ञानजं भिन्नं तस्मै पाणिनये नमः ॥

वाक्यकारं वररुचिं भाष्यकारं पतञ्जलिम् ।
पाणिनिं सूत्रकारं च प्रणतोऽस्मि मुनित्रयम् ॥

अइउण् । ऋऌक् । एओङ् । ऐऔच् । हयवरट् । लण् । ञमङणनम् । झभञ् । घढधष् । जबगडदश् । खफछठथचटतव् । कपय् । शषसर् । हल् ॥

इति प्रत्याहारसूत्राणि ॥

॥ प्रथमोऽध्यायः ॥

॥ प्रथमः पादः ॥

१. वृद्धिरादैच् १६ ।

२. अदेङ्गुणः १७ ।

३. इको गुणवृद्धी ३४ ।

४. न धातुलोप आर्धधातुके २६५६ ।

५. क्ङिति च २२१७ ।

६. दीधीवेवीटाम् २१९० ।

७. हलोऽनन्तराः संयोगः ३० ।

८. मुखनासिकावचनोऽनुनासिकः ९ ।

९. तुल्यास्यप्रयत्नं सवर्णम् १० ।

* ऋलृवर्णयोर्मिथः सावर्ण्यं वाच्यम् ।

१०. नाज्झलौ १३ ।

११. ईदूदेद्द्विवचनं प्रगृह्यम् १०० ।

१२. अदसो मात् १०१ ।

१३. शे १०२ ।

१४. निपात एकाजनाङ् १०३ ।

१५. ओत् १०४ ।

१६. संबुद्धौ शाकल्यस्येतावनार्षे १०५ ।

१७. उञः १०६ ।

१८. ऊँ १०७ ।

१९. ईदूतौ च सप्तम्यर्थे १०९ ।

२०. दाधा घ्वदाप् २३७३ ॥ १ ॥

२१. आद्यन्तवदेकस्मिन् ३४८ ।

२२. तरप्तमपौ घः २००३ ।

२३. बहुगणवतुडति संख्या २५८ ।

२४. ष्णान्ता षट् ३६९ ।

२५. डति च २५९ ।

२६. क्तक्तवतू निष्ठा ३०१२ ।

२७. सर्वादीनि सर्वनामानि २१३ ।

[ग.सू. १–३.] सर्व विश्व उभ उभय डतर डतम अन्य अन्यतर इतर त्वत् त्व नेम सम सिम । 'पूर्वपरावरदक्षिणोत्तरापराधराणि व्यवस्थायामसंज्ञायाम्' 'स्वमज्ञातिधनाख्यायाम्' । 'अन्तरं बहिर्योगोपसंव्यानयोः' । त्यद् तद् यद् एतद् इदम् अदस् एक द्वि युष्मद् अस्मद् भवतु किम् ॥ इति सर्वादिः ॥ १ ॥

२८. विभाषा दिक्समासे बहुव्रीहौ २९२ ।

२९. न बहुव्रीहौ २२२ ।

* अकच्स्वरौ तु कर्तव्यौ प्रत्यङ्गं मुक्तसंशयौ ।

३०. तृतीयासमासे २२३ ।

३१. द्वन्द्वे च २२४ ।

३२. विभाषा जसि २२५ । [२२६

३३. प्रथमचरमतयाल्पार्धकतिपयनेमाश्च ।

३४. पूर्वपरावरदक्षिणोत्तरापराधराणि व्यवस्थायामसंज्ञायाम् २१८ ।

३५. स्वमज्ञातिधनाख्यायाम् २१९ ।

३६. अन्तरं बहिर्योगोपसंव्यानयोः २२० ।

* अपुरीति वक्तव्यम् ।

* विभाषाप्रकरणे तीयस्य ङित्सूपसंख्यानम् ।

३७. स्वरादिनिपातमव्ययम् ४४७ ।

[ग.सू. ४-१५] स्वर् अन्तर् प्रातर् **अन्तोदात्ताः** ॥ पुनर् सनुतर् उच्चैस् नीचैस् शनैस् ऋधक् ऋते युगपत् आरात् (अन्तिकात्) पृथक्—**आद्युदात्ताः** ॥ ह्यस् श्वस् दिवा रात्रौ सायम् चिरम् मनाक् ईषत् (शश्वत्) जोषम् तूष्णीम् बहिस् अधस् (अवस्) समया निकषा स्वयम् मृषा नक्तम् नञ् हेतौ (हे है) इद्धा अद्धा सामि—**अन्तोदात्ताः** ॥ '[४]वत्' बत सनत् सनात् तिरस्-**आद्युदात्ताः** ॥ अन्तरा—**अन्तोदात्तः** ॥ (अन्तरेण) मक् ज्योक् योक् नक् कम् शम् सना सहसा श्रद्धा अलम् स्वधा वषट् विना नाना स्वस्ति अन्यत् अस्ति उपांशु क्षमा विहायसा दोषा मुधा दिष्ट्या बृथा मिथ्या । '[५]क्त्वातोसुन्कसुनः, कृन्मकारसंध्यक्षरान्तः, [७]अव्ययीभावश्च'। पुरा मिथो मिथस् (प्रायस् मुहुस्) प्रबाहुकम् (प्रवाहिका) आर्यहलम् अभीक्ष्णम् साकम् सार्धम् सत्रम् समम् नमस् हिरुक् । '[८]तसिलादयस्तद्धिता एधाच्पर्यन्ताः, [९]शस्तसी, [१०]कृत्वसुच्, [११]सुच्, [१२]आस्थालौ, [१३]च्व्यर्थाश्च, (अथ) [१४]अम्, [१५]आम्' प्रताम् (प्रतान्) प्रशान—**आकृतिगणोऽयम्** ॥ तेनान्येऽपि । तथाहि माङ् श्रम् कामम् (प्रकामम्) भूयस् परम् साक्षात् साचि (सावि) सत्यम् मङ्क्षु संवत् अवश्यम् सपदि प्रादुस् आविस् अनिशम् नित्यम् नित्यदा सदा अजस्रम् सन्ततम् उषा ओम् भूर् भुवर् झटिति तरसा सुष्ठु कु अञ्जसा अ

मिथु (अमिथु) विथक् भाजक् अन्वक् चिराय चिरम् चिररात्राय चिरस्य चिरेण चिरात् अस्तम् आनुषक् अनुषक् अनुषट् अम्नस् (अम्भस्) अम्मर् (अम्भर्) स्थाने वरम् दुष्ठु बलात् शु अर्वाक् शुदि वदि इत्यादि । तासिलादयः प्राक्पाशपः । शस्प्रभृतयः प्राक्समासान्तेभ्यः । मान्तः कृत्वोऽर्थः । तसिवती । नानाञाविति—**इति स्वरादिः ॥ २ ॥**

३८. तद्धितश्चासर्वविभक्तिः ४४८ ।

३९. कृन्मेजन्तः ४४९ ।

४०. क्त्वातोसुन्कसुनः ४५० ॥ २ ॥

४१. अव्ययीभावश्च ४५१ ।

४२. शि सर्वनामस्थानम् ३१३ ।

४३. सुडनपुंसकस्य २२९ ।

४४. न वेति विभाषा २४ ।

४५. इग्यणः संप्रसारणम् ३२८ ।

४६. आद्यन्तौ टकितौ ३६ ।

४७. मिदचोऽन्त्यात्परः ३७ ।

* अन्त्यात्पूर्वो मस्जेरनुषङ्गसंयोगादिलोपार्थम् ।

४८. एच इग्घ्रस्वादेशे ३२३ ।

४९. षष्ठी स्थानेयोगा ३८ ।

५०. स्थानेऽन्तरतमः ३९ ।

५१. उरण्रपरः ७० ।

* लपर इति वक्तव्यम् ।

५२. अलोऽन्त्यस्य ४२ ।

५३. ङिच्च ४३ ।

५४. आदेः परस्य ४४ ।

५५. अनेकाल्शित्सर्वस्य ४५ ।

५६. स्थानिवदादेशोऽनल्विधौ ४९ ।

५७. अचः परस्मिन्पूर्वविधौ ५० ।

५८. न पदान्तद्विर्वचनवरेयलोपस्वरसवर्णानुस्वारदीर्घजश्चर्विधिषु ५१ ।

* स्वरदीर्घयलोपेषु लोपाजादेशो न स्थानिवत् ।

* क्विलुगुपधात्वचङ्परनिर्ह्रासकुत्वेषूपसंख्यानम् ।

* पूर्वत्रासिद्धे न स्थानिवत् ।

* तस्य दोषः संयोगादिलोपलत्वणत्वेषु ।

५९. द्विर्वचनेऽचि २२४३ ।

६०. अदर्शनं लोपः ५३ । ॥ ३ ॥

६१. प्रत्ययस्य लुक्श्लुलुपः २६० ।

६२. प्रत्ययलोपे प्रत्ययलक्षणम् २६२ ।

* वर्णाश्रये नास्ति प्रत्ययलक्षणम् ।

६३. न लुमताऽङ्गस्य २६३ ।

* उत्तरपदत्वे चापदादिविधौ ।

६४. अचोऽन्त्यादि टि ७९ ।

६५. अलोऽन्त्यात्पूर्व उपधा २४९ ।

* नानर्थकेऽलोऽन्त्यविधिरनभ्यासविकारे ।

६६. तस्मिन्निति निर्दिष्टे पूर्वस्य ४० ।

६७. तस्मादित्युत्तरस्य ४१ ।

६८. स्वं रूपं शब्दस्याशब्दसंज्ञा २५ ।

* अर्थवद्ग्रहणे नानर्थकस्य ग्रहणम् ।

६९. अणुदित्सवर्णस्य चाप्रत्ययः १४ ।

७०. तपरस्तत्कालस्य १५ ।

७१. आदिरन्त्येन सहेता २ ।

७२. येन विधिस्तदन्तस्य २६ ।

* यस्मिन्विधिस्तदादावल्ग्रहणे ।

* समासप्रत्ययविधौ प्रतिषेधः ।

* उगिद्वर्णग्रहणवर्जम् ।

* सुसर्वार्धदिक्छब्देभ्यो जनपदस्य ।

* ऋतोर्वृद्धिमद्विधाववयवानाम् ।

* पदाङ्गाधिकारे तस्य च तदुत्तरपदस्य च ।

* तन्मध्यपतितस्तद्ग्रहणेन गृह्यते ।

* अनिनस्मन्ग्रहणान्यर्थवता चानर्थकेन च तदन्तविधिं प्रयोजयन्ति ।

* प्रत्ययग्रहणे चापञ्चम्याः ।

७३. वृद्धिर्यस्याचामादिस्तद्वृद्धम् १३३५ ।

* वा नामधेयस्य ।

७४. त्यदादीनि च १३३६ ।

७५. एङ् प्राचां देशे १३३८ ।

* शैषिकेष्विति वक्तव्यम् ।

वृद्धिराद्यन्तवदव्ययीभावः प्रत्ययस्य लुक्पञ्चदश

इति पाणिनीयसूत्रपाठे प्रथमस्याध्यायस्य प्रथमः पादः ।

द्वितीयः पादः ।

१. गाङ्कुटादिभ्योऽञ्णिन्ङित् २४६१ ।

* व्यचेः कुटादित्वमनसि ।

२. विज इट् २५३६ ।

३. विभाषोर्णोः २४४७ ।

४. सार्वधातुकमपित् २२३४ ।

५. असंयोगाल्लिट्कित् २२४२ ।

* ऋदुपधेभ्यो लिटः कित्वं गुणात्पूर्वविप्रतिषेधेन ।

६. इन्धिभवतिभ्यां च ३३९३ ।

* श्रन्थिग्रन्थिदम्भिस्वञ्जीनां लिटः कित्वं वा ।

७. मृडमृदगुधकुषक्लिशवदवसःक्त्वा ३३२३

८. रुदविदमुषग्रहिस्वपिप्रच्छः संश्च २६०९

९. इको झल् २६१२ ।

१०. हलन्ताच्च २६१३ ।

११. लिङ्सिचावात्मनेपदेषु २३०० ।

१२. उश्च २३६८ ।

१३. वा गमः २७०० ।

१४. हनः सिच् २६९७।
१५. यमो गन्धने २६९८।
१६. विभाषोपयमने २७३०।
१७. स्थाघ्वोरिच्च २३८९।
१८. न क्त्वा सेट् ३३२२।
१९. निष्ठा शीङ्स्विदिमिदिक्ष्विदिधृषः ३०५२
२०. मृषस्तितिक्षायाम् ३०५५ ॥ १ ॥
२१. उदुपधाद्भावादिकर्मणोरन्यतरस्याम् [३०५६
२२. पूङः क्त्वा च ३०५१।
२३. नोपधात्थफान्ताद्वा ३३२४।
२४. वञ्चिलुञ्च्यृतश्च ३३२५।
२५. तृषिमृषिकृशेः काश्यपस्य ३३२६।
२६. रलो व्युपधाद्धलादेः संश्च २६१७।
२७. ऊकालोऽज्झ्रस्वदीर्घप्लुतः ४।
२८. अचश्च ३५।
२९. उच्चैरुदात्तः ५।
३०. नीचैरनुदात्तः ६।
३१. समाहारः स्वरितः ७।
३२. तस्यादित उदात्तमर्धह्रस्वम् ८।
३३. एकश्रुति दूरात्संबुद्धौ ३६६२।
३४. यज्ञकर्मण्यजपन्यूङ्खसामसु ३६६३।
३५. उच्चैस्तरां वा वषट्कारः ३६६४।
३६. विभाषा छन्दसि ३६६५।
३७. न सुब्रह्मण्यायां स्वरितस्य तूदात्तः ३६६६
३८. देवब्रह्मणोरनुदात्तः ३६६७।
३९. स्वरितात्संहितायामनुदात्तानाम् ३६६८।
४०. उदात्तस्वरितपरस्य सन्नतरः ३६६९॥२॥
४१. अपृक्त एकाल्प्रत्ययः २५१।

४२. तत्पुरुषः समानाधिकरणः कर्मधारयः ७४५।

४३. प्रथमानिर्दिष्टं समास उपसर्जनम् ६५३

४४. एकविभक्ति चापूर्वनिपाते ६५५।

* एकविभक्तावषष्ठ्यन्तवचनम्।

४५. अर्थवदधातुरप्रत्ययः प्रातिपदिकम् १७८

* निपातस्यानर्थकस्य प्रातिपदिकसंज्ञा वक्तव्या।

४६. कृत्तद्धितसमासाश्च १७९।

४७. ह्रस्वो नपुंसके प्रातिपदिकस्य ३१८।

४८. गोस्त्रियोरुपसर्जनस्य ६५६।

* ईयसो बहुव्रीहेर्नेति वाच्यम्।

४९. लुक्तद्धितलुकि १४०८।

५०. इद्गोण्याः १७०३।

५१. लुपि युक्तवद्व्यक्तिवचने १२९४।

* समास उत्तरपदस्य बहुवचनस्य लुपः।

५२. विशेषणानां चाजातेः १३००।

* हरीतक्यादिषु व्यक्तिः।

* खलतिकादिषु वचनम्।

* मनुष्यलुपि प्रतिषेधः।

५३. तदशिष्यं संज्ञाप्रमाणत्वात् १२९५।

५४. लुब्योगाप्रख्यानात् १२९६। [१२९७

५५. योगप्रमाणे च तदभावेऽदर्शनं स्यात्

५६. प्रधानप्रत्ययार्थवचनमर्थस्यान्यप्रमाणत्वात् १२९८।

५७. कालोपसर्जने च तुल्यम् १२९९।

५८. जात्याख्यायामेकस्मिन्बहुवचनमन्यतरस्याम् ८१७।

* संख्याप्रयोगे प्रतिषेधः।

५९ अस्मदो द्वयोश्च ८१८।

* सविशेषणस्य प्रतिषेधः।

६०. फल्गुनीप्रोष्ठपदानां च नक्षत्रे ८१९॥३॥

६१. छन्दसि पुनर्वस्वोरेकवचनम् ३३८७।

६२. विशाखयोश्च ३३८८।

६३. तिष्यपुनर्वस्वोर्नक्षत्रद्वन्द्वे बहुवचनस्य द्विवचनं नित्यम् ८२०।

६४. सरूपाणामेकशेष एकविभक्तौ १८८।

* विरूपाणामपि समानार्थकानामेकशेषो वक्तव्यः।

६५. वृद्धो यूना तल्लक्षणश्चेदेव विशेषः ९३१।

६६. स्त्री पुंवच्च ९३२।

६७. पुमान्स्त्रिया ९३३।

६८. भ्रातृपुत्रौ स्वसृदुहितृभ्याम् ९३४।

६९. नपुंसकमनपुंसकेनैकवच्चास्यान्यतरस्याम् [९३५

७०. पिता मात्रा ९३६।

७१. श्वशुरः श्वश्र्वा ९३७।

७२. त्यदादीनि सर्वैर्नित्यम् ९३८।

* त्यदादितः शेषे पुंनपुंसकतो लिङ्गवचनानि।

* अद्वन्द्वतत्पुरुषविशेषणानाम्।

७३. ग्राम्यपशुसङ्घेष्वतरुणेषु स्त्री ९३९।

* अनेकशफेष्विति वक्तव्यम्।

गाङ्कुटाद्युदुपधादपृक्तश्छन्दसि पुनर्वस्वोस्त्रयोदश

इति पाणिनीयसूत्रपाठे प्रथमस्याध्यायस्य द्वितीयः पादः।

तृतीयः पादः।

१. भूवादयो धातवः १८।

२. उपदेशेऽजनुनासिक इत् ३।

३. हलन्त्यम् १ ।

४. न विभक्तौ तुस्माः १९० ।

५. आदिर्ञिटुडवः २२८९ ।

६. षः प्रत्ययस्य ४७४ ।

७. चुटू १८९ ।

* इर इत्संज्ञा वक्तव्या ।

८. लशक्वतद्धिते १९५ ।

९. तस्य लोपः ६२ ।

१०. यथासंख्यमनुदेशः समानाम् १२८ ।

११. स्वरितेनाधिकारः ४६ ।

१२. अनुदात्तङित आत्मनेपदम् २१५७ ।

१३. भावकर्मणोः २६७९ ।

१४. कर्तरि कर्मव्यतिहारे २६८० ।

१५. न गतिहिंसार्थेभ्यः २६८१ ।

* हसादीनामुपसंख्यानम् ।

* हरतेरप्रतिषेधः ।

१६. इतरेतरान्योऽन्योपपदाच्च २६८२ ।

* परस्परोपपदाच्चेति वक्तव्यम् ।

१७. नेर्विशः २६८३ ।

१८. परिव्यवेभ्यः क्रियः २६८४ ।

१९. विपराभ्यां जेः २६८५ ।

२०. आङो दोऽनास्यविहरणे २६८६ ॥१॥

* स्वाङ्गकर्मकाच्चेति वक्तव्यम् ।

२१. क्रीडोऽनुसंपरिभ्यश्च २६८७ ।

* समोऽकूजने ।

* आगमेः क्षमायाम् ।

* शिक्षेर्जिज्ञासायाम् ।

* किरतेर्हर्षजीविकाकुलायकरणेषु ।

* हरतेर्गतताच्छील्ये ।

* आङि नुप्रच्छयोः ।

* आशिषि नाथः ।
* शप उपालम्भने ।
२२. समवप्रविभ्यः स्थः २६८९ ।
* आङः प्रतिज्ञायाम् ।
२३. प्रकाशनस्थेयाख्ययोश्च २६९० ।
२४. उदोऽनूर्ध्वकर्मणि २६९१ ।
* ईहायामिति वक्तव्यम् ।
२५. उपान्मन्त्रकरणे २६९२ ।
* उपाद्देवपूजासंगतिकरणमित्रकरणपथिष्विति वक्तव्यम्
* वा लिप्सायामिति वक्तव्यम् ।
२६. अकर्मकाच्च २६९३ ।
२७. उद्विभ्यां तपः २६९४ ।
* स्वाङ्गकर्मकाच्च ।
२८. आङो यमहनः २६९५ ।
* स्वाङ्गकर्मकाच्च ।

२९. समो गम्यृच्छिभ्याम् २६९९ ।
* विदिप्रच्छिस्वरतीनामुपसंख्यानम् ।
* अर्तिश्रुदृशिभ्यश्च ।
* उपसर्गादस्यत्यूह्योर्वा वचनम् ।
३०. निसमुपविभ्यो ह्वः २७०३ ।
३१. स्पर्धायामाङः २७०४ ।
३२. गन्धनावक्षेपणसेवनसाहसिक्यप्रतियत्न-प्रकथनोपयोगेषु कृञः २७०५ ।
३३. अधेः प्रसहने २७०६ ।
३४. वेः शब्दकर्मणः २७०७ ।
३५. अकर्मकाच्च २७०८ ।
३६. संमाननोत्सञ्जनाचार्यकरणज्ञानभृति-विगणनव्ययेषु नियः २७०९ ।

३७. कर्तृस्थे चाशरीरे कर्मणि २७१० ।
३८. वृत्तिसर्गतायनेषु क्रमः २७११ ।
३९. उपपराभ्याम् २७१२ ।
४०. आङ उद्गमने २७१३ ॥२॥
* ज्योतिरुद्गमन इति वक्तव्यम् ।
४१. वेः पादविहरणे २७१४ ।
४२. प्रोपाभ्यां समर्थाभ्याम् २७१५ ।
४३. अनुपसर्गाद्वा २७१६ ।
४४. अपह्नवे ज्ञः २७१७ ।
४५. अकर्मकाच्च २७१८ ।
४६. संप्रतिभ्यामनाध्याने २७१९ ।
४७. भासनोपसंभाषाज्ञानयत्नविमत्युपमन्त्रणेषु वदः २७२० ।
४८. व्यक्तवाचां समुच्चारणे २७२१ ।
४९. अनोरकर्मकात् २७२२ ।
५०. विभाषा विप्रलापे २७२३ ।
५१. अवाद्ग्रः २७२४ ।
५२. समः प्रतिज्ञाने २७२५ ।
५३. उदश्चरः सकर्मकात् २७२६ ।
५४. समस्तृतीयायुक्तात् २७२७ ।
५५. दाणश्च सा चेच्चतुर्थ्यर्थे २७२८ ।
* अशिष्टव्यवहारे दाणः प्रयोगे चतुर्थ्यर्थे तृतीया भवतीति वक्तव्यम् ।
५६. उपाद्यमः स्वकरणे २७२९ ।
५७. ज्ञाश्रुस्मृदृशां सनः २७३१ ।
५८. नानोर्ज्ञः २७३२ ।
५९. प्रत्याङ्भ्यां श्रुवः २७३३ ।
६०. शदेः शितः २३६२ ॥ ३ ॥

६१. म्रियतेर्लुङ्लिङोश्च २५३८ ।
६२. पूर्ववत्सनः २७३४ ।
६३. आम्प्रत्ययवत्कृञोऽनुप्रयोगस्य २२४० ।
६४. प्रोपाभ्यां युजेरयज्ञपात्रेषु २७३५ ।
* स्वराद्यन्तोपसृष्टादिति वक्तव्यम् ।
६५. समः क्ष्णुवः २७३६ ।
६६. भुजोऽनवने २७३७ । [२७३८
६७. णेरणौ यत्कर्म णौ चेत्स कर्ताऽनाध्याने
६८. भीस्म्योर्हेतुभये २५९४ ।
६९. गृधिवञ्च्योः प्रलम्भने २७३९ ।
७०. लियः संमाननशालीनीकरणयोश्च २५९२
७१. मिथ्योपपदात्कृञोऽभ्यासे २७४० ।
७२. स्वरितञितः कर्त्रभिप्राये क्रियाफले २१५८ ।

७३. अपाद्वदः २७४१ ।
७४. णिचश्च २५६४ ।
७५. समुदाङ्भ्यो यमोऽग्रन्थे २७४२ ।
७६. अनुपसर्गाज्ज्ञः २७४३ ।
७७. विभाषोपपदेन प्रतीयमाने २७४४ ।
७८. शेषात्कर्तरि परस्मैपदम् २१५९ ।
७९. अनुपराभ्यां कृञः २७४५ ।
८०. अभिप्रत्यतिभ्यः क्षिपः २७४६ ॥५॥
८१. प्राद्वहः २७४७ ।
८२. परेर्मृषः २७४८ ।
८३. व्याङ्परिभ्यो रमः २७४९ ।
८४. उपाच्च २७५० ।
८५. विभाषाऽकर्मकात् २७५१ ।
८६. बुधयुधनशजनेङ्प्रुद्रुस्रुभ्यो णेः २७[illegible] ।

८७. निगरणचलनार्थेभ्यश्च २७५३ ।

* अदेः प्रतिषेधः ।

८८. अणावकर्मकाच्चित्तवत्कर्तृकात् २७५४ ।

८९. न पादम्याङ्यमाङ्यसपरिमुहरुचिनृतिवदवसः २७५५ ।

* पादिषु धेट उपसंख्यानम् ।

९०. वा क्यषः २६६९ ।

९१. द्युद्भ्यो लुङि २३४५ ।

९२. वृद्भ्यः स्यसनोः २३४७ ।

९३. लुटि च क्लृपः २३५१ ।

भूवादयः क्रीडोऽनु वेः पादम्रियतेः प्राद्वह-स्त्रयोदश ॥

इति पाणिनीयसूत्रपाठे प्रथमस्याध्यायस्य तृतीयः पादः ।

चतुर्थः पादः ।

१. आकडारादेका संज्ञा २३२ ।

२. विप्रतिषेधे परं कार्यम् १७५ ।

३. यू स्त्र्याख्यौ नदी २६६ ।

* प्रथमलिङ्गग्रहणं च ।

४. नेयङुवङ्स्थानावस्त्री ३०३ ।

५. वाऽऽमि ३०४ ।

६. ङिति ह्रस्वश्च २९६ ।

७. शेषो घ्यसखि २४३ ।

८. पतिः समास एव २५७ ।

९. षष्ठीयुक्तश्छन्दसि वा ३३८९ ।

१०. ह्रस्वं लघु ३१ ।

११. संयोगे गुरु ३२ ।

१२. दीर्घं च ३३ ।

१३. यस्मात्प्रत्ययविधिस्तदादि प्रत्ययेऽङ्गम् [१९९

१४. सुप्तिङन्तं पदम् २९ ।

१५. नः क्ये २६५९ ।

१६. सिति च १२५२ ।

१७. स्वादिष्वसर्वनामस्थाने २३० ।

१८. यचि भम् २३१ ।

* नभोऽङ्गिरोमनुषां वत्युपसंख्यानम् ।

* वृषण् वस्वश्वयोः ।

१९. तसौ मत्वर्थे १८९६ ।

२०. अयस्मयादीनि छन्दसि ३३९० ॥१॥

* उभयसंज्ञान्यपीति वक्तव्यम् ।

२१. बहुषु बहुवचनम् १८७ ।

२२. द्व्येकयोर्द्विवचनैकवचने १८६ ।

२३. कारके ५३४ ।

२४. ध्रुवमपायेऽपादानम् ५८६

* जुगुप्साविरामप्रमादार्थानामुपसंख्यानम् ।

२५. भीत्रार्थानां भयहेतुः ५८८ ।

२६. पराजेरसोढः ५८९ ।

२७. वारणार्थानामीप्सितः ५९० ।

२८. अन्तर्धौ येनादर्शनमिच्छति ५९१ ।

२९. आख्यातोपयोगे ५९२ ।

३०. जनिकर्तुः प्रकृतिः ५९३ ।

३१. भुवः प्रभवः ५९४ ।

३२. कर्मणा यमभिप्रैति स संप्रदानम् ५६९

* क्रियया यमभिप्रैति स संप्रदानम् ।

* कर्मणः करणसंज्ञा संप्रदानस्य च कर्मसंज्ञा वक्तव्या ।

३३. रुच्यर्थानां प्रीयमाणः ५७१ ।

३४. श्लाघह्नुङ्स्थाशपां ज्ञीप्स्यमानः ५७२ ।

३५. धारेरुत्तमर्णः ५७३ ।

३६. स्पृहेरीप्सितः ५७४ ।

३७. क्रुधद्रुहेर्ष्यासूयार्थानां यं प्रति कोपः ५७५

३८. क्रुधद्रुहोरुपसृष्टयोः कर्म ५७६ ।

३९. राधीक्ष्योर्यस्य विप्रश्नः ५७७ ।

४०. प्रत्याङ्भ्यां श्रुवः पूर्वस्य कर्ता ५७८ ॥२

४१. अनुप्रतिगृणश्च ५७९ ।

४२. साधकतमं करणम् ५६० ।

४३. दिवः कर्म च ५६२ ।

४४. परिक्रयणे संप्रदानमन्यतरस्याम् ५८० ।

४५. आधारोऽधिकरणम् ६३२ ।

४६. अधिशीङ्स्थासां कर्म ५४२ ।

४७. अभिनिविशश्च ५४३ ।

४८. उपान्वध्याङ्वसः ५४४ ।

* वसेरश्यर्थस्य प्रतिषेधः ।

४९. कर्तुरीप्सिततमं कर्म ५३५ ।

५०. तथायुक्तं चानीप्सितम् ५३८ ।

५१. अकथितं च ५३९ ।

* अकर्मकधातुभिर्योगे देशः कालो भावो गन्तव्योऽध्वा च कर्मसंज्ञक इति वाच्यम् ।

५२. गतिबुद्धिप्रत्यवसानार्थशब्दकर्माकर्मकाणामणिकर्ता स णौ ५४० ।

* जल्पतिप्रभृतीनामुपसंख्यानम् ।

* दृशेश्च ।

* अदिखाद्योर्न ।

* नीवह्योर्न ।

* नियन्तृकर्तृकस्य वहेरनिषेधः ।

* भक्षेरहिंसार्थस्य न ।

* शब्दायतेर्न ।

५३. हृक्रोरन्यतरस्याम् ५४१ ।

* अभिवादिदृशोरात्मनेपदे वेति वाच्यम् ।

५४. स्वतन्त्रः कर्ता ५५९ ।

५५. तत्प्रयोजको हेतुश्च २५७५ ।

५६. प्राग्रीश्वरान्निपाताः १९ ।

५७. चादयोऽसत्त्वे २० ।

३. च वा ह (अह) एव एवम् नूनम् शश्वत् युपत् (युगपत्) (भूयस्) सूपत् कूपत् कुवित् नेत् चेत् चण् कच्चित् यत्र तत्र नह हन्त माकिम् (माकीम्) माकिर् नकिम् (नकीम्) नकिर् (आकीम्) माङ् नञ् तावत् यावत् त्वा त्वे त्वै (द्वै रै) रे श्रौषट् वौषट् वषट् स्वाहा स्वधा ओम् तथा (तथाहि) खलु किल अथ सु (सुष्ठु) स्म अ इ उ ऋ लृ ए ऐ ओ औ आदह उञ् उकञ् वेलायाम् मात्रायाम् यथा यत् तत् किम् पुरा वधा (वध्वा) धिक् हाहा हेहै (हहे) पाट् प्याट् आहो उताहो हो अहो नो (नौ) अथो ननु मन्ये मिथ्या असि ब्रूहि तु नु इति इव वत् वात् वन बत (सम् वशम् शिकम् दिकम्) सनुकम् छंवट् (छंवट) शङ्के शुकम् खम् सनात् सनतर् नहिकम् सत्यम् ऋतम् अद्धा इद्धा नोचेत् नचेत् नहि जातु कथम् कुतः कुत्र अव अनु हा हे (है) आहोस्वित् शम् कम् खम् दिष्टया पशु वट् सह (अनुषट्) आनुषक् अङ्ग फट् ताजक् (भाजक्) अये अरे वाट् (चाटु) कुम् खुम् घुम् अम् ईम् सीम् सिम् सि वै । 'उपसर्गविभक्तिस्वरप्रतिरूपकाश्च निपाताः' १६—**आकृतिगणोऽयम् ॥**

इति चादयः ॥

५८. प्रादयः २१ ।

४. प्र परा अप सम् अनु अव निस् निर् दुस् दुर् वि आङ् नि अधि अपि अति सु उद् अभि प्रति परि उप – **इति प्रादयः ॥**

* मरुच्छब्दस्योपसंख्यानम् ।

* श्रच्छब्दस्योपसंख्यानम् ।

५९. उपसर्गाः क्रियायोगे २२ ।

६०. गतिश्च २३ ॥ ३ ॥

* कारिकाशब्दस्योपसंख्यानम्।

* पुनश्च नसौ छन्दसि।

* दुरः षत्वणत्वयोरुपसर्गत्वप्रतिषेधो वक्तव्यः।

६१. ऊर्यादिच्विडाचश्च ७६२।

५. ऊरी उररी तन्थी ताली आताली वेताली धूली धूसी शकला संशकला ध्वंसकला भ्रंसकला गुलुगुधा सजूस् फल फली विक्ली आक्ली आलोष्ठी केवाली केवासी सेवासी (पर्याली) शेवाली वर्षाली अत्यूमशा वश्मशा (मस्मसा) मसमसा औषट् (श्रौषट्) वौषट् वषट् स्वाहा स्वधा बन्धा प्रादुस् अत् आविस्—इत्यूर्यादयः॥

६२. अनुकरणं चानितिपरम् ७६३।

६३. आदरानादरयोः सदसती ७६४।

६४. भूषणेऽलम् ७६५।

६५. अन्तरपरिग्रहे ७६६।

* अन्तःशब्दस्याङ्किविधिणत्वेषूपसर्गत्वं वाच्यम्।

६६. कणेमनसी श्रद्धाप्रतीघाते ७६७।

६७. पुरोऽव्ययम् ७६८।

६८. अस्तं च ७६९।

६९. अच्छ गत्यर्थवदेषु ७७०।

७०. अदोऽनुपदेशे ७७१।

७१. तिरोऽन्तर्धौ ७७२।

७२. विभाषा कृञि ७७३।

७३. उपाजेऽन्वाजे ७७४।

७४. साक्षात्प्रभृतीनि च ७७५।

६. साक्षात् मिथ्या चिन्ता भद्रा रोचना आस्था अमा श्रद्धा प्राजर्या प्राजरुहा बीजर्या बीजरुहा संसर्या अर्थे लवणम् उष्णम् शीतम् उदकम् आर्द्रम् अग्नौ वशे विकसने प्रसहने प्रतपने प्रादुस् नमस्—आकृतिगणोऽयम्॥ इति साक्षात्प्रभृतयः॥

* अर्थे इति वक्तव्यम्।

७५. अनत्याधान उरसिमनसी ७७६ ।
७६. मध्ये पदे निवचने च ७७७ ।
७७. नित्यं हस्ते पाणावुपयमने ७७८ ।
७८. प्राध्वं बन्धने ७७९ ।
७९. जीविकोपनिषदावौपम्ये ७८० ।
८०. ते प्राग्धातोः २२३० ॥ ४ ॥
८१. छन्दसि परेऽपि ३३९१ ।
८२. व्यवहिताश्च ३३९२ ।
८३. कर्मप्रवचनीयाः ५४६ ।
८४. अनुर्लक्षणे ५४७ ।
८५. तृतीयार्थे ५४९ ।
८६. हीने ५५० ।
८७. उपोऽधिके च ५५१ ।
८८. अपपरी वर्जने ५९६ ।
८९. आङ्मर्यादावचने ५९७ ।
* आङ्मर्यादाभिविध्योरिति वक्तव्यम् ।
९०. लक्षणेत्थंभूताख्यानभागवीप्सासु प्रति-पर्यनवः ५५२ ।
९१ अभिरभागे ५५३ ।
९२. प्रतिः प्रतिनिधिप्रतिदानयोः ५९९ ।
९३. अधिपरी अनर्थकौ ५५४ ।
९४. सुः पूजायाम् ५५५ ।
९५. अतिरतिक्रमणे च ५५६ ।
९६. अपिः पदार्थसंभावनान्ववसर्गगर्हास-मुच्चयेषु ५५७ ।
९७. अधिरीश्वरे ६४४ ।
९८. विभाषा कृञि ६४६ ।
९९. लः परस्मैपदम् २१५५ ।

१००. तङानावात्मनेपदम् २१५६ ॥ ५ ॥

१०१. तिङस्त्रीणि त्रीणि प्रथममध्यमोत्तमाः २१६० ।

१०२. तान्येकवचनद्विवचनबहुवचनान्येकशः २१६१ ।

१०३. सुपः १८५ ।

१०४. विभक्तिश्च १८४ ।

१०५. युष्मद्युपपदे समानाधिकरणे स्थानिन्यपि मध्यमः २१६२ ।

१०६. प्रहासे च मन्योपपदे मन्यतेरुत्तम एकवच्च २१६३ ।

१०७. अस्मद्युत्तमः २१६४ ।

१०८. शेषे प्रथमः २१६५ ।

१०९. परः संनिकर्षः संहिता २८ ।

११०. विरामोऽवसानम् २७ ।

आ कडाराद्व्द्दुष्वनुप्रतिगृण ऊर्यादिच्छन्दसि तिङो दश ॥

इति पाणिनीयसूत्रपाठे प्रथमस्याध्यायस्य चतुर्थः पादः अध्यायश्च ।

॥ अथ द्वितीयोऽध्यायः ॥

प्रथमः पादः ।

१. समर्थः पदविधिः ६४७ ।

२. सुबामन्त्रिते पराङ्गवत्स्वरे ३६५६ ।

* षष्ठ्यामन्त्रितकारकवचनम् ।

* सुबन्तस्य पराङ्गवद्भावे समानाधिकरणस्योपसंख्यानमनन्तरत्वात् ।

* पूर्वाङ्गवच्चेति वक्तव्यम् ।

* अव्ययानां न ।

* अव्ययीभावस्य त्विष्यते ।

३. प्राक्कडारात्समासः ६४८ ।

४. सह सुपा ६४९ ।

* इवेन समासो विभक्त्यलोपश्च ।

५. अव्ययीभावः ६५१ ।

६. अव्ययं विभक्तिसमीपसमृद्धिव्यृद्ध्यर्थाभावात्ययासंप्रतिशब्दप्रादुर्भावपश्चाद्यथानुपूर्व्ययौगपद्यसादृश्यसंपत्तिसाकल्यान्तवचनेषु ६५२ ।

७. यथाऽसादृश्ये ६६१ ।

८. यावदवधारणे ६६२ ।

९. सुप्प्रतिना मात्रार्थे ६६३ ।

१०. अक्षशलाकासंख्याः परिणा ६६४ ।

११. विभाषा ६६५ ।

१२. अपपरिबहिरञ्चवः पञ्चम्या ६६६ ।

१३. आङ्मर्यादाभिविध्योः ६६७ ।

१४. लक्षणेनाभिप्रती आभिमुख्ये ६६८ ।

१५. अनुर्यत्समया ६६९ ।

१६. यस्य चायामः ६७० ।

१७. तिष्ठद्गुप्रभृतीनि च ६७१ ।

७. तिष्ठद्गु वहद्गु आयतीगवम् खलेयवम् खलेबुसम् लूनयवम् लूयमानयवम् पूतयवम् पूयमानयवम् संहृतयवम् संह्रियमाणयवम् संहृतबुसम् संह्रियमाणबुसम् समभूमि समपदाति सुषमम् विषमम् दुःषमम् निःषमम् अपसमम् आयतीसमम् (प्रोढम्) पापसमम् पुण्यसमम् प्राह्णम् प्ररथम् प्रमृगम् प्रदक्षिणम् (अपरदक्षिणम्) संप्रति असंप्रति । 'इच्प्रत्ययः समासान्तः' १७—**इति तिष्ठद्गुप्रभृतयः ॥**

१८. पारे मध्ये षष्ठ्या वा ६७२ ।

१९. संख्या वंश्येन ६७३ ।

२०. नदीभिश्च ६७४ ॥ १ ॥

२१. अन्यपदार्थे च संज्ञायाम् ६७५ ।

२२. तत्पुरुषः ६८४ ।

२३. द्विगुश्च ६८५ ।

२४. द्वितीया श्रितातीतपतितगतात्यस्तप्राप्तापन्नैः ६८६ ।

* गम्यादीनामुपसंख्यानम् ।

२५. स्वयं क्तेन ६८७ ।

२६. खट्वा क्षेपे ६८८ ।

२७. सामि ६८९ ।

२८. कालाः ६९० ।

२९. अत्यन्तसंयोगे च ६९१ ।

३०. तृतीया तत्कृतार्थेन गुणवचनेन ६९२।

३१. पूर्वसदृशसमोनार्थकलहनिपुणमिश्रश्लक्ष्णैः ६९३।

* अवरस्योपसंख्यानम्।

३२. कर्तृकरणे कृता बहुलम् ६९४।

३३. कृत्यैरधिकार्थवचने ६९५।

३४. अन्नेन व्यञ्जनम् ६९६।

३५. भक्ष्येण मिश्रीकरणम् ६९७।

३६. चतुर्थी तदर्थार्थबलिहितसुखरक्षितैः ६९८

* अर्थेन नित्यसमासो विशेष्यलिङ्गता चेति वक्तव्यम्।

३७. पञ्चमी भयेन ६९९।

* भयभीतभीतिभीभिरिति वक्तव्यम्।

* भयनिर्गतजुगुप्सुभिरिति वक्तव्यम्।

३८. अपेतापोढमुक्तपतितापत्रस्तैरल्पशः ७००

३९. स्तोकान्तिकदूरार्थकृच्छ्राणि क्तेन ७०१

४०. सप्तमी शौण्डैः ७१७ ॥२॥

८. शौण्ड धूर्त कितव व्याड प्रवीण संवीत अन्तर अधि पटु पण्डित कुशल चपल निपुण—**इति शौण्डादयः** ॥

४१. सिद्धशुष्कपक्वबन्धैश्च ७१८।

४२. ध्वाङ्क्षेण क्षेपे ७१९।

४३. कृत्यैर्ऋणे ७२०।

४४. संज्ञायाम् ७२१।

४५. क्तेनाहोरात्रावयवाः ७२२।

४६. तत्र ७२३।

४७. क्षेपे ७२४।

४८. पात्रेसमितादयश्च ७२५।

९. पात्रेसमिताः पात्रेबहुलाः उदुम्बरमशकः (उदुम्बरमशकाः) उदुम्बरकृमिः कूपकच्छपः अवटकच्छपः कूपमण्डूकः कुम्भमण्डूकः उदपानमण्डूकः नगरकाकः

नगरवायसः मातरिपुरुषः पिण्डीशूरः पितरिशूरः गेहेशूरः गेहेनर्दी गेहेक्ष्वेडी गेहेविजिती गेहेव्याडः गेहेमेही (गेहेदाही) गेहेदृप्तः गेहेधृष्टः गर्भेतृप्तः आखनिकबकः गोष्ठेशूरः गोष्ठेविजिती गोष्ठेक्ष्वेडी गोष्ठेपटुः गोष्ठेपण्डितः गोष्ठेप्रगल्भः कर्णेटिरिटिरा कर्णेचुरुचुरा—**आकृतिगणोऽयम्। इति पात्रेसमितादयः** ॥

४९. **पूर्वकालैकसर्वजरत्पुराणनवकेवलाः समानाधिकरणेन** ७२६।

५०. **दिक्संख्ये संज्ञायाम्** ७२७।

५१. **तद्धितार्थोत्तरपदसमाहारे च** ७२८।

* द्वन्द्वतत्पुरुषयोरुत्तरपदे नित्यसमासवचनम्।

* उत्तरपदेन परिमाणिना द्विगोः सिद्धये बहूनां तत्पुरुषस्योपसंख्यानम्।

५२. **'संख्यापूर्वो द्विगुः** ७३०।

५३. **कुत्सितानि कुत्सनैः** ७३२।

५४. **पापाणके कुत्सितैः** ७३३।

५५. **उपमानानि सामान्यवचनैः** ७३४।

५६ **उपमितं व्याघ्रादिभिःसामान्याप्रयोगे** ७३५

१०. व्याघ्र सिंह ऋक्ष ऋषभ चन्दन वृक वृष वराह हस्तिन् तरु कुञ्जर रुरु पृषत् पुण्डरीक पलाश कितव—**इति व्याघ्रादयः ॥ आकृतिगणोऽयम्**। तेन—मुखपद्मम् मुखकमलम् करकिसलयम् पार्थिवचन्द्रः इत्यादि ॥

५७. **विशेषणं विशेष्येण बहुलम्** ७३६।

५८. **पूर्वापरप्रथमचरमजघन्यसमानमध्यमध्यमवीराश्च** ७३७।

५९. **श्रेण्यादयः कृतादिभिः** ७३८।

११. श्रेणि [ऊक] एक पूग कुन्दुम (मुकुन्द) [राशि] निचय [विशेष] निधन (विधान) [पर] इन्द्र देव मुण्ड भूत श्रमण वदान्य अध्यापक अभिरूपक ब्राह्मण क्षत्रिय

[विशिष्ट] पटु पण्डित कुशल चपल निपुण कृपण — **इत्येते श्रेण्यादयः** ॥ १२. कृत मित मत भूत उक्त [युक्त] समाज्ञात समाम्नात समाख्यात संभावित [संसेवित] अवधारित अवकल्पित निराकृत उपकृत उपाकृत [दृष्ट कलित दलित उदाहृत विश्रुत उदित] — **आकृतिगणोऽयम्** ॥ **इति कृतादयः** ॥

* श्रेण्यादिषु च्व्यर्थवचनम् ।

६०. **क्तेन नञ्विशिष्टेनानञ्** ७३९ ॥ **३** ॥

* शाकपार्थिवादीनां सिद्धये उत्तरपदलोपस्योपसंख्यानम् ।

[१३. (वा. १३१४) । शाकपार्थिव कुतपसौश्रुत अजातौल्वलि — **आकृतिगणोऽयम्** ॥ कृतापकृत भुक्तविभुक्त पीतविपीत गतप्रत्यागत यातानुयात क्रयाक्रयिका पुटापुटिका फलाफलिका [मानोन्मानिका] — **इति शाकपार्थिवादयः** ॥]

६१. **सन्महत्परमोत्तमोत्कृष्टाः पूज्यमानैः** ७४०

६२. **वृन्दारकनागकुञ्जरैः पूज्यमानम्** ७४१ ।

६३. **कतरकतमौ जातिपरिप्रश्ने** ७४२ ।

६४. **किं क्षेपे** ७४३ ।

६५. **पोटायुवतिस्तोककतिपयगृष्टिधेनुवशावेहद्बष्कयणीप्रवक्तृश्रोत्रियाध्यापकधूर्तैर्जातिः** ७४४ ।

६६. **प्रशंसावचनैश्च** ७४७ ।

६७. **युवा खलतिपलितवलिनजरतीभिः** ७४८

६८. **कृत्यतुल्याख्या अजात्या** ७४९ ।

६९. **वर्णो वर्णेन** ७५० ।

७०. **कुमारः श्रमणादिभिः** ७५२ ।

१४. श्रमणा प्रव्रजिता कुलटा गर्भिणी तापसी दासी बन्धकी अध्यापक अभिरूपक पण्डित पटु मृदु कुशल चपल निपुण — **इति श्रमणादयः** ॥

७१. चतुष्पादो गर्भिण्या ७५३ ।

* चतुष्पाज्जातिरिति वक्तव्यम् ।

७२. मयूरव्यंसकादयश्च ७५४ ।

१५ मयूरव्यंसक छात्रव्यंसक कम्बोजमुण्ड यवनमुण्ड छन्दसि । हस्तेगृह्य (हस्तगृह्य) पादेगृह्य (पादगृह्य) लाङ्गूलेगृह्य (लाङ्गूलगृह्य) पुनर्दाय । 'एहीडादयोऽन्यपदार्थे' १८ । एहीडं वर्तते । एहियवं वर्तते । एहिवाणिजा क्रिया । अपेहिवाणिजा प्रेहिवाणिजा एहिस्वागता अपेहिस्वागता एहिद्वितीया अपेहिद्वितीया प्रेहिद्वितीया एहिकटा अपेहिकटा प्रेहिकटा आहरकटा प्रेहिकर्दमा प्रोहकर्दमा विधमचूडा उद्धमचूडा (उद्धरचूडा) आहरचेला आहरवसना [आहरसेना] आहरवनिता (आहरविनता) कृन्तविचक्षणा उद्धरोत्सृजा उद्धरावसृजा उद्धमविधमा उत्पचनिपचा उत्पतनिपता उच्चावचम् उच्चनीचम् आचोपचम् आचपराचम् नखप्रचम् निश्चप्रचम् अकिञ्चन स्नात्वाकालक पीत्वास्थिरक भुक्त्वासुहित प्रोष्यपापीयान् उत्पत्यपाकला निपत्यरोहिणी निषण्णश्यामा अपेहिप्रघसा एहिविघसा इहपञ्चमी इहद्वितीया । 'जहि कर्मणा बहुलमाभीक्ष्ण्ये' १९ । कर्तारं चाभिदधाति । जहिजोडः (जहिजोडम्) जहिस्तम्बम् (जहिस्तम्बः) [उज्जहिस्तम्बम्] । 'आख्यातमाख्यातेन क्रियासातत्ये' २० । अश्नीतपिबता पचतभृज्जता खादतमोदता खादतवमता (खादताचमता) आहरनिवपा आहरनिष्किरा (आवपनिष्किरा) उत्पचविपचा भिन्धिलवणा कृन्धिविचक्षणा पचलवणा पचप्रकूटा—**आकृतिगणोऽयम्** तेन । अकुतोभयः कान्दिशीकः (कान्देशीकः) आहोपुरुषा आहोपुरुषिका अहमहमिका यदृच्छा एहिरेयाहिरा उन्मृजावमृजा द्रव्यान्तरम् अवश्यकार्यम् ॥ **इति मयूरव्यंसकादयः ॥**

समर्थोऽन्यपदार्थे च सिद्धशुष्कसन्महद्द्वादश ।

इति पाणिनीयसूत्रपाठे द्वितीयस्याध्यायस्य **प्रथमः पादः ।**

द्वितीयः पादः ।

१. पूर्वापराधरोत्तरमेकदेशिनैकाधिकरणे [७१२

२. अर्धं नपुंसकम् ७१३ ।

३. द्वितीयतृतीयचतुर्थतुर्याण्यन्यतरस्याम् [७१४

४. प्राप्तापन्ने च द्वितीयया ७१५ ।

५. कालाः परिमाणिना ७१६ ।

६. नञ् ७५६ ।

७. ईषदकृता ७५५ ।

* ईषद्गुणवचनेनेति वक्तव्यम् ।

८. षष्ठी ७०२ ।

* कृद्योगा च षष्ठी समस्यत इति वक्तव्यम् ।

९. याजकादिभिश्च ७०३ ।

१६. याजक पूजक परिचारक परिवेषक (परिषेचक) स्नापक अध्यापक उत्साहक उद्वर्तक होतृ भर्तृ रथगणक पत्तिगणक—इति याजकादयः ॥

१०. न निर्धारणे ७०४ ।

* प्रतिपदविधाना च षष्ठी न समस्यत इति वक्तव्यम् ।

११. पूरणगुणसुहितार्थसदव्ययतव्यसमानाधिकरणेन ७०५ ।

१२. क्तेन च पूजायाम् ७०६ ।

१३. अधिकरणवाचिना च ७०७ ।

१४. कर्मणि च ७०८ ।

१५. तृजकाभ्यां कर्तरि ७०९ ।

१६. कर्तरि च ७१० ।

१७. नित्यं क्रीडाजीविकयोः ७११ ।

१८. कुगतिप्रादयः ७६१ ।

* कर्मप्रवचनीयानां प्रतिषेधः ।

* प्रादयो गताद्यर्थे प्रथमया ।

* अत्यादयः क्रान्ताद्यर्थे द्वितीयया ।

* अवादयः क्रुष्टाद्यर्थे तृतीयया ।

* पर्यादयो ग्लानाद्यर्थे चतुर्थ्या ।

* निरादयः क्रान्ताद्यर्थे पञ्चम्या ।

* इवेन विभक्त्यलोपः पूर्वपदप्रकृतिस्वरत्वं च ।

१९. उपपदमतिङ् ७८२ ।

२०. अमैवाव्ययेन ७८३ ॥ १ ॥

२१. तृतीयाप्रभृतीन्यन्यतरस्याम् ७८४ ।

२२. क्त्वा च ७८५ ।

२३. शेषो बहुव्रीहिः ८२९ ।

२४. अनेकमन्यपदार्थे ८३० ।

* प्रादिभ्यो धातुजस्य वाच्यो वा चोत्तरपदलोपः ।

* नञोऽस्त्यर्थानां वाच्यो वा चोत्तरपदलोपः ।

२५. संख्ययाव्ययासन्नादूराधिकसंख्याः संख्येये ८४३ ।

२६. दिङ्नामान्यन्तराले ८४५ ।

२७. तत्र तेनेदमिति सरूपे ८४६ ।

२८. तेन सहेति तुल्ययोगे ८४८ ।

* सर्वनाम्नो वृत्तिमात्रे पुंवद्भावो वक्तव्यः ।

२९. चार्थे द्वन्द्वः ९०१ ।

३०. उपसर्जनं पूर्वम् ६५४ ।

३१. राजदन्तादिषु परम् ९०२ ।

१७. राजदन्तः अग्रेवणम् लिप्तवासितम् नग्नमुषितम् सिक्तसंमृष्टम् मृष्टलुञ्चितम् अवक्लिन्नपक्वम् अर्पितोप्तम् उप्तगाढम् उलूखलमुसलम् तण्डुलकिण्वम् दृषदुपलम आरडायनि (आरग्वायनबन्धकी) चित्ररथबाह्लीकं अवन्त्यश्मकं शूद्रार्यं स्नातकराजानौ विष्वक्सेनार्जुनौ अक्षिभ्रुवम दारगवम् शब्दार्थौ धर्मार्थौ कामार्थौ अर्थशब्दौ अर्थधर्मौ अर्थकामौ वैकारिमतं गाजवाजम् (गोजवाजं) गोपालिधानपूलासं (गोपालधानीपूलासम्) पूलासकारण्डं (पूलासककुरण्डम्) स्थूलासम् (स्थूलपूलासम) उशीरबीजं [जिज्ञास्थि] सिञ्जास्थम् (सिञ्जाश्वत्थं)

चित्रास्वाती (चित्रस्वाती) भार्यापती दम्पती जम्पती जायापती पुत्रपती पुत्रपशू केशश्मश्रू शिरोबीजु (शिरोबीजम्) शिरोजानु सर्पिर्मधुनी मधुसर्पिषी [आद्यन्तौ] अन्तादी गुणवृद्धी वृद्धिगुणौ—**इति राजदन्तादयः ॥**

३२. द्वन्द्वे घि ९०३ ।

३३. अजाद्यदन्तम् ९०४ ।

३४. अल्पाच्तरम् ९०५ ।

* अनेकप्राप्तावेकस्य नियमोऽनियमः शेषे ।

* ऋतुनक्षत्राणामानुपूर्व्येण समानाक्षराणाम् ।

* अभ्यर्हितं च ।

* लघ्वक्षरम् ।

* वर्णानामानुपूर्व्येण ।

* भ्रातुश्च ज्यायसः ।

* संख्याया अल्पीयस्याः ।

* धर्मादिषूभयम् ।

३५. सप्तमीविशेषणे बहुव्रीहौ ८९८ ।

* सर्वनामसंख्ययोरुपसंख्यानम् ।

* वा प्रियस्य ।

* गड्वादिभ्यः परा सप्तमी ।

३६. निष्ठा ८९९ ।

* जातिकालसुखादिभ्यः परानिष्ठा ।

* प्रहरणार्थेभ्यश्च परे निष्ठासप्तम्यौ ।

३७. वाऽऽहिताग्न्यादिषु ९०० ।

१८. आहिताग्नि जातपुत्र जातदन्त जातश्मश्रु तैलपीत घृतपीत [मद्यपीत] ऊढभार्य गतार्थ—**आकृतिगणोऽयम् ॥** तेन । गडुकण्ठ अस्युद्यत (अरमुद्यत) दण्डपाणिप्रभृतयोऽपि ॥ **इत्याहिताग्न्यादयः ॥**

३८. कडाराः कर्मधारये ७५१ ।

१९. कडार गडुल खञ्ज खोड काण कुण्ठ खलति गौर वृद्ध भिक्षुक पिङ्ग पिङ्गुल (पिङ्गल) तड तनु [जठर] बधिर मठर कञ्ज बर्बर—**इति कडारादयः ॥**

पूर्वापराधरोत्तरं तृतीयाप्रभृतीन्यष्टादश ॥

इति पाणिनीयसूत्रपाठे द्वितीयस्याध्यायस्य द्वितीयः पादः ।

तृतीयः पादः ।

१. अनभिहिते ५३६

* तिङ्कृत्तद्धितसमासैः परिसंख्यानम् ।

२. कर्मणि द्वितीया ५३७ ।

* उभसर्वतसोः कार्या धिगुपर्यादिषु त्रिषु ।
द्वितीयाम्रेडितान्तेषु ततोऽन्यत्रापि दृश्यते ॥

* अभितःपरितःसमयानिकषाहाप्रतियोगेऽपि ।

३. तृतीया च होश्छन्दसि ३३९४ ।

४. अन्तरान्तरेणयुक्ते ५४५ ।

५. कालाध्वनोरत्यन्तसंयोगे ५५८ ।

६. अपवर्गे तृतीया ५६३ ।

७. सप्तमीपञ्चम्यौ कारकमध्ये ६४३ ।

८. कर्मप्रवचनीययुक्ते द्वितीया ५४८ ।

९. यस्मादधिकं यस्य चेश्वरवचनं तत्र सप्तमी ६४५ ।

१०. पञ्चम्यपाङ्परिभिः ५९८ ।

११. प्रतिनिधिप्रतिदाने च यस्मात् ६०० ।

१२ गत्यर्थकर्मणि द्वितीयाचतुर्थ्यौ चेष्टायामनध्वनि ५८५ ।

१३. चतुर्थी संप्रदाने ५७० ।

* तादर्थ्ये चतुर्थी वक्तव्या ।

* क्लृपि संपद्यमाने च ।

* उत्पातेन ज्ञापिते च ।

* हितयोगे च ।

१४. क्रियार्थोपपदस्य च कर्मणि स्थानिनः ५८१ ।

१५. तुमर्थाच्च भाववचनात् ५८२ ।

१६. नमःस्वस्तिस्वाहास्वधालंवषड्योगाच्च ५८३ ।

* अलमिति पर्याप्त्यर्थग्रहणम् ।

१७. मन्यकर्मण्यनादरे विभाषाऽप्राणिषु ५८४

* अप्राणिष्वित्यपनीय नौकाकान्नशुकसृगालवर्जेष्विति वाच्यम् ।

२०. नौ काक अन्न शुक श्रृगाल—इति नावादयः ॥

१८. कर्तृकरणयोस्तृतीया ५६१ ।

* प्रकृत्यादिभ्य उपसंख्यानम् ।

२१. (वा १४६८)। प्रकृति प्राय गोत्र सम विषम द्विद्रोण पञ्चक साहस्र—इति प्रकृत्यादयः ॥

१९. सहयुक्तेऽप्रधाने ५६४ ।

२०. येनाङ्गविकारः ५६५ ॥ १ ॥

२१. इत्थंभूतलक्षणे ५६६ ।

२२. संज्ञोऽन्यतरस्यां कर्मणि ५६७ ।

२३. हेतौ ५६८ ।

* निमित्तपर्यायप्रयोगे सर्वासां प्रायदर्शनम् ।

२४. अकर्तर्यृणे पञ्चमी ६०१ ।

२५. विभाषा गुणेऽस्त्रियाम् ६०२ ।

२६. षष्ठी हेतुप्रयोगे ६०७ ।

२७. सर्वनाम्नस्तृतीया च ६०८ ।

२८. अपादाने पञ्चमी ५८७ ।

* ल्यब्लोपे कर्मण्यधिकरणे च ।

* यतश्चाध्वकालनिमानं तत्र पञ्चमी तद्युक्तादध्वनः प्रथमासप्तम्यौ कालात्सप्तमी च वक्तव्या ।

२९. अन्यारादितरर्तेदिक्छब्दाञ्चूत्तरपदाजाहियुक्ते ५९५ ।

३०. षष्ठ्यतसर्थप्रत्ययेन ६०९ ।

३१. एनपा द्वितीया ६१० ।

३२. पृथग्विनानानाभिस्तृतीयाऽन्यतरस्याम् ६०३ ।

३३. करणे च स्तोकाल्पकृच्छ्रकतिपयस्यासत्त्ववचनस्य ६०४ ।

३४. दूरान्तिकार्थैः षष्ठ्यन्यतरस्याम् ६११।

३५. दूरान्तिकार्थेभ्यो द्वितीया च ६०५ ।

३६. सप्तम्यधिकरणे च ६३३ ।

* क्तस्येन्विषयस्य कर्मण्युपसंख्यानम् ।

* साध्वसाधुप्रयोगे च ।

* अर्हाणां कर्तृत्वेऽनर्हाणामकर्तृत्वे तद्वैपरीत्ये च ।

* निमित्तात्कर्मसंयोगे ।

३७. यस्य च भावेन भावलक्षणम् ६३४ ।

३८. षष्ठी चानादरे ६३५ ।

३९. स्वामीश्वराधिपतिदायादसाक्षिप्रतिभूप्रसूतैश्च ६३६ ।

४०. आयुक्तकुशलाभ्यां चासेवायाम् ६३७ ।

४१. यतश्च निर्धारणम् ६३८ ।

४२. पञ्चमी विभक्ते ६३९ । [६४०

४३. साधुनिपुणाभ्यामर्चायां सप्तम्यप्रतेः ।

* अप्रत्यादिभिरिति वक्तव्यम् ।

२२. प्रति परि अनु—एते प्रत्यादयः ।

४४. प्रसितोत्सुकाभ्यां तृतीया च ६४१ ।

४५. नक्षत्रे च लुपि ६४२ ।

४६. प्रातिपदिकार्थलिङ्गपरिमाणवचनमात्रे प्रथमा ५३२ ।

४७. संबोधने च ५३३ ।

४८. सामन्त्रितम् ४११ ।

४९. एकवचनं संबुद्धिः १९२ ।
५०. षष्ठी शेषे ६०६ ।
५१. ज्ञोऽविदर्थस्य करणे ६१२ ।
५२. अधीगर्थदयेशां कर्मणि ६१३ ।
५३. कृञः प्रतियत्ने ६१४ ।
५४. रुजार्थानां भाववचनानामज्वरेः ६१५ ।
* अज्वरिसन्ताप्योरिति वक्तव्यम् ।
५५. आशिषि नाथः ६१६ । [६१७
५६. जासिनिप्रहणनाटक्राथपिषां हिंसायाम्
५७. व्यवहृपणोः समर्थयोः ६१८ ।
५८. दिवस्तदर्थस्य ६१९ ।
५९. विभाषोपसर्गे ६२० ।
६०. द्वितीया ब्राह्मणे ३३९५ ॥ ३ ॥
६१. प्रेष्यब्रुवोर्हविषो देवतासंप्रदाने ६२१ ।
* हविषोऽप्रस्थितस्य ।
६२. चतुर्थ्यर्थे बहुलं छन्दसि ३३९६ ।
* षष्ठ्यर्थे चतुर्थी ।
६३. यजेश्च करणे ३३९७ ।
६४. क्त्वोऽर्थप्रयोगे कालेऽधिकरणे ६२२ ।
६५. कर्तृकर्मणोः कृति ६२३ ।
* गुणकर्मणि वेष्यते ।
६६. उभयप्राप्तौ कर्मणि ६२४ ।
* स्त्रीप्रत्यययोरकाकारयोर्नायं नियमः ।
* शेषे विभाषा ।
६७. क्तस्य च वर्तमाने ६२५ ।
६८. अधिकरणवाचिनश्च ६२६ ।
६९. न लोकाव्ययनिष्ठाखलर्थतृनाम् ६२७ ।
* उकप्रतिषेधे कमेर्भाषायामप्रतिषेधः ।

* अव्ययप्रतिषेधे तोसुन्कसुनोरप्रतिषेधः ।

* द्विषः शतुर्वा ।

७०. अकेनोर्भविष्यदाधमर्ण्ययोः ६२८ ।

७१. कृत्यानां कर्तरि वा ६२९ । [६३०

७२. तुल्यार्थैरतुलोपमाभ्यां तृतीयान्यतरस्याम्

७३. चतुर्थी चाशिष्यायुष्यमद्रभद्रकुशलसुखार्थहितैः ६३१ ।

अनभिहित इत्थंभूतयतश्च प्रेष्यब्रुवोस्त्रयोदश ।

इति पाणिनीयसूत्रपाठे द्वितीयस्याध्यायस्य तृतीयः पादः ।

चतुर्थः पादः ।

१. द्विगुरेकवचनम् ७३१ ।

२. द्वन्द्वश्च प्राणितूर्यसेनाङ्गानाम् ९०६ ।

३. अनुवादे चरणानाम् ९०७ ।

* स्थेणोर्लुङीति वक्तव्यम् ।

४. अध्वर्युक्रतुरनपुंसकम् ९०८ ।

५. अध्ययनतोऽविप्रकृष्टाख्यानाम् ९०९ ।

६. जातिरप्राणिनाम् ९१० ।

७. विशिष्टलिङ्गो नदीदेशोऽग्रामाः ९११ ।

८. क्षुद्रजन्तवः ९१२ ।

९. येषां च विरोधः शाश्वतिकः ९१३ ।

१०. शूद्राणामनिरवसितानाम् ९१४ ।

११. गवाश्वप्रभृतीनि च ९१५ ।

२३. गवाश्वम् गवाविकम् गवैडकम् अजाविकम् [अजैडकम्] कुब्जवामनम् कुब्जकिरातम् पुत्रपौत्रम् श्वचण्डालम् स्त्रीकुमारम् दासीमाणवकम् शाटीपटीरम् शाटीप्रच्छदम् शाटीपट्टिकम् उष्ट्रखरम् उष्ट्रशशम् मूत्रशकृत् मूत्रपुरीषम् यकृन्मेदः मांसशोणितम् दर्भशरम् दर्भपूतीकम् अर्जुनशिरीषम् अर्जुनपुरुषम् तृणोपलम्

(तृणोलपम्) दासीदासम् कुटीकुटम् भागवतीभागवतम् इति गवाश्वप्रभृतीनि ॥

१२. विभाषा वृक्षमृगतृणधान्यव्यञ्जनपशुशकुन्यश्वबडवपूर्वापराधरोत्तराणाम् ९१६

* बहुप्रकृतिः फलसेनावनस्पतिमृगशकुनिक्षुद्रजन्तुधान्यतृणानाम् ।

१३. विप्रतिषिद्धं चानधिकरणवाचि ९१७ ।

१४. न दधिपयआदीनि ९१८ ।

२४. दधिपयसी सर्पिर्मधुनी मधुसर्पिषी ब्रह्मप्रजापती शिववैश्रवणौ स्कन्दविशाखौ परिव्राजककौशिकौ (परिव्राट्कौशिकौ) प्रवर्ग्योपसदौ शुक्लकृष्णौ इध्माबर्हिषी दीक्षातपसी [श्रद्धातपसी मेधातपसी] अध्ययनतपसी उलूखलमुसले आद्यवसाने श्रद्धामेधे ऋक्सामे वाङ्मनसे—इति दधिपयआदीनि ॥

१५. अधिकरणैतावत्त्वे च ९१९ ।

१६. विभाषा समीपे ९२० ।

१७. स नपुंसकम् ८२१ ।

१८. अव्ययीभावश्च ६५९ ।

१९. तत्पुरुषोऽनञ्कर्मधारयः ८२२ ।

२०. संज्ञायां कन्थोशीनरेषु ८२३ ॥ १ ॥

२१. उपज्ञोपक्रमं तदाद्याचिख्यासायाम् ८२४

२२. छाया बाहुल्ये ८२५ ।

२३. सभा राजाऽमनुष्यपूर्वा ८२६ ।

२४. अशाला च ८२७ । [८२८

२५. विभाषा सेनासुराच्छायाशालानिशानाम्

२६. परवल्लिङ्गं द्वन्द्वतत्पुरुषयोः ८१२ ।

* द्विगुप्राप्तापन्नालंपूर्वगतिसमासेषु प्रतिषेधो वक्तव्यः ।

२७. पूर्ववदश्वबडवौ ८१३ ।

२८. हेमन्तशिशिरावहोरात्रे च छन्दसि ३३९९ ।

२९. रात्राह्नाहाः पुंसि ८१४ ।

* अनुवाकादयः पुंसि ।

* संख्यापूर्वं रात्रं क्लीबम् ।

३०. अपथं नपुंसकम् ८१५

* पुण्यसुदिनाभ्यामह्नः क्लीबतेष्टा ।

* पथः संख्याव्ययादेः ।

* अकारान्तोत्तरपदो द्विगुः स्त्रियामिष्टः ।

* आबन्तो वा ।

* अनो नलोपश्च वा द्विगुः स्त्रियाम् ।

* पात्राद्यन्तस्य न ।

* सामान्ये नपुंसकम् ।

३१. अर्धर्चाः पुंसि च ८१६ ।

२५. अर्धर्च गोमय कषाय कार्षापण कुतप कुसप (कुणप) कपाट शङ्ख गूथ यूथ ध्वज कबन्ध पद्म गृह सरक कंस दिवस यूष अन्धकार दण्ड कमण्डलु मण्ड भूत द्वीप द्यूत चक्र धर्म कर्मन् मोदक शतमान यान नख नखर चरण पुच्छ दाडिम हिम रजत सक्तु पिधान सार पात्र घृत सैन्धव औषध आढक चषक द्रोण खलीन पात्रीव षष्टिक वारबाण (वारवारण) प्रोथ कपित्थ [शुष्क] शाल शील शुक्र (शुल्क) शीधु कवच रेणु [ऋण] कपट शीकर मुसल सुवर्ण वर्ण पूर्व चमस क्षीर कर्ष आकाश अष्टापद मङ्गल निधन निर्यास जृम्भ वृत्त पुस्त बुस्त क्ष्वेडित शृङ्ग निगड [खल] मूलक मधु मूल स्थूल शराव नाल वप्र विमान मुख प्रग्रीव शूल वज्र कटक कण्टक (कर्पट) शिखर कल्क (वल्कल) नटमक (नाट-मस्तक) वलय कुसुम तृण पङ्क कुण्डल किरीट (कुमुद) अर्बुद अङ्कुश तिमिर आश्रय भूषण इक्कस (इष्वास) मुकुल वसन्त तटाक (तडाग) पिटक विटङ्क विडङ्ग पिण्याक माष कोश फलक दिन दैवत पिनाक समर स्थाणु अनीक उपवास शाक कर्पास (विशाल) चषाल (चखाल) खण्ड दर विटप (रण बल मक) मृणाल हस्त आर्द्र हल (सूत्र) ताण्डव गाण्डीव मण्डप पटह सौध योध पार्श्व शरीर फळ (छल) पुर (पुरा) राष्ट्र अम्बर बिम्ब कुट्टिम मण्डल

(कुक्कुट) कुडप ककुद खन्डल तोमर तोरण मञ्चक पञ्चक पुङ्ख मध्य (बाल) छाल वल्मीक वर्ष वस्त्र वसु देह उद्यान उद्योग स्नेह स्तेन (स्तन स्वर) संगम निष्क क्षेम शूक क्षत्र पवित्र (यौवन कलह) मालक (पालक) मूषिक (मण्डल वल्कल) कुज (कुञ्ज) विहार लोहित विषाण भवन अरण्य पुलिन दृढ आसन ऐरावत शूर्प तीर्थ लोमन (लोमश) तमाल लोह दण्डक शपथ प्रतिसर दारु धनुस् मान वर्चस्क कूर्च तण्डक मठ सहस्र ओदन प्रवाल शकट अपराह्ण नीड शकल तण्डुल—

इत्यर्धर्चादिः ॥

३२. इदमोऽन्वादेशेऽशनुदात्तस्तृतीयादौ ३५०

३३. एतदस्त्रतसोस्त्रतसौ चानुदात्तौ १९६२

३४. द्वितीयाटौस्स्वेनः ३५१।

* अन्वादेशे नपुंसके एनद्वक्तव्यः।

३५. आर्धधातुके २४३२।

३६. अदो जग्धिर्ल्यप्ति किति ३०८०।

३७. लुङ्सनोर्घस्लृ २४२७।

* घस्लृ भावेऽच्युपसंख्यानम्।

३८. घञपोश्च ३२३६।

३९. बहुलं छन्दसि ३३९८।

४०. लिट्यन्यतरस्याम् २४२४ ॥२॥

४१. वेञो वयिः २४११।

४२. हनो वध लिङि २४३३।

४३. लुङि च २४३४।

४४. आत्मनेपदेष्वन्यतरस्याम् २६९६।

४५. इणो गा लुङि २४५८।

* इणवदिक इति वक्तव्यम्।

४६. णौ गमिरबोधने २६०७।

४७. सनि च २६१५।

४८. इङश्च २६१६।

४९. गाङ्कुटिति २४५९ ।

५०. विभाषा लुङ्लृङोः २४६० ।

५१. णौ च संश्चङोः २५७९ ।

५२. अस्तेर्भूः २४७० ।

५३. ब्रुवो वचिः २४५३ ।

५४. चक्षिङः ख्याञ् २४३६ ।

* वर्जने प्रतिषेधः ।

* असनयोश्च ।

५५. वा लिटि २४३७ ।

५६. अजेर्व्यघञपोः २२९२ ।

* घञपोः प्रतिषेधे क्य उपसंख्यानम् ।

* वलादावार्धधातुके वेष्यते ।

५७. वा यौ ३२९२ । [१२७६

५८. ण्यक्षत्रियार्षञितो यूनि लुगणिञोः

५९. पैलादिभ्यश्च १०८४ ।

२६. पैल शालङ्कि सात्यकि सात्यंकामि राहवि रावणि औदञ्चि औदव्रजि औदमेघि औदन्यञ्जि (औदमज्जि) औदभृज्जि दैवस्थानि पैङ्गलौदायनि राहक्षति (राह क्षति) भौलिङ्गि राणि औदन्यि औद्राहमानि औजिहानि औदशुद्धि 'तद्राजाच्चाणः' २१ (तद्राज)—आकृतिगणोऽयम् ॥ इति पैलादिः ॥

६०. इञः प्राचाम् १०८५ ॥ ३ ॥

६१. न तौल्वलिभ्यः १०८६ ।

२७. तौल्वलि धारणि पारणि रावणि दैलीपि दैवति वार्कलि नैवति (नैवकि) दैवमित्रि (दैवमति) दैवयज्ञि चाफट्ठकि बैल्वकि वैकि (वैङ्कि) आनुहारति (आनुराहति) पौष्करसादि आनुरोहति आनुति प्रादोहनि नैमिश्रि ‿डाहति बान्धकि वैशीति आसिनासि आहिंसि आसुरि नैमिषि आसिबन्धकि पौष्पि कारेणुपालि वैकर्णि वैरकि वैहति—इति तौल्वल्यादिः ॥

६२. तद्राजस्य बहुषु तेनैवास्त्रियाम् ११९३ ।

६३. यस्कादिभ्यो गोत्रे ११४६ ।

२८. यस्क लह्य द्रुह्य अयस्थूण (अयःस्थूण) तृणकर्ण सदामत्त कम्बलहार बहिर्योग कर्णाढक पर्णाढक पिण्डीजङ्घ बकसस्थ (बकसक्थ) विश्रि कुद्रि अजबस्ति मित्रयु रक्षोमुख जङ्घारथ उत्कास कटुक मथक (मन्थक) पुष्करद् (पुष्करसद्) विषपुट उपरिमेखल क्रोष्टुकमान (क्रोष्टुमान) क्रोष्टुपाद क्रोष्टुमाय शीर्षमाय खरप पदक वर्षुक भलन्दन भडिल भण्डिल भडित भण्डित – **एते यस्कादयः** ॥

६४. यञञोश्च ११०८ ।

* यञादीनामेकस्य द्वयोर्वा तत्पुरुषे षष्ठ्या उपसंख्यानम्

६५. अत्रिभृगुकुत्सवसिष्ठगोतमाङ्गिरोभ्यश्च ११४७ ।

६६. बह्वच इञः प्राच्यभरतेषु ११४८ ।

६७. न गोपवनादिभ्यः ११४९ ।

२९. गोपवन शैयु (शिग्रु) बिन्दु भाजन अश्वावतान श्यामाक (श्येमाक) श्यामक श्यापर्ण—**बिदाद्यन्तर्गणोऽयं गोपवनादिः** ॥

६८. तिककितवादिभ्यो द्वन्द्वे ११५० ।

३०. तिककितवाः वङ्खरभण्डीरथाः उपकलमकाः पफकनरकाः बकनखगुदपरिणद्धाः उब्जककुभाः लङ्कशान्तमुखाः उत्तरशलङ्कटाः कृष्णाजिनकृष्णसुन्दराः भ्रष्टककपिष्ठलाः अग्निवेशदशेरुकाः—**एते तिककितवादयः** ॥

६९. उपकादिभ्योऽन्यतरस्यामद्वन्द्वे ११५१ ।

३१. उपक लमक भ्रष्टक कपिष्ठल कृष्णाजिन कृष्णसुन्दर चूडारक आडारक गडुक उदङ्क सुधायुक अबन्धक पिङ्गलक पिष्ट क सुपिष्ट (सुपिष्ठ) मयूरकर्ण खरीजङ्घ शलाथल पतञ्जल पदञ्जल कठेरणि कुषीतक काशकृत्स्न (काशकृत्स्न) निदाघ कलशीकण्ठ दामकण्ठ कृष्णपिङ्गल कर्णक

पर्णक जटिरक बधिरक जन्तुक अनुलोम अनुपद प्रतिलोम अपजग्ध प्रतान अनभिहित कमक वराटक लेखाभ्र कमन्दक पिञ्जूलक वर्णक मसूरकर्ण मदाघ कबन्तक कमन्तक कदामत्त दामकण्ठ—**एते उपकादयः ॥**

७०. आगस्त्यकौण्डिन्ययोरगस्तिकुण्डिनच् ११५२ ।

७१. सुपो धातुप्रातिपदिकयोः ६५० ।

७२. अदिप्रभृतिभ्यः शपः २४२३ ।

७३. बहुलं छन्दसि ३४०० ।

७४. यङोऽचि च २६५० ।

७५. जुहोत्यादिभ्यः श्लुः २४८९ ।

७६. बहुलं छन्दसि ३४०१ । [२२२३

७७. गातिस्थाघुपाभूभ्यः सिचः परस्मैपदेषु

* गापोर्ग्रहणे इण्पिबत्योर्ग्रहणम् ।

७८. विभाषा घ्राधेट्शाच्छासः २३७६ ।

७९. तनादिभ्यस्तथासोः २५४७ ।

८०. मन्त्रे घसह्वरणशवृदहाद्वृच्कृगमिजनिभ्यो लेः ३४०२ । ॥ ४ ॥

८१. आमः २२३८ ।

८२. अव्ययादाप्सुपः ४५२ ।

८३. नाव्ययीभावादतोऽम्त्वपञ्चम्याः ६५७ ।

८४. तृतीयासप्तम्योर्बहुलम् ६५८ ।

८५. लुटः प्रथमस्य डारौरसः २१८८ ।

द्विगुरुपञ्चोपक्रमं वेञो वयिर्न तौल्वलिभ्य आमः पञ्च ।

इति पाणिनीयसूत्रपाठे द्वितीयस्याध्यायस्य चतुर्थः पादः अध्यायश्च ।

॥ अथ तृतीयोऽध्यायः ॥

प्रथमः पादः ।

१. प्रत्ययः १८० ।
२. परश्च १८१ ।
३. आद्युदात्तश्च ३७०८ ।
४. अनुदात्तौ सुप्पितौ ३७०९ ।
५. गुप्तिज्किद्भ्यःसन् २३९३ । [२३९४
६. मान्बधदान्शान्भ्यो दीर्घश्चाभ्यासस्य
७. धातोः कर्मणः समानकर्तृकादिच्छायां वा २६०८ ।
* आशङ्कायां सन्वक्तव्यः ।
८. सुप आत्मनः क्यच् २६५७ ।
* मान्ताद्व्ययाच्च क्यच् न ।
९. काम्यच्च २६६३ ।
१०. उपमानादाचारे २६६४ ।
* अधिकरणाच्चेति वक्तव्यम् ।
११. कर्तुः क्यङ्सलोपश्च २६६५ ।
* आचारेऽवगल्भक्लीबहोडेभ्यः क्विब्वा वक्तव्यः ।
१२. भृशादिभ्यो भुव्यच्वेर्लोपश्च हलः २६६७

३२. भृश शीघ्र चपल मन्द पण्डित उत्सुक सुमनस् दुर्मनस् अभिमनस् उन्मनस् रहस् रोहत् रेहत् संश्वत् तृपत् शश्वत् भ्रमत् वेहत् शुचिस् शुचिवर्चस् अण्डरवर्चस् ओजस् सुरजस् अरजस्—एते भृशादयः ॥

१३. लोहितादिडाज्भ्यः क्यष् २६६८ ।

३३. लोहित चरित नील फेन मद्र हरित दास मन्द—लोहितादिराकृतिगणः ॥

* लोहितडाज्भ्यः क्यष्वचनम् ।

* भृशादिष्वितराणि ।

१४. कष्टाय क्रमणे २६७० ।

* सत्रकक्षकष्टकृच्छ्रगहनेभ्यः कण्वचिकीर्षायामिति वक्तव्यम् ।

१५. कर्मणो रोमन्थतपोभ्यां वर्तिचरोः २६७१ ।

* हनुचलन इति वक्तव्यम् ।

* तपसः परस्मैपदं च ।

१६. बाष्पोष्मभ्यामुद्वमने २६७२ ।

* फेनाच्चेति वक्तव्यम् ।

१७. शब्दवैरकलहाभ्रकण्वमेघेभ्यः करणे २६७३ ।

* सुदिनदुर्दिननीहारेभ्यश्च ।

१८. सुखादिभ्यः कर्तृवेदनायाम् २६७४ ।

३४. सुख दुःख तृप्त कृच्छ्र अस्र आस्र अलीक प्रतीप करुण कृपण सोढ—इत्येतानि सुखादीनि ॥

१९. नमोवरिवश्चित्रङः क्यच् २६७५ ।

* नमसः पूजायाम् ।

* वरिवसः परिचर्यायाम् ।

* चित्रङ आश्चर्ये ।

२०. पुच्छभाण्डचीवराण्णिङ् २६७६ ॥१॥

* भाण्डात्समाचयने ।

* चीवरादार्जने परिधाने च ।

* पुच्छादुदसने व्यसने पर्यसने च ।

२१. मुण्डमिश्रश्लक्ष्णलवणव्रतवस्त्रहलकलकृततूस्तेभ्यो णिच् २६७७ ।

* हलिकल्योरत्वनिपातनं सन्वद्भावप्रतिषेधार्थम् ।

२२. धातोरेकाचो हलादेः क्रियासमभिहारे यङ् २६२९ ।

* सूचिसूत्रिमूत्र्यट्यर्त्यशूर्णोतिभ्यो यङ्वाच्यः ।

२३. नित्यं कौटिल्ये गतौ २६३४ ।

२४. लुपसदचरजपजभदहदशगृभ्यो भावगर्हायाम् २६३५ ।

२५. सत्यापपाशरूपवीणातूलश्लोकसेनालोमत्वचवर्मवर्णचूर्णचुरादिभ्यो णिच् २५६३

* अर्थवेदसत्यानामापुक् ।

२६. हेतुमति च २५७६ ।

* तत्करोति तदाचष्टे ।

* आख्यानात्कृतस्तदाचष्टे कृल्लुक्प्रकृतिप्रत्यापत्तिः प्रकृतिवच्च कारकम् ।

* प्रातिपदिकाद्धात्वर्थे बहुलम् ।

* धातुरूपं च ।

* कर्तृकरणाद्धात्वर्थे ।

* (बहुलमेतन्निदर्शनम् ।)

* णिङङ्गान्निरसने ।

२७. कण्ड्वादिभ्यो यक् २६७८ ।

३५. कण्डूञ् मन्तु हृणीङ् वल्गु असु (मनस्) महीङ् लाट् लेट् इरस् इरज् (इरञ्) दुवस् उषस् वेट् मेधा कुषुभ (नमस्) मगध तन्तस् पम्पस् (पपस्) सुख दुःख (भिक्ष चरण चरम अवर) सपर अरर (अरर्) भिषज् भिष्णुज् (अपर आर) इषुध वरण चुरण तुरण भुरण गद्गद एला केला खेला (वेला शेला) लिट् लोट् लेखा

लेख) रेखा द्रवस् तिरस् अगद उरस् तरण (तरिण) पयस् संभूयस सम्बर—**आकृतिगणोऽयम्** ॥ इति कण्ड्वादिः ॥

२८. गुपूधूपविच्छिपणिपनिभ्य आयः २३०३

२९. ऋतेरीयङ् २४२२ ।

३०. कमेर्णिङ् २३१० ।

३१. आयादय आर्धधातुके वा २३०५ ।

३२. सनाद्यन्ता धातवः २३०४ ।

३३. स्यतासी लृलुटोः २१८६ ।

३४. सिब्बहुलं लेटि ३४२५ ।

* सिब्बहुलं छन्दसि णिद्वक्तव्यः ।

३५. कास्प्रत्ययादाममन्त्रे लिटि २३०६ ।

* कास्यनेकाज्ग्रहणं कर्तव्यम् ।

३६. इजादेश्च गुरुमतोऽनृच्छः २२३७ ।

३७. दयायासश्च २३२४ ।

३८. उषविदजागृभ्योऽन्यतरस्याम् २३४१ ।

३९. भीह्रीभृहुवां श्लुवच्च २४९१ ।

४०. कृञ्चानुप्रयुज्यते लिटि २२३९ ॥ २ ॥

४१. विदांकुर्वन्त्वित्यन्यतरस्याम् २४६५ ।

४२. अभ्युत्सादयांप्रजनयांचिकयांरमयामकः पावयांक्रियाद्विदामक्रन्निति च्छन्दसि [३४०३

४३. च्लि लुङि २२२१ ।

४४. च्लेः सिच् २२२२ ।

* स्पृशमृशकृषतृपदृपां च्लेः सिज्वा वक्तव्यः ।

४५. शल इगुपधादनिटः क्सः २३३६ ।

४६. श्लिष आलिङ्गने २५१४ ।

४७. न दृशः २४०७ ।

४८. णिश्रिद्रुस्रुभ्यः कर्तरि चङ् २३१२ ।

* कमेश्च्लेश्चङ्वक्तव्यः ।

४९. विभाषा धेट्श्व्योः २३७५ ।

५०. गुपेश्छन्दसि ३४०४ । [३४०५

५१. नोनयतिध्वनयत्येलयत्यर्दयतिभ्यः

५२. अस्यतिवक्तिख्यातिभ्योऽङ् २४३८ ।

५३. लिपिसिचिह्वश्च २४१८ ।

५४. आत्मनेपदेष्वन्यतरस्याम् २४१९ ।

५५. पुषादिद्युताद्य्लृदितः परस्मैपदेषु २३४३

५६. सर्तिशास्त्यर्तिभ्यश्च २३८२ ।

५७. इरितो वा २२६९ ।

५८. जॄस्तम्भुम्रुचुम्लुचुग्रुचुग्लुचुग्लुञ्चुश्विभ्यश्च २२९१ ।

५९. कृमृदृरुहिभ्यश्छन्दसि ३४०६ ।

६०. चिण्ते पदः २५१३ ॥ ३ ॥

६१. दीपजनबुधपूरितायिप्यायिभ्योऽन्यतरस्याम् २३२८ ।

६२. अचः कर्मकर्तरि २७६८ ।

६३. दुहश्च २७६९ ।

६४. न रुधः २७७० ।

६५. तपोऽनुतापे च २७६० ।

६६. चिण्भावकर्मणोः २७५८ ।

६७. सार्वधातुके यक् २७५६ ।

६८. कर्तरि शप् २१६७ ।

६९. दिवादिभ्यः श्यन् २५०५ ।

७०. वा भ्राशभ्लाशभ्रमुक्रमुक्लमुत्रसित्रुटिलषः

७१. यसोऽनुपसर्गात् २५२१ । [२३२१

७२. संयसश्च २५२२ ।

७३. स्वादिभ्यः श्नुः २५२३ ।

७४. श्रुवः शृ च २३८६ ।

७५. अक्षोऽन्यतरस्याम् २३३८ ।

७६. तनूकरणे तक्षः २३३९ ।

७७. तुदादिभ्यः शः २५३४ ।

७८. रुधादिभ्यः श्नम् २५४३ ।

७९. तनादिकृञ्भ्य उः २४६६ ।

८०. धिन्विकृण्व्योर च २३३२ ॥ ४ ॥

८१. क्र्यादिभ्यः श्ना २५५४ । [२५५५

८२. स्तन्भुस्तुन्भुस्कन्भुस्कुन्भुस्कुञ्भ्यः श्नुश्च

८३. हलः श्नः शानज्झौ २५५७ ।

८४. छन्दसि शायजपि ३४३२ ।

८५. व्यत्ययो बहुलम् ३४३३ ।

८६. लिङ्याशिष्यङ् ३४३४ ।

* दृशेरग्वक्तव्यः ।

८७. कर्मवत्कर्मणा तुल्यक्रियः २७६६ ।

* सकर्मकाणां प्रतिषेधो वक्तव्यः ।

* दुहिपच्योर्बहुलं सकर्मकयोः ।

* सृजियुज्योः श्यंस्तु ।

* सृजेः श्रद्धोपपन्ने कर्तर्येवेति वाच्यम् ।

* भूषाकर्मकिरादिसनां चान्यत्रात्मनेपदात् ।

८८. तपस्तपःकर्मकस्यैव २७७१ ।

८९. न दुहस्नुनमां यक्चिणौ २७६७ ।

* यक्चिणोः प्रतिषेधे हेतुमण्णिच्श्रिब्रूञामुपसंख्यानम् ।

* यक्चिणोः प्रतिषेधे णिश्रन्थिग्रन्थिब्रूञात्मनेपदाकर्मकाणामुपसंख्यानम् ।

९०. कुषिरञ्जोः प्राचां श्यन्परस्मैपदं च

९१. धातोः २८२९ । [२७७२

९२. तत्रोपपदं सप्तमीस्थम् ७८१ ।

९३. कृदतिङ् ३७४ ।

९४. वाऽसरूपोऽस्त्रियाम् २८३० ।
९५. कृत्याः (प्राङ्ण्वुलः) २८३१ ।
९६. तव्यत्तव्यानीयरः २८३४ ।
* केलिमर उपसंख्यानम् ।
* वसेस्तव्यत्कर्तरि णिच्च ।
९७. अचो यत् २८४२ ।
* तकिशसिचतियतिजनिभ्यो यद्वाच्यः ।
* हनो वा यद्वधश्च वक्तव्यः ।
९८. पोरदुपधात् २८४४ ।
९९. शकिसहोश्च २८४७ । [॥ ५ ॥
१००. गदमदचरयमश्चानुपसर्गे २८४८ ।
* चरेराङि चागुरौ ।
१०१. अवद्यपण्यवर्या गर्ह्यपणितव्यानिरोधेषु [२८४९
१०२. वह्यं करणम् २८५०

१०३. अर्यः स्वामिवैश्ययोः २८५१ ।
१०४. उपसर्या काल्या प्रजने २८५२ ।
१०५. अजर्यं सङ्गतम् २८५३ ।
१०६. वदः सुपि क्यप्च २८५४ ।
१०७. भुवो भावे २८५५ ।
१०८. हनस्त च २८५६ ।
१०९. एतिस्तुशास्वृदृजुषः क्यप् २८५७ ।
* आङ्पूर्वादञ्जेः संज्ञायामुपसंख्यानम् ।
* शंसिदुहिगुहिभ्यो वा ।
११०. ऋदुपधाच्चाक्लृपिचृतेः २८५९ ।
१११. ई च खनः २८६० ।
११२. भृञोऽसंज्ञायाम् २८६१ ।
* समश्च बहुलम् ।
११३. मृजेर्विभाषा २८६२ ।

११४. राजसूयसूर्यमृषोद्यरुच्यकुप्यकृष्टपच्याव्यथ्याः २८६५ ।

११५. भिद्योद्ध्यौ नदे २८६६ ।

११६. पुष्यसिध्यौ नक्षत्रे २८६७ ।

११७. विपूयविनीयजित्या मुञ्जकल्कहलिषु २८६८ ।

११८. प्रत्यपिभ्यां ग्रहेः २८६९ ।

* छन्दसीति वक्तव्यम् ।

११९. पदास्वैरिबाह्यापक्ष्येषु च २८७० ।

१२०. विभाषा कृवृषोः २८७१ ॥ ६ ॥

१२१. युग्यं च पत्रे २८७३ ।

१२२. अमावस्यदन्यतरस्याम् २८७४ ।

१२३. छन्दसि निष्टक्र्यदेवहूयप्रणीयोन्नीयोच्छिष्यमर्यस्तर्याध्वर्यखन्यखान्यदेवयज्याप्रृच्छ्यप्रतिषीव्यब्रह्मवाद्यभाव्यस्ताव्योपचाय्यपृडानि ३४०७

* हिरण्य इति वक्तव्यम् ।

१२४. ऋहलोर्ण्यत् २८७२ ।

* पाणौ सृजेर्ण्यत् ।

* समवपूर्वाच्च ।

* लपिदभिभ्यां चेति वक्तव्यम् ।

१२५. ओरावश्यके २८८६ ।

१२६. आसुयुवपिरपित्रपिचमश्च २८८७ ।

१२७. आनाय्योऽनित्ये २८८८ ।

१२८. प्रणाय्योऽसंमतौ २८८९ ।

१२९. पाय्यसान्नाय्यनिकाय्यधाय्या मानहविर्निवाससामिधेनीषु २८९० ।

१३०. क्रतौ कुण्डपाय्यसंचाय्यौ २८९१

१३१. अग्नौ परिचाय्योपचाय्यसमूह्याः २८९२ ।

१३२. चित्याग्निचित्ये च २८९३ ।

१३३. ण्वुल्तृचौ २८९५ ।

१३४. नन्दिग्रहिपचादिभ्यो ल्युणिन्यचः २८९६ ।

३६ 'नन्दिवाशिमदिदूषिसाधिवर्धिशोभिरोचिभ्यो ण्यन्तेभ्यः संज्ञायाम्' २२। नन्दनः वाशनः मदनः दूषणः साधनः वर्धनः शोभनः रोचनः। 'सहितपिदमः संज्ञायाम्' २३। सहनः तपनः दमनः जल्पनः रमणः दर्पणःसंक्रन्दनः संकर्षणः संहर्षणः जनार्दनः यवनः मधुसूदनः विभीषणः लवणः चित्तविनाशनः कुलदमनः (शत्रुदमनः) ॥ **इति नन्द्यादिः ॥**

३७. ग्राही उत्साही उद्दासी उद्भासी स्थायी मन्त्री संमर्दी। 'रक्षश्रुवपशां नौ' २४। निरक्षी निश्रावी निवापी निशायी। 'याचृव्याहृसंव्याहृव्रजवदवसां प्रतिषिद्धानाम्' २५। अयाची अव्याहारी असंव्याहारी अव्राजी अवादी अवासी । 'अचामचित्तकर्तृकाणाम्' २६ । अकारी अहारी अविनायी (विशायी विषायी) 'विशयी विषयी देशे' २७। विशयी विषयी देशः। 'अभिभावी भूते' २८। अपराधी उपरोधी परिभवी परिभावी ॥ **इति ग्रहादिः ॥**

३८. पच वच वप वद चल पत नदट् भषट् प्लवट् चरट् गरट् तरट् चोरट् गाहट् सूरट् देवट् (दोषट्) जर (रज) मर (मद) क्षम (क्षप) सेव मेष कोप (कोष) मेध नर्त व्रण दर्श सर्प [दम्भ दर्प] जारभर श्वपच ॥ **इति पचादिराकृतिगणः ॥**

१३५. इगुपधज्ञाप्रीकिरः कः २८९७ ।

१३६. आतश्चोपसर्गे २८९८ ।

१३७. पाघ्राध्माधेट्दृशः शः २८९९ ।

* घ्रः संज्ञायां न ।

१३८. अनुपसर्गाल्लिम्पविन्दधारिपारिवेद्युदेजिचेतिसातिसाहिभ्यश्च २९०० ।

* नौ लिम्पेः ।

* गवादिषु विन्देः संज्ञायामुपसंख्यानम् ।

१३९. ददातिदधात्योर्विभाषा २९०१ ।

१४०. ज्वलितिकसन्तेभ्यो णः २९०२॥७॥

* तनोतेर्ण उपसंख्यानम् ।

१४१. श्याद्व्यधास्रुसंस्र्वतीणवसावहृलिहश्लिष-
श्वसश्च २९०३ ।

१४२. दुन्योरनुपसर्गे २९०४ ।

१४३. विभाषा ग्रहः २९०५ ।

१४४. गेहे कः २९०६ ।

१४५. शिल्पिनि ष्वुन् २९०७ ।

* नृतिखनिरञ्जिभ्य इति वक्तव्यम् ।

१४६. गस्थकन् २९०८ ।

१४७. ण्युट् च २९०९ ।

१४८. हश्च व्रीहिकालयोः २९१० ।

१४९. प्रुसृल्वः समभिहारे वुन् २९११ ।

* साधुकारिण्युपसंख्यानम् ।

१५०. आशिषि च २९१२ ।

प्रत्ययो मुण्डविदां दीपजनक्र्यादिभ्योऽवद्य-
युग्यं च श्याद्व्यधा दश ॥

इति पाणिनीयसूत्रपाठे तृतीयस्याध्यायस्य प्रथमः पादः ।

द्वितीयः पादः ।

१. कर्मण्यण् २९१३ ।

* शीलिकामिभक्ष्याचरिभ्यो णः ।

* ईक्षिक्षमिभ्यां चेति वक्तव्यम् ।

२. ह्वावामश्च २९१४ ।

३. आतोऽनुपसर्गे कः २९१५ ।

* कविधौ सर्वत्र प्रसारणिभ्यो डः।

४. सुपि स्थः २९१६।

५. तुन्दशोकयोः परिमृजापनुदोः २९१९।

* आलस्यसुखाहरणयोरिति वक्तव्यम्।

* कप्रकरणे मूलविभुजादिभ्य उपसंख्यानम्।

३९ (वा १९९२)। मूलविभुज नखमुच काकगुह कुमुद महीध्र कुध्र गिध्र—**आकृतिगणोऽयम्**॥ **इति मूलविभुजादयः**॥

६. प्रे दाज्ञः २९२०।

७. समि ख्यः २९२१।

८. गापोष्टक् २९२२।

* पिबतेः सुराशीध्वोरिति वक्तव्यम्।

* बहुलं तणि।

९. हरतेरनुद्यमनेऽच् २९२३।

* शक्तिलाङ्गलाङ्कुशयष्टितोमरघटघटीधनुष्षु ग्रहेरुपसंख्यानम्।

* सूत्रे च धार्येऽर्थे।

१०. वयसि च २९२४।

११. आङि ताच्छील्ये २९२५।

१२. अर्हः २९२६।

१३. स्तम्बकर्णयो रमिजपोः २९२७।

* हस्तिसूचकयोरिति वक्तव्यम्।

१४. शमि धातोः संज्ञायाम् २९२८।

* शमि संज्ञायां धातुग्रहणं कृञो हेत्वादिषु टप्रतिषेधार्थम्।

१५. अधिकरणे शेतेः २९२९।

* पार्श्वादिषूपसंख्यानम्।

४० (वा १९९९)। पार्श्व उदर पृष्ठ उत्तान अपमूर्धन्—**इति पार्श्वादिः**॥

* दिग्धसहपूर्वाच्चेति वक्तव्यम् ।

* उत्तानादिषु कर्तृषु ।

* गिरौ डश्छन्दसि ।

१६. चरेष्टः २९३० ।

१७. भिक्षासेनादायेषु च २९३१ ।

१८. पुरोऽग्रतोऽग्रेषु सर्तेः २९३२ ।

१९. पूर्वे कर्तरि २९३३ । [॥१॥

२०. कृञो हेतुताच्छील्यानुलोम्येषु २९३४

२१. दिवाविभानिशाप्रभाभास्कारान्तानन्तादिबहुनान्दीकिंलिपिलिबिबलिभक्तिकर्तृचित्रक्षेत्रसंख्याजङ्घाबाह्वहर्यत्तद्धनुररुःषु २९३५ ।

* किंयत्तद्बहुषु कृञोऽज्विधानम् ।

२२. कर्मणि भृतौ २९३६ ।

२३. न शब्दश्लोककलहगाथावैरचाटुसूत्रमन्त्रपदेषु २९३७ ।

२४. स्तम्बशकृतोरिन् २९३८ ।

* व्रीहिवत्सयोरिति वक्तव्यम् ।

२५. हरतेर्दृतिनाथयोः पशौ २९३९ ।

२६. फलेग्रहिरात्मंभरिश्च २९४० ।

२७. छन्दसि वनसनरक्षिमथाम् ३४०८ ।

२८. एजेः खश् २९४१ ।

* वातशुनीतिलशर्धेष्वजधेट्तुदजहातिभ्य उपसंख्यानम् ।

२९. नासिकास्तनयोर्ध्माधेटोः २९४४ ।

* स्तने धेटः ।

* नासिकायां ध्मश्च ।

* घटिखारीखरीषूपसंख्यानम् ।

३०. नाडीमुष्टयोश्च २९४५ ।

३१. उदि कूले रुजिवहोः २९४६ ।

३२. वहाभ्रे लिहः २९४७ ।

३३. परिमाणे पचः २९४८ ।

३४. मितनखे च २९४९ ।

३५. विध्वरुषोस्तुदः २९५० ।

३६. असूर्यललाटयोर्दृशितपोः २९५१ ।

३७. उग्रम्पश्येरम्मदपाणिन्धमाश्च २९५२

३८. प्रियवशे वदः खच् २९५३ ।

* गमेः सुपि वाच्यः ।

* विहायसो विह इति वाच्यम् ।

* खच्च डिद्वा वाच्यः ।

* डे च विहायसो विहादेशो वक्तव्यः ।

३९. द्विषत्परयोस्तापेः २९५४ ।

४०. वाचि यमो व्रते २९५६ ॥२॥

४१. पूःसर्वयोर्दारिसहोः २९५८ ।

* भगे च दारेरिति काशिका ।

४२. सर्वकूलाभ्रकरीषेषु कषः २९५९ ।

४३. मेघर्तिभयेषु कृञः २९६० ।

४४. क्षेमप्रियमद्रेऽण्च २९६१ ।

४५. आशिते भुवः करणभावयोः २९६२ ।

४६. संज्ञायां भृतॄवृजिधारिसहितपिदमः २९६३ ।

४७. गमश्च २९६४ । [२९६५

४८. अन्तात्यन्ताध्वदूरपारसर्वानन्तेषु डः

* डप्रकरणे सर्वत्रपन्नयोरुपसंख्यानम् ।

* उरसो लोपश्च ।

* सुदुरोरधिकरणे ।

* निसो देशे ।

* अन्यत्रापि दृश्यत इति वक्तव्यम् ।

४९. आशिषि हनः २९६६ ।

* दारावाहनोऽणन्तस्य च टः संज्ञायाम् ।

* चारौ वा ।

* कर्मणि समि च ।

५०. अपे क्लेशतमसोः २९६७ ।

५१. कुमारशीर्षयोर्णिनिः २९६८ ।

५२. लक्षणे जायापत्योष्टक् २९६९ ।

५३. अमनुष्यकर्तृके च २९७० ।

५४. शक्तौ हस्तिकवाटयोः २९७१ ।

५५. पाणिघताडघौ शिल्पिनि २९७२ ।

* राजघ उपसंख्यानम् ।

५६. आढ्यसुभगस्थूलपलितनग्नान्धप्रियेषु च्व्यर्थेष्वच्वौ कृञः करणे ख्युन् २९७३

५७. कर्तरि भुवः खिष्णुच्खुकञौ २९७४ ।

५८. स्पृशोऽनुदके क्विन् ४३२ ।

५९. ऋत्विग्दधृक्स्रग्दिगुष्णिगञ्चुयुजिक्रुञ्चां च ३७३ । [॥ ३ ॥]

६०. त्यदादिषु दृशोऽनालोचने कञ्च ४२९ ।

* समानान्ययोश्चेति वक्तव्यम् ।

* दृशेः क्सश्चेति वक्तव्यम् ।

६१. सत्सूद्विषद्रुहदुहयुजविदभिदच्छिदजिनीराजामुपसर्गेऽपि क्विप् २९७५ ।

६२. भजो ण्विः २९७६ ।

६३. छन्दसि सहः ३४०९ ।

६४. वहश्च ३४१० ।

६५. कव्यपुरीषपुरीष्येषु ञ्युट् ३४११ ।

६६. हव्येऽनन्तःपादम् ३४१२ ।

६७. जनसनखनक्रमगमो विट् ३४१३ ।

६८. अदोऽनन्ने २९७७ ।

६९. क्रव्ये च २९७८ ।

७०. दुहः कब्घश्च २९७९ । [३४१४ ।

७१. मन्त्रे श्वेतवहोक्थशस्पुरोडाशो ण्विन्

* श्वेतवहादीनां डस् पदस्येति वक्तव्यम् ।

* अवया श्वेतवाः पुरोडाश्च ।

७२. अवे यजः ३४१५ ।

७३. विजुपे छन्दसि ३४१७ ।

७४. आतो मनिन्क्वनिब्वनिपश्च ३४१८ ।

७५. अन्येभ्योऽपि दृश्यन्ते २९८० ।

७६. क्विप्च २९८३ ।

७७. स्थः क च २९८७ ।

७८. सुप्यजातौ णिनिस्ताच्छील्ये २९८८ ।

* णिङ्विधौ साधुकारिण्युपसंख्यानम् ।

* ब्रह्मणि वदः ।

७९. कर्तर्युपमाने २९८९ ।

८०. व्रते २९९० । ॥ ४ ॥

८१. बहुलमाभीक्ष्ण्ये २९९१ ।

८२. मनः २९९२ ।

८३. आत्ममाने खश्च २९९३ ।

८४. भूते २९९५ ।

८५. करणे यजः २९९६ ।

८६. कर्मणि हनः २९९७ ।

८७. ब्रह्मभ्रूणवृत्रेषु क्विप् २९९८ ।

८८. बहुलं छन्दसि ३४१९ ।

८९. सुकर्मपापमन्त्रपुण्येषु कृञः २९९९ ।

९०. सोमे सुञः ३००० ।

९१ अग्नौ चेः ३००१ ।

९२. कर्मण्यग्न्याख्यायाम् ३००२ ।

९३. कर्मणीनिविक्रियः ३००३ ।

* कुत्सितग्रहणं कर्तव्यम् ।

९४. दृशेः क्वनिप् ३००४ ।

९५. राजनि युधिकृञः ३००५ ।

९६. सहे च ३००६ ।

९७. सप्तम्यां जनेर्डः ३००७ ।

९८. पञ्चम्यामजातौ ३००८ ।

९९. उपसर्गे च संज्ञायाम् ३००९ ।

१००. अनौ कर्मणि ३०१० । ॥ ५ ॥

१०१. अन्येष्वपि दृश्यते ३०११ ।

* अन्येभ्योऽपि दृश्यते ।

१०२. निष्ठा ३०१३ ।

* आदिकर्मणि निष्ठा वक्तव्या ।

१०३. सुयजोर्ङ्वनिप् ३०९१ ।

१०४. जीर्यतेरतृन् ३०९२ ।

१०५. छन्दसि लिट् ३०९३ ।

१०६. लिटः कानज्वा ३०९४ ।

१०७. क्वसुश्च ३०९५ ।

१०८. भाषायां सदवसश्रुवः ३०९७ ।

१०९. उपेयिवाननाश्वाननूचानश्च ३०९८ ।

११०. लुङ् २२१८ ।

१११. अनद्यतने लङ् २२०५ ।

११२. अभिज्ञावचने लृट् २७७३ ।

११३. न यदि २७७४ ।

११४. विभाषा साकाङ्क्षे २७७५ ।

११५. परोक्षे लिट् २१७१ ।

* अत्यन्तापह्नवे लिड्वक्तव्यः ।

११६. हशश्वतोर्लङ् च २७७६।
११७. प्रश्ने चासन्नकाले २७७७।
११८. लट् स्मे २७७८।
११९. अपरोक्षे च २७७९।
१२०. ननौ पृष्टप्रतिवचने २७८० ॥६॥
१२१. नन्वोर्विभाषा २७८१।
१२२. पुरि लुङ्चास्मे २७८२।
१२३. वर्तमाने लट् २१५१।
१२४. लटः शतृशानचावप्रथमासमानाधिकरणे ३१००।
१२५. संबोधने च ३१०२।
१२६. लक्षणहेत्वोः क्रियायाः ३१०३।
१२७. तौ सत् ३१०६।
१२८. पूङ्यजोः शानन् ३१०८।
१२९. ताच्छील्यवयोवचनशक्तिषु चानश् ३१०९।
१३०. इङ्धार्योः शत्रकृच्छ्रिणि ३११०।
१३१. द्विषोऽमित्रे ३१११।
१३२. सुञो यज्ञसंयोगे ३११२।
१३३. अर्हः प्रशंसायाम् ३११३।
१३४. आ केस्तच्छीलतद्धर्मतत्साधुकारिषु [३११४।
१३५. तृन् ३११५।

* तृन्विधावृत्विक्षु चानुपसर्गस्य।
* नयतेः षुक्।
* त्विषेर्देवतायामकारश्चोपधाया अनिट्त्वं च।
* क्षदेश्च युक्ते।
* छन्दसि तृच्च।

१३६. अलंकृञ्निराकृञ्प्रजनोत्पचोत्पतोन्मदरुच्यपत्रपवृतुवृधुसहचर इष्णुच् ३११६

१३७. णेश्छन्दसि ३११७।

१३८. भुवश्च ३११८।

१३९. ग्लाजिस्थश्च ग्स्नुः ३११९।

१४०. त्रसिगृधिधृषिक्षिपेः क्नुः ३१२०।७

१४१. शमित्यष्टाभ्यो घिनुण् ३१२१।

१४२. संपृचानुरुधाङ्यमाङ्यसपरिसृसंसृजपरिदेविसंज्वरपरिक्षिपपरिरटपरिवदपरिदहपरिमुहदुषद्विषद्रुहदुहयुजाक्रीडविविचत्यजरजभजातिचरापचरामुषाभ्याहनश्च ३१२२।

१४३. वौ कषलसकत्थस्रम्भः ३१२३।

१४४. अपे च लषः ३१२४।

१४५. प्रे लपसृद्रुमथवदवसः ३१२५।

१४६. निन्दहिंसक्लिशखादविनाशपरिक्षिपपरिरटपरिवादिव्याभाषासूयो वुञ् ३१२६।

१४७. देविक्रुशोश्चोपसर्गे ३१२७।

१४८. चलनशब्दार्थादकर्मकाद्युच् ३१२८।

१४९. अनुदात्तेतश्च हलादेः ३१२९।

१५०. जुचङ्क्रम्यदन्द्रम्यसृगृधिज्वलशुचलषपतपदः ३१३०।

१५१. क्रुधमण्डार्थेभ्यश्च ३१३१।

१५२. न यः ३१३२।

१५३. सूददीपदीक्षश्च ३१३३।

१५४. लषपतपदस्थाभूवृषहनकमगमशॄभ्य उकञ् ३१३४।

१५५. जल्पभिक्षकुट्टलुण्टवृङः षाकन् ३१३५

१५६. प्रजोरिनिः ३१३६।

१५७. जिदृक्षिविश्रीण्वमाव्यथाभ्यमपरिभू-प्रसूभ्यश्च ३१३७।

१५८. स्पृहिगृहिपतिदयिनिद्रातन्द्राश्रद्धाभ्य आलुच् ३१३८।

१५९. दाधेट्सिशदसदो रुः ३१३९।

१६०. सृघस्यदः क्मरच् ३१४० ॥ ८॥

१६१. भञ्जभासमिदो घुरच् ३१४१।

१६२. विदिभिदिच्छिदेः कुरच् ३१४२।

१६३. इण्नशिजिसर्तिभ्यः क्वरप् ३१४३।

१६४. गत्वरश्च ३१४४।

१६५. जागुरूकः ३१४५।

१६६. यजजपदशां यङः ३१४६। [३१४७

१६७. नमिकम्पिस्म्यजसकमहिंसदीपो रः

१६८. सनाशंसभिक्ष उः ३१४८।

१६९. विन्दुरिच्छुः ३१४९।

१७०. क्याच्छन्दसि ३१५० [३१५१

१७१. आदृगमहनजनः किकिनौ लिट् च

* भाषायां धाञ्कृसृगमिजनिनमिभ्यः।

* सासहिवावहिचाचलिपापतीनामुपसंख्यानम्।

१७२. स्वपितृषोर्नजिङ् ३१५२।

* धृषेश्चेति वाच्यम्।

१७३. शॄवन्द्योरारुः ३१५३।

१७४. भियः क्रुक्लुकनौ ३१५४।

* क्रुकन्नपि वक्तव्यः।

१७५. स्थेशभासपिसकसो वरच् ३१५५।

१७६. यश्च यङः ३१५६।

१. 'गमि' इति न भाष्ये।

१७७. भ्राजभासधुर्विद्युतोर्जिपॄजुग्रावस्तुवः क्विप् ३१५७ ।

१७८. अन्येभ्योऽपि दृश्यते ३१५८ ।

* क्विब्वचिप्रच्छ्यायतस्तुकटप्रुजुश्रीणां दीर्घोऽसंप्रसारणं च ।

* द्युतिगमिजुहोतीनां द्वे च ।

* जुहोतेर्दीर्घश्च ।

* दृणातेर्ह्रस्वश्च ।

* ध्यायतेः संप्रसारणं च ।

१७९. भुवः संज्ञान्तरयोः ३१५९ ।

१८०. विप्रसंभ्यो ड्वसंज्ञायाम् ३१६०॥९॥

* डुप्रकरणे मितद्र्वादिभ्य उपसंख्यानम् ।

१८१. धः कर्मणि ष्ट्रन् ३१६१ ।

१८२. दाम्नीशसयुयुजस्तुतुदसिसिचमिहपतदशनहः करणे ३१६२ ।

१८३. हलसूकरयोः पुवः ३१६४ ।

१८४. अर्तिलूधूसूखनसहचर इत्रः ३१६५ ।

१८५. पुवः संज्ञायाम् ३१६६ ।

१८६. कर्तरि चर्षिदेवतयोः ३१६७ ।

१८७. ञीतः क्तः ३०८८ ।

१८८. मतिबुद्धिपूजार्थेभ्यश्च ३०८९ ।

कर्मणि दिवापूःसर्वसत्सूबहुलमन्येष्वपि नन्वोः शमिति भञ्जभासधः कर्मण्यष्टौ ।

इति पाणिनीयसूत्रपाठे तृतीयस्याध्यायस्य द्वितीयः पादः ।

तृतीयः पादः ।

१. उणादयो बहुलम् ३१६९ ।

२. भूतेऽपि दृश्यन्ते ३१७० ।

३. भविष्यति गम्यादयः ३१७१ ।

४१. गमी आगमी भावी प्रस्थायी प्रतिरोधी प्रतियोधी प्रतिबोधी प्रतियायी प्रतियोगी—एते गम्यादयः।

४. यावत्पुरानिपातयोर्लट् २७८३ ।

५. विभाषा कदाकर्ह्योः २७८४ ।

६. किंवृत्ते लिप्सायाम् २७८५ ।

७. लिप्स्यमानसिद्धौ च २७८६ ।

८. लोडर्थलक्षणे च २७८७ ।

९. लिङ् चोर्ध्वमौहूर्तिके २७८८ ।

१०. तुमुन्ण्वुलौ क्रियायां क्रियार्थायाम् [३१७५ ।

११. भाववचनाश्च ३१८० ।

१२. अण्कर्मणि च ३१८१ ।

१३. लृट् शेषे च २१९३ ।

१४. लृटः सद्वा ३१०७ ।

१५. अनद्यतने लुट् २१८५ ।

१६. पदरुजविशस्पृशो घञ् ३१८२ ।

* स्पृश उपतापे ।

१७. सृ स्थिरे ३१८३ ।

* व्याधिमत्स्यबलेषु चेति वाच्यम् ।

१८. भावे ३१८४ ।

१९. अकर्तरि च कारके संज्ञायाम् ३१८६ ।

२०. परिमाणाख्यायां सर्वेभ्यः ३१९०॥१॥

* दारजारौ कर्तरि णिलुक् च ।

२१. इङश्च ३१९१ ।

* अपादाने स्त्रियामुपसंख्यानम् तदन्ताच्च वा ङीष् ।

* शृवायुवर्णनिवृतेषु ।

२२. उपसर्गे रुवः ३१९२ ।

१. चरहितः पाठो भाष्ये ।

२३. समि युद्रुदुवः ३१९४ ।
२४. श्रिणीभुवोऽनुपसर्गे ३१९५ ।
२५. वौ क्षुश्रुवः ३१९६ ।
२६. अवोदोर्नियः ३१९७ ।
२७. प्रे द्रुस्तुस्रुवः ३१९८ ।
२८. निरभ्योः पूल्वोः ३१९९ ।
२९. उन्न्योर्ग्रः ३२०० ।
३०. कॄ धान्ये ३२०१ ।
३१. यज्ञे समि स्तुवः ३२०२ ।
३२. प्रे स्त्रोऽयज्ञे ३२०३ ।
३३. प्रथने वावशब्दे ३२०४ ।
३४. छन्दोनाम्नि च ३२०५ ।
३५. उदि ग्रहः ३२०७ ।
३६. समि मुष्टौ ३२०८ ।
३७. परिन्योर्नीणोर्द्यूताभ्रेषयोः ३२०९ ।
३८. परावनुपात्यय इणः ३२१० ।
३९. व्युपयोः शेतेः पर्याये ३२११ ।
४०. हस्तादाने चेरस्तेये ३२१२ ॥ २ ॥
४१. निवासचितिशरीरोपसमाधानेष्वादेश्च कः ३२१३
४२. सङ्घे चानौत्तराधर्ये ३२१४ ।
४३. कर्मव्यतिहारे णच्स्त्रियाम् ३२१५ ।
४४. अभिविधौ भाव इनुण् ३२१८ ।
४५. आक्रोशेऽवन्योर्ग्रहः ३२२० ।
४६. प्रे लिप्सायाम् ३२२१ ।
४७. परौ यज्ञे ३२२२ ।
४८. नौ वृ धान्ये ३२२३ ।
४९. उदि श्रयतियौतिपूद्रुवः ३२२४ ।

५०. विभाषाऽऽङि रुप्लुवोः ३२२५।
५१. अवे ग्रहो वर्षप्रतिबन्धे ३२२६।
५२. प्रे वणिजाम् ३२२७।
५३. रश्मौ च ३२२८।
५४. वृणोतेराच्छादने ३२२९।
५५. परौ भुवोऽवज्ञाने ३२३०।
५६. एरच् ३२३१।
* भयादीनामुपसंख्यानं नपुंसके क्तादिनिवृत्त्यर्थम्।
* जवसवौ छन्दसि वक्तव्यौ।
५७. ऋदोरप् ३२३२।
५८. ग्रहवृदृनिश्चिगमश्च ३२३४।
* वशिरण्योश्चोपसंख्यानम्।
* घञर्थे कविधानम्।
५९. उपसर्गेऽदः ३२३५।

६०. नौ ण च ३२३७। ॥ ३ ॥
६१. व्यधजपोरनुपसर्गे ३२३८।
६२. स्वनहसोर्वा ३२३९।
६३. यमः समुपनिविषु च ३२४०।
६४. नौ गदनदपठस्वनः ३२४१।
६५. क्वणो वीणायां च ३२४२।
६६. नित्यं पणः परिमाणे ३२४३।
६७. मदोऽनुपसर्गे ३२४४।
६८. प्रमदसंमदौ हर्षे ३२४५।
६९. समुदोरजः पशुषु ३२४६।
७०. अक्षेषु ग्लहः ३२४७।
७१. प्रजने सर्तेः ३२४८।
७२. ह्वः संप्रसारणं च न्यभ्युपविषु ३२४९
७३. आङि युद्धे ३२५०।

७४. निपानमाहावः ३२५१ ।
७५. भावेऽनुपसर्गस्य ३२५२ ।
७६. हनश्च वधः ३२५३ ।
७७. मूर्तौ घनः ३२५४ ।
७८. अन्तर्घनो देशे ३२५५ ।
७९. अगारैकदेशे प्रघणः प्रघाणश्च ३२५६
८०. उद्घनोऽत्याधानम् ३२५७ ॥ ४ ॥
८१. अपघनोऽङ्गम् ३२५८ ।
८२. करणेऽयोविद्रुषु ३२५९ ।
८३. स्तम्बे क च ३२६० ।
८४. परौ घः ३२६१ ।
८५. उपघ्न आश्रये ३२६३ ।
८६. सङ्घोद्घौ गणप्रशंसयोः ३२६४ ।
८७. निघो निमितम् ३२६५ ।
८८. ड्वितः क्त्रिः ३२६६ ।
८९. ट्वितोऽथुच् ३२६७ ।
९०. यजयाचयतविच्छप्रच्छरक्षो नङ् ३२६८
९१. स्वपो नन् ३२६९ ।
९२. उपसर्गे घोः किः ३२७० ।
९३. कर्मण्यधिकरणे च ३२७१ ।
९४. स्त्रियां क्तिन् ३२७२ ।
* निष्ठायां सेट इति वक्तव्यम् ।
९५. स्थागापापचो भावे ३२७३ ।
* श्रयजीषिस्तुभ्यः करणे ।
* ग्लाम्लाज्याहाभ्यो निः ।
९६. मन्त्रे वृषेषपचमनविदभूवीरा उदात्तः ३४२० ।
९७. ऊतियूतिजूतिसातिहेतिकीर्तयश्च ३२७४

९८. व्रजयजोर्भावे क्यप् ३२७५ ।

९९. संज्ञायां समजनिषदनिपतमनविद पुञ्शीङ्भृञिणः ३२७६ ।

१००. कृञः श च ३२७७ ॥ ५ ॥

१०१. इच्छा ३२७८ ।

* परिचर्यापरिसर्यामृगयाटाट्यानामुपसंख्यानम् ।

* जागर्तेरकारो वा ।

१०२. अ प्रत्ययात् ३२७९ ।

१०३. गुरोश्च हलः ३२८० ।

* निष्ठायां सेट इति वक्तव्यम् ।

१०४. षिद्भिदादिभ्योऽङ् ३२८१ ।

४२ ('भिदा विदारणे' २९) ('छिदा द्वैधीकरणे' ३०) विदा । क्षिपा । ('गुहा गिर्योषध्योः' ३१) श्रद्धा । मेधा गोधा । ('आरा शस्त्र्याम्' ३२) हारा । ('कारा बन्धने' ३३) क्षिया । ('तारा ज्योतिषि' ३४) ('धारा प्रपातने' ३५) रेखा चूडा पीडा वपा वसा मृजा । ('क्रपेः संप्रसारणं च' ३६) । कृपा । इति भिदादिः ॥

* क्रपेः संप्रसारणं च ।

१०५. चिन्तिपूजिकथिकुम्बिचर्चश्च ३२८२ ।

१०६. आतश्चोपसर्गे ३२८३ ।

१०७. ण्यासश्रन्थो युच् ३२८४ ।

* घट्टिवन्दिविदिभ्यश्चेति वाच्यम् ।

* इषेरनिच्छार्थस्य ।

* परेर्वा ।

१०८. रोगाख्यायां ण्वुल्बहुलम् ३२८५ ।

* धात्वर्थनिर्देशे ण्वुल् ।

* इक्श्तिपौ धातुनिर्देशे ।

* वर्णात्कारः ।

* रादिफः ।

अ. १. एवं सर्वत्र धनुराकारान्तर्गतानि वार्तिकेष्वागतान्यपि गणसूत्रवत् गणे पठितानि भवन्ति ।

* मत्वर्थाच्छः ।

* इणजादिभ्यः ।

* इञ् वपादिभ्यः ।

* इक्कृष्यादिभ्यः ।

* संपदादिभ्यः क्विप् ।

४३. (वा २२३३) । संपद् विपद् आपद् प्रतिपद् परिषद्—एते संपदादयः ॥

१०९. संज्ञायाम् ३२८६ ।

११०. विभाषाख्यानपरिप्रश्नयोरिञ्च ३२८७

१११. पर्यायार्हर्णोत्पत्तिषु ण्वुच् ३२८८ ।

११२. आक्रोशे नञ्यनिः ३२८९ ।

११३. कृत्यल्युटो बहुलम् २८४१ ।

११४. नपुंसके भावे क्तः ३०९० ।

११५. ल्युट् च ३२९० ।

११६. कर्मणि च येन संस्पर्शात्कर्तुः शरीरसुखम् ३२९१ ।

११७. करणाधिकरणयोश्च ३२९३ ।

११८. पुंसि संज्ञायां घः प्रायेण ३२९६ ।

११९. गोचरसंचरवहव्रजव्यजापणनिगमाश्च ३२९८ ।

१२०. अवे तॄस्त्रोर्घञ् ३२९९ ॥ ६ ॥

१२१. हलश्च ३३०० ।

* घञ्विधाववहाराधाराबायानामुपसंख्यानम् ।

१२२. अध्यायन्यायोद्यावसंहाराश्च ३३०१ ।

१२३. उदङ्कोऽनुदके ३३०२ ।

१२४. जालमानायः ३३०३ ।

१२५. खनो घ च ३३०४ ।

* खनेर्डडरेकेकबका वाच्याः ।

१२६. ईषद्दुःसुषु कृच्छ्राकृच्छ्रार्थेषु खल् ३३०५ ।

१२७. कर्तृकर्मणोश्च भूकृञोः ३३०८ ।

* कर्तृकर्मणोश्च्व्यर्थयोरिति वाच्यम् ।

१२८. आतो युच् ३३०९ ।

१२९. छन्दसि गत्यर्थेभ्यः ३४२१ ।

१३०. अन्येभ्योऽपि दृश्यते ३४२२ ।

* भाषायां शासियुधिदृशिधृषिमृषिभ्यो युज्वाच्यः ।

१३१. वर्तमानसामीप्ये वर्तमानवद्वा २७८९

१३२. आशंसायां भूतवच्च २७९० ।

१३३. क्षिप्रवचने लृट् २७९१ ।

१३४. आशंसावचने लिङ् २७९२ ।

१३५. नानद्यतनवत्क्रियाप्रबन्धसामीप्ययोः २७९३ ।

१३६. भविष्यति मर्यादावचनेऽवरस्मिन् २७९४ ।

१३७. कालविभागे चानहोरात्राणाम् २७९५

१३८. परस्मिन्विभाषा २७९६ ।

१३९. लिङ्निमित्ते लृङ् क्रियातिपत्तौ२२२९

१४०. भूते च २७९७ ॥ ७ ॥

१४१. वोताप्योः २७९८ ।

१४२. गर्हायां लडपिजात्वोः २७९९ ।

१४३. विभाषा कथमि लिङ् च २८०० ।

१४४. किंवृत्ते लिङ्लृटौ २८०१ ।

१४५. अनवक्लृप्त्यमर्षयोरकिंवृत्तेऽपि २८०२

१४६. किंकिलास्त्यर्थेषु लृट् २८०३ ।

१४७. जातुयदोर्लिङ् २८०४ ।

* यदायद्योरुपसंख्यानम् ।

१४८. यच्चयत्रयोः २८०५ ।
१४९. गर्हायां च २८०६ ।
१५०. चित्रीकरणे च २८०७ ।
१५१. शेषे लृडयदौ २८०८ ।
१५२. उताप्योः समर्थयोर्लिङ् २८०९ ।
१५३. कामप्रवेदनेऽकच्चिति २८१० ।
१५४. संभावनेऽलमिति चेत्सिद्धाप्रयोगे २८११ ।
१५५. विभाषा धातौ संभावनवचनेऽयदि
१५६. हेतुहेतुमतोर्लिङ् २८१३ । [२८१२
१५७. इच्छार्थेषु लिङ्लोटौ २८१४ ।
* कामप्रवेदन इति वक्तव्यम् ।
१५८. समानकर्तृकेषु तुमुन् ३१७६ ।
१५९. लिङ् च २८१५ ;
१६०. इच्छार्थेभ्यो विभाषा वर्तमाने २८१६ ॥ ८ ॥
१६१. विधिनिमन्त्रणामन्त्रणाधीष्टसंप्रश्नप्रार्थनेषु लिङ् २२०८ ।
१६२. लोट् च २१९४ ।
१६३. प्रैषातिसर्गप्राप्तकालेषु कृत्याश्च २८१७
१६४. लिङ् चोर्ध्वमौहूर्तिके २८१८ ।
१६५. स्मे लोट् २८१९ ।
१६६. अधीष्टे च २८२० ।
१६७. कालसमयवेलासु तुमुन् ३१७९ ।
१६८. लिङ्यदि २८२१ ।
१६९. अर्हे कृत्यतृचश्च २८२२ ।
१७०. आवश्यकाधमर्ण्ययोर्णिनिः ३३११ ।
१७१. कृत्याश्च ३३१२ ।

१७२. शकि लिङ् च २८२३ ।

१७३. आशिषि लिङ्लोटौ २१९५ ।

१७४. क्तिच्क्तौ च संज्ञायाम् ३३१३ ।

१७५. माङि लुङ् २२१९ ।

१७६. स्मोत्तरे लङ् च २२२० ॥

उणादय इङो निवासव्यधजपोरपघन इच्छा
हलश्च वोताप्योर्विधिषोडश ॥

इति पाणिनीयसूत्रपाठे तृतीयस्याध्यायस्य तृतीयः पादः।

चतुर्थः पादः ।

१. धातुसंबन्धे प्रत्ययाः २८२४ ।

२. क्रियासमभिहारे लोट् लोटो हिस्वौ वा च तध्वमोः २८२५ ।

३. समुच्चयेऽन्यतरस्याम् २८२६ ।

४. यथाविध्यनुप्रयोगः पूर्वस्मिन् २८२७ ।

५. समुच्चये सामान्यवचनस्य २८२८ ।

६. छन्दसि लुङ्लङ्लिटः ३४२३ ।

७. लिङर्थे लेट् ३४२४ ।

८. उपसंवादाशङ्कयोश्च ३४३१ ।

९. तुमर्थे सेसेनसेऽसेन्क्सेकसेनध्यैअध्यैन्कध्यैकध्यैन्शध्यैशध्यैन्तवैतवेङ्तवेनः ३४३६ ।

१०. प्रयै रोहिष्यै अव्यथिष्यै ३४३७।

११. दृशे विख्ये च ३४३८ ।

१२. शकि णमुल्कमुलौ ३४३९ ।

१३. ईश्वरे तोसुन्कसुनौ ३४४० ।

१४. कृत्यार्थे तवैकेन्केन्यत्वनः ३४४१ ।

१५. अवचक्षे च ३४४२ ।

१६. भावलक्षणे स्थेण्कृञ्वदिचरिहुतमिजनि-भ्यस्तोसुन् ३४४३ ।

१७. सृपितृदोः कसुन् ३४४४ । [३३१६

१८. अलंखल्वोः प्रतिषेधयोः प्राचां क्त्वा

१९. उदीचां माङो व्यतीहारे ३३१७ ।

२०. परावरयोगे च ३३१९ ॥ १ ॥

२१. समानकर्तृकयोः पूर्वकाले ३३२० ।

२२. आभीक्ष्ण्ये णमुल्च ३३४३ ।

२३. न यद्यनाकाङ्क्षे ३३४४ ।

२४. विभाषाऽग्रेप्रथमपूर्वेषु ३३४५ ।

२५. कर्मण्याक्रोशे कृञः खमुञ् ३३४६ ।

२६. स्वादुमि णमुल् ३३४७ । [३३४८

२७. अन्यथैवंकथमित्थंसु सिद्धाप्रयोगश्चेत्

२८. यथातथयोरसूयाप्रतिवचने ३३४९ ।

२९. कर्मणि दृशिविदोः साकल्ये ३३५० ।

३०. यावति विन्दजीवोः ३३५१ ।

३१. चर्मोदरयोः पूरेः ३३५२ । [३३५३

३२. वर्षप्रमाण ऊलोपश्चास्यान्यतरस्याम्

३३. चेले क्नोपेः ३३५४ । ॥ ३ ॥

३४. निमूलसमूलयोः कषः ३३५५ ।

३५. शुष्कचूर्णरूक्षेषु पिषः ३३५६ ।

३६. समूलाकृतजीवेषु हन्कृञ्ग्रहः ३३५७ ।

३७. करणे हनः ३३५८ ।

३८. स्नेहने पिषः ३३५९ ।

३९. हस्ते वर्तिग्रहोः ३३६० ।

४०. स्वे पुषः ३३६१ । ॥ २ ॥

४१. अधिकरणे बन्धः ३३६२ ।

४२. संज्ञायाम् ३३६३ ।
४३. कर्त्रोर्जीवपुरुषयोर्नशिवहोः ३३६४ ।
४४. ऊर्ध्वे शुषिपूरोः ३३६५ ।
४५. उपमाने कर्मणि च ३३६६ ।
४६. कषादिषु यथाविध्यनुप्रयोगः ३३६७ ।
४७. उपदंशस्तृतीयायाम् ३३६८ ।
४८. हिंसार्थानां च समानकर्मकाणाम् ३३६९
४९. सप्तम्यां चोपपीडरुधकर्षः ३३७० ।
५०. समासत्तौ ३३७१ ।
५१. प्रमाणे च ३३७२ ।
५२. अपादाने परीप्सायाम् ३३७३ ।
५३. द्वितीयायां च ३३७४ ।
५४. स्वाङ्गेऽध्रुवे ३३७६ ।
५५. परिक्लिश्यमाने च ३३७७ ।
५६. विशिपतिपदिस्कन्दां व्याप्यमानासेव्यमानयोः ३३७८ ।
५७. अस्यतितृषोः क्रियान्तरे कालेषु ३३७९
५८. नाम्न्यादिशिग्रहोः ३३८० ।
५९. अव्ययेऽयथाभिप्रेताख्याने कृञः क्त्वाणमुलौ ३३८१ ।
६०. तिर्यच्यपवर्गे ३३८२ । ॥ ३ ॥
६१. स्वाङ्गे तस्प्रत्यये कृभ्वोः ३३८३ ।
६२. नाधार्थप्रत्यये च्व्यर्थे ३३८४ ।
६३. तूष्णीमि भुवः ३३८५ ।
६४. अन्वच्यानुलोम्ये ३३८६ ।
६५. शकधृषज्ञाग्लाघटरभलभक्रमसहार्हास्त्यर्थेषु तुमुन् ३१७७ ।
६६. पर्याप्तिवचनेष्वलमर्थेषु ३१७८ ।

६७. कर्तरि कृत् २८३२ ।

६८. भव्यगेयप्रवचनीयोपस्थानीयजन्याप्लाव्यापात्या वा २८९४ । [२१५२

६९. लः कर्मणि च भावे चाकर्मकेभ्यः

७०. तयोरेव कृत्यक्तखलर्थाः २८३३ ।

७१. आदिकर्मणि क्तः कर्तरि च ३०५३ ।

७२. गत्यर्थाकर्मकश्लिषशीङ्स्थासवसजनरुहजीर्यतिभ्यश्च ३०८६ ।

७३. दाशगोघ्नौ संप्रदाने ३१७२ ।

७४. भीमादयोऽपादाने ३१७३ ।

४४. भीम भीष्म भयानक वहचर (वह चरु) प्रस्कन्दन प्रतपन (प्रपतन) समुद्र स्रुव स्रक् वृष्टि (दृष्टि) रक्षः संकसुक (शङ्कु सुक) मूर्ख खलति—**आकृतिगणोऽयम्** ॥ **इति भीमादिः** ॥

७५. ताभ्यामन्यत्रोणादयः ३१७४ ।

७६. क्तोऽधिकरणे च ध्रौव्यगतिप्रत्यवसानार्थेभ्यः ३०८७ ।

७७. लस्य २१५३ ।

७८. तिप्तस्झिसिप्थस्थमिब्वस्मस्तातांझथासाथांध्वमिड्वहिमहिङ् २१५४ ।

७९. टित आत्मनेपदानां टेरे २२३३ ।

८०. थासः से २२३६ ॥ ४ ॥

८१. लिटस्तझयोरेशिरेच् २२४१ ।

८२. परस्मैपदानां णलतुसुस्थलथुसणल्वमाः

८३. विदो लटो वा २४६४ । [२१७३

८४. ब्रुवः पञ्चानामादित आहो ब्रुवः २४५०

८५. लोटो लङ्वत् २१९८ ।

८६. एरुः २१९६ ।

८७. सेर्ह्यपिच्च २२०१ ।
८८. वा छन्दसि ३५५२ ।
८९. मेर्निः २२०३ ।
९०. आमेतः २२५१ ।
९१. सवाभ्यां वामौ २२५२ ।
९२. आडुत्तमस्य पिच्च २२०४ ।
९३. एत ऐ २२५३ ।
९४. लेटोऽडाटौ ३४२७ ।
९५. आत ऐ ३४२९ ।
९६. वैतोऽन्यत्र ३४३० ।
९७. इतश्च लोपः परस्मैपदेषु ३४२६ ।
९८. स उत्तमस्य ३४२८ ।
९९. नित्यं ङितः २२०० ।
१००. इतश्च २२०७
१०१. तस्थस्थमिपां तान्तन्तामः २१९९ ।
१०२. लिङः सीयुट् २२५५ ।
१०३. यासुट्परस्मैपदेषूदात्तो ङिच्च २२०९ ।
१०४. किदाशिषि २२१६ ।
१०५. झस्य रन् २२५६ ।
१०६. इटोऽत् २२५७ ।
१०७. सुट् तिथोः २२१० ।
१०८. झेर्जुस् २२१३ ।
१०९. सिजभ्यस्तविदिभ्यश्च २२२६ ।
११०. आतः २२२७ ।
१११. लङः शाकटायनस्यैव २४६३ ।
११२. द्विषश्च २४३५ ।
११३. तिङ्शित्सार्वधातुकम् २१६६ ।
११४. आर्धधातुकं शेषः २१८७ ।

॥ ५ ॥

११५. लिट् च २१७२ ।

११६. लिङाशिषि २२१५ ।

११७. छन्दस्युभयथा ३४३५ ।

धातुसंबन्धे समानाधिकरणे स्वाङ्गे
लिटस्तस्थस्थमिपां सप्तदश ॥

इति पाणिनीयसूत्रपाठे तृतीयस्याध्यायस्य चतुर्थः पादः अध्यायश्च ।

॥ अथ चतुर्थोऽध्यायः ॥

प्रथमः पादः

१. ङ्याप्प्रातिपदिकात् १८२ ।

२. स्वौजसमौट्छष्टाभ्याम्भिस्ङेभ्याम्भ्यस्ङसिभ्याम्भ्यस्ङसोसाम्ङ्योस्सुप् १८३ ।

३. स्त्रियाम् ४५३ ।

४. अजाद्यतष्टाप् ४५४ ।

४५. अजा एडका कोकिला चटका अश्वा मूषिका

बाला होढा पाका वत्सा मन्ता बिलाता पूर्वापिहाणा (पूर्वापहाणा) अपरापहाणा । ('संभस्त्राजिनशणपिण्डेभ्यः फलात्' ३७) ('सदच्चकाण्डप्रान्तशतैकेभ्यः पुष्पात्' ३८) ('शूद्रा चामहत्पूर्वा जातिः' ३९) कुञ्चा उष्णिहा देवविशा । ज्येष्ठा कनिष्ठा मध्यमा पुंयोगेऽपि । (मूलान्नञः' ४०) दंष्ट्रा । ('त्रिफला त्र्यनीका द्विगौ' ४१)—**एतेऽजादयः**

* शूद्रा चामहत्पूर्वा जातिः ।

५. ऋन्नेभ्यो ङीप् ३०६ ।

६. उगितश्च ४५५ ।

* धातोरुगितः प्रतिषेधः ।

* अञ्चतेश्चोपसंख्यानम् ।

७. वनो र च ४५६ ।

* वनो न हश इति वक्तव्यम् ।

* बहुलं छन्दसि ।

* बहुव्रीहौ वा ।

८. पादोऽन्यतरस्याम् ४५७ ।

९. टाबृचि ४५८ ।

१०. न षट्स्वस्रादिभ्यः ३०८ ।

४६. स्वसृ दुहितृ ननान्दृ यातृ मातृ तिसृ चतसृ इति **स्वस्रादिः** ॥

११. मनः ४५९ ।

१२. अनो बहुव्रीहेः ४६० ।

१३. डाबुभाभ्यामन्यतरस्याम् ४६१ ।

१४. अनुपसर्जनात् ४६९ ।

१५. टिड्ढाणञ्द्वयसज्दघ्नञ्मात्रचतयप्ठक्ठञ्कञ्क्वरपः ४७० ।

* नञ्स्नञीकक्ख्युंस्तरुणतलुनानामुपसंख्यानम् ।

१-२-३. 'अजादिषु पाठ इदानींतनः' इति 'पाककर्ण' (४-१-६४) सूत्रे कैयटः ।

१. अनयोरत्र पाठोऽप्रामाणिकः ।

१६. यञश्च ४७१ ।

* आपत्यग्रहणं कर्तव्यम् ।

१७. प्राचां ष्फ तद्धितः ४७३ ।

* आसुरेरुपसंख्यानम् ।

१८. सर्वत्र लोहितादिकतन्तेभ्यः ४७६ ।

१९. कौरव्यमाण्डूकाभ्यां च ४७७ ।

२०. वयसि प्रथमे ४७८ । ॥ १ ॥

* वयस्यचरम इति वाच्यम् ।

२१. द्विगोः ४७९ ।

२२. अपरिमाणबिस्ताचितकम्बल्येभ्यो न तद्धितलुकि ४८० ।

२३. काण्डान्तात्क्षेत्रे ४८१ ।

२४. पुरुषात्प्रमाणेऽन्यतरस्याम् ४८२ ।

२५. बहुव्रीहेरूधसो ङीष् ४८४ ।

२६. संख्याव्ययादेर्ङीप् ४८५ ।

२७. दामहायनान्ताच्च ४८६ ।

* वयोवाचकस्यैव हायनशब्दस्य ङीप् णत्वं चेष्यते ।

२८. अन उपधालोपिनोऽन्यतरस्याम् ४६२।

२९. नित्यं संज्ञाच्छन्दसोः ४८७ ।

३०. केवलमामकभागधेयपापापरसमानार्य-कृतसुमङ्गलभेषजाच्च ४८८ ।

३१. रात्रेश्चाजसौ ३४४५ ।

* अजसादिष्विति वक्तव्यम् ।

३२. अन्तर्वत्पतिवतोर्नुक् ४८९ ।

* अन्तर्वत्पतिवदिति गर्भभर्तृसंयोगे ।

३३. पत्युर्नो यज्ञसंयोगे ४९० ।

३४. विभाषा सपूर्वस्य ४९१ ।

३५. नित्यं सपत्न्यादिषु ४९२ ।

४७. समान एक वीर पिण्ड श्व (शिरी) भ्रातृ भद्र पुत्र दासाच्छन्दसि ॥ **इति समानादिः ॥**

३६. पूतक्रतोरै च ४९३ ।

३७. वृषाकप्यग्निकुसितकुसिदानामुदात्तः [४९४

३८. मनोरौ वा ४९५ ।

३९. वर्णादनुदात्तात्तोपधात्तो नः ४९६ ।

* असितपलितयोर्न ।

* छन्दसि क्नमेके ।

* पिशङ्गादुपसंख्यानम् ।

४०. अन्यतो ङीष् ४९७ ॥ २ ॥

४१. षिद्गौरादिभ्यश्च ४९८ ।

४८. गौर मत्स्य मनुष्य शृङ्ग पिङ्गल हय गवय मुकय ऋष्य [पुट तूण] द्रुण द्रोण हरिण कोकण (काकण) पटर उणक [आमल] आमलक कुवल बिम्ब बदर फर्करक (कर्कर) तर्कार शर्कार पुष्कर शिखण्ड सलद शष्कण्ड सनन्द सुषम सुषव अलिन्द गडुल षाण्डश आढक आनन्द आश्वत्थ सृपाट आखक (आपच्चिक) शष्कुल सूर्य (सूर्म) शूर्प सूच यूष (पूष) यूथ सूप मेथ वल्लक धातक सल्लक मालक मालत साल्वक वेतस वृक्ष (वृस) अतस [उभय] भृङ्ग मह मठ छेद पेश मेद श्वन् तक्षन् अनडुही अनड्वाही । 'एषणः करणे' ४२ । देह देहल काकादन गवादन तेजन रजन लवण औद्गाहमानि (आद्गाहमानि) गौतम (गोतम) [पारक] अयस्थूण (अयःस्थूण) भौरिकि भौलिकि भौलिङ्गि यान मेध आलम्बि आलजि आलब्धि आलक्षि केवाल आपक आरट नट टोट नोट मूलाट शातन [पोतन] पातन पाठन (पानठ) आस्तरण अधिकरण अधिकार अग्रहायणी (आग्रहायणी) प्रत्यवरोहिणी [सेचन] 'सुमङ्गलात्संज्ञायाम्' ४३ । अण्डर सुन्दर मण्डल मन्थर मङ्गल पट पिण्ड [षण्ड] उर्द गुर्द शम सूद औड (आर्द्र) हृद (हद) पाण्ड [भाण्डल] भाण्ड (लोहाण्ड) कदर कन्दर कदल तरुण तलुन कल्माष बृहत् महत् (सोम) सौधर्म । 'रोहिणी नक्षत्रे' ४४ ।

'रेवती नक्षत्रे' ४५। विकल निष्कल पुष्कल। 'कटाच्छ्रोणिवचने' ४६। 'पिप्पल्यादयश्च' ४७। पिप्पली हरितकी (हरीतकी) कोशातकी शमी वरी शरी पृथिवी क्रोष्टु मातामह पितामह—**इति गौरादिः ॥**

४२. जानपदकुण्डगोणस्थलभाजनागकालनीलकुशकामुककबराद्वृत्त्यमत्रावपनाकृत्रिमाश्राणास्थौल्यवर्णनाच्छादनायोविकारमैथुनेच्छाकेशवेशेषु ५०० ।

* नीलादोषधौ प्राणिनि च ।

* संज्ञायां वा ।

४३. शोणात्प्राचाम् ५०१ ।

४४. वोतो गुणवचनात् ५०२ ।

* गुणवचनात् ङीबाद्युदात्तार्थम् ।

* खरुसंयोगोपधान्न ।

४५. बह्वादिभ्यश्च ५०३ ।

४९. बहु पद्धति अञ्चति अङ्कति अंहति **शकटि** (शकति)। 'शक्तिः शस्त्रे' ४८। शारि वारि राति राधि (शाधि) अहि कपि यष्टि मुनि। 'इतः। प्राण्यङ्गात्' ४९। 'कृदिकारादक्तिनः' ५०। 'सर्वतोऽक्तिन्नर्थादित्येके' ५१। चण्ड अराल कृपण कमल विकट विशाल विशङ्कट भरुज ध्वज। 'चन्द्रभागान्नद्याम्' ५२। (चन्द्रभागा नद्याम्)। कल्याण उदार पुराण अहन् क्रोड नख खुर शिखा बाल शफ गुद—**आकृतिगणोऽयम् ॥** तेन। भग गल राग इत्यादि। **इति बह्वादयः ॥**

४६. नित्यं छन्दसि ३४४६ ।

४७. भुवश्च ३४४७ ।

४८. पुंयोगादाख्यायाम् ५०४ ।

* पालकान्तान्न ।

* सूर्याद्देवतायां चाप् ।

४९. इन्द्रवरुणभवशर्वरुद्रमृडहिमारण्ययवयवनमातुलाचार्याणामानुक् ५०५ ।

* हिमारण्ययोर्महत्त्वे।

* यवाद्दोषे।

* यवनाल्लिप्याम्।

* मातुलोपाध्याययोरानुग्वा।

* मुद्गलाच्छन्दसि लिच्च।

* आचार्यादणत्वं च।

* अर्यक्षत्रियाभ्यां वा।

५०. क्रीतात्करणपूर्वात् ५०६।

५१. क्तादल्पाख्यायाम् ५०७।

५२. बहुव्रीहेश्चान्तोदात्तात् ५०८।

* जातान्ताच्च।

* पाणिगृहीती भार्यायाम्।

* बहुलं संज्ञाच्छन्दसोः।

* अन्तोदात्तादबहुनञ्सुकालसुखादिपूर्वात्।

* जातिपूर्वादिति वक्तव्यम्।

५३. अस्वाङ्गपूर्वपदाद्वा ५०९।

५४. स्वाङ्गाच्चोपसर्जनादसंयोगोपधात् ५१०।

५५. नासिकोदरौष्ठजङ्घादन्तकर्णशृङ्गाच्च ५११

* पुच्छाच्च।

* कबरमणिविषशरेभ्यो नित्यम्।

* उपमानात्पक्षाच्च पुच्छाच्च।

५६. न क्रोडादिबह्वचः ५१२।

५०. क्रोड नख खुर गोखा उखा शिखा बाल शप गुद—आकृतिगणोऽयम्॥ इति क्रोडादयः॥

५७. सहनञ्विद्यमानपूर्वाच्च ५१३।

५८. नखमुखात्संज्ञायाम् ५१४।

५९. दीर्घजिह्वी च च्छन्दसि ३४४८।

६०. दिक्पूर्वपदान्ङीप् ५१५ ॥ ३ ॥

६१. वाहः ५१६।

६२. सख्यशिश्वीति भाषायाम् ५१७।

६३. जातेरस्त्रीविषयादयोपधात् ५१८।

* योपधप्रतिषेधे गवयहयमुकयमनुष्यमत्स्यानामप्रतिषेधः।

६४. पाककर्णपर्णपुष्पफलमूलवालोत्तरपदाच्च ५१९।

* सदच्काण्डप्रान्तशतैकेभ्यः पुष्पात्प्रतिषेधः।

* संभस्त्राजिनशणपिण्डेभ्यः फलात्।

* मूलान्नञः।

* श्वेताच्च।

६५. इतो मनुष्यजातेः ५२०।

६६. ऊङुतः ५२१।

* अप्राणिजातेश्चारज्ज्वादीनामुपसंख्यानम्।

६७. बाह्वन्तात्संज्ञायाम् ५२२।

६८. पङ्गोश्च ५२३।

* श्वशुरस्योकाराकारलोपश्च।

१. इदमप्रामाणिकम्।

६९. ऊरूत्तरपदादौपम्ये ५२४।

७०. संहितशफलक्षणवामादेश्च ५२५।

* सहितसहाभ्यां चेति वक्तव्यम्।

७१. कद्रुकमण्डल्वोश्छन्दसि ३४४९।

* गुग्गुलुमधुजतुपतयालूनामिति वक्तव्यम्।

७२. संज्ञायाम् ५२६।

७३. शार्ङ्गरवाद्यञो ङीन् ५२७।

५१. शार्ङ्गरव कापटव गौग्गुलव ब्राह्मण वैद गौतम कामण्डलेय ब्राह्मणकृतेय (आनिचेय) आनिधेय आशोकेय वात्स्यायन मौञ्जायन कैकस काप्य (काव्य) शैव्य एहि पर्येहि आश्मरथ्य औदपान अराल चण्डाल वतण्ड 'भोगवद्गौरिमतोः संज्ञायां घादिषु नित्यं ह्रस्वार्थम्' ५३। 'नृनरयोर्वृद्धिश्च' ५४। इति शार्ङ्गरवादिः॥

७४. यङश्चाप् ५२८।

* षाद्यञश्चाप् वक्तव्यः।

७५. आवट्याच्च ५२९ ।

७६. तद्धिताः ५३० ।

७७. यूनस्तिः ५३१ । [११९८

७८. अणिञोरनार्षयोर्गुरूपोत्तमयोः ष्यङ्गोत्रे

७९. गोत्रावयवात् ११९९ ।

८०. क्रौड्यादिभ्यश्च १२०० ॥ ४ ॥

५२. क्रौडि लाडि व्याडि आपिशलि आपक्षिति चौपयत चैटयत (वैटयत) सैकयत वैल्वयत सौधातकि 'सूत युवत्याम्' ५५ । 'भोज क्षत्रिये' ५६ । यौतकि कौटि भौरिकि भौलिकि [शाल्मलि] शालास्थलि कापिष्ठलि गौकक्ष्य—**इति क्रौड्यादिः** ॥

८१. दैवयज्ञिशौचिवृक्षिसात्यमुग्रिकाण्डेविद्धिभ्योऽन्यतरस्याम् १२०१ ।

८२. समर्थानां प्रथमाद्वा १०७२ ।

८३. प्राग्दीव्यतोऽण् १०७३ ।

८४. अश्वपत्यादिभ्यश्च १०७४ ।

५३. अश्वपति (ज्ञानपति) शतपति धनपति गणपति [स्थानपति यज्ञपति] राष्ट्रपति कुलपति गृहपति (पशुपति) धान्यपति धन्वपति (बन्धुपति धर्मपति) सभापति प्राणपति क्षेत्रपति—**इत्यश्वपत्यादिः** ॥

८५. दित्यदित्यादित्यपत्युत्तरपदाण्ण्यः १०७७

* वाङ्मतिपितृमतां छन्दस्युपसंख्यानम् ।
* यमाच्चेति काशिकायाम् ।
* पृथिव्या ञाञौ ।
* देवाद्यञञौ ।
* बहिषष्टिलोपो यञ्च ईकक् च ।
* ईकञ् छन्दसि ।
* स्थाम्नोऽकारः ।
* लोम्नोऽपत्येषु बहुष्वकारो वक्तव्यः ।
* गोरजादिप्रसङ्गे यत् ।

८६. **उत्सादिभ्योऽञ् १०७८ ।**

५४. उत्स उदपान विकर विनद महानद महानस महाप्राण तरुण तलुन । बष्कयासे । पृथिवी (धेनु) पङ्क्ति जगती त्रिष्टुप् अनुष्टुप् जनपद भरत उशीनर ग्रीष्म पीलकुण । 'उदस्थान देशे' ५७ । पृषदंश भल्लकीय रथन्तर मध्यंदिन बृहत् महत् सत्त्वत् कुरु पञ्चाल इन्द्रावसान उष्णिह् ककुभ् सुवर्ण देव । 'ग्रीष्मादच्छन्दसि' ५८—**इत्युत्सादिः ॥**

८७. **स्त्रीपुंसाभ्यां नञ्स्नञौ भवनात् १०७९**

८८. **द्विगोर्लुगनपत्ये १०८० ।**

८९. **गोत्रेऽलुगचि १०८१ ।**

९०. **यूनि लुक् १०८३ ।**

९१. **फक्फिञोरन्यतरस्याम् १०८७ ।**

९२. **तस्यापत्यम् १०८८ ।**

९३. **एको गोत्रे १०९३ ।**

९४. **गोत्राद्यून्यस्त्रियाम् १०९४ ।**

९५. **अत इञ् १०९५ ।**

९६. **बाह्वादिभ्यश्च १०९६ ।**

५५. बाहु उपबाहु उपवाकु निवाकु शिवाकु वटाकु उपनिन्दु (उपविन्दु) वृषली वृकला चूडा बलाका मूषिका कुशला भगला (छगला) ध्रुवका [धुवका] सुमित्रा दुर्मित्रा पुष्करसद् अनुहरत् देवशर्मन् अग्निशर्मन् [भद्रशर्मन् सुशर्मन्] कुनामन् (सुनामन्) पञ्चन् सप्तन् अष्टन् । 'अमितौजसः सलोपश्च' ५९ । सुधावत् उदञ्चु शिरस् माष शराविन् मरीची क्षेमवृद्धिन् शृङ्खलतोदिन् खरनादिन् नगरमर्दिन् प्राकारमर्दिन् लोमन् अजीगर्त कृष्ण युधिष्ठिर अर्जुन साम्ब गद प्रद्युम्न राम [उदङ्क] । 'उदकः संज्ञायाम्' ६० । 'संभूयोऽम्भसोः सलोपश्च' ६१—**आकृतिगणोऽयम्** ॥ तेन । सात्वकिः जाङ्घिः ऐन्दशर्मिः आजधेनविः इत्यादि । **इति बाह्वादयः ॥**

९७. **सुधातुरकङ् च १०९७ ।**

* व्यासवरुडनिषादचण्डालबिम्बानां चेति वक्तव्यम्।

९८. गोत्रे कुञ्जादिभ्यश्चफञ् १०९९।

५६. कुञ्ज ब्रध्न शङ्ख भस्मन् गण लोमन् शठ शाक शुण्डा शुभ विपाश् स्कन्द स्कम्भ—**इति कुञ्जादिः॥**

९९. नडादिभ्यः फक् ११०१।

५७. नड चर (वर) बक मुञ्ज इतिक इतिश उपक (एक) लमक। 'शलङ्कु शलङ्कं च' ६२। सप्तल वाजप्य तिक। 'अग्निशर्मन्वृषगणे' ६३। प्राण नर सायक दास मित्र द्वीप पिङ्गर पिङ्गल किङ्कर किङ्कल (कातर) कातल काश्यप (कुश्यप) काश्य काल्य (काव्य) अज अमुष्य (अमुष्म)। कृष्णरणौ ब्राह्मणवासिष्ठे' ६४। अमित्र लिगु चित्र कुमार। 'क्रोष्टु क्रोष्टं च' ६५। लोह दुर्ग स्तम्भ शिंशपा अग्र तृण शकट सुमनस् सुमत मिमत ऋच् जलंधर अध्वर युगंधर हंसक दण्डिन् हस्तिन् [पिण्ड] पञ्चाल चमसिन् सुकृत्य स्थिरक ब्राह्मण चटक बदर अश्वल खरप लङ्क इन्ध अस्र कामुक ब्रह्मदत्त उदुम्बर शोण अलोह दण्डप – **इति नडादिः॥**

१००. हरितादिभ्योऽञः ११०२॥ ५॥

१०१. यञिञोश्च ११०३। [११०४

१०२. शरद्वच्छुनकदर्भाद्भृगुवत्साग्रायणेषु

१०३. द्रोणपर्वतजीवन्तादन्यतरस्याम् ११०५

१०४. अनृष्यानन्तर्ये बिदादिभ्योऽञ् ११०६

५८. बिद उर्व कश्यप कुशिक भरद्वाज उपमन्यु किलात कन्दर्प (किंदर्भ) विश्वानर ऋषिषेण (ऋष्टिषेण) ऋतभाग हर्यश्व प्रियक आपस्तम्ब कूचवार शरद्वत् शुनक (शुनक्) धेनु गोपवन शिग्रु बिन्दु [भोगक] भाजन [शमिक] अश्वावतान श्यामाक श्यामक [श्यावलि] श्यापर्ण हरित किंदास बह्यस्क अर्कजूष (अर्कलूष) बध्योग विष्णु वृद्ध प्रतिबोध रचित रथीतर (रथन्तर) गविष्ठिर निषाद [शबर अलस] मठर (मृडाकु) सृपाकु मृदु पुनर्भू पुत्र दुहितृ ननान्दृ। 'परस्त्री परशुं च' ६६। **इति बिदादिः॥**

१०५. गर्गादिभ्यो यञ् ११०७।

५९. गर्ग वत्स। 'वाजासे' ६७। संकृति अज व्याघ्रपात् विदभृत् प्राचीनयोग [अगस्ति] पुलस्ति चमस रेभ अग्निवेश शङ्ख शट शक एक धूम अवट मनस् धनञ्जय वृक्ष विश्वावसु जरमाण लोहित शंसित बभ्रु वल्गु मण्डु गण्डु शङ्कु लिगु गुहलु मन्तु मङ्क्षु अलिगु जिगीषु मनु तन्तु मनायी सूनु कथक कन्थक ऋक्ष तृक्ष (वृक्ष) [तनु] तरुक्ष तलुक्ष तण्ड वतण्ड कपिकत (कपि कत) कुरुकत अनडुह् कण्व शकल गोकक्ष अगस्त्य कण्डिनी यज्ञवल्क पर्णवल्क अभयजात विरोहित वृषगण रहूगण शण्डिल वर्णक (चणक) चुलुक मुद्गल मुसल जमदग्नि पराशर जतूकर्ण (जातूकर्ण) महित मन्त्रित अश्मरथ शर्कराक्ष पूतिमाष स्थूरा अदरक (अररक) एलाक पिङ्गल कृष्ण (लो) गोलन्द उलूक तितिक्ष भिषज (भिषज्) [भिष्णज] भाडित भण्डित दल्भ चेकित चिकित्सित देवहू इन्द्रहू एकलू पिप्पलू बृहदग्नि [सुलोहिन्] सुलाभिन् उक्थ कुटीगु—**इति गर्गादिः॥**

१०६. मधुबभ्र्वोर्ब्राह्मणकौशिकयोः ११०९।

१०७. कपिबोधादाङ्गिरसे १११०।

१०८. वतण्डाच्च ११११।

१०९. लुक्स्त्रियाम् १११२।

११०. अश्वादिभ्यः फञ् १११३।

६०. अश्व अश्मन् शङ्ख शूद्रक विद् पुट रोहिण खर्जूर (खजूर) [खञ्जार वस्त] पिञ्जूल भडिल भण्डिल भडित भण्डित [प्रकृत रामोद] क्षान्त [काश तीक्ष्ण गोलाङ्क अर्क स्वर स्फुट चक्र श्रविष्ठ] पविन्द पवित्र गोमिन् श्याम धूम। धूम्र वाग्मिन् विश्वानर कुट। 'शप आत्रेये' ६८। जन जड खड ग्रीष्म अर्ह कित विशम्प विशाल गिरि चपल चुप दासक वैल्व (बैल्य) प्राच्य [धर्म्य] आनडुह्य। 'पुंसि जाते' ६९। अर्जुन [प्रहृत] सुमनस् दुर्मनस् मन (मनस्) (प्रान्त) ध्वन। 'आत्रेय भरद्वाजे' ७०। 'भरद्वाज आत्रेये' ७१। उत्स आतव कितव [वद धन्य पाद] शिव खदिर—**इत्यश्वादिः॥**

१११. भर्गात्त्रैगर्ते १११४ ।

११२. शिवादिभ्योऽण् १११५ ।

६१. शिव प्रोष्ठ प्रोष्ठिक चण्ड जम्भ भूरि दण्ड कुठार ककुभ् (ककुभा) अनभिम्लान कोहित सुख सन्धि मुनि ककुत्स्थ कहोड कोहड कहूय कहय रोध कपिञ्जल (कुपिञ्जल) खञ्जन वतण्ड तृणकर्ण क्षीरहद जलहद परिल [पथिक] पिष्ट हैहय (पार्षिका) गोपिका कपिलिका जटिलिका बधिरिका मञ्जीरक (मजिरक) वृष्णिक खञ्जार खञ्जाल (कर्मार) रेख लेख आलेखन विश्रवण रवण वर्तनाक्ष ग्रीवाक्ष (विटप पिटक) पिटाक तृक्षाक नभाक ऊर्णनाभ जरत्कारु (पृथा उत्क्षेप) पुरोहितिका सुरोहितिका सुरोहिका आर्यश्वेत (अर्यश्वेत) सुपिष्ट मसुरकर्ण मयूरकर्ण (खर्जुरकर्ण) कदूरक तक्षन् ऋष्टिषेण गङ्गा विपाश यस्क लह्य द्रुह्य अयस्थूण तृणकर्ण (तृण कर्ण) पर्ण भलन्दन विरूपाक्ष भूमि इला सपत्नी । 'द्व्यचो नद्याः' ७२ । 'त्रिवेणी त्रिवणं च' ७३ । **इति शिवादिः ॥ आकृतिगणः ॥**

११३. अवृद्धाभ्यो नदीमानुषीभ्यस्तन्नामिकाभ्यः १११६ ।

११४. ऋष्यन्धकवृष्णिकुरुभ्यश्च १११७ ।

११५. मातुरुत्संख्यासंभद्रपूर्वायाः १११८ ।

११६. कन्यायाः कनीन च १११९ ।

११७. विकर्णशुङ्गच्छगलाद्वत्सभरद्वाजात्रिषु [११२०

११८. पीलाया वा ११२१ ।

११९. ढक्च मण्डूकात् ११२२ ।

१२०. स्त्रीभ्यो ढक् ११२३ ॥ ६ ॥

१२१. द्व्यचः ११२४ ।

१२२. इतश्चानिञः ११२५ ।

१२३. शुभ्रादिभ्यश्च ११२६ ।

६२. शुभ्र विष्ट पुर (विष्टपुर) ब्रह्मकृत शतद्वार शलाथल शलाकाभ्रू लेखाभ्रू (लेखाभ्र) विकसा (विकास)

रोहिणी रुक्मिणी धर्मिणी दिश् शाल्मक अजबस्ति शकंधि विमातृ विधवा शुक विश देवतर शकुनि शुक्र उग्र ज्ञातल (शतल) बन्धकी सृकण्डु विस्रि अतिथि गोदन्त कुशाम्ब मकष्टु शाताहर पवष्टुरिक सुनामन्। 'लक्ष्मण-श्यामयोर्वासिष्ठे' ७४। गोधा कृकलास अणीब प्रवाहण भरत (भारत) भरम मृकण्डु कर्पूर इतर अन्यतर आलीढ मुदन्त सुदक्ष सुवक्षस् सुदामन् कद्रु तुद अकशाय कुमारिका कुठारिका किशोरिका अम्बिका जिह्माशिन् परिधि वायुदत्त शकल शलाका खड्डूर कुबेरिका अशोका गन्धपिङ्गला खडोन्मत्ता अनुदृष्टिन् (अनुदृष्टि) जरतिन् बलीवार्दिन् विग्र वीज जीव श्वन् अश्मन् अश्व अजिर॥
इति शुभ्रादिः॥ आकृतिगणः॥

१२४. **विकर्णकुषीतकात्काश्यपे ११२७।**

१२५. **भ्रुवो वुक्च ११२८।**

१२६. **कल्याण्यादीनामिनङ् च ११३१।**

६३. कल्याणी सुभगा दुर्भगा बन्धकी अनुदृष्टि अनुसृति (अनुसृष्टि) जरती बलीवर्दी ज्येष्ठा कनिष्ठा मध्यमा परस्त्री—**इति कल्याण्यादिः॥**

१२७. **कुलटाया वा ११३२।**

१२८. **चटकाया ऐरक् ११३४।**

* चटकस्येति वाच्यम्।

* स्त्रियामपत्ये लुक्

१२९. **गोधाया ढ्रक् ११३५।**

१३०. **आरगुदीचाम् ११३६।**

१३१. **क्षुद्राभ्यो वा ११३७।**

१३२. **पितृष्वसुश्छण् ११३८।**

१३३. **ढकि लोपः ११३९।**

१३४. **मातृष्वसुश्च ११४०।**

१३५. **चतुष्पाद्भ्यो ढञ् ११४१।**

१३६. **गृष्ट्यादिभ्यश्च ११४३।**

६४. गृष्टि हृष्टि बलि हलि विश्रि कुद्रि अजवस्ति मित्रयु—इति गृष्ट्यादिः ॥

१३७. राजश्वशुराद्यत् ११५३ ।

* राज्ञो जातावेवेति वाच्यम् ।

१३८. क्षत्राद्घः ११६१ ।

१३९. कुलात्खः ११६२ । [११६३ ॥७

१४०. अपूर्वपदादन्यतरस्यां यड्ढकञौ

१४१. महाकुलादञ्खञौ ११६४ ।

१४२. दुष्कुलाड्ढक् ११६५ ।

१४३. स्वसुश्छः ११६६ ।

१४४. भ्रातुर्व्यच्च ११६७ ।

१४५. व्यन्सपत्ने ११६८ ।

१४६. रेवत्यादिभ्यष्ठक् ११६९ ।

६५. रेवती अश्वपाली मणिपाली द्वारपाली वृकवञ्चिन् वृकबन्धु वृकग्राह कर्णग्राह दण्डग्राह कुक्कुटाक्ष (ककुदाक्ष) [चामरग्राह] - इति रेवत्यादिः ॥

१४७. गोत्रस्त्रियाः कुत्सने ण च ११७१ ।

१४८. वृद्धाट्ठक्सौवीरेषु बहुलम् ११७२ ।

१४९. फेश्छ च ११७३ ।

१५०. फाण्टाहृतिमिमताभ्यां णफिञौ ११७४

१५१. कुर्वादिभ्यो ण्यः ११७५ ।

६६. कुरु गर्गर मङ्गुष अजमार रथकार वावदूक । 'सम्राज क्षत्रिये' ७५ । कवि मति (विमति) कापिञ्जलादि वाक् वामरथ पितृमत् इन्द्रजाली [इन्द्रलाजी] एजि वातकि दामोष्णीषि गणकारि कैशोरि कुट शालाका (शलाका) मुर पुर एरका शुभ्र अभ्र दर्भ केशिनी । 'वेनाच्छन्दसि' ७६ । शूर्पणाय श्यावनाय श्यावरथ शावपुल सत्यंकार वडभीकार पथिकार मूढ शकन्धु शङ्कु शाक शालिन् शालीन कर्तृ हर्तृ इन पिण्डी तक्षन् । वामरथस्य कण्वादिवत्स्वरवर्जम् ॥ इति कुर्वादिः ॥

१५२. सेनान्तलक्षणकारिभ्यश्च ११७६ ।

१५३. उदीचामिञ् ११७७ ।

* तक्ष्णोऽण उपसंख्यानम् ।

१५४. तिकादिभ्यः फिञ् ११७८ ।

६७. तिक कितक (कितव) संज्ञाबालशिख (संज्ञा बाला शिखा) उरश (उरस्) शाट्य सैन्धव यमुन्द रूप्य ग्राम्य नील अमित्र गौकुक्ष्य [गौकक्ष्य] कुरु देवरथ तैतल औरश (औरस) कौरव्य भौरिकि भौलिकि चौपयत चैटयत शीकयत क्षैतयत वाजवत चन्द्रमस् शुभ गङ्गा वरेण्य सुपामन् आरटव [आरब्ध] वह्यका खल्या [खल्यका] वृष लोमक उदन्य यज्ञ ॥ इति तिकादिः॥

१५५. कौसल्यकार्मार्याभ्यां च ११७९ ।

* वदगुकोसलकर्मारच्छागवृषाणां युक्चादिष्टस्य ।

१५६. अणो द्व्यचः ११८० ।

१५७. उदीचां वृद्धादगोत्रात् ११८१ ।

१५८. वाकिनादीनां कुक्च ११८२ ।

६८. वाकिन गौधेर कार्कष काक लङ्का । 'चर्मिवर्मिणोर्नलोपश्च' ७७ । इति वाकिनादिः ॥

१५९. पुत्रान्तादन्यतरस्याम् ११८३ ।

१६०. प्राचामवृद्धात्फिन्बहुलम् ११८४ ।८।

१६१. मनोर्जातावञ्यतौ षुक्च ११८५ ।

१६२. अपत्यं पौत्रप्रभृति गोत्रम् १०८९ ।

* यूनश्च कुत्सायां गोत्रसंज्ञेति वाच्यम् ।

१६३. जीवति तु वंश्ये युवा १०९० ।

* वृद्धस्य च पूजायाम् ।

१६४. भ्रातरि च ज्यायसि १०९१ ।

१६५. वाऽन्यस्मिन्सपिण्डे स्थविरतरे जीवति १०९२ ।

१६६. जनपदशब्दात्क्षत्रियादञ् ११८६ ।

* क्षत्रियसमानशब्दाज्जनपदात्तस्य राजन्यपत्यवत्।

* पूरोरण् वक्तव्यः।

* पाण्डोर्ड्यण्।

१६७. साल्वेयगान्धारिभ्यां च ११८७।

१६८. द्व्यञ्मगधकलिङ्गसूरमसादण् ११८८

१६९. वृद्धेत्कोसलाजादाञ्ञ्यङ् ११८९।

१७०. कुरुनादिभ्यो ण्यः ११९०।

१७१. साल्वावयवप्रत्यग्रथकलकूटाश्मकादिञ्

१७२. ते तद्राजाः ११९२। [११९१

१७३. कम्बोजाल्लुक् ११९४।

* कम्बोजादिभ्य इति वक्तव्यम्।

६९. कम्बोज चोल केरल शक यवन ॥ इति कम्बोजादिः॥

१७४. स्त्रियामवन्तिकुन्तिकुरुभ्यश्च ११९५

१७५. अतश्च ११९६।

१७६. न प्राच्यभर्गादियौधेयादिभ्यः ११९७

७०. भर्ग करूश केकय कश्मीर साल्व सुस्थाल उरश (उरस्) कौरव्य ॥ इति भर्गादिः॥

७१. यौधेय शौक्रेय शौभ्रेय ज्यावाणेय धार्तेय (धौर्तेय) त्रिगर्त भरत उशीनर ॥ इति यौधेयादिः॥

ङ्याब्द्विगोः षिद्गौरादिवाहो दैवयज्ञियचि-
ञोर्व्यचो महाकुलान्मनोर्जातौ षोडश ॥

इति पाणिनीयसूत्रपाठे चतुर्थस्याध्यायस्य प्रथमः पादः।

द्वितीयः पादः।

१. तेन रक्तं रागात् १२०२।

२. लाक्षारोचनाट्ठक् १२०३।

* शकलकर्दमाभ्यामुपसंख्यानम् ।

* (शकलकर्दमाभ्यामणपीति काशिका ।)

* नील्या अन्वक्तव्यः ।

* पीतात्कन्वक्तव्यः ।

* हरिद्रामहारजनाभ्यामञ् ।

३. नक्षत्रेण युक्तः कालः १२०४ ।

४. लुबविशेषे १२०५ ।

५. संज्ञायां श्रवणाश्वत्थाभ्याम् १२०६ ।

६. द्वन्द्वाच्छः १२०७ ।

७. दृष्टं साम १२०८ ।

८. कलेर्ढक् १२०९ (वा २६८९ ।)

* सर्वत्राग्निकलिभ्यां ढग्वक्तव्यः ।

* अस्मिन्नर्थेऽण् डिद्वा वक्तव्यः ।

* जातार्थे प्रतिप्रसूतोऽण्वा डिद्वक्तव्यः ।

* तीयादीकक् स्वार्थे वाच्यः ।

* न विद्यायाः ।

* गोत्रादङ्कवत् ।

९. वामदेवाड्ड्यड्ड्यौ १२१० ।

१०. परिवृतो रथः १२११ ।

११. पाण्डुकम्बलादिनिः १२१२ ।

१२. द्वैपवैयाघ्रादञ् १२१३ ।

१३. कौमारापूर्ववचने १२१४ ।

१४. तत्रोद्धृतममत्रेभ्यः १२१५ ।

१५. स्थण्डिलाच्छयितरि व्रते १२१६ ।

१६. संस्कृतं भक्षाः १२१७ ।

१७. शूलोखाद्यत् १२१८ ।

१८. दध्नष्ठक् १२१९ ।

१९. उदश्वितोऽन्यतरस्याम् १२२० ।

२०. क्षीराड्ढञ् १२२२ ॥ १ ॥

२१. साऽस्मिन्पौर्णमासीति १२२३ ।

२२. आग्रहायण्यश्वत्थाट्ठक् १२२४।

२३. विभाषा फाल्गुनीश्रवणाकार्तिकीचैत्रीभ्यः [१२२५

२४. साऽस्य देवता १२२६।

२५. कस्येत् १२२७।

२६. शुक्राद्घन् १२२८।

२७. अपोनप्त्रपांनप्तृभ्यां घः १२२९।

२८. छ च १२३०।

* छप्रकरणे पैङ्गाक्षिपुत्रादिभ्य उपसंख्यानम्।

* शतरुद्राद्घ च।

२९. महेन्द्राद्घाणौ च १२३१।

३०. सोमाट्ट्यण् १२३२।

३१. वाय्वृतुपित्रुषसो यत् १२३३।

३२. द्यावापृथिवीशुनासीरमरुत्वदग्नीषोमवास्तोष्पतिगृहमेधाच्छ च १२३५।

३३. अग्नेर्ढक् १२३६।

३४. कालेभ्यो भववत् १२३७।

३५. महाराजप्रोष्ठपदाट्ठञ् १२३८।

* तदस्मिन्वर्तत इति नवयज्ञादिभ्य उपसंख्यानम्।

* पूर्णमासादण्वक्तव्यः।

३६. पितृव्यमातुलमातामहपितामहाः १२४२

* पितुर्भ्रातरि व्यन्।

* मातुर्डुलच्।

* मातृपितृभ्यां पितरि डामहच्।

* मातरि षिच्च।

* अवेर्दुग्धे सोढदूसमरीसचो वक्तव्याः।

* तिलान्निष्फलात्पिञ्जपेजौ।

* पिञ्जश्छन्दसि डिच्च।

३७. तस्य समूहः १२४३।

३८. भिक्षादिभ्योऽण् १२४४।

७२. भिक्षा गर्भिणी क्षेत्र करीष अङ्कार (अङ्गार) चर्मिन् (चर्मन्) धर्मिन् सहस्र युवति पदाति पद्धति अथर्वन् दक्षिणा (भूत विषय श्रोत्र)॥ इति भिक्षादिः।

३९. गोत्रोक्षोष्ट्रोरभ्रराजराजन्यराजपुत्रवत्समनुष्याजाद्वुञ् १२४६ ।

* वृद्धाच्चेति वक्तव्यम् ।

४०. केदाराद्यञ्च १२४८ ॥ २ ॥

* गणिकाया यञिति वक्तव्यम् ।

४१. ठञ्कवचिनश्च १२४९ ।

४२. ब्राह्मणमाणवबाडबाद्यन् १२५० ।

* पृष्ठादुपसंख्यानम् ।

* वाताद्गूलो वा ।

४३. ग्रामजनबन्धुभ्यस्तल् १२५१ ।

* गजसहायाभ्यां चेति वक्तव्यम् ।

* अह्नः खः क्रतौ ।

* पर्श्वा णस् वक्तव्यः ।

४४. अनुदात्तादेरञ् १२५३ ।

४५. खण्डिकादिभ्यश्च १२५४ ।

७३. खण्डिक वडवा । 'क्षुद्रकडालवात् (क्षुद्रकमालवात्) सेना संज्ञायाम्' ७८ । भिक्षुक शुक उलूक श्वन् अहन् युगवरत्रा (युगवरत्र) हलबन्धा (हलबन्ध) इति खण्डिकादिः ॥

४६. चरणेभ्यो धर्मवत् १२५५ ।

४७. अचित्तहस्तिधेनोष्ठक् १२५६ ।

* धेनोरनञ इति वक्तव्यम् ।

४८. केशाश्वाभ्यां यञ्छावन्यतरस्याम् १२५७

४९. पाशादिभ्यो यः १२५८ ।

७४. पाश तृण धूम वात अङ्गार (पाटल) पोत गल पिटक पिटाक शकट हल [नट] वन ॥ इति पाशादिः ॥

५०. खलगोरथात् १२५९ ।

५१. इनित्रकट्यचश्च १२६० ।

* खलादिभ्य इनिः ।

७५. (वा २७३८) । खलिनी डूकिनी (डाकिनी) कुदुम्बिनी (कुटुम्बिनी) द्रुमिणी अङ्किनी गविनी रथिनी कुण्डलिनी ॥ **इति खलादिः ॥**

५२. विषयो देशे १२६१ ।

५३. राजन्यादिभ्यो वुञ् १२६२ ।

७६. राजन्य आनृत बाभ्रव्य शालङ्कायन दैवयातव (दैवयात) (अव्रीड वरत्रा) जालंधरायण (राजायन) तेलु आत्मकामेय अम्बरीषपुत्र वसाति बैल्ववन शैलूष उदुम्बर तीव्र बैल्वज आर्जुनायन संप्रिय दाक्षि ऊर्णनाभ ॥ **इति राजन्यादिः ॥ आकृतिगणः ॥**

५४. भौरिक्याद्यैषुकार्यादिभ्यो विधलभक्तलौ १२६३ ।

७७. भौरिकी भौलिकी चौपयत चौटयत (चेटयत) काणेय वाणिजक वाणिकाज्य (वालिकाज्य) सैकयत वैकयत ॥ **इति भौरिक्यादिः ॥**

७८. ऐषुकारि सारस्यायन (सारसायन) चान्द्रायण द्व्याक्षायण त्र्याक्षायण औडायन जौलायन खाडायन दासमित्रि दासमित्रायण शौद्रायण दाक्षायण शापण्डायन (शायण्डायन) तार्क्ष्यायण शौभ्रायण सौवीर (सौवीरायण) शपण्ड (शयण्ड) शौण्ड शयाण्डि (शयान्ड) वैश्वमानव वैश्वधेनव (वैश्वधेनव) नड तुण्डदेव विश्वदेव (सापिण्डि) **इत्यैषुकार्यादिः ॥**

५५. सोऽस्यादिरिति छन्दसः प्रगाथेषु १२६४

* स्वार्थ उपसंख्यानम् ।

५६. संग्रामे प्रयोजनयोद्धृभ्यः १२६५ ।

५७. तदस्यां प्रहरणमिति क्रीडायां णः १२६६

५८. घञः साऽस्यां क्रियेति ञः १२६७ ।

५९. तदधीते तद्वेद १२६९ ।

६०. क्रतूक्थादिसूत्रान्ताट्ठक् १२७० ।

७९. उक्थ लोकायत न्याय न्यास पुनरुक्त निरुक्त निमित्त द्विपदा ज्योतिष अनुपद अनुकल्प यज्ञ (धर्म) चर्चा क्रमेतर श्लक्ष (श्लक्ष्ण) संहिता पदक्रम संघट सङ्घट्ट वृत्ति परिषद् संग्रह गण (गुण) आयुर्वेद (आयुर्वेद) ॥ **इत्युक्थादिः** ॥

* मुख्यार्थात्तूक्थशब्दाद्वगणौ नेष्येते ।

* विद्यालक्षणकल्पान्ताच्चेति वक्तव्यम् ।

* सूत्रान्तात्त्वकल्पादेरेवेष्यते ।

* अङ्गक्षत्रधर्मत्रिपूर्वाद्विद्यान्ताच्चेति वक्तव्यम् ।

* आख्यानाख्यायिकेतिहासपुराणेभ्यश्च ।

* सर्वादेः सादेश्च लुक् ।

* द्विगोश्च ।

* अनुसूर्लक्ष्यलक्षणे ।

* इकन्पदोत्तरपदात् ।

* शतषष्टेष्पिकन् पथः ।

६१. क्रमादिभ्यो वुन् १२७१ ।

८०. क्रम पद शिक्षा मीमांसा सामन्—**इति क्रमादिः** ॥

६२. अनुब्राह्मणादिनिः १२७२ ।

६३. वसन्तादिभ्यष्ठक् १२७३ ।

८१. वसन्त (ग्रीष्म) वर्षा शरद (शरत्) हेमन्त शिशिर प्रथम गुण चरम अनुगुण अथर्वन् आथर्वण ॥ **इति वसन्तादिः** ॥

६४. प्रोक्ताल्लुक् १२७४ ।

६५. सूत्राच्च कोपधात् १२७७ ।

६६. छन्दोब्राह्मणानि च तद्विषयाणि १२७८

६७. तदस्मिन्नस्तीति देशे तन्नाम्नि १२७९ ।

६८. तेन निर्वृत्तम् १२८० ।

६९. तस्य निवासः १२८१ ।

७०. अदूरभवश्च १२८२ ।

७१. ओरञ् १२८३ ।

७२. **मतोश्च बह्वजङ्गात्** १२८४ ।

७३. **बह्वचः कूपेषु** १२८५ ।

७४. **उदक्च विपाशः** १२८६ ।

७५. **संकलादिभ्यश्च** १२८७ ।

८२. सङ्कल पुष्कल उत्तम उडुप उद्वेप उत्पुट कुम्भ निधान सुदक्ष सुदत्त सुभूत सुपूत सुनेत्र सुमङ्गल सुपिङ्गल सूत सिकत पूतिका (पूतिक) पूलास कूलास पलाश निवेश गवेश (गवेष) गम्भीर इतर आन् अहन् लोमन् वेमन् चरण (वरुण) बहुल सद्योज अभिषिक्त गोभृत् राजभृत् भल्ल मल्ल माल ॥ **इति सङ्कलादिः** ॥

७६. **स्त्रीषु सौवीरसाल्वप्राक्षु** १२८८ ।

७७. **सुवास्त्वादिभ्योऽण्** १२८९ ।

८३. सुवास्तु (सुवस्तु) वर्णु भण्डु खण्डु सेवालिन् कर्पूरिन् शिखण्डिन् गर्त कर्कश शकटीकर्ण कृष्णकर्ण (कर्क) कर्कन्धुमती गोह अहिसक्थ ॥ **इति सुवास्त्वादिः** ॥

७८. **रोणी** १२९० ।

७९. **कोपधाच्च** १२९१ ।

८०. **वुञ्छण्कठजिलसेनिरढञ्ण्ययफक्फिञिञ्ञ्यककठकोऽरीहणकृशाश्वर्श्यकुमुदकाशतृणप्रेक्षाश्मसखिसंकाशबलपक्षकर्णसुतङ्गमप्रगदिन्वराहकुमुदादिभ्यः** १२९२ ॥ ४ ॥

८४. अरीहण (अहीरण) द्रुगण द्रुहण भलग (भगल) उलन्द किरण सांपरायण क्रौष्टायन (क्रौष्ट्रायण) औष्ट्रायण त्रैगर्तायन मैत्रायण भास्त्रायण वैमत्तायन (वैमतायन) गौमतायन सौमतायन सौसायन धौमतायन सौमायन ऐन्द्रायण कौद्रायण (कौन्द्रायण) खाडायन शाण्डिल्यायन रायस्पोष विपथ विपाश उद्दण्ड (उदञ्चन) खाण्डवीरण वीरण काशकृत्स्न कृत्स्न (कशकृत्स्न) जाम्बवत शिंशपा रैवत (रेवत) बिल्व सुयज्ञ शिरीष बधिर

जम्बु खदिर सुशर्मन् (सशर्मन्) दलतृ भलन्दन खण्डु कलन (कनल) यज्ञदत्त—**इत्यरीहणादिः** ॥ ८५. कृशाश्व अरिष्ट अरिश्म वेश्मन् विशाल लोमश रोमश रोमक लोमक शबल कूट वर्चल सुवर्चल सुकर सूकर प्रातर (प्रतर) सदृश पुरग पुराग सुख धूम अजिन विनत अवनत कुविद्यास [विकुव्यास] पराशर अरुस् अयस् मौद्गल्याकर (मौद्गल्य युकर)—**इति कृशाश्वादिः** ॥ ८६. ऋश्य [ऋष्य] न्यग्रोध शर निलीन (निवास निवात) निधान निबन्धन (निबन्ध) (विबद्ध) परिगूढ (उपगूढ) असनि सित मत वेश्मन् उत्तराश्मन् अश्मन् स्थूल बाहु खदिर शर्करा अनडुह (अनडुह्) अरडु परिवंश वेणु वीरण खण्ड दण्ड परिवृत्त कर्दम अंशु—**इति ऋश्यादिः** ॥ ८७. कुमुद शर्करा न्यग्रोध इक्कट संकट कङ्कट गर्त बीज परिवाप निर्यास शकट कच्च मधु शिरीष अश्व अश्वत्थ बल्बज यवाष कूप विकङ्कत दशग्राम—**इति कुमुदादिः** ॥ ८८. काश पाश अश्वत्थ पलाश पीयूक्षा चरण वास नड वन कर्दम कच्छूल कङ्कट गुहा बिस तृण कर्पूर बर्बर मधुर ग्रह कपित्थ जतु सीपाल—**इति काशादिः** ॥ ८९. तृण नड मूल वन पर्ण वर्ण वराण बिल पुल फल अर्जुन अर्ण सुवर्ण बल चरण बुस—**इति तृणादिः** ॥ ९०. प्रेक्षा फलका (हलका) बन्धुका ध्रुवका क्षिपका न्यग्रोध इक्कट कङ्कट (संकट) कट कूप बुक पुक पुट मह परिवाप यवाष ध्रुवका गर्त कूपक हिरण्य—**इति प्रेक्षादिः** ९१. अश्मन् यूथ ऊष मीन नद दर्भ वृन्द गुद खण्ड नग शिखा कोट पाम कन्द कान्द कुल गह्व गुड कुण्डल पीन गुह—**इत्यश्मादिः** ॥ ९२. सखि अग्निदत्त वायुदत्त सखिदत्त (गोपिल) भल्लपाल (भल्ल पाल) चक्र चक्रवाक छगल अशोक करवीर वासव वीर पूर वज्र कुशीरक शीहर (सीहर) सरक सरस समर समल सुरस रोह तमाल कदल सप्तल—**इति सख्यादिः** ॥ ९३. संकाश कपिल कश्मीर (समीर) सूरसेन सरक सूर। 'सुपन्थिन्पन्थ च'। यूप (यूथ) (अंश) अग्न नासा पलित अनुनाश अश्मन् कूट मलिन दश कुम्भ

शीर्ष चिरन्त (विरत) समल सीर पञ्जर पन्थ नल रोमन् लोमन् पुलिन सुपरि कटिप सकर्णक वृष्टि तीर्थ अगस्ति विकर नासिका—**इति संकाशादिः** ॥ ९४. बल चुल नल दल वट लकुल उरल पुख (पुल) मूल उलडुल (उल डुल) वन कुल—**इति बलादिः** ॥ ९५. पक्ष तुक्ष तुष कुण्ड अण्ड कम्बलिका वलिक चित्र अस्ति । 'पथिन्पन्थ च' ७९ । कुम्भ सीरक सरक सकल सरस समल अतिश्वन् रोमन् लोमन् हस्तिन् मकर लोमक शीर्ष निवात पाक सहक (सिंहक) अङ्कुश सुवर्णक हंसक हिंसक कुत्स बिल खिल यमल हस्त कला सकर्णक—**इति पक्षादिः** ॥ ९६. कर्ण वसिष्ठ अर्क अर्कलूष द्रुपद आनडुह्य पाञ्चजन्य स्फिग (स्फिज्) कुम्भी कुन्ती जित्वन् जीवन्त कुलिश आण्डीवत् (आण्डीवत) जव जैत्र आकन (आनक)—**इति कर्णादिः** ॥ ९७. सुतङ्गम मुनिचित विप्रचित्त महाचित्त महापुत्र स्वन श्वेत गडिक (खडिक) शुक्र विग्र बीजावापिन् (बीजवापिन्) अर्जुन श्वन् अजिर जीव खण्डित कर्ण विग्रह ॥ **इति सुतङ्गमादिः** ॥ ९८. प्रगदिन् मगदिन् मदन् कविल खण्डित गदित चूडार मडार मन्दार कोविदार—**इति प्रगद्यादिः** ॥ ९९. वराह पलाशा (पलाश) शेरीष (शिरीष) पिनद्ध निबद्ध बलाह स्थूल विदग्ध (विजग्ध) विभग्न (निमग्न) बाहु खदिर शर्करा ॥ **इति वराहादिः** ॥ १००. कुमुद गोमथ रथकार दशग्राम अश्वत्थ शाल्मलि (शिरीष) मुनिस्थल कुण्डल कूट मधुकर्ण घासकुन्द शुचिकर्ण—**इति कुमुदादिः** ॥

८१. जनपदे लुप् १२९३ ।

८२. वरणादिभ्यश्च १३०१ ।

१०१. वरणा शृङ्गी शाल्मलि शुण्डी शयाण्डी पर्णी ताम्रपर्णी गोद आलिङ्ग्यायन जालपदी (जानपदी) जम्बू पुष्कर चम्पा पम्पा वल्गु उज्जयनी गया मथुरा तक्षशिला उरसा गोमती वलभी—**इति वरणादिः** ॥

८३. शर्कराया वा १३०२ ।

८४. ठक्छौ च १३०३ ।

८५. **नद्यां मतुप् १३०४ ।**

८६. **मध्वादिभ्यश्च १३०५ ।**

१०२. मधु बिस स्थाणु वेणु कर्कन्धु शमी करीर हिम किशरा शर्याण मरुत् वार्दाली शर इष्टका आसुति शक्ति आसन्दी शकल शलाका आमिषी इक्षु रोमन् रुष्टि रुष्य तक्षशिला खड वट वेट—**इति मध्वादिः ॥**

८७. **कुमुदनडवेतसेभ्यो ड्मतुप् १३०६ ।**

* **महिषाच्चेति वक्तव्यम् ।**

८८. **नडशादाड्ड्वलच् १३०७ ।**

८९. **शिखाया वलच् १३०८ ।**

९०. **उत्करादिभ्यश्छः १३०९ ।**

१०३. उत्कर संफल शफर पिप्पल पिप्पलीमूल अश्मन् सुवर्ण खलाजिन तिक कितव अणक त्रैवण पिचुक अश्वत्थ काश क्षुद्र भस्त्रा शाल जन्या अजिर चर्मन् उत्क्रोश क्षान्त खदिर शूर्पणाय श्यावनाय नैवाकव तृण वृक्ष शाक पलाश विजिगीषा अनेक आतप फल संपर अर्क गर्त अग्नि वैराणक इडा अरण्य निशान्त पर्ण नीचायक शङ्कर अवरोहित क्षार विशाल वेत्र अरीहण खण्ड वातागर मन्त्रणार्ह इन्द्रवृक्ष नितान्तवृक्ष (नितान्तावृक्ष) आर्द्रवृक्ष—**इत्युत्करादिः ॥**

९१. **नडादीनां कुक्च १३१० ।**

१०४. नड प्लक्ष बिल्व वेणु वेत्र वेतस इक्षु काष्ठ कपोत तृण । 'कुञ्चा ह्रस्वत्वं च' ८० । 'तक्षन्नलोपश्च' ८१ । **इति नडादिः ॥**

९२. **शेषे १३१२ ।**

९३. **राष्ट्रावारपाराद्घखौ १३१३ ।**

* **अवारपाराद्विगृहीतादपि विपरीताच्चेति वक्तव्यम् ।**

९४. **ग्रामाद्यखञौ १३१४ ।**

९५. **कत्र्यादिभ्यो ढकञ् १३१५ ।**

१०५. कत्त्रि उम्भि पुष्कर पुष्कल मोदन कुम्भी

कुण्डिन नगरी माहिष्मती वर्मती उख्या ग्राम । 'कुब्याया यलोपश्च' ८२ । **इति कत्त्र्यादिः** ॥

९६. **कुलकुक्षिग्रीवाभ्यः श्वास्यलंकारेषु**

९७. **नद्यादिभ्यो ढक् १३१७ ।** [१३१६

१०६. नदी मही वाराणसी श्रावस्ती कौशाम्बी वनकौशाम्बी (वनकोशाम्बी) काशपरी काशफारी (काशफरी) खादिरी पूर्वनगरी पाठा माया शाल्वा दार्वा सेतकी 'बडबाया वृषे' ८३ । **इति नद्यादिः** ॥

९८. **दक्षिणापश्चात्पुरसस्त्यक् १३१८ ।**

९९. **कापिश्याः ष्फक् १३१५ ।**

* बाह्लयुर्दिपर्दिभ्यश्चेति वक्तव्यम् ।

१००. **रङ्कोरमनुष्येऽण्च १३२० ॥ ५ ॥**

१०१. **द्युप्रागपागुदक्प्रतीचो यत् १३२१ ।**

१०२. **कन्थायाष्ठक् १३२२ ।**

१०३. **वर्णौ वुक् १३२३ ।**

१०४. **अव्ययात्त्यप् १३२४ ।**

* अमेहक्कतसित्रेभ्य एव ।

* त्यब्नेर्ध्रुवे ।

* निसो गते ।

* अरण्याण्णः ।

* दूरादेत्यः ।

* उत्तरादाहञ् ।

* आविष्ट्यस्योपसंख्यानं छन्दसि ।

१०५. **ऐषमोह्यःश्वसोऽन्यतरस्याम् १३२६ ।**

१०६. **तीररू[1]पोत्तरपदादञ्ञ्यौ[2] १३२७ ।**

१०७. **दिक्पूर्वपदादसंज्ञायां ञः १३२८ ।**

१०८. **मद्रेभ्योऽञ् १३२९ ।** [१३३०

१०९. **उदीच्यग्रामाच्च बह्वचोऽन्तोदात्तात्**

१. 'रूप्य' २. 'अञ्ञौ' इति च क्वचित्पाठः ।

११०. प्रस्थोत्तरपदपलद्यादिकोपधादण् १३३१ ।

१०७. पलदी परिषद् रोमक वाहीक कलकीट बहुकीट जालकीट कमलकीट कमलकीकर कमलभिदा गौष्ठी नैकती परिखा शूरसेन गोमती पटच्चर उदपान यकृल्लोम—इति पलद्यादिः ॥

१११. कण्वादिभ्यो गोत्रे १३३२ ।

११२. इञश्च १३३३ ।

११३. न द्व्यचः प्राच्यभरतेषु १३३४ ।

११४. वृद्धाच्छः १३३७ ।

११५. भवतष्ठक्छसौ १३३९ ।

११६. काश्यादिभ्यष्ठञ्ञिठौ १३४० ।

१०८. काशि चेदि (वेदि) सांयाति संवाह अच्युत मोदमान शकुलाद हस्तिकर्षू कुनामन् हिरण्य करण गोवासन भारङ्गी अरिन्दम अरित्र देवदत्त दशग्राम शौवावतान युवराज उपराज देवराज मोदन सिन्धुमित्र दासमित्र सुधामित्र सोममित्र छागमित्र साधमित्र (सधमित्र)। 'आपदादिपूर्वपदात्कालान्तात्' ८४। आपद् ऊर्ध्व तत्—इति काश्यादिः ॥

११७. वाहीकग्रामेभ्यश्च १३४१ ।

११८. विभाषोशीनरेषु १३४२ ।

११९. ओर्देशे ठञ् १३४३ ।

१२०. वृद्धात्प्राचाम् १३४४ ॥ ६ ॥

१२१. धन्वयोपधाद्वुञ् १३४५ ।

१२२. प्रस्थपुरवहान्ताच्च १३४६ ।

१२३. रोपधेतोः प्राचाम् १३४७ ।

१२४. जनपदतदवध्योश्च १३४८ ।

१२५. अवृद्धादपि बहुवचनविषयात् १३४९

१२६. कच्छाग्निवक्त्रवर्तोत्तरपदात् १३५० ।

१२७. धूमादिभ्यश्च १३५१।

१०९. धूम षडण्ड शशादन अर्जुनाव माहकस्थली आनकस्थली माहिषस्थली मानस्थली अट्टस्थली मद्रुकस्थली समुद्रस्थली दाण्डायनस्थली राजस्थली विदेह राजगृह सात्रासाह शष्प मित्रवर्ध्र (मित्रवर्ध) भक्षाली मद्रकूल आजीकूल द्व्यहव (द्व्याहाव) त्र्यहव (त्र्याहाव) संस्फीय बर्बर वर्ज्य गर्त आनत माठर पाथेय घोष पल्ली आराज्ञी धार्तराज्ञी आवय तीर्थ। 'कूलात्सौवीरेषु' ८५। 'समुद्रान्नावि मनुष्ये च' ८६। कुक्षि अन्तरीप द्वीप अरुण उज्जयनी पट्टार दक्षिणापथ साकेत—इति धूमादिः॥

१२८. नगरात्कुत्सनप्रावीण्ययोः १३५२।

१२९. अरण्यान्मनुष्ये १३५३।

* पथ्यध्यायन्यायविहारमनुष्यहस्तिष्विति वक्तव्यम्।
* वा गोमयेषु।

१३०. विभाषा कुरुयुगंधराभ्याम् १३५४।

१३१. मद्रवृज्योः कन् १३५५।

१३२. कोपधादण् १३५६।

१३३. कच्छादिभ्यश्च १३५७।

११०. कच्छ सिन्धु वर्णु गन्धार मधुमत् कम्बोज कश्मीर साल्व कुरु अनुषण्ड द्वीप अनूप अजवाह विजापक कलूतर रङ्कु—इति कच्छादिः॥

१३४. मनुष्यतत्स्थयोर्वुञ् १३५८।

१३५. अपदातौ साल्वात् १३५९।

१३६. गोयवाग्वोश्च १३६०।

१३७. गर्तोत्तरपदाच्छः १३६१।

१३८. गहादिभ्यश्च १३६२।

१११. गह अन्तस्थ सम विषम। 'मध्य मध्यमं चाण्चरणे' ८७। उत्तम अङ्ग वङ्ग मगध पूर्वपक्ष अपरपक्ष अधमशाख उत्तमशाख एकशाख समानशाख

समानग्राम एकग्राम एकवृक्ष एकपलाश इष्वग्र इष्वनीक अवस्यन्दन कामप्रस्थ शाडिकाडायनि (खाडायन) काठेरणि लावेरणि सौमित्रि शैशिरि आसुत् दैवशर्मि श्रौति आहिंसि आमित्रि व्याडि वैजि आध्यश्वि आनृशसि (आनृशंसि) शौङ्गि आग्निशर्मि भौजि वाराटकि वाल्मिकि (वाल्मीकि) क्षेमवृद्धि आश्वत्थि औद्गाहमानि ऐक बिन्दवि दन्ताग्र हंस तत्वग्र (तन्त्वग्र) उत्तर अन्तर (अनन्तर) 'मुखपार्श्वतसोर्लोपः' ८८ । जनपरयोः कुक्च' ८० । 'देवस्य च' ९० । 'वेणुकादिभ्यश्छण्' ९१ । **इति गहादिः ॥ आकृतिगणः ॥**

१३९. प्राचां कटादेः १३६३ ।

१४०. राज्ञः क च १३६४ । ॥ ७ ॥

१४१. वृद्धादकेकान्तखोपधात् १३६५ ।

* अकेकान्तग्रहणे कोपधग्रहणं सौसुकाद्यर्थम् ।

१४२. कन्थापलदनगरग्रामह्रदोत्तरपदात् १३६६ ।

१४३. पर्वताच्च १३६७ ।

१४४. विभाषाऽमनुष्ये १३६८ ।

१४५. कृकणपर्णाद्भारद्वाजे १३६९ ।

तेन सास्मिन्ठञ्क्रमादिभ्यो जनपदे शुप्रागपागधन्ववृद्धात्पञ्च ॥

इति पाणिनीयसूत्रपाठे चतुर्थस्याध्यायस्य द्वितीयः पादः ।

तृतीयः पादः ।

१. युष्मदस्मदोरन्यतरस्यां खञ्च १३७० ।

२. तस्मिन्नणि च युष्माकास्माकौ १३७१ ।

३. तवकममकावेकवचने १३७२ ।

४. अर्धाद्यत् १३७४ ।

५. परावराधमोत्तमपूर्वाच्च १३७५ ।

६. दिक्पूर्वपदाट्ठञ्च १३७६।

७. ग्रामजनपदैकदेशादञ्ठञौ १३७७।

८. मध्यान्मः १३७८।

* (आदेश्चेति वक्तव्यम्)

* (अवोधसोर्लोपश्च।)

९. अ सांप्रतिके १३७९।

१०. द्वीपादनुसमुद्रं यञ् १३८०।

११. कालाट्ठञ् १३८१।

१२. श्राद्धे शरदः १३८२।

१३. विभाषा रोगातपयोः १३८३।

१४. निशाप्रदोषाभ्यां च १३८४।

१५. श्वसस्तुट् च १३८५।

१६. संधिवेलाद्यृतुनक्षत्रेभ्योऽण् १३८७।

११२. सन्धिवेला सन्ध्या अमावास्या त्रयोदशी चतुर्दशी पञ्चदशी पौर्णमासी प्रतिपत्। 'संवत्सरात्फलपर्वणोः' ९२। इति सन्धिवेलादिः॥

१७. प्रावृष एण्यः १३८८।

१८. वर्षाभ्यष्ठक् १३८९।

१९. छन्दसि ठञ् ३४५०।

२०. वसन्ताच्च ३४५१। ॥ १ ॥

२१. हेमन्ताच्च ३४५२।

२२. सर्वत्राण्च तलोपश्च १३९०।

२३. सायंचिरंप्राह्णेप्रगेऽव्ययेभ्यष्ट्युटयुलौ तुट् च १३९१।

* चिरपरुत्परारिभ्यस्त्नो वक्तव्यः।

* अग्रादिपश्चाड्डिमच्।

* अन्ताच्च।

२४. विभाषा पूर्वाह्णापराह्णाभ्याम् १३९२।

२५. तत्र जातः १३९३ ।
२६. प्रावृषष्ठप् १३९४ ।
२७. संज्ञायां शरदो वुञ् १३९५ ।
२८. पूर्वाह्णापराह्णार्द्रामूलप्रदोषावस्कराद्वुन्
२९. पथः पन्थ च १४०२ । [१४०१
३०. अमावास्याया वा १४०३ ।
३१. अ च १४०४ ।
३२. सिन्धवपकराभ्यां कन् १४०५ ।
३३. अणञौ च १४०६ ।
३४. श्रविष्ठाफल्गुन्यनूराधास्वातितिष्यपुनर्वसुहस्तविशाखाऽषाढाबहुलाल्लुक् १४०७

* चित्रारेवतीरोहिणीभ्यः स्त्रियामुपसंख्यानम् ।

* फल्गुन्यषाढाभ्यां टानौ वक्तव्यौ ।

* श्रविष्ठाऽषाढाभ्यां छण्वक्तव्यः ।

३५. स्थानान्तगोशालखरशालाच्च १४१० ।
३६. वत्सशालाभिजिदश्वयुक्छतभिषजो वा
३७. नक्षत्रेभ्यो बहुलम् १४१२ । [१४११
३८. कृतलब्धक्रीतकुशलाः १४१३ ।
३९. प्रायभवः १४१४ ।
४०. उपजानूपकर्णोपनीवेष्ठक् १४१५ ॥२॥
४१. संभूते १४१६ ।
४२. कोशाड्ढञ् १४१७ ।
४३. कालात्साधुपुष्प्यत्पच्यमानेषु १४१८ ।
४४. उप्ते च १४१९ ।
४५. आश्वयुज्या वुञ् १४२० ।
४६. ग्रीष्मवसन्तादन्यतरस्याम् १४२१ ।
४७. देयमृणे १४२२ ।
४८. कलाप्यश्वत्थयवबुसाद्वुन् १४२३ ।

४९. ग्रीष्मावरसमाद्वुञ् १४२४।

५०. संवत्सराग्रहायणीभ्यां ठञ्च १४२५।

५१. व्याहरति मृगः १४२६।

५२. तदस्य सोढम् १४२७।

५३. तत्र भवः १४२८।

५४. दिगादिभ्यो यत् १४२९।

११३. दिश् वर्ग पूग गण पक्ष धाय्य मित्र मेधा अन्तर पथिन् रहस् अलीक उखा साक्षिन् देश आदि अन्त मुख जघन मेघ यूथ। 'उदकात्संज्ञायाम्' ९३। ज्ञाय (न्याय) वंश केश काल आकाश—**इति दिगादिः**॥

५५. शरीरावयवाच्च १४३०।

५६. दृतिकुक्षिकलशिवस्त्यस्त्यहेर्ढञ् १४३३।

५७. ग्रीवाभ्योऽण्च १४३४।

५८. गम्भीराञ्ञ्यः १४३५।

* बहिर्देवपञ्चजनेभ्यश्च।

५९. अव्ययीभावाच्च १४३६।

* परिमुखादिभ्य एवेष्यते।

११४. (वा २८६९)। परिमुख परिहनु पर्योष्ठ पर्युलूखल परिसीर उपसीर उपस्थूण उपकलाप अनुपथ अनुपद अनुगङ्ग अनुतिल अनुसीत अनुसाय अनुसीर अनुमाष अनुयव अनुयूप अनुवंश प्रतिशाख—**इति परिमुखादिः**॥

६०. अन्तःपूर्वपदाट्ठञ् १४३७ ॥ ३ ॥

* अध्यात्मादेष्ठञिष्यते।

११५. (वा २८७२)। अध्यात्म अधिदेव अधिभूत—**इत्यध्यात्मादिः**॥

* मुखपार्श्वतसोरीयः।

* कुग्जनस्य परस्य च।

* भवार्थे तु लुग्वक्तव्यः।

६१. ग्रामात्पर्यनुपूर्वात् १४४०।

६२. जिह्वामूलाङ्गुलेश्छः १४४१।

६३. वर्गान्ताच्च १४४२।

६४. अशब्दे यत्खावन्यतरस्याम् १४४३।

६५. कर्णललाटात्कनलंकारे १४४४।

६६. तस्य व्याख्यान इति च व्याख्यातव्यनाम्नः १४४५।

६७. बह्वचोऽन्तोदात्ताट्ठञ् १४४६।

६८. क्रतुयज्ञेभ्यश्च १४४७।

६९. अध्यायेष्वेवर्षेः १४४८।

७०. पौरोडाशपुरोडाशात्ष्ठन् १४४९।

७१. छन्दसो यदणौ १४५०।

७२. ध्यजृद्ब्राह्मणर्क्प्रथमाध्वरपुरश्चरणनामाख्याताट्ठक् १४५१।

* नामाख्यातग्रहणं संघातविगृहीतार्थम्।

७३. अणृगयनादिभ्यः १४५२।

११६. ऋगयन पदव्याख्यान छन्दोमान छन्दोभाषा छन्दोविचिति न्याय पुनरुक्त निरुक्त व्याकरण निगम वास्तुविद्या क्षत्रविद्या अङ्गविद्या विद्या उत्पात उत्पाद उद्याव संवत्सर मुहूर्त उपनिषद् निमित्त शिक्षा भिक्षा—**इत्यृगयनादिः** ॥

७४. तत आगतः १४५३।

७५. ठगायस्थानेभ्यः १४५४।

७६. शुण्डिकादिभ्योऽण् १४५५।

११७. शुण्डिक कृकण स्थण्डिल उदपान उपल तीर्थ भूमि तृण पर्ण—**इति शुण्डिकादिः** ॥

७७. विद्यायोनिसंबन्धेभ्यो वुञ् १४५६।

७८. ऋतष्ठञ् १४५७।

७९. पितुर्यच्च १४५८।

८०. गोत्रादङ्कवत् १४५९ ॥ ४ ॥

८१. हेतुमनुष्येभ्योऽन्यतरस्यां रूप्यः १४६१

८२. मयट् च १४६२ ।

८३. प्रभवति १४६३ ।

८४. विदूराञ्ञ्यः १४६४ ।

८५. तद्गच्छति पथिदूतयोः १४६५ ।

८६. अभिनिष्क्रामति द्वारम् १४६६ ।

८७. अधिकृत्य कृते ग्रन्थे १४६७ ।

* लुबाख्यायिकाभ्यो बहुलम् ।

८८. शिशुक्रन्दयमसभद्वन्द्वेन्द्रजननादिभ्य-श्छः १४६८ ।

* द्वन्द्वे देवासुरादिभ्यः प्रतिषेधो वक्तव्यः ।

८९. सोऽस्य निवासः १४६९ ।

९०. अभिजनश्च १४७० ।

९१. आयुधजीविभ्यश्छः पर्वते १४७१ ।

९२. शण्डिकादिभ्यो ञ्यः १४७२ ।

११८. शण्डिक सर्वसेन सर्वकेश शक शट रक शङ्ख बोध । इति शण्डिकादिः ॥

९३. सिन्धुतक्षशिलादिभ्योऽणञौ १४७३ ।

११९. सिन्धु वर्णु मधुमत् कम्बोज साल्व कश्मीर गन्धार किष्किन्धा उरसा दरद (दरद्) गन्दिका । इति सिन्ध्वादिः ॥ १२०. तक्षशिला वत्सोद्धरण कैर्मेदुर ग्रामणी छगल क्रोष्टुकर्ण सिंहकर्ण संकुचित किंनर काण्डधार पर्वत अवसान बर्बर कंस ॥ इति तक्षशिलादिः ॥

९४. तुदीसलातुरवर्मतीकूचवाराड्ढक्छण्ढ-ञ्यकः १४७४ ।

९५. भक्तिः १४७५ ।

९६. अचित्ताददेशकालाट्ठक् १४७६ ।

९७. महाराजाट्ठञ् १४७७ ।

९८. वासुदेवार्जुनाभ्यां वुन १४७८ ।

९९. गोत्रक्षत्रियाख्येभ्यो बहुलं वुञ् १४७९

१००. जनपदिनां जनपदवत्सर्वं जनपदेन समानशब्दानां बहुवचने १४८०

१०१. तेन प्रोक्तम् १४८१ । [॥ ५ ॥

१०२. तित्तिरिवरतन्तुखण्डिकोखाच्छण् १४८२ ।

१०३. काश्यपकौशिकाभ्यामृषिभ्यां णिनिः १४८३ ।

१०४. कलापिवैशम्पायनान्तेवासिभ्यश्च १४८४ ।

१०५. पुराणप्रोक्तेषु ब्राह्मणकल्पेषु १४८५ ।

१०६. शौनकादिभ्यश्छन्दसि १४८६ ।

१२१. शौनक वाजसनेय शार्ङ्गरव शापेय शाष्पेय खाडायन स्तम्भ स्कन्ध देवदर्शन रज्जुभार रज्जुकण्ठ कठशाठ कषाय तल दण्ड पुरुषासक (अश्वपेज)। इति शौनकादिः ॥

१०७. कठचरकाल्लुक् १४८७ ।

१०८. कलापिनोऽण् १४८८ ।

१०९. छगलिनो ढिनुक् १४८९ । [१४९०

११०. पाराशर्यशिलालिभ्यां भिक्षुनटसूत्रयोः

१११. कर्मन्दकृशाश्वादिनिः १४९१ ।

११२. तेनैकदिक् १४९२ ।

११३. तसिश्च १४९३ ।

११४. उरसो यच्च १४९४ ।

११५. उपज्ञाते १४९५ ।

११६. कृते ग्रन्थे १४९६ ।

११७. संज्ञायाम् १४९७।

११८. कुलालादिभ्यो वुञ् १४९८।

१२२. कुलाल वरुड चण्डाल निषाद कर्मार सेना सिरिन्ध्र (सिरिध्र) सैरिन्ध्र देवराज पर्षत् (परिषत्) वधू मधु रुरु रुद्र अनडुह (अनडुह्) ब्रह्मन् कुम्भकार श्वपाक। इति कुलालादिः॥

११९. क्षुद्राभ्रमरवटरपादपादञ् १४९९।

१२०. तस्येदम् १५०० ॥ ६ ॥

* पत्राद्वाह्ये।

* वहेस्तुरणिट् च।

* अग्नीधः शरणे रण् भत्वं च।

* समिधामाधाने षेण्यण्।

* चरणाद्धर्माम्नाययोः।

१२१. रथाद्यत् १५०१।

१२२. पत्रपूर्वादञ् १५०२।

१२३. पत्राध्वर्युपरिषदश्च १५०३।

१२४. हलसीराट्ठक् १५०४।

१२५. द्वन्द्वाद्वुन्वैरमैथुनिकयोः १५०५।

* वैरे देवासुरादिभ्यः प्रतिषेधः।

१२६. गोत्रचरणाद्वुञ् १५०६।

१२७. सङ्घाङ्कलक्षणेष्वञ्यञिञामण् १५०७

* घोषग्रहणमपि कर्तव्यम्।

१२८. शाकलाद्वा १५०८। [१५०९

१२९. छन्दोगौक्थिकयाज्ञिकबह्वृचनटाञ्ञ्यः

१३०. न दण्डमाणवान्तेवासिषु १५१०।

१३१. रैवतिकादिभ्यश्छः १५११।

१२३. रैवतिक स्वापिशि क्षैमवृद्धि गौरग्रीव (गौरग्रीवि) औदमेघि औदवापि वैजवापि। इति रैवतिकादिः॥

१३२. कौपिञ्जलहास्तिपदादण् १५१२।

१३३. आथर्वणिकस्येकलोपश्च १५१३।

१३४. तस्य विकारः १५१४।

१३५. अवयवे च प्राण्योषधिवृक्षेभ्यः १५१५

१३६. बिल्वादिभ्योऽण् १५१६।

१२४. बिल्व व्रीहि काण्ड मुद्ग मसूर गोधूम इक्षु वेणु गवेधुका कर्पासी पाटली कर्कन्धु कुटीर। इति बिल्वादिः॥

१३७. कोपधाच्च १५१७।

१३८. त्रपुजतुनोः षुक् १५१८।

१३९. ओरञ् १५१९।

१४०. अनुदात्तादेश्च १५२० ॥ ७॥

१-२. इदं द्वयं वार्तिकमिति प्रामाणिकाः। विशेषस्तु मनोरमायां द्रष्टव्यः।

१४१. पलाशादिभ्यो वा १५२१।

१२५. पलाश खदिर शिंशपा स्पन्दन पूलाक करीर शिरीष यवास विकङ्कत। इति पलाशादिः॥

१४२. शम्याः ष्लञ् १५२२। [१५२३

१४३. मयड्वैतयोर्भाषायामभक्ष्याच्छादनयोः

१४४. नित्यं वृद्धशरादिभ्यः १५२४।

१२६. शर दर्भ मृद् (मृत्) कुटी तृण सोम बल्बज। इति शरादिः॥

१४५. गोश्च पुरीषे १५२५।

१४६. पिष्टाच्च १५२६।

१४७. संज्ञायां कन् १५२७।

१४८. व्रीहेः पुरोडाशे १५२८।

१. 'शम्याष्ट्लञ्' इति भाष्यविदः।

१४९. असंज्ञायां तिलयवाभ्याम् १५२९।

१५०. द्व्यचश्छन्दसि ३४५३।

१५१. नोत्वद्वर्ध्रबिल्वात् ३४५४।

१५२. तालादिभ्योऽण् १५३०।

१२७. 'तालाद्धनुषि' ९४। बार्हिण इन्द्रालिश (इन्द्रासिष) इन्द्रादश इन्द्रायुध चय श्यामाक पीयूक्षा। इति तालादिः॥

१५३. जातरूपेभ्यः परिमाणे १५३१।

१५४. प्राणिरजतादिभ्योऽञ् १५३२।

१२८. रजत सीस लोह उदुम्बर नीप दारु रोहितक बिभीतक पीतदारु तीव्रदारु त्रिकण्टक कण्टकार। इति रजतादिः॥

१५५. ञितश्च तत्प्रत्ययात् १५३३।

१५६. क्रीतवत्परिमाणात् १५३४।

१५७. उष्ट्राद्वुञ् १५३५।

१५८. उमोर्णयोर्वा १५३६।

१५९. एण्या ढञ् १५३७।

१६०. गोपयसोर्यत् १५३८ ॥ ८ ॥

१६१. द्रोश्च १५३९।

१६२. माने वयः १५४०।

१६३. फले लुक् १५४१।

१६४. प्लक्षादिभ्योऽण् १५४२।

१२९. प्लक्ष न्यग्रोध अश्वत्थ इङ्गुदी शिग्रु (रुरु) कक्षतु बृहती। इति प्लक्षादिः॥

१६५. जम्ब्वा वा १५४४।

१६६. लुप् च १५४५।

* फलपाकशुषामुपसंख्यानम्।

१६७. हरीतक्यादिभ्यश्च १५४६।

१३०. हरीतकी कोशातकी नखरजनी शष्कण्डी दाडी दोडी श्वेतपाकी अर्जुनपाकी द्राक्षा काला ध्वाक्षा गभीका कण्टकारिका पिप्पली चिम्पा (चिञ्चा) शेफालिका इति हरीतक्यादिः॥

१६८. **कंसीयपरशव्ययोर्यञञौ लुक्च १५४७।**

युष्मद्धेमन्तात्संभूते ग्रामाद्धेतुतेन रथात्पलाशादिभ्यो द्रोश्चाष्टौ॥

इति पाणिनीयसूत्रपाठे चतुर्थस्याध्यायस्य तृतीयः पादः।

चतुर्थः पादः।

१. **प्राग्वहतेष्ठक् १५४८।**

* **पुष्पमूलेषु बहुलम्।**

* **तदाहेति माशब्दादिभ्य उपसंख्यानम्।**

१३१. **(वा २९५१)।** माशब्दः। नित्यशब्दः। कार्यशब्दः॥ **इति माशब्दादिः॥**

* **आहौ प्रभूतादिभ्यः।**

१३२. **(वा २९५२)।** प्रभूत पर्याप्त। **इति प्रभूतादिः।**

* **पृच्छतौ सुस्नातादिभ्यः।**

१३३. **(वा २९५३)।** सुस्नात सुखरात्रि सुखशयन। **इति सुस्नातादिः॥**

* **गच्छतौ परदारादिभ्यः।**

१३४. **(वा २९५४)।** परदार गुरुतल्प। **इति परदारादिः॥**

२. **तेन दीव्यति खनति जयति जितम् [१५५०**

३. **संस्कृतम् १५५१।**

४. **कुलुत्थकोपधादण् १५५२।**

५. **तरति १५५३।**

६. गोपुच्छाट्ठञ् १५५४।

७. नौद्व्यचष्ठन् १५५५।

८. चरति १५५६।

९. आकर्षात्ष्ठल् १५५७।

१०. पर्पादिभ्यः ष्ठन् १५५८।

१३५. पर्प अश्व अश्वत्थ रथ जाल न्यास व्याल। पाद। **इति पर्पादिः॥**

११. श्वगणाट्ठञ्च १५५९।

१२. वेतनादिभ्यो जीवति १५६२।

१३६. वेतन वाहन अर्धवाहन धनुर्दण्ड जाल वेश उपवेश प्रेषण उपवस्ति सुख शय्या शक्ति उपनिषद् उपदेश स्फिज् (स्फिज) पाद (उपस्थ) उपस्थान उपहस्त। **इति वेतनादिः॥**

१३. वस्नक्रयविक्रयाट्ठन् १५६३।

* क्रयविक्रयग्रहणं संघातविगृहीतार्थम्।

१४. आयुधाच्छ च १५६४।

१५. हरत्युत्सङ्गादिभ्यः १५६५।

१३७. उत्सङ्ग (उडुप) उत्पुत (उत्पन्न) उत्पुट पिटक पिटाक। **इत्युत्सङ्गादिः॥**

१६. भस्त्रादिभ्यः ष्ठन् १५६६।

१३८. भस्त्रा भरट भरण शीर्षभार शीर्षेभार अंसभार अंसेभार। **इति भस्त्रादिः॥**

१७. विभाषा विवधात् १५६७।

* वीवधादपि।

१८. अण्कुटिलिकायाः १५६८।

१९. निर्वृत्तेऽक्षद्यूतादिभ्यः १५६९।

१३९. अक्षद्यूत (जानुप्रहृत) जङ्घाप्रहृत जङ्घाप्रहत पादस्वेदन कण्टकमर्दन गतानुगत गतागत यातोपयात अनुगत। **इत्यक्षद्यूतादिः॥**

२०. त्रेर्मम्नित्यम् १५७० । ॥ १ ॥

* भावप्रत्ययान्तादिमब्वक्तव्यः ।

२१. अपमित्ययाचिताभ्यां कक्कनौ १५७१ ॥

२२. संसृष्टे १५७२ ।

२३. चूर्णादिनिः १५७३ ।

२४. लवणाल्लुक् १५७४ ।

२५. मुद्गादण् १५७५ ।

२६. व्यञ्जनैरुपसिक्ते १५७६ ।

२७. ओजःसहोऽम्भसा वर्तते १५७७ ।

२८. तत्प्रत्यनुपूर्वमीपलोमकूलम् १५७८ ।

२९. परिमुखं च १५७९ ।

३०. प्रयच्छति गर्ह्यम् १५८० ।

* वृद्धेर्वृधुषिभावो वक्तव्यः ।

३१. कुसीददशैकादशात्ष्ठन्ष्ठचौ १५८१ ।

३२. उञ्छति १५८२ ।

३३. रक्षति १५८३ ।

३४. शब्ददर्दुरं करोति १५८४ ।

३५. पक्षिमत्स्यमृगान्हन्ति १५८५ ।

३६. परिपन्थं च तिष्ठति १५८६ ।

३७. माथोत्तरपदपदव्यनुपदं धावति १५८७

३८. आक्रन्दाट्ठञ्च १५८८ ।

३९. पदोत्तरपदं गृह्णाति १५८९ ।

४०. प्रतिकण्ठार्थललामं च १५९० ॥ २ ॥

४१. धर्मं चरति १५९१ ।

* अधर्माच्चेति वक्तव्यम् ।

४२. प्रतिपथमेति ठंश्च १५९२ ।

४३. समवायान्समवैति १५९३ ।

४४. परिषदो ण्यः १५९४ ।

४५. सेनाया वा १५९५ ।

४६. संज्ञायां ललाटकुक्कुट्यौ पश्यति १५९६

४७. तस्य धर्म्यम् १५९७ ।

४८. अण्महिष्यादिभ्यः १५९८ ।

१४०. महिषी प्रजापति प्रजावती प्रलेपिका विलेपिका अनुलेपिका पुरोहिता मणिपाली अनुवारक (अनुचारक) होतृ यजमान । **इति महिष्यादिः** ॥

४९. ऋतोऽञ् १५९९ ।

* नराच्चेति वक्तव्यम् ।

* विशसितुरिड्लोपश्चाञ्च वक्तव्यः ।

* विभाजयितुर्णिलोपश्चाञ्च वक्तव्यः ।

५०. अवक्रयः १६०० ।

५१. तदस्य पण्यम् १६०१ ।

५२. लवणाट्ठञ् १६०२ ।

५३. किसरादिभ्यः ष्ठन् १६०३ ।

१४१. किसर नरद नलद स्थागल तगर गुग्गुलु उशीर हरिद्रा हरिद्रु पर्गी (पर्णी) । **इति किसरादिः** ।

५४. शलालुनोऽन्यतरस्याम् १६०४ ।

५५. शिल्पम् १६०५ ।

५६. मड्डुकझर्झरादणन्यतरस्याम् १६०६ ।

५७. प्रहरणम् १६०७ ।

५८. परश्वधाट्ठञ्च १६०८ ।

५९. शक्तियष्ट्योरीकक् १६०९ ।

६०. अस्ति नास्ति दिष्टं मतिः १६१० ।

६१. शीलम् १६११ ॥ ३ ॥

६२. छत्रादिभ्यो णः १६१२ ।

१४२. छत्र शिक्षा प्ररोह स्थां बुभुक्षा चुरा तितिक्षा उपस्थान कृषि कर्मन् विश्वधा तपस् सत्य अनृत विशिखा विशिका भक्षा उदस्थान पुरोडा विक्षा चुक्षा मन्द्र । **इति छत्रादिः** ॥

६३. कर्माध्ययने वृत्तम् १६१४ ।
६४. बह्वच्पूर्वपदाट्ठच् १६१५ ।
६५. हितं भक्षाः १६१६ ।
६६. तदस्मै दीयते नियत (नियुक्त)म् १६१७
६७. श्राणामांसौदनाट्टिठन् १६१८ ।
* मांसौदनग्रहणं संघातविगृहीतार्थम् ।
६८. भक्तादणन्यतरस्याम् १६१९ ।
६९. तत्र नियुक्तः १६२० ।
७०. अगारान्ताट्ठन् १६२१ ।
७१. अध्यायिन्यदेशकालात् १६२२ ।
७२. कठिनान्तप्रस्तारसंस्थानेषु व्यवहरति [१६२३
७३. निकटे वसति १६२४ ।
७४. आवसथात्ष्ठल् १६२५ ।
७५. प्राग्घिताद्यत् १६२६ ।
७६. तद्वहति रथयुगप्रासङ्गम् १६२७ ।
७७. धुरो यड्ढञौ १६२८ ।
७८. खः सर्वधुरात् १६३० ।
७९. एकधुराल्लुक्च १६३१ ।
८०. शकटादण् १६३२
८१. हलसीराट्ठक् १६३३ ।
८२. संज्ञायां जन्याः १६३४ ।
८३. विध्यत्यधनुषा १६३५ ।
८४. धनगणं लब्धा १६३६ ।
८५. अन्नाण्णः १६३७ ।
८६. वशं गतः १६३८ ।
८७. पदमस्मिन्दृश्यम् १६३९ ।
८८. मूलमस्याबर्हि १६४० ।
८९. संज्ञायां धेनुष्या १६४१ ।

॥ ४ ॥

९०. गृहपतिना संयुक्ते ञ्यः १६४२।

९१. नौवयोधर्मविषमूलमूलसीतातुलाभ्यस्तार्यतुल्यप्राप्यवध्यानाम्यसमसमितसंमितेषु १६४३।

९२. धर्मपथ्यर्थन्यायादनपेते १६४४।

९३. छन्दसो निर्मिते १६४५।

९४. उरसोऽण्च १६४६।

९५. हृदयस्य प्रियः १६४७।

९६. बन्धने चर्षौ १६४८।

९७. मतजनहलात्करणजल्पकर्षेषु १६४९।

९८. तत्र साधुः १६५०।

९९. प्रतिजनादिभ्यः खञ् १६५१।

१४३. प्रतिजन इदंयुग संयुग समयुग परयुग परकुल परस्यकुल अमुष्यकुल सर्वजन विश्वजन महाजन पञ्चजन। **इति प्रतिजनादिः॥**

१००. भक्ताण्णः १६५२ ॥ ५ ॥

१०१. परिषदो ण्यः १६५३।

१०२. कथादिभ्यष्ठक् १६५४।

१४४. कथा विकथा विश्वकथा संकथा वितण्डा कुष्टविद् (कुष्ठविद्) जनवाद जनेवाद जनोवाद वृत्ति संग्रह गुण गण आयुर्वेद। **इति कथादिः॥**

१०३. गुडादिभ्यष्ठञ् १६५५।

१४५. गुड कल्माष सक्तु अपूप मांसौदन इक्षु वेणु संग्राम संघात (संक्राम संवाह) प्रवास निवास उपवास। **इति गुडादिः॥**

१०४. पथ्यतिथिवसतिस्वपतेर्ढञ् १६५६।

१०५. सभाया यः १६५७।

१०६. ढश्छन्दसि ३४५५।

१०७. समानतीर्थे वासी १६५८।

१०८. समानोदरे शयित ओ चोदात्तः

१०९. सोदराद्यः १६६० । [१६५९

११०. भवे छन्दसि ३४५६ ।

१११. पाथोनदीभ्यां ड्यण् ३४५७ ।

११२. वेशन्तहिमवद्भ्यामण् ३४५८ ।

११३. स्रोतसो विभाषा ड्यड्ड्यौ ३४५९ ।

११४. सगर्भसयूथसनुताद्यन् ३४६० ।

११५. तुग्राद्धन् ३४६१ ।

११६. अग्राद्यत् ३४६२ ।

११७. घच्छौ च ३४६३ ।

११८. समुद्राभ्राद्धः ३४६४ ।

११९. बर्हिषि दत्तम् ३४६५ ।

१२०. दूतस्य भागकर्मणी ३४६६ ॥ ६ ॥

१२१. रक्षोयातूनां हननी ३४६७ ।

१२२. रेवतीजगतीहविष्याभ्यः प्रशस्ये

१२३. असुरस्य स्वम् ३४६९ । [३४६८

१२४. मायायामण् ३४७० ।

१२५. तद्वानासामुपधानो मन्त्र इतीष्टकासु लुक्च मतोः ३४७१ ।

१२६. अश्विमानण् ३४७२ ।

१२७. वयस्यासु मूर्ध्नो मतुप् ३४७३ ।

१२८. मत्वर्थे मासतन्वोः ३४७४ ।

* मासतन्वोरनन्तरार्थे वा ।

* लुगकारेकाररेफाश्च ।

१२९. मधोर्ञ च ३४७५ ।

१३०. ओजसोऽहनि यत्खौ ३४७६ ।

१३१. वेशोयशआदेर्भगाद्यल्खौ ३४७७ ।

१३२. ख च ३४७८ ।

१३३. पूर्वैः कृतमिनियौ च ३४७९ ।

१३४. अद्भिः संस्कृतम् ३४८० ।

१३५. सहस्रेण संमितौ घः ३४८१ ।

१३६. मतौ च ३४८२ ।

१३७. सोममर्हति यः ३४८३ ।

१३८. मये च ३४८४ ।

१३९. मधोः ३४८५ ।

१४०. वसोः समूहे च ३४८६ ॥७॥

* अक्षरसमूहे छन्दस उपसंख्यानम् ।

१४१. नक्षत्राद्धः ३४८७ ।

१४२. सर्वदेवात्तातिल् ३४८८ ।

१४३. शिवशमरिष्टस्य करे ३४८९ ।

१४४. भावे च ३४९० ॥

प्राग्वहतेरपमित्यधर्मं शीलं हलपरिषदो
रक्षोनक्षत्राच्चत्वारि ॥

इति पाणिनीयसूत्रपाठे चतुर्थस्याध्यायस्य चतुर्थः पादः अध्यायश्च ।

॥ अथ पञ्चमोऽध्यायः ॥

प्रथमः पादः ।

१. प्राक् क्रीताच्छः १६६१ ।

२. उगवादिभ्यो यत् १६६२ ।

१४६. गो हविस् अक्षर विष बर्हिस् अष्टका स्वदा युग मेधा स्रुच् । 'नाभि नभं च' ९५ । 'शुनः संप्रसारणं वा च दीर्घत्वं तत्संनियोगेन चान्तोदात्तत्वम्' ९६ । 'ऊधसोऽनङ् च' ९७ । कूप खद दर खर असुर अध्वन् (अध्वन) क्षर वेद बीज दीस (दीप्त) ॥ **इति गवादिः** ॥

३. कम्बलाच्च संज्ञायाम् १६६३ ।

४. विभाषा हविरपूपादिभ्यः १६६४ ।

१४७. अपूप तण्डुल अभ्युष (कभ्यूष) [अभ्योष अवोष अभ्येष] पृथुक ओदन सूप पूप किण्व प्रदीप मुसल कटक कर्णवेष्टक [इर्गल] अर्गल। 'अन्नविकारेभ्यश्च' ९८ । यूप स्थूणा दीप अश्व पत्र ॥ **इत्यपूपादिः** ॥

५. तस्मै हितम् १६६५ ।

६. शरीरावयवाद्यत् १६६६ ।

* यत्प्रकरणे रथाच्च ।

७. खलयवमाषतिलवृषब्रह्मणश्च १६६८ ।

८. अजाविभ्यां थ्यन् १६६९ ।

९. आत्मन्विश्वजनभोगोत्तरपदात्खः १६७०

* आचार्यादणत्वं च ।

* पञ्चजनादुपसंख्यानम् ।

* सर्वजनाट्ठञ् खश्च ।

* महाजनाट्ठञ् ।

* कर्मधारयादेवेष्यते ।

१०. सर्वपुरुषाभ्यां णढञौ १६७२ ।

* सर्वाण्णो वेति वक्तव्यम् ।

* पुरुषाद्वधविकारसमूहतेनकृतेष्विति वक्तव्यम् ।

११. माणवचरकाभ्यां खञ् १६७३ ।

१२. तदर्थं विकृतेः प्रकृतौ १६७४ ।

१३. छदिरुपधिबलेर्ढञ् १६७५ ।

१४. ऋषभोपानहोर्ञ्यः १६७६ ।

१५. चर्मणोऽञ् १६७७ ।

१६. तदस्य तदस्मिन्स्यादिति १६७८ ।

१७. परिखाया ढञ् १६७९ ।

१८. प्राग्वतेष्ठञ् १६८० । [१६८१

१९. आर्हादगोपुच्छसंख्यापरिमाणाट्ठक्

२०. असमासे निष्कादिभ्यः १६८२ ॥१॥

१४८. निष्क पण पाद माष वाह द्रोण षष्टि ॥

इति निष्कादिः ॥

* इत ऊर्ध्वं तु संख्यापूर्वपदानां तदन्तग्रहणं प्राग्वते-रिष्यते तच्चालुकि ।

२१. शताच्च ठन्यतावशते १६८६ ।

२२. संख्याया अतिशदन्तायाः कन् १६८७

२३. वतोरिड्वा १६८८ ।

२४. विंशतित्रिंशद्भ्यां ड्वुन्नसंज्ञायाम् १६८९

२५. कंसाट्टिठन् १६९० ।

* अर्धाच्चेति वक्तव्यम् ।

* कार्षापणाट्टिठन्वक्तव्यः प्रतिरादेशश्च वा ।

२६. शूर्पादञन्यतरस्याम् १६९१ ।

२७. शतमानविंशतिकसहस्रवसनादण् १६९२

२८. अध्यर्धपूर्व[1]द्विगोर्लुगसंज्ञायाम् १६९३ ।

२९. विभाषा कार्षापणसहस्राभ्याम् १६९४

* सुवर्णशतमानयोरुपसंख्यानम् ।

३०. द्वित्रिपूर्वान्निष्कात् १६९५ ।

* बहुपूर्वाच्चेति वक्तव्यम् ।

३१. बिस्ताच्च १६९६ ।

* बहुपूर्वाच्च ।

३२. विंशतिकात्खः १६९७ ।

३३. खार्या ईकन् १६९८ ।

* केवलायाश्चेति वक्तव्यम् ।

३४. पणपादमाषशताद्यत् १६९९ ।

३५. शाणाद्वा १७०० ।

३६. द्वित्रिपूर्वादण्च १७०१ ।

३७. तेन क्रीतम् १७०२ ।

३८. तस्य निमित्तं संयोगोत्पातौ १७०४ ।

* वातपित्तश्लेष्मभ्यः शमनकोपयोरुपसंख्यानम् ।

* संनिपाताच्च ।

३९. गोद्व्यचोऽसंख्यापरिमाणाश्वादेर्यत् १७०५ ।

१४९. अश्व अश्मन् गण ऊर्णा (उर्म) उमा भङ्गा (गङ्गा) वर्षा वसु ॥ **इत्यश्वादिः** ॥

* ब्रह्मवर्चसादुपसंख्यानम् ।

४०. पुत्राच्छ च १७०६　　॥ २ ॥

४१. सर्वभूमिपृथिवीभ्यामणञौ १७०७ ।

४२. तस्येश्वरः १७०८ ।

---

१. पूर्वाद्द्विगोरिति पाठान्तरम्

४३. तत्र विदित इति च १७०९ ।

४४. लोकसर्वलोकाट्ठञ् १७१० ।

४५. तस्य वापः १७११ ।

४६. पात्रात्ष्ठन् १७१२ । [१७१३

४७. तदस्मिन्वृद्ध्यायलाभशुल्कोपदा दीयते

* चतुर्थ्यर्थे उपसंख्यानम् ।

४८. पूरणाधाट्ठन् १७१४ ।

४९. भागाद्यच्च १७१५ । [१७१६

५०. तद्धरति वहत्यावहति भाराद्वंशादिभ्यः

१५०. वंश कुटज बल्बज मूल स्थूणा (स्थूण) अक्ष अश्मन् अश्व श्लक्ष्ण इक्षु खट्वा ॥ इति वंशादिः।

५१. वस्नद्रव्याभ्यां ठन्कनौ १७१७ ।

५२. संभवत्यवहरति पचति १७१८ ।

* तत्पचतीति द्रोणादण्च ।

५३. आढकाचितपात्रात्खोऽन्यतरस्याम्

५४. द्विगोः ष्ठंश्च १७२० । [१७१९

५५. कुलिजाल्लुक्खौ च १७२१ ।

५६. सोऽस्यांशवस्नभृतयः १७२२ ।

५७. तदस्य परिमाणम् १७२३ ।

५८. संख्यायाः संज्ञासंघसूत्राध्ययनेषु १७२४।

* तत्र संज्ञायां स्वार्थे प्रत्ययो वाच्यः ।

* स्तोमे डविधिः ।

* शन्शतोर्डिनिश्छन्दसि ।

* विंशतेश्च ।

५९. पंक्तिविंशतित्रिंशच्चत्वारिंशत्पञ्चाशत्षष्टि- सप्तत्यशीतिनवतिशतम् १७२५ ।

६०. पञ्चद्दशतौ वर्गे वा १७२६ ॥ ३ ॥

६१. सप्तनोऽञ्छन्दसि ३४९१ ।

६२. त्रिंशच्चत्वारिंशतोर्ब्राह्मणे संज्ञायां डण् [१७२७

६३. तदर्हति १७२८ ।

६४. छेदादिभ्यो नित्यम् १७२९ ।

१५१. छेद भेद द्रोह दोह नर्ति (नर्त) कर्ष [तीर्थ] संप्रयोग विप्रयोग प्रयोग [विप्रकर्ष] प्रेषण संप्रश्न विप्रश्न विकर्ष प्रकर्ष । 'विराग विरङ्गं च' ९९ ॥ इति छेदादिः ॥

६५. शीर्षच्छेदाद्यच्च १७३० ।

६६. दण्डादिभ्यः (यत्) १७३१ ।

१५२. दण्ड मुसल मधुपर्क कशा अर्घ मेघ मेधा सुवर्ण उदक वध युग गुहा भाग इभ भङ्ग ॥ इति दण्डादिः ॥

६७. छन्दसि च ३४९२ ।

६८. पात्राद्घंश्च १७३२ ।

६९. कडङ्करदक्षिणाच्छ च १७३३ ।

७०. स्थालीबिलात् १७३४ ।

७१. यज्ञर्त्विग्भ्यां घखञौ १७३५ ।

* यज्ञर्त्विग्भ्यां तत्कर्मार्हतीत्युपसंख्यानम् ।

७२. पारायणतुरायणचान्द्रायणं वर्तयति [१७३६

७३. संशयमापन्नः १७३७ ।

७४. योजनं गच्छति १७३८ ।

* क्रोशशतयोजनशतयोरुपसंख्यानम् ।

* ततोऽभिगमनमर्हतीति च वक्तव्यम् ।

७५. पथः ष्कन् १७३९ ।

७६. पन्थो ण नित्यम् १७४० ।

७७. उत्तरपथेनाहृतं च १७४१ ।

* आहृतप्रकरणे वारिजङ्गलस्थलकान्तारपूर्वादुपसंख्यानम् ।

* अजपथशङ्कुपथाभ्यां च ।

* मधुकमरीचयोरण्स्थलात् ।

७८. कालात् १७४२ ।

७९. तेन निर्वृत्तम् १७४३ ।　[॥ ४ ॥

८०. तमधीष्टो भृतो भूतो भावी १७४४ ।

८१. मासाद्वयसि यत्खञौ १७४५ ।

८२. द्विगोर्यप् १७४६ ।

८३. षण्मासाण्ण्यच्च १७४७ ।

८४. अवयसि ठंश्च १७४८ ।

८५. समायाः खः १७४९ ।

८६. द्विगोर्वा १७५० ।

८७. रात्र्यहःसंवत्सराच्च १७५१ ।

८८. वर्षाल्लुक्च १७५३ ।

८९. चित्तवति नित्यम् १७५५ ।

९०. षष्टिकाः षष्टिरात्रेण पच्यन्ते १७५६ ।

९१. वत्सरान्ताच्छश्छन्दसि ३४९३ ।

९२. संपरिपूर्वात्ख च ३४९४ ।

९३. तेन परिजय्यलभ्यकार्यसुकरम् १७५७ ।

९४. तदस्य ब्रह्मचर्यम् १७५८ ।

* महानाम्न्यादिभ्यः षष्ठ्यन्तेभ्य उपसंख्यानम् ।

१५३. (वा ३०६७) । महानाम्नी आदित्यव्रत गोदान ॥ इति महानाम्न्यादिः ॥

* अवान्तरदीक्षादिभ्यो डेर्निर्वक्तव्यः ।

१५४. (वा ३०६९) । अवान्तरदीक्षा तिलव्रत देवव्रत ॥ इत्यवान्तरदीक्षादिः ॥

* चतुर्मासाण्ण्यो यज्ञे ।

९५. तस्य च दक्षिणा यज्ञाख्येभ्यः १७५९ ।

९६. तत्र च दीयते कार्यं भववत् १७६० ।

९७. व्युष्टादिभ्योऽण् १७६१ ।

१५५. व्युष्ट नित्य निष्क्रमण प्रवेशन [उपसंक्रमण] तीर्थ [अस्तरण] संग्राम संघात ॥ इति व्युष्टादिः ॥

* अग्निपदादिभ्य उपसंख्यानम् ।

१५६. वा (३०७५) । अग्निपद पीलुमूल (पीलू मूल) प्रवास उपवास ॥ इत्याग्निपदादिः ॥ आकृतिगणः॥

९८. तेन यथाकथाचहस्ताभ्यां णयतौ

९९. संपादिनि १७६३ । [१७६२

१००. कर्मवेषाद्यत् १७६४ ॥ ५ ॥

१०१. तस्मै प्रभवति संतापादिभ्यः १७६५

१५७. संताप संनाह संग्राम संयोग संपराय [संवेशन] संपेष निष्पेष [सर्ग] निसर्ग विसर्ग उपसर्ग प्रवास उपवास संघात संवेष संवास संमोदन [सक्तु] 'मांसौदनाद्विगृहीतादपि' १०० । इति संतापादिः॥

१०२. योगाद्यच्च १७६६ ।

१०३. कर्मण उकञ् १७६७ ।

१०४. समयस्तदस्य प्राप्तम् १७६८ ।

१०५. ऋतोरण् १७६९ ।

* उपवस्त्रादिभ्य उपसंख्यानम् ।

१५८. (वा) । उपवस्तृ प्राशितृ ॥ इत्युपवस्त्रादिः ॥

१०६. छन्दसि घस् ३४९५ ।

१०७. कालाद्यत् १७७० ।

१०८. प्रकृष्टे ठञ् १७७१ ।

१०९. प्रयोजनम् १७७२ ।

११०. विशाखाषाढादण्मन्थदण्डयोः १७७३

* चूडादिभ्य उपसंख्यानम् ।

१५९. चूडा श्रद्धा ॥ इति चूडादिः ॥

१११. अनुप्रवचनादिभ्यश्छः १७७४ ।

१६०. अनुप्रवचन उत्थापन उपस्थापन संवेशन प्रवेशन अनुप्रवेशन अनुवासन अनुवचन अनुवाचन अन्वारोहण प्रारम्भण आरम्भण आरोहण ॥ इत्यनुप्रवचनादिः ॥

* (स्वर्गादिभ्यो यद्वक्तव्यः ।)

१६१. (वा ३०७७) । स्वर्ग यशस् आयुस् काम धन ॥ इति स्वर्गादिः ॥

* पुण्याहवाचनादिभ्यो लुग्वक्तव्यः ।

१६२. (वा ३०७८) । पुण्याहवाचन स्वस्तिवाचन शान्तिवाचन ॥ इति पुण्याहवाचनादिः ॥

११२. समापनात्सपूर्वपदात् १७७५ ।

११३. ऐकागारिकट् चौरे १७७६ ।

११४. आकालिकडाद्यन्तवचने १७७७ ।

* आकालाट्ठंश्च ।

११५. तेन तुल्यं क्रिया चेद्वतिः १७७८ ।

११६. तत्र तस्येव १७७९ ।

११७. तदर्हम् १७८० ।

११८. उपसर्गाच्छन्दसि धात्वर्थे ३४९६ ।

११९. तस्य भावस्त्वतलौ १७८१ ।

१२०. आ च त्वात् १७८२ । ॥ ६ ॥

१२१. न नञ्पूर्वात्तत्पुरुषादचतुरसंगतलवणवटयुधकतरसलसेभ्यः १७८३ ।

१२२. पृथ्वादिभ्य इमनिज्वा १७८४ ।

१६३. पृथु मृदु महत् पटु तनु लघु बहु साधु आशु उरु गुरु बहुल खण्ड दण्ड चण्ड अकिञ्चन बाल होड पाक वत्स मन्द स्वादु ह्रस्व दीर्घ प्रिय वृष ऋजु क्षिप्र क्षुद्र अणु ॥ इति पृथ्वादिः ॥

१२३. वर्णदृढादिभ्यः ष्यञ्च १७८७ ।

१६४. दृढ वृढ परिवृढ भृश कृश [वक्र] शुक्र चुक्र आम्र [कृष्ट] लवण ताम्र शीत उष्ण जड बधिर पण्डित मधुर मूर्ख मूक । 'वेर्यातलातमतिर्मनःशारदानाम्' १०१ । 'समा मतिमनसोः' १०२ । जवन ॥ इति दृढादिः ॥

१२४. गुणवचनब्राह्मणादिभ्यः कर्मणि च १७८८ ।

१६५. ब्राह्मण बाडब माणव । ('अर्हतो नुम्च') १०३ । चोर धूर्त आराधय विराधय अपराधय उपराधय एकभाव द्विभाव त्रिभाव अन्यभाव अक्षेत्रज्ञ संवादिन् संवेशिन् संभाषिन् बहुभाषिन् शीर्षघातिन् विघातिन् समस्थ विषमस्थ परमस्थ मध्यमस्थ अनीश्वर कुशल चपल निपुण पिशुन कुतूहल क्षेत्रज्ञ निश्न बालिश अलस दुःपुरुष कापुरुष राजन् गणपति अधिपति गडुल दायाद विशस्ति विषम विपात निपात । 'सर्ववेदादिभ्यः स्वार्थे' १०४ । 'चतुर्वेदस्योभयपदवृद्धिश्च' १०५ । शौटीर ॥ **आकृतिगणोऽयम् । इति ब्राह्मणादिः ॥**

* चतुर्वर्णादीनां स्वार्थे उपसंख्यानम् ।

१६६. (वा ३०९४) । चतुर्वर्ण चतुर्वेद चतुराश्रम सर्वविद्य त्रिलोक त्रिस्वर षड्गुण सेना अनन्तर संनिधि समीप उपमा सुख तदर्थ इतिह मणिक ॥ **इति चतुर्वर्णादिः ॥**

१२५. स्तेनाद्यन्नलोपश्च १७९० ।

१२६. सख्युर्यः १७९१ ।

* **दूतवणिग्भ्यां च ।**

१२७. कपिज्ञात्योर्ढक् १७९२ ।

१२८. पत्यन्तपुरोहितादिभ्यो यक् १७९३ ।

१६७. पुरोहित । 'राजाऽसे' १०६ । ग्रामिक पिण्डिक सुहित बालमन्द (बाल मन्द) खण्डिक दण्डिक वर्मिक कर्मिक धर्मिक शितिक (सूतिक मूलिक तिलक) अञ्जलिक (अन्तलिक) [रूपिक ऋषिक] पुत्रिक अविक छत्रिक पर्षिक पथिक चर्मिक (प्रतिक) सारथि आस्तिक सूचिक संरक्षसूचक (संरक्ष सूचक) नास्तिक [अजानिक शाक्वर नागर चूडिक] ॥ **इति पुरोहितादिः ॥**

१२९. प्राणभृज्जातिवयोवचनोद्गात्रादिभ्योऽञ् १७९४ ।

१६८. उद्गातृ उन्नेतृ प्रतिहर्तृ प्रशास्तृ होतृ पोतृ हर्तृ रथगणक पत्तिगणक सुष्ठु दुष्ठु अध्वर्यु वधू । 'सुभग मन्त्रे' १०७ । **इत्युद्गात्रादिः ॥**

१३०. हायनान्तयुवादिभ्योऽण् १७९५ ।

१६९. युवन् स्थविर होतृ यजमान । 'पुरुषासे' १०८। भ्रातृ कुतुक श्रमण (श्रणम) कटुक कमण्डलु कुस्त्री सुस्त्री दुःस्त्री सुहृदय दुर्हृदय सुहृद् दुर्हृद् सुभ्रातृ दुर्भ्रातृ वृषल परिव्राजक सब्रह्मचारिन् अनृशंस । 'हृदयासे' १०९ । कुशल चपल निपुण पिशुन कुतूहल क्षेत्रज्ञ । ('श्रोत्रियस्य यलोपश्च') ११० ॥ **इति युवादिः ॥**

१३१. इगन्ताच्च लघुपूर्वात् १७९६ ।

१३२. योपधाद्गुरूपोत्तमाद्वुञ् १७९७ ।

१३३. द्वन्द्वमनोज्ञादिभ्यश्च १७९८ ।

१७०. मनोज्ञ प्रियरूप अभिरूप कल्याण मेधाविन् आढ्य कुलपुत्र छान्दस छात्र श्रोत्रिय चोर धूर्त विश्वदेव युवन् कुपुत्र ग्रामपुत्र ग्रामकुलाल ग्रामड (ग्रामषण्ड) ग्रामकुमार सुकुमार बहुल (अवश्यपुत्र) अमुष्यपुत्र अमुष्यकुल सारपुत्र शतपुत्र ॥ **इति मनोज्ञादिः ॥**

१३४. गोत्रचरणाच्छ्लाघात्याकारतदवेतेषु [१७९९

१३५. होत्राभ्यश्छः १८००

१३६. ब्रह्मणस्त्वः १८०१ ।

प्राक्क्रीताच्छताच्च सर्वभूमिसप्तनोऽञ्मासा-
त्तस्मै प्रभवति न नञ्पूर्वात्षोडश ॥

इति पाणिनीयसूत्रपाठे पञ्चमस्याध्यायस्य प्रथमः पादः ।

द्वितीयः पादः ।

१. धान्यानां भवने क्षेत्रे खञ् १८०२ ।

२. व्रीहिशाल्योर्ढक् १८०३ ।

३. यवयवकषष्टिकाद्यत् १८०४ ।

४. विभाषा तिलमाषोमाभङ्गाणुभ्यः १८०५

५. सर्वचर्मणः कृतः खखञौ १८०६ ।

६. यथामुखसंमुखस्य दर्शनः खः १८०७

७. तत्सर्वादेः पथ्यङ्गकर्मपत्रपात्रं व्याप्नोति १८०८।

८. आप्रपदं प्राप्नोति १८०९। १८१०

९. अनुपदसर्वान्नायानयं बद्धाभक्षयतिनेयेषु

१०. परोवरपरम्परपुत्रपौत्रमनुभवति १८११

११. अवारपारात्यन्तानुकामं गामी १८१२

१२. समांसमां विजायते १८१३।

* खप्रत्ययानुत्पत्तौ यलोपो वा वक्तव्यः।

१३. अद्यश्वीनाऽवष्टब्धे १८१४।

१४. आगवीनः १८१५।

१५. अनुग्वलं गामी १८१६।

१६. अध्वनो यत्खौ १८१७।

१७. अभ्यमित्राच्छ च १८१८।

१८. गोष्ठात्खञ्भूतपूर्वे १८१९।

१९. अश्वस्यैकाहगमः १८२०।

२०. शालीनकौपीने अधृष्टाकार्ययोः १८२१

२१. व्रातेन जीवति १८२२। [॥ १ ॥

२२. साप्तपदीनं सख्यम् १८२३।

२३. हैयङ्गवीनं संज्ञायाम् १८२४।

२४. तस्य पाकमूले पील्वादिकर्णादिभ्यः कुणब्जाहचौ १८२५।

१७१. पीलु कर्कन्धू (कर्कन्धु) शमी करीर बल (कुवल) बदर अश्वत्थ खदिर ॥ इति पील्वादिः॥

१७२. कर्ण अक्षि नख मुख केश पाद गुल्फ भ्रू शृङ्ग दन्त ओष्ठ पृष्ठ ॥ इति कर्णादिः॥

२५. पक्षात्तिः १८२६।

२६. तेन वित्तश्चुञ्चुप्चणपौ १८२७।

२७. विनञ्भ्यां नानाञौ नसह १८२८ ।

२८. वेः शालच्छङ्कटचौ १८२९ ।

२९. संप्रोदश्च कटच् १८३० ।

* अलाबूतिलोमाभङ्गाभ्यो रजस्युपसंख्यानम् ।

* गोष्ठजादयः स्थानादिषु पशुनामभ्यः ।

* संघाते कटच् ।

* विस्तारे पटच् ।

* द्वित्वे गोयुगच् ।

* षट्त्वे षड्गवच् ।

* स्नेहे तैलच्

* भवने क्षेत्रे शाकटशाकिनौ ।

३०. अवात्कुटारच्च १८३१ ।

३१. नते नासिकायाः संज्ञायां टीटञ्नाट-ज्भ्रटचः १८३२ ।

३२. नेर्बिडज्बिरीसचौ १८३३ ।

३३. इनच्पिटच्चिकचि च १८३४ ।

* कप्रत्ययचिकादेशौ च वक्तव्यौ ।

* क्लिन्नस्य चिल् पिल् लश्चास्य चक्षुषी ।

* चुल् च ।

३४. उपाधिभ्यां त्यकन्नासन्नारूढयोः १८३५

३५. कर्मणि घटोऽठच् १८३६ । [१८३७

३६. तदस्य संजातं तारकादिभ्य इतच्

१७३. तारका पुष्प कर्णक मञ्जरी ऋजीष [क्षण सूच] मूत्र निष्क्रमण पुरीष उच्चार प्रचार (विचार) कुड्मल कण्टक मुसल (मुकुल) कुसुम कुतूहल स्तबक (स्तवक) किसलय पल्लव (खण्ड) वेग निद्रा मुद्रा बुभुक्षा (धेनुष्या) पिपासा श्रद्धा अभ्र पुलक अङ्गारक वर्णक द्रोह दोह सुख दुःख उत्कण्ठा भर व्याधि वर्मन् व्रण गौरव शास्त्र तरङ्ग तिलक चन्द्रक अन्धकार गर्व कुमुर (मुकुर) हर्ष उत्कर्ष (रण) कुवलय गर्ध क्षुध् सीमन्त ज्वर गर रोग रोमाञ्च पण्डा कज्जल तृष् कोरक कल्लोल स्थपुट फल

कञ्चुक शृङ्गार अङ्कुर शैवल वकुल श्वभ्र आराल कलङ्क कर्दम (कन्दल) मूर्च्छा अङ्गार हस्तक प्रतिबिम्ब विघ्नतन्त्र प्रत्यय दीक्षा गर्ज । 'गर्भादप्राणिनि' १११ ॥

इति तारकादिः ॥ आकृतिगणः ॥

३७. प्रमाणे द्वयसज्दघ्नञ्मात्रचः १८३८ ।

* प्रमाणे लः ।
* द्विगोर्नित्यम् ।
* प्रमाणपरिमाणाभ्यां संख्यायाश्चापि संशये मात्रच् ।
* वत्वन्तात्स्वार्थे द्वयसञ्मात्रचौ बहुलम् ।

३८. पुरुषहस्तिभ्यामण्च १८३९ ।

३९. यत्तदेतेभ्यः परिमाणे वतुप् १८४० ।

* युष्मदस्मदोः सादृश्ये वतुब्वाच्यः ।

४०. किमिदंभ्यां वो घः १८४१ ॥२॥

४१. किमः संख्यापरिमाणे डति च १८४२

४२. संख्याया अवयवे तयप् १८४३ ।

४३. द्वित्रिभ्यां तयस्यायज्वा १८४४ ।

४४. उभादुदात्तो नित्यम् १८४५ ।

४५. तदस्मिन्नधिकमिति दशान्ताड्डः १८४६

४६. शदन्तविंशतेश्च १८४७ ।

४७. संख्याया गुणस्य निमाने मयट् १८४८

४८. तस्य पूरणे डट् १८४९ ।

४९. नान्तादसंख्यादेर्मट् १८५० ।

५०. थट् च च्छन्दसि ३४९७ ।

५१. षट्कतिकतिपयचतुरां थुक् १८५१ ।

* चतुरश्छयतावाद्यक्षरलोपश्च ।

५२. बहुपूगगणसङ्घस्य तिथुक् १८५२ ।

५३. वतोरिथुक् १८५३ ।

५४. द्वेस्तीयः १८५४ ।

५५. त्रेः संप्रसारणं च १८५५ ।

५६. विंशत्यादिभ्यस्तमडन्यतरस्याम् १८५६ ।

५७. नित्यं शतादिमासार्धमाससंवत्सराच्च १८५७ ।

५८. षष्ठ्यादेश्चासंख्यादेः १८५८ ।

५९. मतौ छः सूक्तसाम्नोः १८५९ ।

६०. अध्यायानुवाकयोर्लुक् १८६० ॥३॥

६१. विमुक्तादिभ्योऽण् १८६१ ।

१७४. विमुक्त देवासुर रक्षोसुर उपसद् सुवर्ण परिसारक (सदसत्) वसु मरुत् पत्नीवत् वसुमत् महीयत्व सत्त्वत् बर्हवत् दशार्ण दशार्ह वयस् हविर्धान पतत्रिन् महित्री अस्यहत्य सोमापुषन् (सोमापूषन्) इडा अग्नाविष्णू उर्वशी वृत्रहन् ॥ इति विमुक्तादिः ॥

६२. गोषदादिभ्यो वुन् १८६२ ।

१७५. गोषद (गोषद्) इषेत्वा मातरिश्वन् देवस्य त्वा देवीरापः कृष्णोऽस्याखरेष्ठः देवींधिया (दैवींधिय) रक्षोहण युञ्जान अञ्जन प्रभूत प्रतूत कृशानु (कृशाकु) ॥ इति गोषदादिः ॥

६३. तत्र कुशलः पथः १८६३ ।

६४. आकर्षादिभ्यः कन् १८६४ ।

१७६. आकर्ष त्सरु पिशाच पिचण्ड अशनि अश्मन् निचय चय (विजय) जय आचय नय पाद दीप ह्रद ह्राद ह्लाद (गद्गद) शकुनि ॥ इत्याकर्षादिः ॥

६५. धनहिरण्यात्कामे १८६५ ।

६६. स्वाङ्गेभ्यः प्रसिते १८६६ ।

६७. उदराट्ठगाद्यूने १८६७ ।

६८. सस्येन परिजातः १८६८ ।

६९. अंशं हारी १८६९ ।

७०. तन्त्रादचिरापहृते १८७० ।

७१. ब्राह्मणकोष्णिके संज्ञायाम् १८७१ ।

७२. शीतोष्णाभ्यां कारिणि १८७२ ।

७३. अधिकम् १८७३ ।

७४. अनुकाभिकाभीकः कमिता १८७४ ।

७५. पार्श्वेनान्विच्छति १८७५ । [१८७६

७६. अयःशूलदण्डाजिनाभ्यां ठक्ठञौ

७७. तावतिथं ग्रहणमिति लुग्वा १८७७ ।

* तावतिथेन गृह्णातीति कन्वक्तव्यो नित्यं च लुक् ।

७८. स एषां ग्रामणीः १८७८ ।

७९. शृङ्खलमस्य बन्धनं करभे १८७९ ।

८०. उत्क उन्मनाः १८८० । ॥ ४ ॥

८१. कालप्रयोजनाद्रोगे १८८१ ।

८२. तदस्मिन्नन्नं प्रायेण संज्ञायाम् १८८२ ।

* वटकेभ्य इनिर्वाच्यः ।

८३. कुल्माषादञ् १८८३ ।

८४. श्रोत्रियंश्छन्दोऽधीते १८८४ ।

८५. श्राद्धमनेन भुक्तमिनिठनौ १८८५ ।

८६. पूर्वादिनिः १८८६ ।

८७. सपूर्वाच्च १८८७ ।

८८. इष्टादिभ्यश्च १८८८ ।

१७७. इष्ट पूर्त उपासादित निगदित परिगदित (परिवादित) निकथित निषादित निपठित संकलित परिकलित संरक्षित परिरक्षित अर्चित गणित अवकीर्ण आयुक्त गृहीत आम्रात श्रुत अधीत (अवधान) आसेवित अवधारित अवकल्पित निराकृत उपकृत उपाकृत अनुयुक्त अनुगणित अनुपठित व्याकुलित ॥ इतीष्टादिः ॥

८९. छन्दसि परिपन्थिपरिपरिणौ पर्यवस्थातरि १८८९ ।

९०. अनुपद्यन्वेष्टा १८९० ।

९१. साक्षाद्द्रष्टरि संज्ञायाम् १८९१ ।

९२. क्षेत्रियच्परक्षेत्रे चिकित्स्यः १८९२ ।

९३. इन्द्रियमिन्द्रलिङ्गमिन्द्रदृष्टमिन्द्रसृष्टमिन्द्रजुष्टमिन्द्रदत्तमिति वा १८९३।

९४. तदस्यास्त्यस्मिन्निति मतुप् १८९४।

९५. रसादिभ्यश्च १८९५।

१७८. रस रूप वर्ण गन्ध स्पर्श शब्द स्नेह भाव। 'गुणात्' ११२। 'एकाचः' ११३॥ **इति रसादिः**॥

* गुणवचनेभ्यो मतुपो लुक्।

९६. प्राणिस्थादातो लजन्यतरस्याम् १९०३

* प्राण्यङ्गादेव।

९७. सिध्मादिभ्यश्च १९०४।

१७९. सिध्म गडु मणि नाभि बीज (वीणा) कृष्ण निष्पाव पांसु पार्श्व पर्शू हनु सक्तु मास (मांस)। 'पार्ष्णिधमन्योर्दीर्घश्च' ११४। 'वातदन्तबलललाटानामूङ् च' ११५। 'जटाघटाकटाकालाः क्षेपे' ११६। पर्ण उदक प्रज्ञा सक्थि कर्ण स्नेह शीत श्याम पिङ्ग पित्त पुष्क पृथु मृदु मञ्जु (मण्ड) पत्र चटु कपि गण्डु ग्रन्थि श्री कुश धारा वर्ष्मन् पक्ष्मन् श्लेष्मन् पेश निष्पाद् कुण्ड 'क्षुद्रजन्तूपतापयोश्च' ११७॥ **इति सिध्मादिः**॥

९८. वत्सांसाभ्यां कामबले १९०५।

९९. फेनादिलच्च १९०६।

१००. लोमादिपामादिपिच्छादिभ्यः शनेलचः १९०७॥ ५॥

१८०. लोमन् रोमन् बभ्रु हरि गिरि कर्क कपि मुनि तरु॥ **इति लोमादिः**॥ १८१. पामन् वामन् वेमन् हेमन् श्लेष्मन् कद्रु (कद्रू) बलि सामन् ऊष्मन् कृमि। 'अङ्गात्कल्याणे' ११८। 'शाकीपलालीदद्रूणां ह्रस्वत्वं च' ११९। ('विष्वगित्युत्तरपदलोपश्चाकृतसन्धेः') १२०। 'लक्ष्म्या अच्च' १२१॥ **इति पामादिः**॥ १८२. पिच्छा उरस् धुवक ध्रुवक। 'जटाघटाकालाः क्षेपे' १२२। वर्ण उदक पङ्क प्रज्ञा॥ **इति पिच्छादिः**।

* विष्वगित्युत्तरपदलोपश्चाकृतसन्धेः।

१०१. प्रज्ञाश्रद्धार्चाभ्यो णः १९०८ ।

* वृत्तेश्च ।

१०२. तपःसहस्राभ्यां विनीनी १९०९ ।

१०३. अण्च १९१० ।

* ज्योत्स्नादिभ्य उपसंख्यानम् ।

१८३. (वा ३२००) । ज्योत्स्ना तमिस्रा कुण्डल कुतप विसर्प विपादिका ॥ इति ज्योत्स्नादिः ॥

१०४. सिकताशर्कराभ्यां च १९११ ।

१०५. देशे लुबिलचौ च १९१२ ।

१०६. दन्त उन्नत उरच् १९१३ ।

१०७. ऊषसुषिमुष्कमधो रः १९१४ ।

* रप्रकरणे खमुखकुञ्जेभ्य उपसंख्यानम् ।

* नगपांसुपाण्डुभ्यश्च ।

*कच्छ्वा ह्रस्वत्वं च ।

१०८. द्युद्रुभ्यां मः १९१५ ।

१०९. केशाद्वोऽन्यतरस्याम् १९१६ ।

* अन्येभ्योऽपि दृश्यत इति वक्तव्यम् ।

* अर्णसो लोपश्च ।

* छन्दसीवनिपौ च ।

* मेधारथाभ्यामीरन्निरचौ वक्तव्यौ ।

११०. गाण्ड्यजगात्संज्ञायाम् १९१७ ।

१११. काण्डाण्डादीरन्नीरचौ १९१८ ।

११२. रजःकृष्यासुतिपरिषदो वलच् १९१९

* अन्येभ्योऽपि दृश्यते ।

११३. दन्तशिखात्संज्ञायाम् १९२० ।

११४. ज्योत्स्नातमिस्राशृङ्गिणोर्जस्विन्नूर्जस्वलगोमिन्मलिनमलीमसाः १९२१ ।

११५. अत इनिठनौ १९२२ ।

११६. व्रीह्यादिभ्यश्च १९२३ ।

१८४. व्रीहि माया (शाला) शिखा माला मेखला केका अष्टका पताका चर्मन् कर्मन् वर्मन् दंष्ट्रा संज्ञा बडवा कुमारी नौ वीणा बलाका यवखदनौ कुमारी । 'शीर्षान्नञः' १२३ ॥ इति व्रीह्यादिः ॥

* शिखामालासंज्ञादिभ्य इनिः ।

* यवखदादिभ्य इकः ।

* अन्येभ्य उभयम् ।

११७. तुन्दादिभ्य इलच्च १९२४ ।

१८५. तुन्द उदर पिचण्ड यव व्रीहि । 'स्वाङ्गाद्विवृद्धौ' १२४ ॥ इति तुन्दादिः ॥

११८. एकगोपूर्वाट्ठञ्नित्यम् १९२५ ।

११९. शतसहस्रान्ताच्च निष्कात् १९२६ ।

१२०. रूपादाहतप्रशंसयोर्यप् १९२७ ॥६॥

* अन्येभ्योऽपि दृश्यते ।

१२१. अस्मायामेधास्रजो विनिः १९२८ ।

१२२. बहुलं छन्दसि ३४९८ ।

* आमयस्योपसंख्यानं दीर्घश्च ।

* शृङ्गबृन्दाभ्यामारकन् ।

* फलबर्हाभ्यामिनच् ।

* हृदयाच्चालुरन्यतरस्याम् ।

* शीतोष्णतृप्रेभ्यस्तदसहने ।

* हिमाच्चेलुः ।

* बलादूलः ।

* वातात्समूहे च ।

* तप्पर्वमरुद्भ्याम् ।

१२३. ऊर्णाया युस् १९२९ ।

१२४. वाचो ग्मिनिः १९३० ।

१२५. आलजाटचौ बहुभाषिणि १९३१ ।

* कुत्सित इति वक्तव्यम् ।

१२६. **स्वामिन्नैश्वर्ये १९३२ ।**

१२७. **अर्शआदिभ्योऽच् १९३३ ।**

१८६. अर्शस् उरस् तुन्द चतुर पलित जटा (घटा) घाटा अभ्र (अघ) (कर्दम) अम्ल लवण । 'स्वाङ्गाद्धीनात्' १२५। वर्णात् ॥ **इत्यर्शआदिः ॥ आकृतिगणः** ॥

१२८. **द्वन्द्वोपतापगर्ह्यात्प्राणिस्थादिनिः १९३४**

१२९. **वातातीसाराभ्यां कुक्च १९३५ ।**

* पिशाचाच्च ।

१३०. **वयसि पूरणात् १९३६ ।**

१३१. **सुखादिभ्यश्च १९३७ ।**

१८७. सुख दुःख तृप्त [तृप्र] कृच्छ्र अस्र (आश्र) आस्र (अस्र) अलीक करुण सोढ प्रतीप शील हल । 'माला क्षेपे' १२६। (कृपण) प्रणाय (प्रणय) दल कक्ष ॥ **इति सुखादिः** ॥

१३२. **धर्मशीलवर्णान्ताच्च १९३८ ।**

१३३. **हस्ताज्जातौ १९३९ ।**

१३४. **वर्णाद्ब्रह्मचारिणि १९४० ।**

१३५. **पुष्करादिभ्यो देशे १९४१ ।**

१८८. पुष्कर पद्म उत्पल तमाल कुमुद नड कपित्थ बिस मृणाल कर्दम शालूक विगर्ह करीष शिरीष यवास (प्रवास) हिरण्य कैरव कल्लोल तट तरङ्ग पङ्कज सरोज राजीव नालीक सरोरुह पुटक अरविन्द अम्भोज अब्ज कमल (कल्लोल) पयस् ॥ **इति पुष्करादिः** ॥

* बाहूरू पूर्वपदाद्बलात् ।

* सर्वादेश्च ।

* अर्थाच्चासंनिहिते ।

* तदन्ताच्च ।

१३६. **बलादिभ्यो मतुबन्यतरस्याम् १९४२**

१८९. बल उत्साह (उद्भास उद्वास) उद्वास शिखा

कुल चूडा सुल कूल आयाम व्यायाम उपयाम आरोह अवरोह परिणाह (युद्ध) ॥ इति बलादिः ॥

१३७. संज्ञायां मन्माभ्याम् १९४३ ।

१३८. कंशंभ्यां बभयुस्तितुतयसः १९४४ ।

१३९. तुन्दिवलिवटेर्भः १९४५ ।

१४०. अहंशुभमोर्युस् १९४६ ॥ ७ ॥

धान्यानां व्रातेन किमो विमुक्तादिभ्यः काल-प्रयोजनात्प्रज्ञाश्रद्धास्मायामेधाविंशतिः ॥

इति पाणिनीयसूत्रपाठे पञ्चमस्याध्यायस्य द्वितीयः पादः।

तृतीयः पादः ।

१. प्राग्दिशो विभक्तिः १९४७ ।

२. किंसर्वनामबहुभ्योऽद्व्यादिभ्यः १९४८

३. इदम इश् १९४९ ।

४. एतेतौ रथोः १९५० ।

* थाहेतौ च च्छन्दसि ।

५. एतदोऽन् १९५१ ।

६. सर्वस्य सोऽन्यतरस्यां दि १९५२ ।

७. पञ्चम्यास्तसिल् १९५३ ।

८. तसेश्च १९५५ ।

९. पर्यभिभ्यां च १९५६ ।

* सर्वोभयार्थाभ्यामेव ।

१०. सप्तम्यास्त्रल् १९५७ ।

११. इदमो हः १९५८ ।

१२. किमोऽत् १९५९ ।

१३. वा ह च च्छन्दसि १९६१ ।

१४. इतराभ्योऽपि दृश्यन्ते १९६३ ।

* दृशिग्रहणाद्भवदादियोग एव ।

१९०. (वा ३२४४)। भवान् दीर्घायुः देवानां प्रियः आयुष्मान् ॥ इति भवदादिः ॥

१५. सर्वैकान्यकिंयत्तदः काले दा १९६४ ।

१६. इदमो र्हिल् १९६५ ।

१७. अधुना १९६६ ।

१८. दानीं च १९६७ ।

१९. तदो दा च १९६८ ।

* तदो दावचनमनर्थकं विहितत्वात् ।

२०. तयोर्दार्हिलौ च च्छन्दसि ३४९९ ॥१॥

२१. अनद्यतने र्हिलन्यतरस्याम् १९६९ ।

२२. सद्यःपरुत्परार्यैषमःपरेद्यव्यद्यपूर्वेद्युरन्येद्युरन्यतरेद्युरितरेद्युरपरेद्युरधरेद्युरुभयेद्युरुत्तरेद्युः १९७० ।

* समानस्य सभावो द्यस् चाहनि ।

* पूर्वपूर्वतरयोः परभाव उदारी च संवत्सरे ।

* इदम इश् समसण् प्रत्ययश्च संवत्सरे ।

* परस्मादेद्यव्यहनि ।

* इदमोऽशभावो द्यश्च ।

* पूर्वान्यान्यतरेतरापराधरोभयोत्तरेभ्यो[ऽहनि]एद्युस् ।

* द्युश्चोभयात् ।

२३. प्रकारवचने थाल् १९७१ ।

२४. इदमस्थमुः १९७२ ।

* एतदो वाच्यः ।

२५. किमश्च १९७३ ।

२६. था हेतौ च च्छन्दसि ३५०० ।

२७. दिक्छब्देभ्यः सप्तमीपञ्चमीप्रथमाभ्यो दिग्देशकालेष्वस्तातिः १९७४ ।

२८. दक्षिणोत्तराभ्यामतसुच् १९७८ ।

२९. विभाषा परावराभ्याम् १९७९।

३०. अञ्चेर्लुक् १९८०।

३१. उपर्युपरिष्टात् १९८१।

३२. पश्चात् १९८२।

* अपरस्यार्धे पश्चभावो वक्तव्यः।

३३. पश्च पश्चा च च्छन्दसि २५०१।

३४. उत्तराधरदक्षिणादातिः १९८३।

३५. एनबन्यतरस्यामदूरेऽपञ्चम्याः १९८४

३६. दक्षिणादाच् १९८५।

३७. आहि च दूरे १९८६।

३८. उत्तराच्च १९८७।　　[१९७५

३९. पूर्वाधरावराणामसि पुरधवश्चैषाम्

४०. अस्ताति च १९७६　　॥ २ ॥

४१. विभाषाऽवरस्य १९७७।

४२. संख्याया विधार्थे धा १९८८।

४३. अधिकरणविचाले च १९८९।

४४. एकाद्धो ध्यमुञन्यतरस्याम् १९९०।

४५. द्वित्र्योश्च धमुञ् १९९१।

* धमुञन्तात्स्वार्थे डदर्शनम्।

४६. एधाच्च १९९२।

४७. याप्ये पाशप् १९९३।

४८. पूरणाद्भागे तीयादन् १९९४।

४९. प्रागेकादशभ्योऽछन्दसि १९९५।

५०. षष्ठाष्टमाभ्यां ञ च १९९६।

५१. मानपश्वङ्गयोः कन्लुकौ च १९९७।

५२. एकादाकिनिच्चासहाये १९९८।

५३. भूतपूर्वे चरट् १९९९।

५४. षष्ठ्या रूप्य च २०००।

५५. अतिशायने तमबिष्ठनौ २००१ ।
५६. तिङश्च २००२ । [२००५
५७. द्विवचनविभज्योपपदे तरबीयसुनौ
५८. अजादी गुणवचनादेव २००६ ।
५९. तुश्छन्दसि २००७ ।
६०. प्रशस्यस्य श्रः २००९ ॥ ३ ॥
६१. ज्य च २०११ ।
६२. वृद्धस्य च २०१३ ।
६३. अन्तिकबाढयोर्नेदसाधौ २०१४ ।
६४. युवाल्पयोः कनन्यतरस्याम् २०१९-
६५. विन्मतोर्लुक् २०२० ।
६६. प्रशंसायां रूपप् २०२१ ।
६७. ईषदसमाप्तौ कल्पब्देश्यदेशीयरः२०२२
६८. विभाषा सुपो बहुच्पुरस्तात्तु २०२३ ।

६९. प्रकारवचने जातीयर् २०२४ ।
७०. प्रागिवात्कः २०२५ ।
७१. अव्ययसर्वनाम्नामकच्प्राक्टेः २०२६ ।
७२. कस्य च दः २०२७ ।
* ओकारसकारभकारादौ सुपि सर्वनाम्नष्टेः प्रागकच् ।
* अकच्प्रकरणे तूष्णीमः काम् ।
* शीले को मलोपश्च ।
७३. अज्ञाते २०२८ ।
७४. कुत्सिते २०२९ ।
७५. संज्ञायां कन् २०३० ।
७६. अनुकम्पायाम् २०३१ ।
७७. नीतौ च तद्युक्तात् २०३२ ।
७८. बह्वचो मनुष्यनाम्नष्ठज्वा २०३३ ।
७९. घनिलचौ च २०३४ ।

८०. प्राचामुपादेरडज्वुचौ च २०३६॥४॥
८१. जातिनाम्नः कन् २०३७।
८२. अजिनान्तस्योत्तरपदलोपश्च २०३९।
८३. ठाजादावूर्ध्वं द्वितीयादचः २०३५।
* चतुर्थादच ऊर्ध्वस्य लोपो वक्तव्यः।
* अनजादौ च विभाषा लोपो वक्तव्यः।
* लोपः पूर्वपदस्य च।
* विनापि प्रत्ययं पूर्वोत्तरपदयोर्वा लोपो वाच्यः।
* उवर्णाल्ल इलस्य च।
* (ऋवर्णादपि)।
* ठग्रहणमुको द्वितीयत्वे कविधानार्थम्।
* द्वितीयं संध्यक्षरं चेत्तदादेर्लोपो वक्तव्यः।
८४. शेवलसुपरिविशालवरुणार्यमादीनां तृतीयात् २०३८।
* एकाक्षरपूर्वपदानामुत्तरपदलोपो वक्तव्यः।
* षषष्ठाजादिवचनात्सिद्धम्

८५. अल्पे २०४०।
८६. ह्रस्वे २०४१।
८७. संज्ञायां कन् २०४२।
८८. कुटीशमीशुण्डाभ्यो रः २०४३।
८९. कुत्वा डुपच् २०४४।
९०. कासूगोणीभ्यां ष्टरच् २०४५।
९१. वत्सोक्षाश्वर्षभेभ्यश्च तनुत्वे २०४६।
९२. किंयत्तदो निर्धारणे द्वयोरेकस्य डतरच् २०४७।
९३. वा बहूनां जातिपरिप्रश्ने डतमच् २०४८
९४. एकाच्च प्राचाम् २०४९।
९५. अवक्षेपणे कन् २०५०।
९६. इवे प्रतिकृतौ २०५१।
९७. संज्ञायां च २०५२।

९८. लुम्मनुष्ये २०५३।

९९. जीविकार्थे चापण्ये २०५४।

१००. देवपथादिभ्यश्च २०५५ ॥५॥

१९१. देवपथ (हंसपथ वारिपथ रथपथ) स्थलपथ करिपथ अजपथ राजपथ शतपथ शङ्कुपथ सिन्धुपथ सिद्धगति उष्ट्रग्रीव वामरज्जु हस्त इन्द्र दण्ड पुष्प मत्स्य **इति देवपथादिः ॥ आकृतिगणः ॥**

१०१. वस्तेर्ढञ् २०५६।

१०२. शिलाया ढः २०५७।

१०३. शाखादिभ्यो यः २०५८।

१९२. शाखा मुख जघन शृङ्ग मेघ अभ्र चरण स्कन्ध स्कद (स्कन्द) उरस् शिरस् अग्र (शाण) शरण ॥ **इति शाखादिः ॥**

१०४. द्रव्यं च भव्ये २०५९।

१०५. कुशाग्राच्छः २०६०।

१०६. समासाच्च तद्विषयात् २०६१।

१०७. शर्करादिभ्योऽण् २०६२।

१९३. शर्करा कपालिका कपाटिका कपिष्ठिका (कनिष्ठिका) पुण्डरीक शतपत्र गोलोमन् लोमन् गोपुच्छ नराची नकुल सिकता ॥ **इति शर्करादिः ॥**

१०८. अङ्गुल्यादिभ्यष्ठक् २०६३।

१९४. अङ्गुली भरुज बभ्रु वल्गु मण्डर मण्डल शष्कुली हरि कपि मुनि रुह खल उदश्वित् गोणी उरस् कुलिश ॥ **इत्यङ्गुल्यादिः ॥**

१०९. एकशालायाष्ठजन्यतरस्याम् २०६४।

११०. कर्कलोहितादीकक् २०६५।

१११. प्रत्नपूर्वविश्वेमात्थाल्छन्दसि ३५०२।

११२. पूगाञ्ञ्योऽग्रामणीपूर्वात् २०६६।

११३. व्रातच्फञोरस्त्रियाम् ११००।

११४. आयुधजीविसङ्घाञ्ञ्यड्वाहीकेष्वब्राह्मणराजन्यात् २०६७ ।

११५. वृकाट्टेण्यण् २०६८ ।

११६. दामन्यादित्रिगर्तषष्ठाच्छः २०६९ ।

१९५. दामनि औलपि बैजवापि औदकि औदङ्कि अच्युतन्ति (आच्युतन्ति) अच्युतदन्ति (आच्युतदन्ति) शाकुन्तकि आकिदन्ति आक्तिदन्ति औडवि काकदन्तकि शात्रुंतपि सार्वसेनि बिन्दु बैन्दवि तुलभ मौञ्जायन काकन्दि सावित्रीपुत्र ॥ **इति दामन्यादिः ॥**

११७. पर्श्वादियौधेयादिभ्योऽणञौ २०७० ।

१९६. पर्शु असुर रक्षस् बाह्लीक वयस् वसु मरुत् सत्वत् दशार्ह पिशाच अशनि कार्षापण ॥ **इति पर्श्वादिः** ॥ १९७. यौधेय (कौशेय) शौक्रेय शौभ्रेय धार्तेय घार्तेय ज्याबाणेय त्रिगर्त भरत उशीनर ॥ **इति यौधेयादिः** ॥

११८. अभिजिद्विदभृच्छालावच्छिखावच्छमीवदूर्णावच्छ्रुमदणो यञ् २०७१ ।

११९. ञ्यादयस्तद्राजाः २०७२ ।

प्राग्दिशोऽनद्यतने विभाषा ज्य च जातिनाम्नो वस्तेरेकोनविंशतिः ॥

इति पाणिनीयसूत्रपाठे पञ्चमस्याध्यायस्य तृतीयः पादः ।

चतुर्थः पादः ।

१. पादशतस्य संख्यादेर्वीप्सायां वुन्लोपश्च [२०७३

२. दण्डव्यवसर्गयोश्च २०७४ ।

३. स्थूलादिभ्यः प्रकारवचने कन् २०७५

१९८. स्थूल अणु माषेषु (माष इषु) । 'कृष्ण तिलेषु' १२८ । 'यव व्रीहिषु' १२९ । 'इक्षु तिल पाद्यकालावदाताः सुरायाम्' १३० । 'गोमूत्र आच्छादने'

१३१ । 'सुरा अहौ' १३२ । 'जीर्णे शालिषु' १३३ । 'पत्रमूल समस्तो व्यस्तश्च' १३४ ॥ कुमारीपुत्र कुमारीश्वशुर मणि ॥ इति स्थूलादिः ॥

* चञ्चद्बृहतोरुपसंख्यानम् ।

* (सुराया अहौ ।)

४. अनत्यन्तगतौ क्तात् २०७६ ।

५. न सामिवचने २०७७ ।

६. बृहत्या आच्छादने २०७८ ।

७. अषडक्षाशितङ्ग्वलंकर्मालंपुरुषाऽध्युत्तरपदात्खः २०७९ ।

८. विभाषाञ्चेरदिक्स्त्रियाम् २०८० ।

९. जात्यन्ताच्छ बन्धुनि २०८१ [२०८२

१०. स्थानान्ताद्विभाषा सस्थानेनेति चेत्

११. किमेत्तिङव्ययघादाम्वद्रव्यप्रकर्षे २००४

१२. अमु च च्छन्दसि ३५०३ ।

१३. अनुगादिनष्ठक् २०८३ ।

१४. णचः स्त्रियामञ् ३२१६ ।

१५. अणिनुणः ३२१९ ।

१६. विसारिणो मत्स्ये २०८४ [२०८५

१७. संख्यायाः क्रियाभ्यावृत्तिगणने कृत्वसुच्

१८. द्वित्रिचतुर्भ्यः सुच् २०८६ ।

१९. एकस्य सकृच्च २०८७ । [॥ १ ॥

२०. विभाषा बहोर्धाऽविप्रकृष्टकाले २०८८ ।

२१. तत्प्रकृतवचने मयट् २०८९ ।

२२. समूहवच्च बहुषु २०९० ।

२३. अनन्तावसथेतिहभेषजाञ्ञ्यः २०९१

२४. देवतान्तात्तादर्थ्ये यत् २०९२ ।

२५. पादार्घाभ्यां च २०९३ ।

२६. अतिथेर्न्यः २०९४ ।

२७. देवात्तल् २०९५ ।

२८. अवेः कः २०९६ ।

२९. यावादिभ्यः कन् २०९७ ।

१९९. याव मणि अस्थि [तालु] जानु लान्द्र पीत स्तम्ब । 'ऋतावुष्णशीते' १३५ । 'पशौ लूनवियाते' १३६ । 'अणु निपुणे' १३७ । 'पुत्र कृत्रिमे' १३८ । 'स्नात वेदसमाप्तौ' १३९ । 'शून्य रिक्ते' १४० । 'दान कुत्सिते' १४१ । 'तनु सूत्रे' १४२ । 'ईयसश्च' १४३ । ज्ञात अज्ञात । कुमारीक्रीडनकानि च (कुमारक्रीडनकानि च) ॥ इति यावादिः ॥

३०. लोहितान्मणौ २०९८ ।

* लोहिताल्लिङ्गबाधनं वा ।

* नवस्य नू आदेशः त्नप्तनप्खाश्च प्रत्यया वक्तव्याः ।

* नश्च पुराणे प्रात् ।

३१. वर्णे चानित्ये २०९९ ।

३२. रक्ते २१०० ।

३३. कालाच्च २१०१ ।

३४. विनयादिभ्यष्ठक् २१०२ ।

२००. विनय समय । 'उपायो ह्रस्वत्वं च' १४४ । संप्रति संगति कथंचित् अकस्मात् समाचार उपचार समाय (समयाचार) व्यवहार संप्रदान समुत्कर्ष समूह विशेष अत्यय ॥ इति विनयादिः ॥

३५. वाचो व्याहृतार्थायाम् २१०३ ।

३६. तद्युक्तात्कर्मणोऽण् २१०४ ।

* अण्प्रकरणे कुलालवरुडनिषादचण्डालामित्रेभ्यश्छन्दसि

* भागरूपनामभ्यो धेयः ।

* मित्राच्च छन्दसि ।

* आग्नीध्रसाधारणादञ् ।

* अवयसमरुद्भ्यां छन्दसि ।

३७. ओषधेरजातौ २१०५ ।

३८. प्रज्ञादिभ्यश्च २१०६ ।

२०१. प्रज्ञ वणिज् उशिज् उष्णिज् प्रत्यक्ष [विद्वस्] विदन् षोडन् विद्या मनस् । 'श्रोत्र शरीरे' १४५ । जुह्वत् । 'कृष्ण मृगे' १४६ । चिकीर्षत् चोर शत्रु योध चक्षुस् वसु (एनस्) मरुत् कुञ्च सत्वन्तु दशार्ह वयस् (व्याकृत) असुर रक्षस् पिशाच अशनि कार्षापण देवता बन्धु ॥ इति प्रज्ञादिः ॥

३९. मृदस्तिकन् २१०७ ।

४०. सस्नौ प्रशंसायाम् २१०८ । ॥२॥

४१. वृकज्येष्ठाभ्यां तिल्तातिलौ च च्छन्दसि ३५०४ ।

४२. बह्वल्पार्थाच्छस्कारकादन्यतरस्याम् २१०९ ।

* बह्वल्पार्थान्मङ्गलामङ्गलवचनम् ।

४३. संख्यैकवचनाच्च वीप्सायाम् २११० ।

४४. प्रतियोगे पञ्चम्यास्तसिः २१११ ।

* आद्यादिभ्य उपसंख्यानम् ।

२०२. (वा ३३४१) । आदि मध्य अन्त पृष्ठ पार्श्व ॥ इत्याद्यादिः ॥ आकृतिगणः ॥

४५. अपादाने चाहीयरुहोः २११२ ।

४६. अतिग्रहाव्यथनक्षेपेष्वकर्तरि तृतीयायाः २११३

४७. हीयमानपापयोगाच्च २११४ ।

४८. षष्ठ्या व्याश्रये २११५ ।

४९. रोगाच्चापनयने २११६ ।

५०. कृभ्वस्तियोगे संपद्यकर्तरि च्विः २११७

* अभूततद्भाव इति वक्तव्यम् ।

५१. अरुर्मनश्चक्षुश्चेतोरहोरजसां लोपश्च २१२१ ।
५२. विभाषा साति कार्त्स्न्ये २१२२ ।
५३. अभिविधौ संपदा च २१२४ ।
५४. तदधीनवचने २१२५ ।
५५. देये त्रा च २१२६ ।
५६. देवमनुष्यपुरुषपुरुमर्त्येभ्यो द्वितीयासप्तम्योर्बहुलम् २१२७ ।
५७. अव्यक्तानुकरणाद्व्यजवरार्धादनितौ डाच् २१२८ । [२१२९
५८. कृञो द्वितीयतृतीयशम्बबीजात्कृषौ
५९. संख्यायाश्च गुणान्तायाः २१३० ।
६०. समयाच्च यापनायाम् २१३१ ॥३॥
६१. सपत्रनिष्पत्रादतिव्यथने २१३२ ।
६२. निष्कुलान्निष्कोषणे २१३३ ।
६३. सुखप्रियादानुलोम्ये २१३४ ।
६४. दुःखात्प्रातिलोम्ये २१३५ ।
६५. शूलात्पाके २१३६ ।
६६. सत्यादशपथे २१३७ ।
६७. मद्रात्परिवापणे २१३८ ।
* भद्राच्चेति वक्तव्यम् ।
६८. समासान्ताः ६७६ ।
६९. न पूजनात् ९५४ ।
* स्वतिभ्यामेव ।
७०. किमः क्षेपे ९५५ ।
७१. नञस्तत्पुरुषात् ९५६ ।
७२. पथो विभाषा ९५७ ।
७३. बहुव्रीहौ संख्येये डजबहुगणात् ८५१

* संख्यायास्तत्पुरुषस्य वाच्यः ।

७४. ऋक्पूरब्धूःपथामानक्षे ९४० ।

* अनृचबह्वृचावध्येतर्यैव ।

७५. अच्प्रत्यन्ववपूर्वात्सामलोम्नः ९४३ ।

* कृष्णोदक्पाण्डुसंख्यापूर्वाया भूमेरजिष्यते ।

७६. अक्ष्णोऽदर्शनात् ९४४ ।

७७. अचतुरविचतुरसुचतुरस्त्रीपुंसधेन्वनडुहृक्सामवाङ्मनसाक्षिभ्रुवदारगवोर्वष्ठीवपदष्ठीवनक्तंदिवरात्रिंदिवाहर्दिवसरजसनिःश्रेयसपुरुषायुषद्व्यायुषत्र्यायुषर्ग्यजुषजातोक्षमहोक्षवृद्धोक्षोपशुनगोष्ठश्वाः ९४५ ।

* व्युपाभ्यां चतुरोऽजिष्यते ।

७८. ब्रह्महस्तिभ्यां वर्चसः ९४६ ।

* पल्यराजभ्यां च ।

७९. अवसमन्धेभ्यस्तमसः ९४७ ।

८०. श्वसो वसीयःश्रेयसः ९४८ ॥ ४ ॥

८१. अन्ववतप्ताद्रहसः ९४९ ।

८२. प्रतेरुरसः सप्तमीस्थात् ९५० ।

८३. अनुगवमायामे ९५१ ।

८४. द्विस्तावा त्रिस्तावा वेदिः ९५२ ।

८५. उपसर्गादध्वनः ९५३ ।

८६. तत्पुरुषस्याङ्गुलेः संख्याव्ययादेः ७८६ ।

८७. अहःसर्वैकदेशसंख्यातपुण्याच्च रात्रेः ७८७ ।

* अहर्ग्रहणं द्वन्द्वार्थम् ।

८८. अह्नोऽह्न एतेभ्यः ७९० ।

८९. न संख्यादेः समाहारे ७९३ ।

९०. उत्तमैकाभ्यां च ७९४ ।
९१. राजाहःसखिभ्यष्टच् ७८८ ।
९२. गोरतद्धितलुकि ७२९ ।
९३. अग्राख्यायामुरसः ७९५ ।
९४. अनोश्मायःसरसां जातिसंज्ञयोः७९६।
९५. ग्रामकौटाभ्यां च तक्ष्णः ७९७ ।
९६. अतेः शुनः ७९८ ।
९७. उपमानादप्राणिषु ७९९ ।
९८. उत्तरमृगपूर्वाच्च सक्थ्नः ८०० ।
९९. नावो द्विगोः ८०१ ।
१००. अर्धाच्च ८०२ । ॥ ५ ॥
१०१. खार्याः प्राचाम् ८०३ ।
१०२. द्वित्रिभ्यामञ्जलेः ८०४ ।
१०३. अनसन्तान्नपुंसकाच्छन्दसि ३५०५
१०४. ब्रह्मणो जानपदाख्यायाम् ८०५ ।
१०५. कुमहद्भ्यामन्यतरस्याम् ८०६ ।
१०६. द्वन्द्वाच्चुदषहान्तात्समाहारे ९३० ।
१०७. अव्ययीभावे शरत्प्रभृतिभ्यः ६७७ ।

२०३. शरद् विपाश् अनस् मनस् उपानह् अनडुह् दिव् हिमवत् हिरुक् विद् सद् दिश् दृश् विश् चतुर् त्यद् तद् यद् कियत् । 'जराया जरस् च' १४७ । 'प्रतिपरसमनुभ्योऽक्ष्णः' १४८ । पथिन् ॥ **इति शरदादिः ॥**

१०८. अनश्च ६७८ ।
१०९. नपुंसकादन्यतरस्याम् ६८० ।
११०. नदीपौर्णमास्याग्रहायणीभ्यः ६८१ ।
१११. झयः ६८२ ।
११२. गिरेश्च सेनकस्य ६८३ ।

११३. बहुव्रीहौ सक्थ्यक्ष्णोः स्वाङ्गात्षच् [८५२

११४. अङ्गुलेर्दारुणि ८५३ ।

११५. द्वित्रिभ्यां ष मूर्ध्नः ८५४ ।

११६. अप्पूरणीप्रमाण्योः ८३२ ।

* नेतुर्नक्षत्रेऽब्वक्तव्यः ।

११७. अन्तर्बहिर्भ्यां च लोम्नः ८५५ ।

११८. अङ्नासिकायाः संज्ञायां नसं चास्थूलात् ८५६ ।

* खुरखराभ्यां वा नस् ।

११९. उपसर्गाच्च ८५८ ।

* वेर्ग्रो वक्तव्यः ।

* ख्यश्च ।

१२०. सुप्रातसुश्वसुदिवशारिकुक्षचतुरश्रैणीपदाजपदप्रोष्ठपदाः ८६० ॥ ६ ॥

१२१. नञ्दुःसुभ्यो हलिसक्थ्योरन्यतरस्याम् ८६१ ।

१२२. नित्यमसिच्प्रजामेधयोः ८६२ ।

१२३. बहुप्रजाश्छन्दसि ३५०६ ।

१२४. धर्मादनिच्केवलात् ८६३ ।

१२५. जम्भा सुहरिततृणसोमेभ्यः ८६४ ।

१२६. दक्षिणेर्मा लुब्धयोगे ८६५ ।

१२७. इच्कर्मव्यतिहारे ८६६ ।

१२८. द्विदण्ड्यादिभ्यश्च ८६७ ।

२०४. द्विदण्डि द्विमुसलि उभाञ्जलि उभयाञ्जलि उभादन्ति उभयादन्ति उभाहस्ति उभयाहस्ति उभाकर्णि उभयाकर्णि उभापाणि उभयापाणि उभाबाहु उभयाबाहु एकपदि प्रोष्ठपदि आच्पदि (आढ्यपदि) सपदि निकुच्यकर्णि संहतपुच्छि अन्तेवासि ॥ **इति द्विदण्ड्यादिः** ॥

१२९. प्रसंभ्यां जानुनोर्ज्ञुः ८६८ ।

१३०. ऊध्र्वाद्विभाषा ८६९।

१३१. ऊधसोऽनङ् ४८३।

१३२. धनुषश्च ८७०।

१३३. वा संज्ञायाम् ८७१।

१३४. जायाया निङ् ८७२।

१३५. गन्धस्येदुत्पूतिसुसुरभिभ्यः ८७४।

* गन्धस्येत्त्वे तदेकान्तग्रहणम्।

१३६. अल्पाख्यायाम् ८७५।

१३७. उपमानाच्च ८७६।

१३८. पादस्य लोपोऽहस्त्यादिभ्यः ८७७।

२०५. हस्तिन् (कुद्दाल अश्व कशिक कुरुत) कटोल कटोलक गण्डोल गण्डोलक कण्डोल कण्डोलक अज कपोत जाल गण्ड महेला दासी गणिका कुसूल ॥ इति हस्त्यादिः ॥

१३९. कुम्भपदीषु च ८७८।

२०६. कुम्भपदी एकपदी जालपदी (शूलपदी) मुनिपदी गुणपदी शतपदी सूत्रपदी गोधापदी कलशीपदी विपदी (तृणपदी) द्विपदी त्रिपदी षट्पदी दासीपदी शितिपदी विष्णुपदी सुपदी निष्पदी आर्द्रपदी कुणिपदी कृष्णपदी शुचिपदी द्रोणीपदी (द्रोणपदी) द्रुपदी सूकरपदी शकृत्पदी अष्टापदी स्थूणापदी अपदी सूचीपदी ॥ इति कुम्भपद्यादिः ॥

१४०. संख्यासुपूर्वस्य ८७९ ॥ ७ ॥

१४१. वयसि दन्तस्य दतृ ८८०।

१४२. छन्दसि च ३५०७।

१४३. स्त्रियां संज्ञायाम् ८८१।

१४४. विभाषा श्यावारोकाभ्याम् ८८२।

१४५. अग्रान्तशुद्धशुभ्रवृषवराहेभ्यश्च ८८३

१४६. ककुदस्यावस्थायां लोपः ८८४।

१४७. त्रिककुत्पर्वते ८८५ ।

१४८. उद्विभ्यां काकुदस्य ८८६ ।

१४९. पूर्णाद्विभाषा ८८७ ।

१५०. सुहृद्दुर्हृदौ मित्रामित्रयोः ८८८ ।

१५१. उरःप्रभृतिभ्यः कप् ८८९ ।

२०७. उरस् सर्पिस् उपानह् पुमान् अनड्वान् पयः नौः लक्ष्मीः दधि मधु शाली (शालिः) । ('अर्थान्नञः') १४९ ॥ इत्युरःप्रभृतयः ॥

१५२. इनः स्त्रियाम् ८९० ।

* अर्थान्नञः ।

१५३. नद्यृतश्च ८३३ ।

१५४. शेषाद्विभाषा ८९१ ।

१५५. न संज्ञायाम् ८९३ ।

१५६. ईयसश्च ८९४ ।

* ईयसो बहुव्रीहेर्नेति वाच्यम् ।

१५७. वन्दिते भ्रातुः ८९५ ।

१५८. ऋतश्छन्दसि ३५०८ ।

१५९. नाडीतन्त्र्योः स्वाङ्गे ८९६ ।

१६०. निष्प्रवाणिश्च ८९७ ॥ ८ ॥

पादशतस्य तत्प्रकृतवृकज्येष्ठाभ्यां सपत्रान्ववतप्रात्खार्यां नञ्दुःसुभ्यो वयसि विंशतिः ।

इति पाणिनीयसूत्रपाठे पञ्चमस्याध्यायस्य चतुर्थः पादः अध्यायश्च ।

॥ अथ षष्ठोऽध्यायः ॥

प्रथमः पादः ।

१. एकाचो द्वे प्रथमस्य २१७५ ।

२. अजादेर्द्वितीयस्य २१७६ ।

३. नन्द्राः संयोगादयः २४४६ ।

* ईर्ष्यतेस्तृतीयस्येति वाच्यम् ।

* कण्ड्वादीनां तृतीयस्येति वाच्यम् ।

* यथेष्टं नामधातुषु ।

४. पूर्वोऽभ्यासः २१७८ ।

५. उभे अभ्यस्तम् ४२६ ।

६. जक्षित्यादयः षट् ४२८ ।

७. तुजादीनां दीर्घोऽभ्यासस्य ३५०९ ।

* तुजादिषु छन्दः प्रत्ययग्रहणं कर्तव्यम् ।

८. लिटि धातोरनभ्यासस्य २१७७ ।

९. सन्यङोः २३९५ ।

१०. श्लौ २४९० ।

११. चङि २३१५ ।

१२. दाश्वान्साह्वान्मीढ्वांश्च ३६२९ ।

* चरिचलिपतिवदीनां वा द्वित्वमच्याक् चाभ्यासस्य ।

* हन्तेर्घत्वं च ।

* पाटेर्णिलुक् चोक्च दीर्घश्चाभ्यासस्य ।

१३. ष्यङः संप्रसारणं पुत्रपत्योस्तत्पुरुषे

१४. बन्धुनि बहुव्रीहौ १००५ [१००३

* मातन्मातृकमातृषु वा ।

१५. वचिस्वपियजादीनां किति २४०९ ।

१६. ग्रहिज्यावयिव्यधिवष्टिविचतिवृश्चतिपृच्छतिभृज्जतीनां ङिति च २४१२ ।

१७. लिट्यभ्यासस्योभयेषाम् २४०८ ।

१८. स्वापेश्चङि २५८४ ।

१९. स्वपिस्यमिव्येञां यङि २६४५ ।

२०. न वशः २६४६ । ॥ १ ॥

२१. चायः की २६४७ ।

२२. स्फायः स्फी निष्ठायाम् ३०४४ ।

२३. स्त्यः प्रपूर्वस्य ३०३३ ।

२४. द्रवमूर्तिस्पर्शयोः श्यः ३०२० ।

२५. प्रतेश्च ३०२२ ।

२६. विभाषाऽभ्यवपूर्वस्य ३०२३ ।

२७. शृतं पाके ३०६७ ।

२८. प्यायः पी ३०७२ ।

* आङ्पूर्वस्यान्धूधसोरिति वक्तव्यम् ।

२९. लिड्यङोश्च २३२७ ।

३०. विभाषा श्वेः २४२० ।

३१. णौ च संश्चङोः २६०१ ।

३२. ह्वः संप्रसारणम् २५८६ ।

३३. अभ्यस्तस्य च २४१७ ।

३४. बहुलं छन्दसि ३५१० ।

३५. चायः की ३५११ ।

३६. अपस्पृधेथामानृचुरानृहुश्चिच्युषेतित्याजश्राताःश्रितमाशीराशीर्ताः ३५१२ ।

३७. न संप्रसारणे संप्रसारणम् ३६३ ।

* रयेर्मतौ बहुलम् ।

* ऋचि त्रेरुत्तरपदादिलोपश्छन्दसि ।

३८. लिटि वयो यः २४१३ ।

३९. वश्चास्यान्यतरस्यां किति २४१४ ।

४०. वेञः २४१५ ॥ २ ॥

४१. ल्यपि च ३३३९ ।

४२. ज्यश्च ३३४० ।

४३. व्यश्च ३३४१ ।

४४. विभाषा परेः ३३४२ ।

४५. आदेच उपदेशेऽशिति २३७० ।

४६. न व्यो लिटि २४१६ ।

४७. स्फुरतिस्फुलत्योर्घञि ३१८५ ।

४८. क्रीङ्जीनां णौ २६०० ।

४९. सिद्ध्यतेरपारलौकिके २६०२ ।

५०. मीनातिमिनोतिदीङां ल्यपि च २५०८

५१. विभाषा लीयतेः २५०९ ।

* प्रलम्भनशालिनीकरणयोश्च णौ नित्यमात्वम् ।

५२. खिदेश्छन्दसि ३५१३ ।

५३. अपगुरो णमुलि ३३७५ ।

५४. चिस्फुरोर्णौ २५६९ ।

५५. प्रजने वीयतेः २६०३ ।

५६. बिभेतेर्हेतुभये २५९३ ।

५७. नित्यं स्मयतेः २५९६ ।

५८. सृजिदृशोर्झल्यमकिति २४०५ ।

५९. अनुदात्तस्य चर्दुपधस्यान्यतरस्याम् २४०२ ।

६०. शीर्षंश्छन्दसि ३५१४ । ॥ ३ ॥

६१. ये च तद्धिते १६६७ ।

* वा केशेषु ।

* अचि शीर्षः ।

६२. (अचि शीर्षः) १६६७ (वा ३४९४) ।

* छन्दसि च ।

६३. पद्दन्नोमास्हृन्निशसन्यूषन्दोषन्यकञ्छकन्नुदन्नासञ्छस्प्रभृतिषु २२८ ।

* मांसपृतनासानूनां मांस्पृत्स्नवो वाच्याः ।

* नस् नासिकाया यत्तस् क्षुद्रेषु ।

* वर्णनगरयोर्नेति वक्तव्यम् ।

६४. धात्वादेः षः सः २२६४ ।

* सुब्धातुष्ठिवुष्वष्कतीनां सत्वप्रतिषेधो वक्तव्यः ।

६५. णो नः २२८६ ।

६६. लोपो व्योर्वलि ८७३ ।

६७. वेरपृक्तस्य ३७५ ।

६८. हल्ङ्याब्भ्यो दीर्घात्सुतिस्यपृक्तं हल् २५२

६९. एङ्ह्रस्वात्संबुद्धेः १९३ ।

७०. शेश्छन्दसि बहुलम् ३५१६ ।

७१. ह्रस्वस्य पिति कृति तुक् २८५८ ।

७२. संहितायाम् १४५ ।

७३. छे च १४६ ।

७४. आङ्माङोश्च १४७ ।

७५. दीर्घात् १४८ ।

७६. पदान्ताद्वा १४९ ।

* (विश्वजनादीनां छन्दसि तुग्वा वक्तव्यः ।)

७७. इको यणचि ४७ ।

७८. एचोऽयवायावः ६१ ।

७९. वान्तो यि प्रत्यये ६३ ।

* गोर्यूतौ च्छन्दस्युपसंख्यानम् ।

* अध्वपरिमाणे च ।

८०. धातोस्तन्निमित्तस्यैव ६४ ॥४॥

८१. क्षय्यजय्यौ शक्यार्थे ६५ ।

८२. क्रय्यस्तदर्थे ६६ ।

८३. भय्यप्रवय्ये च च्छन्दसि ३५१७ ।

* हृदय्या उपसंख्यानम् ।

* शरस्य च अवादेशो भवतीति वक्तव्यम् ।

८४. एकः पूर्वपरयोः ६८ ।

८५. अन्तादिवच्च ७५ ।

८६. षत्वतुकोरसिद्धः ३३३३ ।

८७. आद्गुणः ६९ ।

८८. वृद्धिरेचि ७२ ।

८९. एत्येधत्यूठ्सु ७३ ।

* अक्षादूहिन्यामुपसंख्यानम् ।

* स्वादीरेरिणोः ।

* प्रादूहोढोढ्येषैष्येषु ।

* ऋते च तृतीयासमासे ।

* प्रवत्सतरकम्बलवसनदशार्णानामृणे ।

९०. आटश्च २६९ ।

९१. उपसर्गादृति धातौ ७४ ।

९२. वा सुप्यापिशलेः ७७ ।

९३. औतोऽम्शसोः २८५ ।

९४. एङि पररूपम् ७८ ।

* शकन्ध्वादिषु पररूपं वक्तव्यम् ।

२०८. (वा ३६३०) । शकन्धुः कर्कन्धुः कुलटा ।
'सीमन्तः केशवेशेषु' १५० । हलीषा मनीषा लाङ्गलीषा

पतञ्जलिः । 'सारङ्गः पशुपक्षिणोः' १५१ ॥ इति शकन्ध्वादिः ॥

* एवे चानियोगे ।

* ओत्वोष्ठयोः समासे वा ।

* एमन्नादिषु छन्दसि ।

९५. ओमाङोश्च ८० ।

९६. उस्यपदान्तात् २२१४ ।

९७. अतो गुणे १९१ ।

९८. अव्यक्तानुकरणस्यात इतौ ८१ ।

* एकाचो न ।

९९. नाम्रेडितस्यान्त्यस्य तु वा ८२ ।

१००. नित्यमाम्रेडिते डाचि २१२८ ।
(वा ३६३८) ॥ ५ ॥

१०१. अकः सवर्णे दीर्घः ८५ ।

* ऋति सवर्णे ऋ वा ।

* ऌति सवर्णे ऌ वा ।

१०२. प्रथमयोः पूर्वसवर्णः १६४ ।

१०३. तस्माच्छसो नः पुंसि १९६ ।

१०४. नादिचि १६५ ।

१०५. दीर्घाज्जसि च २३९ ।

१०६. वा च्छन्दसि ३५१५ ।

१०७. अमि पूर्वः १९४ ।

१०८. संप्रसारणाच्च ३३० ।

१०९. एङः पदान्तादति ८६ ।

११०. ङसिङसोश्च २४६ ।

१११. ऋत उत् २७९ ।

११२. ख्यत्यात्परस्य २५५ ।

११३. अतो रोरप्लुतादप्लुते १६३ ।

११४. हशि च १६६ ।

११५. प्रकृत्यान्तःपादमव्यपरे ३५१८ ।

११६. अव्यादवद्यादवक्रमुरव्रतायमवन्त्ववस्युषु च ३५१९ ।

११७. यजुष्युरः ३५२० ।

११८. आपो जुषाणो वृष्णो वर्षिष्ठेऽम्बेऽम्बालेऽम्बिके पूर्वे ३५२१ ।

११९. अङ्ग इत्यादौ च ३५२२ ।

१२०. अनुदात्ते च कुधपरे ३५२३ ॥६॥

१२१. अवपथासि च ३५२४ ।

१२२. सर्वत्र विभाषा गोः ८७ ।

१२३. अवङ् स्फोटायनस्य ८८ ।

१२४. इन्द्रे च ८९ ।

१२५. प्लुतप्रगृह्या अचि नित्यम् ९० ।

१२६. आङोऽनुनासिकश्छन्दसि ३५२५ ।

१२७. इकोऽसवर्णे शाकल्यस्य ह्रस्वश्च ९१

* न समासे ।

* सिति च ।

१२८. ऋत्यकः ९२ ।

१२९. अप्लुतवदुपस्थिते ९८ ।

१३०. ई३ चाक्रवर्मणस्य ९९ ।

१३१. दिव उत् ३३७ । [१७६

१३२. एतत्तदोः सुलोपोऽकोरनञ्समासे हलि

१३३. स्यश्छन्दसि बहुलम् ३५२६ ।

१३४. सोऽचि लोपे चेत्पादपूरणम् १७७ ।

१३५. सुट्कात्पूर्वः २५५३ ।

१३६. अडभ्यासव्यवायेऽपि २५३९ । (वा ३६९८–३६९९ ।)

१३७. संपरिभ्यां करोतौ भूषणे २५५० ।

१३८. समवाये च २५५१ । [२५५२

१३९. उपात्प्रतियत्नवैकृतवाक्याध्याहारेषु च

१४०. किरतौ लवने २५३९ ॥ ७ ॥

१४१. हिंसायां प्रतेश्च २५४० ।

१४२. अपाच्चतुष्पाच्छकुनिष्वालेखने२६८८

* किरतेर्हर्षजीविकाकुलायकरणेषु ।

१४३. कुस्तुम्बुरूणि जातिः १०५८ ।

१४४. अपरस्पराः क्रियासातत्ये १०५९ ।

१४५. गोष्पदं सेवितासेवितप्रमाणेषु१०६०

१४६. आस्पदं प्रतिष्ठायाम् १०६१ ।

१४७. आश्चर्यमनित्ये १०६२ ।

१४८. वर्चस्केऽवस्करः १०६३ ।

१४९. अपस्करो रथाङ्गम् १०६४ ।

१५०. विष्किरः शकुनौ वा १०६५ ।

१५१. ह्रस्वाच्चन्द्रोत्तरपदे मन्त्रे ३५२७ ।

१५२. प्रतिष्कशश्च कशेः १०६६ ।

१५३. प्रस्कण्वहरिश्चन्द्रावृषी १०६७ ।

१५४. मस्करमस्करिणौ वेणुपरिव्राजकयोः १०६८ ।

१५५. कास्तीराजस्तुन्दे नगरे १०६९ ।

१५६. कारस्करो वृक्षः १०७० (ग १५३)

१५७. पारस्करप्रभृतीनि च संज्ञायाम् १०७१

२०९. 'पारस्करो देशः' १५२। 'कारस्करो वृक्षः' १५३ 'रथस्या [रथस्था] नदी' १५४ । 'किष्कुः प्रमाणम्' १५५ । 'किष्किन्धा गुहा' १५६ । ('तद्बृहतोः करपत्योश्चोरदेवतयोः सुट् तलोपश्च') १५७ 'प्रात्तुम्पतौ गवि कर्तरि' १५८ ॥ इति पारस्करादिः ॥

* प्रायस्य चित्तिचित्तयोः सुडस्कारो वा ।

१५८. अनुदात्तं पदमेकवर्जम् ३६५० ।

१५९. कर्षात्वतो घञोऽन्त उदात्तः ३६८०

१६०. उञ्छादीनां च ३६८१ ॥ ८ ॥

२१०. उञ्छ म्लेच्छ जञ्ज नल्प (जल्प) जप वध 'युग कालविशेषे रथाद्युपकरणे च' १५९। 'गरो दूष्ये' (गरो डूष्ये) १६०। अवन्तः। 'वेदवेगवेष्टबन्धाः करणे' १६१ । 'स्तुयुद्रुवश्छन्दसि' १६२ । 'वर्तनिः स्तोत्रे' १६३ । 'श्वभ्रे दरः' १६४ । 'साम्बतापौ भावगर्हायाम्' १६५ । 'उत्तमशश्वत्तमौ सर्वत्र' १६६ । 'भक्षमन्थभोगमन्थाः' १६७ । हेहाः ॥ इत्युञ्छादिः ॥

१६१. अनुदात्तस्य च यत्रोदात्तलोपः ३६५१

१६२. धातोः ३६७१ ।

१६३. चितः ३७१० ।

१६४. तद्धितस्य ३७११ ।

१६५. कितः ३७१२ ।

१६६. तिसृभ्यो जसः ३७१३ ।

१६७. चतुरः शसि ३६८२ ।

१६८. सावेकाचस्तृतीयादिर्विभक्तिः ३७१४

१६९. अन्तोदात्तादुत्तरपदादन्यतरस्यामनित्यसमासे ३७१५ ।

१७०. अञ्चेश्छन्दस्यसर्वनामस्थानम् ३७१६

१७१. ऊडिदंपदाद्यप्पुम्रैद्युभ्यः ३७१७ ।

* ऊठ्युपधाग्रहणं कर्तव्यम् ।

१७२. अष्टनो दीर्घात् ३७१८ ।

१७३. शतुरनुमो नद्यजादी ३७१९ ।

* बृहन्महतोरुपसंख्यानम् ।

१७४. उदात्तयणो हल्पूर्वात् ३७२० ।

१७५. नोङ्धात्वोः ३७२१ ।

१७६. ह्रस्वनुड्भ्यां मतुप् ३७२२ ।

१७७. नामन्यतरस्याम् ३७२३ ।
१७८. ङ्याश्छन्दसि बहुलम् ३७२४ ।
१७९. षट्त्रिचतुर्भ्यो हलादिः ३७२५ ।
१८०. झल्युपोत्तमम् ३६८३ ॥ ९ ॥
१८१. विभाषा भाषायाम् ३६८४ ।
१८२. न गोश्वन्त्साववर्णराडङ्क्रुङ्कृद्भ्यः [३७२६
१८३. दिवो झल् ३७२७ ।
१८४. नृ चान्यतरस्याम् ३७२८ ।
१८५. तित्स्वरितम् ३७२९ ।
१८६. तास्यनुदात्तेन्ङिददुपदेशाल्लसार्वधातु-कमनुदात्तमह्न्विङोः ३७३० ।
१८७. आदिः सिचोऽन्यतरस्याम् ३७३१ ।
१८८. स्वपादिर्हिंसामच्यनिटि ३६७२ ।
१८९. अभ्यस्तानामादिः ३६७३ ।
१९०. अनुदात्ते च ३६७४ ।
१९१. सर्वस्य सुपि ३६८५ ।
१९२. भीह्रीभृहुमदजनधनदरिद्राजागरां प्र-त्ययात्पूर्वं पिति ३६७५ ।
१९३. लिति ३६७६ ।
१९४. आदिर्णमुल्यन्यतरस्याम् ३६७७ ।
१९५. अचः कर्तृयकि ३६७८ ।
१९६. थलि च सेटीडन्तो वा ३७३२ ।
१९७. ञ्नित्यादिर्नित्यम् ३६८६ ।
१९८. आमन्त्रितस्य च ३६५३ ।
१९९. पथिमथोः सर्वनामस्थाने ३६८७ ।
२००. अन्तश्च तवै युगपत् ३६८८ ॥१०॥
२०१. क्षयो निवासे ३६८९ ।
२०२. जयः करणम् ३६९० ।

२०३. वृषादीनां च ३६९१ ।

२११. वृषः जनः ज्वरः ग्रहः हयः गयः नयः तायः तयः चयः अमः वेदः सूदः अंशः गुहा । 'शमरणौ संज्ञायां संमतौ भावकर्मणोः' १६८ । मन्त्रः शान्तिः कामः यामः आरा धारा कारा वहः कल्पः पादः । **इति वृषादिः ॥ आकृतिगणः ॥** अविहितलक्षणमाद्युदात्तत्वं वृषादिषु ज्ञेयम् ॥

२०४. संज्ञायामुपमानम् ३६९२ ।

२०५. निष्ठा च द्व्यजनात् ३६९३ ।

२०६. शुष्कधृष्टौ ३६९४ ।

२०७. आशितः कर्ता ३६९५ ।

२०८. रिक्ते विभाषा ३६९६ ।

२०९. जुष्टार्पिते च च्छन्दसि ३६९७ ।

२१०. नित्यं मन्त्रे ३६९८ ।

२११. युष्मदस्मदोर्ङसि ३६९९ ।

२१२. ङयि च ३७०० ।

२१३. यतोऽनावः ३७०१ ।

२१४. ईडवन्दवृशंसदुहां ण्यतः ३७०२ ।

२१५. विभाषा वेण्विन्धानयोः ३७०३ ।

२१६. त्यागरागहासकुहश्वठक्रथानाम् ३७०४

२१७. उपोत्तमं रिति ३७३३ ।

२१८. चङ्यन्यतरस्याम् ३६७९ ।

२१९. मतोः पूर्वमात्संज्ञायां स्त्रियाम् ३७०५

२२०. अन्तोऽवत्याः ३७०६ ॥ ११ ॥

२२१. ईवत्याः ३७०७ ।

२२२. चौ ३६५२ ।

* चोरतद्धित इति वक्तव्यम् ।

२२३. समासस्य ३७३४ ।

एकाचश्चायो ल्यपि च ये च क्षय्यजय्यावकः सवर्णेऽवपथाहिंसायामनुदात्तस्य विभाषा क्षय ईवत्यास्त्रीणि ॥

इति पाणिनीयसूत्रपाठे षष्ठस्याध्यायस्य प्रथमः पादः ।

द्वितीयः पादः ।

१. बहुव्रीहौ प्रकृत्या पूर्वपदम् ३७३५ ।

२. तत्पुरुषे तुल्यार्थतृतीयासप्तम्युपमानाव्ययाद्वितीयाकृत्याः ३७३६ ।

३. वर्णो वर्णेष्वनेते ३७३७ ।

४. गाधलवणयोः प्रमाणे ३७३८ ।

५. दायाद्यं दायादे ३७३९ ।

६. प्रतिबन्धि चिरकृच्छ्रयोः ३७४० ।

७. पदेऽपदेशे ३७४१ ।

८. निवाते वातत्राणे ३७४२ ।

९. शारदेऽनार्तवे ३७४३ ।

१०. अध्वर्युकषाययोर्जातौ ३७४४ ।

११. सदृशप्रतिरूपयोः सादृश्ये ३७४५ ।

१२. द्विगौ प्रमाणे ३७४६ ।

१३. गन्तव्यपण्यं वाणिजे ३७४७ ।

१४. मात्रोपज्ञोपक्रमच्छाये नपुंसके ३७४८

१५. सुखप्रिययोर्हिते ३७४९ ।

१६. प्रीतौ च ३७५० ।

१७. स्वं स्वामिनि ३७५१ ।

१८. पत्यावैश्वर्ये ३७५२ ।

१९. न भूवाक्चिद्दिधिषु ३७५३ ।

२०. वा भुवनम् ३७५४ । ॥ १ ॥

२१. आशङ्काबाधनेदीयस्सु संभावने ३७५५

२२. पूर्वे भूतपूर्वे ३७५६ ।

२३. सविधसनीडसमर्यादसवेशसदेशेषु सामीप्ये ३७५७ ।

२४. विस्पष्टादीनि गुणवचनेषु ३७५८ ।

२१२. विस्पष्ट विचित्र विचित्त व्यक्त संपन्न पटु पण्डित कुशल चपल निपुण ॥ इति विस्पष्टादिः ॥

२५. श्रज्यावमकन्पापवत्सु भावे कर्मधारये [३७५९

२६. कुमारश्च ३७६० ।

२७. आदिः प्रत्येनसि ३७६१ ।

२८. पूगेष्वन्यतरस्याम् ३७६२ । [३७६३

२९. इगन्तकालकपालभगालशरावेषु द्विगौ

३०. बह्वन्यतरस्याम् ३७६४ ।

३१. दिष्टिवितस्त्योश्च ३७६५ ।

३२. सप्तमी सिद्धशुष्कपक्वबन्धेष्वकालात् ३७६६ ।

३३. परिप्रत्युपापा वर्ज्यमानाहोरात्रावयवेषु ३७६७ ।

३४. राजन्यबहुवचनद्वन्द्वेऽन्धकवृष्णिषु [३७६८

३५. संख्या ३७६९ ।

३६. आचार्योपसर्जनश्चान्तेवासी ३७७० ।

३७. कार्तकौजपादयश्च ३७७१ ।

२१३. कार्तकौजपौ सावर्णिमाण्डकेयौ (सावर्णिमाण्डूकेयौ) अवन्त्यश्मकाः पैलश्यापर्णेयाः कपिश्यापर्णेयाः शैतिकाक्षपाञ्चालेयाः कटुकवाधूलेयाः शाकलशुनकाः शाकलशणकाः शणकबाभ्रवाः आर्चाभिमौद्गलाः कुन्तिसुराष्ट्राः चिन्तिसुराष्ट्राः तण्डवतण्डाः अविमत्तकामविद्धाः बाभ्रवशालङ्कायनाः बाभ्रवदानच्युताः कठकालापाः कठकौथुमाः

काथुमलौकाक्षाः स्त्रीकुमारम् मौद्गपैप्पलादाः वत्सजरन्तः सौश्रुतपार्थवाः जरामृत्यू याज्यानुवाक्ये ॥ **इति कार्तकौजपादिः ॥**

३८. महान्व्रीह्यपराह्णगृष्टीष्वासजाबालभार–भारतहैलिहिलरौरवप्रवृद्धेषु ३७७२।

३९. क्षुल्लकश्च वैश्वदेवे ३७७३।

४०. उष्ट्रः सादिवाम्योः ३७७४ ॥२॥

४१. गौः सादसादिसारथिषु ३७७५।

४२. कुरुगार्हपतरिक्तगुर्वसूतजरत्यश्लीलदृढरूपापारेबडबातैतिलकद्रूपण्यकम्बलो दासीभाराणां च ३७७६।

२१४. दासीभारः देवहूतिः देवभीतिः देवलातिः वसुनीतिः (वसूनितिः) औषधिः चन्द्रमाः ॥ **इति दासीभारादिः ॥ आकृतिगणः ॥**

* कुरुवृज्योर्गार्हपते।

४३. चतुर्थी तदर्थे ३७७७।

४४. अर्थे ३७७८।

४५. क्ते च ३७७९।

४६. कर्मधारयेऽनिष्ठा ३७८०।

४७. अहीने द्वितीया ३७८१।

* अनुपसर्ग इति वक्तव्यम्।

४८. तृतीया कर्मणि ३७८२।

४९. गतिरनन्तरः ३७८३।

५०. तादौ च निति कृत्यतौ ३७८४।

५१. तवै चान्तश्च युगपत् ३७८५।

५२. अनिगन्तोऽञ्चतौ वप्रत्यये ३७८६।

५३. न्यधी च ३७८७।

५४. ईषदन्यतरस्याम् ३७८८।

५५. हिरण्यपरिमाणं धने ३७८९।

५६. प्रथमोऽचिरोपसंपत्तौ ३७९० ।
५७. कतरकतमौ कर्मधारये ३७९१ ।
५८. आर्यो ब्राह्मणकुमारयोः ३७९२ ।
५९. राजा च ३७९३ ।
६०. षष्ठी प्रत्येनसि ३७९४ ॥ ३ ॥
६१. क्ते नित्यार्थे ३७९५ ।
६२. ग्रामः शिल्पिनि ३७९६ ।
६३. राजा च प्रशंसायाम् ३७९७ ।
६४. आदिरुदात्तः ३७९८ ।
६५. सप्तमीहारिणौ धर्म्येऽहरणे ३७९९ ।
६६. युक्ते च ३८०० ।
६७. विभाषाऽध्यक्षे ३८०१ ।
६८. पापं च शिल्पिनि ३८०२ ।
६९. गोत्रान्तेवासिमाणवब्राह्मणेषु क्षेपे ३८०३
७०. अङ्गानि मैरेये ३८०४ ।
७१. भक्ताख्यास्तदर्थेषु ३८०५ ।
७२. गोबिडालसिंहसैन्धवेषूपमाने ३८०६ ।
७३. अके जीविकार्थे ३८०७ ।
७४. प्राचां क्रीडायाम् ३८०८ ।
७५. अणि नियुक्ते ३८०९ ।
७६. शिल्पिनि चाकृञः ३८१० ।
७७. संज्ञायां च ३८११ ।
७८. गोतन्तियवं पाले ३८१२ ।
७९. णिनि ३८१३ । [॥ ४ ॥
८०. उपमानं शब्दार्थप्रकृतावेव ३८१४ ।
८१. युक्तारोह्यादयश्च ३८१५ ।

२१५. युक्तारोही आगतरोही आगतयोधी आगतवञ्ची आगतनन्दी आगतप्रहारी आगतमत्स्यः क्षीर-

होता भगिनीभर्ता ग्रामगोधुक् अश्वत्रिरात्रः गर्गत्रिरात्रः व्युष्टित्रिरात्रः गणपादः एकशितिपाद् । पात्रेसमितादयश्च' १६९ । इति युक्तारोह्यादिः ॥

८२. दीर्घकाशतुषभ्राष्ट्रवटं जे ३८१६ ।

८३. अन्त्यात्पूर्वं बह्वचः ३८१७ ।

८४. ग्रामेऽनिवसन्तः ३८१८ ।

८५. घोषादिषु च ३८१९ ।

२१६. घोष घट (कट) वल्लभ ह्रद बदरी पिङ्गल (पिङ्गली) पिशङ्ग माला रक्षा शाला (वृट्) कूट (कट्) शाल्मली अश्वत्थ तृण (शिल्पी) मुनि प्रेक्षाकू (प्रेक्षा) ॥ इति घोषादिः ॥

८६. छात्र्यादयः शालायाम् ३८२० ।

२१७. छात्रि पेलि भाण्डि व्याडि आखण्डि आटि गोमि ॥ इति छात्र्यादिः ॥

८७. प्रस्थेऽवृद्धमकर्क्यादीनाम् ३८२१ ।

२१८. कर्कि (कर्की) मघ्नी मकरी कर्कन्धु शमी करीरि (करीर) कन्दुक कुबल (कवल) बदरी ॥ इति कर्क्यादिः ॥

८८. मालादीनां च ३८२२ ।

२१९. माला शाला शोणा (शोण) द्राक्षा ध्राक्षा क्षामा काञ्ची एक काम ॥ इति मालादिः ॥

८९. अमहन्नवन्नगरेऽनुदीचाम् ३८२३ ।

९०. अर्मे चावर्णं द्व्यच्त्र्यच् ३८२४ ।

९१. न भूताधिकसंजीवमद्राश्मकज्जलम् ३८२५ ।

* आद्युदात्तप्रकरणे दिवोदासादीनां छन्दस्युपसंख्यानम् ।

९२. अन्तः ३८२६ ।

९३. सर्वं गुणकार्त्स्न्ये ३८२७ ।

* गुणात्तरेण तरपो लोपश्चेति वक्तव्यम् ।

९४. संज्ञायां गिरिनिकाययोः ३८२८ ।
९५. कुमार्यां वयसि ३८२९ ।
९६. उदकेऽकेवले ३८३० ।
९७. द्विगौ क्रतौ ३८३१ ।
९८. सभायां नपुंसके ३८३२ ।
९९. पुरे प्राचाम् ३८३३ ।
१००. अरिष्टगौडपूर्वे च ३८३४ ॥ ५ ॥
१०१. न हास्तिनफलकमार्देयाः ३८३५ ।
१०२. कुसूलकूपकुम्भशालं बिले ३८३६ ।
१०३. दिक्छब्दा ग्रामजनपदाख्यानचानराटेषु ३८३७ ।
१०४. आचार्योपसर्जनश्चान्तेवासिनि ३८३८
१०५. उत्तरपदवृद्धौ सर्वं च ३८३९ ।
१०६. बहुव्रीहौ विश्वं संज्ञायाम् ३८४० ।
१०७. उदराश्वेषुषु ३८४१ ।
१०८. क्षेपे ३८४२ ।
१०९. नदी बन्धुनि ३८४३ ।
११०. निष्ठोपसर्गपूर्वमन्यतरस्याम् ३८४४ ।
१११. उत्तरपदादिः ३८४५ ।
११२. कर्णो वर्णलक्षणात् ३८४६ ।
११३. संज्ञौपम्ययोश्च ३८४७ ।
११४. कण्ठपृष्ठग्रीवाजङ्घं च ३८४८ ।
११५. शृङ्गमवस्थायां च ३८४९ ।
११६. नञो जरमरमित्रमृताः ३८५० ।
११७. सोर्मनसी अलोमोषसी ३८५१ ।
११८. क्त्वादयश्च ३८५२ ।

२२०. क्रतु दृशीक प्रतीक प्रतूर्ति हव्य भव्य भग ॥ इति क्रत्वादिः ॥

११९. आद्युदात्तं द्व्यच्छन्दसि ३८५३ ।

१२०. वीरवीर्यौ च ३८५४ ॥ ६ ॥

१२१. कूलतीरतूलमूलशालाक्षसममव्ययीभावे ३८५५ ।

१२२. कंसमन्थशूर्पपाय्यकाण्डं द्विगौ ३८५६

१२३. तत्पुरुषे शालायां नपुंसके ३८५७ ।

१२४. कन्था च ३८५८ ।

१२५. आदिश्चिहणादीनाम् ३८५९ ।

२२१. चिहण मदुर मद्रुमर वैतुल पटत्क बैडालिकर्णक बैडालिकर्णि कुक्कुट चिक्कण चित्कण ॥ इति चिहणादिः ॥

१२६. चेलखेटकटुककाण्डं गर्हायाम् ३८६०

१२७. चीरमुपमानम् ३८६१ ।

१२८. पललसूपशाकं मिश्रे ३८६२ ।

१२९. कूलसूदस्थलकर्षाः संज्ञायाम् ३८६३

१३०. अकर्मधारये राज्यम् ३८६४ ।

* चेलराज्यादिस्वरादव्ययस्वरो भवति पूर्वविप्रतिषेधेन ।

१३१. वर्ग्यादयश्च ३८६५ ।

२२२. दिगादिषु वर्गादयस्त एव कृतयदन्ता वर्ग्यादयः।

१३२. पुत्रः पुंभ्यः ३८६६ । [३८६७

१३३. नाचार्यराजर्त्विक्संयुक्तज्ञात्याख्येभ्यः

१३४. चूर्णादीन्यप्राणिषष्ठ्याः ३८६८ ।

२२३ चूर्ण करिव करिप शाकिन शाकट द्राक्षा तूस्त कुन्दुम दलप चमसी चक्कन चौल ॥ इति चूर्णादिः ॥

१३५. षट् च काण्डादीनि ३८६९ ।

२२४. काण्ड चीर पलल सूप शाक कूल ॥ इति काण्डादिः ॥

१३६. कुण्डं वनम् ३८७० ।

१३७. प्रकृत्या भगालम् ३८७१ ।

१३८. शितेर्नित्याबह्वज्बहुव्रीहावभसत् ३८७२ ।

१३९. गतिकारकोपपदात्कृत् ३८७३ ।

१४०. उभे वनस्पत्यादिषु युगपत् ३८७४ ।

॥ ७ ॥

२२५. वनस्पतिः बृहस्पतिः शचीपतिः तनूनपात् नराशंसः शुनःशेफः शण्डामर्कौ तृष्णावरूत्री लम्बाविश्ववयसौ मर्मृत्युः ॥ **इति वनस्पत्यादिः** ॥

१४१. देवताद्वन्द्वे च ३८७५ ।

१४२. नोत्तरपदेऽनुदात्तादावपृथिवीरुद्रपूषमन्थिषु ३८७६ ।

१४३. अन्तः ३८७७ ।

१४४. थाथघञ्क्ताजबित्रकाणाम् ३८७८ ।

१४५. सूपमानात्क्तः ३८७९ ।

१४६. संज्ञायामनाचितादीनाम् ३८८० ।

२२६. आचित पर्याचित आस्थापित परिगृहीत निरुक्त प्रतिपन्न अपश्लिष्ट प्रश्लिष्ट उपहित उपस्थित । 'संहितागवि' १७० ॥ **इत्याचितादिः** ॥

१४७. प्रवृद्धादीनां च ३८८१ ।

२२७. 'प्रवृद्धं यानम्' १७१ । 'प्रवृद्धो वृषलः' १७२ । 'प्रयुता सूष्णवः' १७३ । 'आकर्षेऽवहितः' १७४ । 'अवहितो भोगेषु' १७५ । खट्वारूढः । कविशस्तः ॥ **इति प्रवृद्धादिः ॥ आकृतिगणोऽयम्** ॥ तेन । प्रवृद्धं यानम् । अप्रवृद्धो वृषक्रतो रथ इत्यादि ॥

१४८. कारकाद्दत्तश्रुतयोरेवाशिषि ३८८२ ।

१४९. इत्थंभूतेन कृतमिति च ३८८३ ।

१५०. अनो भावकर्मवचनः ३८८४

१५१. मन्क्तिन्व्याख्यानशयनासनस्थानयाजकादिक्रीताः ३८८५ ।

१५२. सप्तम्याः पुण्यम् ३८८६ ।

१५३. ऊनार्थकलहं तृतीयायाः ३८८७ ।

१५४. मिश्रं चानुपसर्गमसन्धौ ३८८८ ।

१५५. नञो गुणप्रतिषेधे संपाद्यर्हहितालमर्थास्ताद्धिताः ३८८९ ।

१५६. ययतोश्चातदर्थे ३८९० ।

१५७. अच्कावशक्तौ ३८९१ ।

१५८. आक्रोशे च ३८९२ ।

१५९. संज्ञायाम् ३८९३ ।

१६०. कृत्योकेष्णुच्चार्वादयश्च ३८९४ ॥८॥

२२८. चारु साधु यौधिक (यौधकि) अनङ्ग। मेजय वदान्य अकस्मात्। 'वर्तमानवर्धमानत्वरमाणध्रियमाणक्रीयमाणरोचमानशोभमानाः संज्ञायाम्' १७६। 'विकारसदृशे व्यस्तसमस्ते' १७७। गृहपति गृहपतिक ('राजाह्नोश्छन्दसि') १७८ ॥ इति चार्वादिः ॥

* राजाह्नोश्छन्दसि।

१६१. विभाषा तृन्नन्नतीक्ष्णशुचिषु ३८९५

१६२. बहुव्रीहाविदमेतत्तद्भ्यः प्रथमपूरणयोः क्रियागणने ३८९६ ।

१६३. संख्यायाः स्तनः ३८९७ ।

१६४. विभाषा छन्दसि ३८९८ ।

१६५. संज्ञायां मित्राजिनयोः ३८९९ ।

* ऋषिप्रतिषेधोऽमित्रे।

१६६. व्यवायिनोऽन्तरम् ३९०० ।

१६७. मुखं स्वाङ्गम् ३९०१ ।

१६८. नाव्ययदिक्छब्दगोमहत्स्थूलमुष्टिपृथुवत्सेभ्यः ३९०२ ।

१६९. निष्ठोपमानादन्यतरस्याम् ३९०३ ।

१७०. जातिकालसुखादिभ्योऽनाच्छादना-
त्क्तोऽकृतमितप्रतिपन्नाः ३९०४ ।

१७१. वा जाते ३९०५ ।

१७२. नञ्सुभ्याम् ३९०६ ।

१७३. कपि पूर्वम् ३९०७ ।

१७४. ह्रस्वान्तेऽन्त्यात्पूर्वम् ३९०८ ।

१७५. बहोर्नञ्वदुत्तरपदभूम्नि ३९०९ ।

१७६. न गुणादयोऽवयवाः ३९१० ।

२२९. गुण अक्षर अध्याय सूक्त छन्दोमान ॥ इति गुणादिः ॥ आकृतिगणः ॥

१७७. उपसर्गात्स्वाङ्गं ध्रुवमपर्शु ३९११ ।

१७८. वनं समासे ३९१२ ।

१७९. अन्तः ३९१३ ।

१८०. अन्तश्च ३९१४ ॥ ९ ॥

१८१. न निविभ्याम् ३९१५ ।

१८२. परेरभितोभावि मण्डलम् ३९१६ ।

१८३. प्रादस्वाङ्गं संज्ञायाम् ३९१७ ।

१८४. निरुदकादीनि च ३९१८ ।

२३०. निरुदक निरुपल निर्मक्षिक निर्मशक निष्कालक निष्कालिक निष्पेष दुस्तरीप निस्तरीप निस्तरीक निरजिन (उदजिन) उपाजिन । 'परेर्हस्तपादकेशकर्षाः' १७९ ॥ इति निरुदकादिः ॥ आकृतिगणः ॥

१८५. अभेर्मुखम् ३९१९ ।

१८६. अपाच्च ३९२० ।

१८७. स्फिगपूतवीणाऽञ्जोऽध्वकुक्षिसीरनाम-
नाम च ३९२१ ।

१८८. अधेरुपरिस्थम् ३९२२ ।

१८९. अनोरप्रधानकनीयसी ३९२३ ।

१९०. पुरुषश्चान्वादिष्टः ३९२४ ।

१९१. अतेरकृत्पदे ३९२५ ।

अतेः तुलोप इति वक्तव्यम् ।

१९२. नेरनिधाने ३९२६ ।

१९३. प्रतेरंश्वादयस्तत्पुरुषे ३९२७ ।

२३१. अंशु जन (राजन्) उष्ट्र खेटक अजिर आर्द्रा श्रवण कृत्तिका अर्धपुर ॥ इत्यंश्वादिः ॥

१९४. उपाद्द्व्यजजिनमगौरादयः ३९२८ ।

२३२. गौर तैष तैल लेट लोट जिह्वा कृष्ण कन्या गुध कल्प पाद ॥ इति गौरादिः ॥

१९५. सोरवक्षेपणे ३९२९ ।

१९६. विभाषोत्पुच्छे ३९३० ।

१९७. द्वित्रिभ्यां पाद्दन्मूर्धसु बहुव्रीहौ ३९३१

१९८. सक्थं चाक्रान्तात् ३९३२ ।

१९९. परादिश्छन्दसि बहुलम् ३९३३ ।

* त्रिचक्रादीनां छन्दस्युपसंख्यानम् ।

२३३. (वा ३८६९) । त्रिचक्र त्रिवृत् त्रिवङ्कर ॥ इति त्रिचक्रादिः ॥ आकृतिगणः ॥

बहुव्रीहावाशङ्कागौः सादक्ते नित्यार्थे युक्तान
हास्तिनकूलतीरदेताविभाषा न
निव्येकोनविंशतिः ॥

इति पाणिनीयसूत्रपाठे षष्ठस्याध्यायस्य द्वितीयः पादः ।

तृतीयः पादः ।

१. अलुगुत्तरपदे ९५८ ।

२. पञ्चम्याः स्तोकादिभ्यः ९५९ ।

* ब्राह्मणाच्छंसिन उपसंख्यानम् ।

३. ओजःसहोऽम्भस्तमसस्तृतीयायाः ९६० ।

* अञ्जस उपसंख्यानम् ।

* [1]पुंसानुजो जनुषान्ध इति च ।

४. मनसः संज्ञायाम् ९६१ ।

५. आज्ञायिनि च ९६२ ।

६. [2]आत्मनश्च ९६३ ।

* पूरणे ।

७. वैयाकरणाख्यायां चतुर्थ्याः ९६४ ।

८. परस्य च ९६५ ।

९. हलदन्तात्सप्तम्याः संज्ञायाम् ९६६ ।

* हृद्युभ्यां च ।

१०. कारनाम्नि च प्राचां हलादौ ९६८ ।

१. विकृताक्ष इत्यपि भाष्ये पाठः ।

२. इदं विशिष्टं वार्तिकमिति भाष्यस्वरसः इति स्पष्टं शेखरे ।

११. मध्याद्गुरौ ९६९ ।

* अन्ताच्च ।

१२. अमूर्धमस्तकात्स्वाङ्गादकामे ९७० ।

१३. बन्धे च विभाषा ९७१ ।

१४. तत्पुरुषे कृति बहुलम् ९७२ ।

१५. प्रावृट्शरत्कालदिवां जे ९७३ ।

१६. विभाषा वर्षक्षरशरवरात् ९७४ ।

१७. घकालतनेषु कालनाम्नः ९७५ ।

१८. शयवासवासिष्वकालात् ९७६ ।

* अपो योनियन्[1]मतिषु ।

१९. नेन्सिद्धबध्नातिषु च ९७७ ।

२०. स्थे च भाषायाम् ९७८ ॥ १ ॥

१ अत्र 'मतुषु' इति पाठानादरः ।

२१. षष्ठ्या आक्रोशे ९७९ ।

* वाग्दिक्पश्यद्भ्यो युक्तिदण्डहरेषु ।

* आमुष्यायणामुष्यपुत्रिकामुष्यकुलिकेति च ।

* देवानां प्रिय इति च (मूर्खे) ।

* शेफपुच्छलाङ्गूलेषु शुनः संज्ञायाम् ।

* दिवश्च दासे ।

२२. पुत्रेऽन्यतरस्याम् ९८० ।

२३. ऋतो विद्यायोनिसंबन्धेभ्यः ९८१ ।

* विद्यायोनिसंबन्धेभ्यस्तत्पूर्वोत्तरपदग्रहणम् ।

२४. विभाषा स्वसृपत्योः ९८२ ।

२५. आनङृतो द्वन्द्वे ९२१ ।

२६. देवताद्वन्द्वे च ९२२ ।

* वायुशब्दप्रयोगे प्रतिषेधो वक्तव्यः ।

२७. ईदग्नेः सोमवरुणयोः ९२३ ।

२८. इद्वृद्धौ ९२५ ।

* विष्णौ न ।

२९. दिवो द्यावा ९२६ ।

३०. दिवसश्च पृथिव्याम् ९२७ ।

३१. उषासोषसः ९२८ ।

३२. मातरपितरावुदीचाम् ९२९ ।

३३. पितरामातरा च च्छन्दसि ३५२८ ।

३४. स्त्रियाः पुंवद्भाषितपुंस्कादनूङ् समानाधिकरणे स्त्रियामपूरणीप्रियादिषु ८३१

२३४. प्रिया मनोज्ञा कल्याणी सुभगा दुर्भगा भक्तिः सचिवा स्वसा (स्वा) कान्ता (क्षान्ता) समा चपला दुहिता वामना (तनया) ॥ इति प्रियादिः ॥

३५. तसिलादिष्वाकृत्वसुचः ८३६ ।

२३५. तसिल् लल् तरप् तमप् चरट् जातीयर् कल्पप् देशीयर् रूपप् पाशप् थल् थाल् दा र्हिल् तिल् थ्यन् ॥ एते तसिलादयः ॥

* शसि बह्वल्पार्थस्य पुंवद्भावो वक्तव्यः ।

* त्वतलोर्गुणवचनस्य ।

* भस्याढे तद्धिते ।

* ठक्छसोश्च ।

३६. क्यङ्मानिनोश्च ८३७ ।

३७. न कोपधायाः ८३८ ।

* कोपधप्रतिषेधे तद्धितवुग्रहणम् ।

३८. संज्ञापूरण्योश्च ८३९ [८४०

३९. वृद्धिनिमित्तस्य च तद्धितस्यारक्तविकारे

४०. स्वाङ्गाच्चेतः ८४१ । ॥ २ ॥

* अमानिनीति वाच्यम् ।

४१. जातेश्च ८४२ ।

४२. पुंवत्कर्मधारयजातीयदेशीयेषु ७४६ ।

* कुक्कुट्यादीनामण्डादिषु[1] ।

२३६-२३७. (वा ३९३४) । कुक्कुटी मृगी काकी अण्ड पद शाब भ्रुकुंस भ्रुकुटी ॥ इति कुक्कुट्याद्यण्डादी ॥

४३. घरूपकल्पच्चेलड्ब्रुवगोत्रमतहतेषु ङ्योऽनेकाचो ह्रस्वः ९८५ ।

४४. नद्याः शेषस्यान्यतरस्याम् ९८६ ।

* कृन्नद्या न ।

४५. उगितश्च ९८७ । [८०७

४६. आन्महतः समानाधिकरणजातीययोः

* महत आत्वे घासकरविशिष्टेषूपसंख्यानं पुंवद्भावश्च ।

* अष्टनः कपाले हविषि ।

* गवि च युक्ते ।

४७. द्व्यष्टनः संख्यायामबहुव्रीह्यशीत्योः ८०८

* प्राक्शतादिति वक्तव्यम् ।

---

१. इदं भाष्ये प्रत्याख्यातम् ।

४८. त्रेस्त्रयः ८०९ ।

४९. विभाषा चत्वारिंशत्प्रभृतौ सर्वेषाम् ८१०

५०. हृदयस्य हृल्लेखयदण्लासेषु ९८८ ।

५१. वा शोकष्यञ्रोगेषु ९८९ ।

५२. पादस्य पदाज्यातिगोपहतेषु ९९० ।

५३. पद्यत्यतदर्थे ९९१ ।

* इके चरतावुपसंख्यानम् ।

५४. हिमकाषिहतिषु च ९९२ ।

५५. ऋचः शे ९९३ ।

५६. वा घोषमिश्रशब्देषु ९९४ ।

* निष्के चेति वक्तव्यम् ।

५७. उदकस्योदः संज्ञायाम् ९९५ ।

* उत्तरपदस्येति च वक्तव्यम् ।

५८. पेषंवासवाहनधिषु च ९९६ ।

५९. एकहलादौ पूरयितव्येऽन्यतरस्याम् ९९७

६०. मन्थौदनसक्तुबिन्दुवज्रभारहारवीवधगाहेषु च ९९८ । ॥ ३ ॥

६१. इको ह्रस्वोऽङ्यो गालवस्य ९९९ ।

* इयङुवङ्भाविनामव्ययानां च नेति वाच्यम् ।

* अभ्रूकुंसादीनामिति वक्तव्यम् ।

६२. एक तद्धिते च १००० ।

६३. ङ्यापोः संज्ञाछन्दसोर्बहुलम् १००१

६४. त्वे च १००२ । [१००६

६५. इष्टकेषीकामालानां चिततूलभारिषु

६६. खित्यनव्ययस्य २९४३ ।

६७. अरुर्द्विषदजन्तस्य मुम् २९४२ ।

६८. इच एकाचोऽम्प्रत्ययवच्च २९९४ ।

६९. वाचंयमपुरन्दरौ च २९५७ ।

७०. कारे सत्यागदस्य १००७ ।

* अस्तोश्चेति वक्तव्यम् ।

* भक्षस्य च छन्दसि ।

* धेनोर्भव्यायाम् ।

* लोकस्य पृणे ।

* इत्येऽनभ्याशस्य ।

* भ्राष्ट्राग्न्योरिन्धे ।

* गिलेऽगिलस्य ।

* गिलंगिले च ।

* उष्णभद्रयोः करणे ।

* सूतोग्रराजभोजकुलमेरुभ्यो दुहितुः पुत्रड्वा ।

७१. श्येनतिलस्य पाते ञे १२६८ ।

७२. रात्रेः कृति विभाषा १००८ ।

७३. नलोपो नञः ७५७ ।

* नञो नलोपस्तिङि क्षेपे ।

७४. तस्मान्नुडचि ७५८ ।

७५. नभ्राण्नपान्नवेदानासत्यानमुचिनकुलनखनपुंसकनक्षत्रनक्रनाकेषु प्रकृत्या ७५९

७६. एकादिश्चैकस्य चादुक् ८११ ।

७७. नगोऽप्राणिष्वन्यतरस्याम् ७६० ।

७८. सहस्य सः संज्ञायाम् १००९ ।

७९. ग्रन्थान्ताधिके च १०१० ।

८०. द्वितीये चानुपाख्ये १०११ ॥ ४ ॥

८१. अव्ययीभावे चाकाले ६६० ।

८२. वोपसर्जनस्य ८४९ ।

८३. प्रकृत्याशिषि ८५० ।

* अंगोवत्सहलेष्विति वाच्यम्[१] ।

[१०१२

८४. समानस्य च्छन्दस्यमूर्धप्रभृत्युदर्केषु

१. अत्रागवादिष्विति भाष्यपाठः । भाष्योदाहरणेन चादिना वत्सहलयोरेव ग्रहणम् ।

८५. ज्योतिर्जनपदरात्रिनाभिनामगोत्ररूपस्थानवर्णवयोवचनबन्धुषु १०१३ ।

८६. चरणे ब्रह्मचारिणि १०१४ ।

८७. तीर्थे ये १०१५ ।

८८. विभाषोदरे १०१६ ।

८९. दृग्दृशवतुषु १०१७ ।

* दृक्षे चेति वक्तव्यम् ।

९०. इदंकिमोरीश्की १०१८ ।

* दृक्षे चेति वक्तव्यम् ।

९१. आ सर्वनाम्नः ४३० ।

* दृक्षे चेति वक्तव्यम् ।

९२. विष्वग्देवयोश्च टेरद्र्यञ्चतावप्रत्यये ४१८

* छन्दसि स्त्रियां बहुलं विष्वग्देवयोष्टेरद्र्यादेशः ।

९३. समः समि ४२१ ।

९४. तिरसस्तिर्यलोपे ४२३ ।

९५. सहस्य सध्रिः ४२२ ।

९६. सध मादस्थयोश्छन्दसि ३५२९ ।

९७. द्व्यन्तरुपसर्गेभ्योऽप ईत् ९४१ ।

* अवर्णान्ताद्वा ।

९८. ऊदनोर्देशे ९४२ ।

९९. अषष्ठ्यतृतीयास्थस्यान्यस्य दुगाशीराशास्थास्थितोत्सुकोतिकारकरागच्छेषु १०२५ ।

१००. अर्थे विभाषा १०२६ ॥५॥

१०१. कोः कत्तत्पुरुषेऽचि १०२७ ।

* त्रौ च ।

१०२. रथवदयोश्च १०२८ ।

१०३. तृणे च जातौ १०२९ ।

१०४. का पथ्यक्षयोः १०३० ।

१०५. ईषदर्थे १०३१ ।

१०६. विभाषा पुरुषे १०३२ ।

१०७. कवं चोष्णे १०३३ ।

१०८. पथि च च्छन्दसि ३५३० ।

१०९. पृषोदरादीनि यथोपदिष्टम् १०३४।

२३८. पृषोदर पृषोत्थान वलाहक जीमूत श्मशान उलूखल पिशाच वृसी मयूर ॥ इति पृषोदरादिः ॥ आकृतिगणः ॥

* दिक्छब्देभ्यस्तीरस्य तारभावो वा ।

* षष उत्वं दतृदशधासूत्तरपदादेः ष्टुत्वं च ।

* धासु वेति वाच्यम् ।

* दुरो दाशनाशदभध्येषूत्वमुत्तरपदादेः ष्टुत्वं च ।

* स्वरो रोहतौ छन्दस्युत्वम् ।

* पीवोपवसनादीनां छन्दसि लोपः ।

११०. संख्याविसायपूर्वस्याह्नस्याहन्नन्यतरस्यां ङौ २३८ ।

१११. ढ्रलोपे पूर्वस्य दीर्घोऽणः १७४।

११२. सहिवहोरोदवर्णस्य २३५७ ।

११३. साढ्यै साढ्वा साढेति निगमे ३५३१

११४. संहितायाम् १०३५।

११५. कर्णे लक्षणस्याविष्टाष्टपञ्चमणिभिन्नच्छिन्नच्छिद्रस्रुवस्वस्तिकस्य १०३६ ।

११६. नहिवृतिवृषिव्यधिरुचिसहितनिषु क्वौ १०३७।

११७. वनगिर्योः संज्ञायां कोटरकिंशुलुकादीनाम् १०३८ ।

२३९. कोटर मिश्रक सिध्रक पुरग सारिक (शारिक) इति कोटरादिः ॥ २४०. किंशुलुक शाल्वनभ्र

(नड) अञ्जन भञ्जन लोहित कुक्कुट ॥ इति किंशुलुकादिः ॥

११८. वले १०४० ।

११९. मतौ बह्वचोऽनजिरादीनाम् १०४१

२४१. अजिर खदिर पुलिन हंसक (हंस) कारण्ड (कारण्डव) चक्रवाक ॥ इत्यजिरादिः ॥

१२०. शरादीनां च १०४२ ॥ ६ ॥

२४२. शर वंश धूम अहि कपि मणि मुनि शुचि हनु ॥ इति शरादिः ॥

१२१. इको वहेऽपीलोः १०४३ ।

* अपील्वादीनामिति वाच्यम् ।

२४३. (वा ४००४)। पीलु दारु रुचि चारु गम् कम् ॥ इति पील्वादिः ॥

१२२. उपसर्गस्य घञ्यमनुष्ये बहुलम् १०४४

१२३. इकः काशे १०४५ ।

१२४. दस्ति ३०७९ ।

१२५. अष्टनः संज्ञायाम् १०४६ ।

१२६. छन्दसि च ३५३२ ।

* भाषायामष्टनो दीर्घो भवतीति वक्तव्यम् ।

१२७. चितेः कपि १०४७ ।

१२८. विश्वस्य वसुराटोः ३७९ ।

१२९. नरे संज्ञायाम् १०४८ ।

१३०. मित्रे चर्षौ १०४९ । [३५३३

१३१. मन्त्रे सोमाश्वेन्द्रियविश्वदेव्यस्य मतौ

१३२. ओषधेश्च विभक्तावप्रथमायाम् ३५३४

१३३. ऋचि तुनुघमक्षुतङ्कुत्रोरुष्याणाम्

१३४. इकः सुञि ३५३६ [३५३५

१३५. द्व्यचोऽतस्तिङः ३५३७ ।

१३६. निपातस्य च ३५३८ ।

१३७. अन्येषामपि दृश्यते ३५३९।

* शुनोदन्तदंष्ट्राकर्णकुन्दवराहपुच्छपदेषु दीर्घो वाच्यः।

१३८. चौ ४१७।

* चौ प्रत्यङ्गस्य प्रतिषेधः।

१३९. संप्रसारणस्य १००४।

अलुक्षष्ठ्या जातेरिकोऽव्ययीभावे कोः

कत्तदिको वहे एकोनविंशतिः।

इति पाणिनीयसूत्रपाठे षष्ठस्याध्यायस्य तृतीयः पादः।

चतुर्थः पादः।

१. अङ्गस्य २००।

२. हलः २५५९।

३. नामि २०९।

४. न तिसृचतसृ ३००।

५. छन्दस्युभयथा ३५४०।

६. नृ च २८३।

७. नोपधायाः ३७०।

८. सर्वनामस्थाने चासंबुद्धौ २५०।

९. वा षपूर्वस्य निगमे ३५४१।

१०. सान्तमहतः संयोगस्य ३१७।

११. अप्तृन्तृच्स्वसृनप्तृनेष्टृत्वष्टृक्षत्तृहोतृपोतृप्रशास्तॄणाम् २७७।

१२. इन्हन्पूषार्यम्णां शौ ३५६।

१३. सौ च ३५७।

१४. अत्वसन्तस्य चाधातोः ४२५।

१५. अनुनासिकस्य क्विझलोः क्ङिति २६६६।

१६. अज्झनगमां सनि २६१४ ।

* गमेरिङादेशस्येति वक्तव्यम् ।

१७. तनोतेर्विभाषा २६२२ ।

१८. क्रमश्च क्त्वि ३३२९ ।

१९. च्छ्वोः शूडनुनासिके च २५६१ ।

२०. ज्वरत्वरस्रिव्यविमवामुपधायाश्च २६५४

२१. राल्लोपः २६५५ । [॥ १ ॥

२२. असिद्धवदत्राभात् २१८३ ।

* बुग्युटावुवङ्यणोः सिद्धौ वक्तव्यौ ।

२३. श्नान्न लोपः २५४४ ।

२४. अनिदितां हल उपधायाः क्ङिति ४१५

* अनिदितां नलोपे लङ्गिकम्प्योरुपतापशरीरविकार-
योरुपसंख्यानम् ।

* रञ्जेर्णौ मृगरमण उपसंख्यानम् ।

२५. दंशसञ्जस्वञ्जां शपि २३९६ ।

२६. रञ्जेश्च २३९७ ।

२७. घञि च भावकरणयोः ३१८७ ।

२८. स्यदो जवे ३१८८ ।

२९. अवोदैधौद्मप्रश्रथहिमश्रथाः ३१८९ ।

३०. नाञ्चेः पूजायाम् ४२४ ।

३१. क्त्वि स्कन्दिस्यन्दोः ३३२१ ।

३२. जान्तनशां विभाषा ३३३० ।

३३. भञ्जेश्च चिणि २७६४ ।

३४. शास इदङ्हलोः २४८६ ।

* क्वौ च शास इत्वं भवतीति वक्तव्यम् ।

* आङ्पूर्वाच्च ।

३५. शा हौ २४८७ ।

३६. हन्तेर्जः २४३१ ।

३७. अनुदात्तोपदेशवनतितनोत्यादीनामनुनासिकलोपो झलि क्ङिति २४२८ ।
३८. वा ल्यपि ३३३४ ।
३९. न क्तिचि दीर्घश्च ३३१४ ।
४०. गमः क्वौ २९८६ । ॥ २ ॥
* गमादीनामिति वक्तव्यम् ।
* ऊङ् च गमादीनामिति वक्तव्यम् ।
४१. विड्वनोरनुनासिकस्यात् २९८२ ।
४२. जनसनखनां सञ्झलोः २५०४ ।
४३. ये विभाषा २३१९ ।
४४. तनोतेर्यकि २७५९ । [३३१५
४५. सनः क्तिचि लोपश्चास्यान्यतरस्याम्
४६. आर्धधातुके २३०७ ।
४७. भ्रस्जो रोपधयो रमन्यतरस्याम् २५३५
४८. अतो लोपः २३०८ ।
* ण्यल्लोपावियङ्यण्गुणवृद्धिदीर्घेभ्यः पूर्वविप्रतिषेधेन ।
४९. यस्य हलः २६३१ ।
५०. क्यस्य विभाषा २६६० ।
५१. णेरनिटि २३१३ ।
५२. निष्ठायां सेटि ३०५७ ।
५३. जनिता मन्त्रे ३५४२ ।
५४. शमिता यज्ञे ३५४३ ।
५५. अयामन्ताल्वाय्येत्न्विष्णुषु २३११ ।
५६. ल्यपि लघुपूर्वात् ३३३६ ।
५७. विभाषाऽऽपः ३३३७ ।
५८. युप्लुवोर्दीर्घश्छन्दसि ३५४४ ।
५९. क्षियः ३३३८ ।
६०. निष्ठायामण्यदर्थे ३०१४ ॥ ३ ॥

६१. वाऽऽक्रोशदैन्ययोः ३०८१ ।
६२. स्यसिच्सीयुट्तासिषु भावकर्मणोरुपदेशेऽज्झनग्रहदृशां वा चिण्वदिट् च ।
६३. दीङो युडचि क्ङिति २५०७ [२७५७
६४. आतो लोप इटि च २३७२ ।
६५. ईद्यति २८४३ ।
६६. घुमास्थागापाजहातिसां हलि २४६२ ।
६७. एर्लिङि २३७४ ।
६८. वाऽन्यस्य संयोगादेः २३७८ ।
६९. न ल्यपि ३३३५ ।
७०. मयतेरिदन्यतरस्याम् । ३३१८
७१. लुङ्लङ्लृङ्क्ष्वडुदात्तः २२०६ ।
७२. आडजादीनाम् २२५४ ।
७३. छन्दस्यपि दृश्यते ३५४५ ।
७४. न माङ्योगे २२२८ ।
७५. बहुलं छन्दस्यमाङ्योगेऽपि ३५४६ ।
७६. इरयो रे ३५४७ ।
७७. अचि श्नुधातुभ्रुवां य्वोरियङुवङौ २७१
* तन्वादीनां बहुलं छन्दसि ।
७८. अभ्यासस्यासवर्णे २२९० ।
७९. स्त्रियाः ३०१ ।
८०. वाऽम्शसोः ३०२ ॥ ४ ॥
८१. इणो यण् २४५५ ।
८२. एरनेकाचोऽसंयोगपूर्वस्य २७२ ।
* गतिकारकेतरपूर्वपदस्य यण् नेष्यते[1] ।
८३. ओः सुपि २८१ ।
८४. वर्षाभ्वश्च २८२ ।

---

१. गतिकारकपूर्वस्यैवेष्यत इति भाष्यपाठः ।

* इन्करपुनःपूर्वस्य भुवो यण्वक्तव्यः ।

८५. न भूसुधियोः ७७३ ।

८६. छन्दस्युभयथा ३५४८ ।

८७. हुश्नुवोः सार्वधातुके २३८७ ।

८८. भुवो वुग्लुङ्लिटोः २१७४ ।

८९. ऊदुपधाया गोहः २३६४ ।

९०. दोषो णौ २६०४ ।

९१. वा चित्तविरागे २६०५ ।

९२. मितां ह्रस्वः २५६८ ।

९३. चिण्णमुलोर्दीर्घोऽन्यतरस्याम् २७६२ ।

९४. खचि ह्रस्वः २९५५ ।

९५. ह्लादो निष्ठायाम् ३०७३ ।

९६. छादेर्घेऽद्व्युपसर्गस्य ३२९७ ।

९७. इस्मन्त्रन्क्विषु च २९८५ ।

९८. गमहनजनखनघसां लोपः क्ङित्यनङि [२३६३

९९. तनिपत्योश्छन्दसि ३५४९ ।

१००. घसिभसोर्हलि च ३५५० ॥ ५ ॥

१०१. हुझल्भ्यो हेर्धिः २४२५ ।

१०२. श्रुशृणुपॄकृवृभ्यश्छन्दसि ३५५१ ।

१०३. अङितश्च ३५५३ ।

१०४. चिणो लुक् २३२९ ।

१०५. अतो हेः २२०२ ।

१०६. उतश्च प्रत्ययादसंयोगपूर्वात् २३३४ ।

१०७. लोपश्चास्यान्यतरस्यां म्वोः २३३३ ।

१०८. नित्यं करोतेः २५४८ ।

१०९. ये च २५४९ ।

११०. अत उत्सार्वधातुके २४६७ ।

१११. श्नसोरल्लोपः २४६९ ।

८६. इतोऽत्सर्वनामस्थाने ३६६ ।

८७. थो न्थः ३६७ ।

८८. भस्य टेर्लोपः ३६८ ।

८९. पुंसोऽसुङ् ४३६ ।

९०. गोतो णित् २८४ ।

* ओतो णिदिति वाच्यम् ।

९१. णलुत्तमो वा २२८३ ।

९२. सख्युरसंबुद्धौ २५३ ।

९३. अनङ् सौ २४८ ।

९४. ऋदुशनस्पुरुदंसोऽनेहसां च २७६ ।

९५. तृज्वत्क्रोष्टुः २७४ ।

९६. स्त्रियां च ३०५ ।

९७. विभाषा तृतीयादिष्वचि २७८ ।

९८. चतुरनडुहोराम्रुदात्तः ३३१ ।

९९. अम्संबुद्धौ ३३३ ।

१००. ॠत इद्धातोः २३९० ॥ ५ ॥

१०१. उपधायाश्च २५७१ ।

१०२. उदोष्ठ्यपूर्वस्य २४९४ ।

१०३. बहुलं छन्दसि ३५७८ ।

युवोरष्टाभ्यो लोपो रधिशप्त्र्यनोरुपधायास्त्रीणि ।

इति पाणिनीयसूत्रपाठे सप्तमस्याध्यायस्य प्रथमः पादः ।

द्वितीयः पादः ।

१. सिचि वृद्धिः परस्मैपदेषु २२९७ ।

२. अतो ल्रान्तस्य २३३० ।

३. वदव्रजहलन्तस्याचः २२६७ ।

४. नेटि २२६८ ।

१३४. अल्लोपोऽनः २३४ ।

१३५. षपूर्वहन्धृतराज्ञामणि ११६० ।

१३६. विभाषा ङिश्योः २३७ ।

१३७. न संयोगाद्वमन्तात् ३५५ ।

१३८. अचः ४१६ ।

१३९. उद ईत् ४२० ।

१४०. आतो धातोः २४० ॥ ७ ॥

१४१. मन्त्रेष्वाङ्यादेरात्मनः ३५५४ ।

१४२. ति विंशतेर्डिति ८४४ ।

१४३. टेः ३१६ ।

१४४. नस्तद्धिते ६७९ ।

* नान्तस्य टिलोपे सब्रह्मचारिपीठसर्पिकलापिकौथुमितैतिलिजाजगलिशिलालिशिखण्डिसूकरसद्मसुपर्वणामुपसंख्यानं कर्तव्यम् ।

* अश्मनो विकारे टिलोपो वक्तव्यः ।

* अव्ययानां भमात्रे टिलोपः ।

* चर्मणः कोशे ।

* शुनः संकोचे ।

१४५. अह्नष्टखोरेव ७८९ ।

१४६. ओर्गुणः ८४७ ।

१४७. ढे लोपोऽकद्र्वाः ११४२ ।

१४८. यस्येति च ३११ ।

* औङः श्यां प्रतिषेधो वक्तव्यः ।

१४९. सूर्यतिष्यागस्त्यमत्स्यानां य उपधायाः ४९९ ।

* मत्स्यस्य ङ्याम् ।

* सूर्यागस्त्ययोश्छे च ङ्यां च ।

* तिष्यपुष्ययोर्नक्षत्राणि यलोप इति वाच्यम् ।

१५०. हलस्तद्धितस्य ४७२ ।

१५१. आपत्यस्य च तद्धितेऽनाति १०८२

१५२. क्यच्व्योश्च २११९।

१५३. बिल्वकादिभ्यश्छस्य लुक् १३११।

२४४. बिल्व वेणु वेत्र वेतस तृण इक्षु काष्ठ कपोत कुञ्चा तक्षन्—**नडाद्यन्तर्गणो बिल्वादिः** ॥ छविधानार्थं ये नडादयस्ते यदा छसंनियोगे कृतकुगागमास्ते ॥ **इति बिल्वकादयः** ॥

१५४. तुरिष्ठेमेयःसु २००८।

१५५. टेः १७८६।

* णाविष्ठवत् प्रातिपदिकस्य कार्यं भवतीति वक्तव्यम्

१५६. स्थूलदूरयुवह्रस्वक्षिप्रक्षुद्राणां यणादिपरं पूर्वस्य च गुणः २०१५।

१५७. प्रियस्थिरस्फिरोरुबहुलगुरुवृद्धतृप्रदीर्घवृन्दारकाणां प्रस्थस्फवर्बंहिगर्वर्षित्रब्द्राघिवृन्दाः २०१६।

१५८. बहोर्लोपो भू च बहोः २०१७।

१५९. इष्ठस्य यिट् च २०१८।

१६०. ज्यादादीयसः २०१२। ॥ ८ ॥

१६१. र ऋतो हलादेर्लघोः १७८५।

१६२. विभाषर्जोश्छन्दसि ३५५५।

१६३. प्रकृत्यैकाच् २०१०।

* प्रकृत्या अके राजन्यमनुष्ययुवानः।

१६४. इनण्यनपत्ये १२४५।

१६५. गाथिविदथिकेशिगणिपणिनश्च १२७५

१६६. संयोगादिश्च ११५६।

१६७. अन् ११५५।

१६८. ये चाभावकर्मणोः ११५४।

१६९. आत्माध्वानौ खे १६७१।

१७०. न मपूर्वोऽपत्येऽवर्मणः ११५७।

* वा हितनाम्न इति वाच्यम् ।

१७१. ब्राह्मोऽजातौ ११५८ ।

१७२. कार्मस्ताच्छील्ये १६१३ ।

१७३. औक्षमनपत्ये ११५९ ।

१७४. दाण्डिनायनहास्तिनायनाथर्वणिकजैह्माशिनेयवाशिनायनिभ्रौणहत्यधैवत्यसारवैक्ष्वाकमैत्रेयहिरण्मयानि ११४५ ।

१७५. ऋत्व्यवास्त्व्यवास्त्वमाध्वीहिरण्ययानि च्छन्दसि ३५५६ ।

अङ्गस्य राल्लोपो विड्वनोर्वाक्रोशेणो यण्हुझल्भ्यस्थलि च मन्त्रेषु र ऋतः पञ्चदश ॥

इति पाणिनीयसूत्रपाठे षष्ठस्याध्यायस्य चतुर्थः पादः अध्यायश्च ।

॥ अथ सप्तमोऽध्यायः ॥

प्रथमः पादः ।

१. युवोरनाकौ १२४७ ।

२. आयनेयीनीयियः फढखछघां प्रत्ययादीनाम् ४७५ ।

३. झोऽन्तः २१६९ ।

४. अदभ्यस्तात् २४७९ ।

५. आत्मनेपदेष्वनतः २२५८ ।

६. शीङो रुट् २४४२ ।

७. वेत्तेर्विभाषा २७०१ ।

८. बहुलं छन्दसि ३५५७ ।

९. अतो भिस ऐस् २०३ ।

१०. बहुलं छन्दसि ३५५८ ।

११. नेदमदसोरकोः ३४९ ।

१२. टाङसिङसामिनात्स्याः २०१ ।

१३. ङेर्यः २०४ ।

१४. सर्वनाम्नः स्मै २१५ ।

१५. ङसिङ्योः स्मात्स्मिनौ २१६ ।

१६. पूर्वादिभ्यो नवभ्यो वा २२१ ।
१७. जसः शी २१४ ।
१८. औङ आपः २८७ ।
१९. नपुंसकाच्च ३१० ।
२०. जश्शसोः शिः ३१२ ॥ १ ॥
२१. अष्टाभ्य औश् ३७२ ।
२२. षड्भ्यो लुक् २६१ ।
२३. स्वमोर्नपुंसकात् ३१९ ।
२४. अतोऽम् ३०९ ।
२५. अद्ड्डतरादिभ्यः पञ्चभ्यः ३१५ ।
२६. नेतराच्छन्दसि ३५५९ ।
* एकतरात्प्रतिषेधो वक्तव्यः ।
२७. युष्मदस्मद्भ्यां ङसोऽश् ३९९ ।
२८. ङे प्रथमयोरम् ३८२ ।
२९. शसो न ३९१ ।
३०. भ्यसो भ्यम् ३९५ ।
३१. पञ्चम्या अत् ३९७ ।
३२. एकवचनस्य च ३९६ ।
३३. साम आकम् ४०० ।
३४. आत औ णलः २३७१ ।
३५. तुह्योस्तातङ्ङाशिष्यन्यतरस्याम् २१९७
३६. विदेः शतुर्वसुः ३१०५ ।
३७. समासेऽनञ्पूर्वे क्त्वो ल्यप् ३३३२ ।
३८. क्त्वापि च्छन्दसि ३५६० [३५६१
३९. सुपां सुलुक्पूर्वसवर्णाच्छेयाडाड्यायाजालः
* इयाडियाजीकाराणामुपसंख्यानम् ।
* आङ्याजयारामुपसंख्यानम् ।
४०. अमो मश् ३५६२ । ॥ २ ॥

४१. लोपस्त आत्मनेपदेषु ३५६३ ।

४२. ध्वमो ध्वात् ३५६४ ।

४३. यजध्वैनमिति च ३५६५ ।

४४. तस्य तात् ३५६६ ।

४५. तप्तनप्तनथनाश्च ३५६७ ।

४६. इदन्तो मसि ३५६८ ।

४७. क्त्वो यक् ३५६९ ।

४८. इष्ट्वीनमिति च ३५७० ।

४९. स्नात्व्यादयश्च ३५७१ ।

२४५. स्नात्वी पीत्वी ॥ इति स्नात्व्यादिः ॥ आकृतिगणः ॥

५०. आज्जसेरसुक् ३५७२ ।

५१. अश्वक्षीरवृषलवणानामात्मप्रीतौ क्यचि २६६२ ।

* अश्ववृषयोर्मैथुनेच्छायामिति वक्तव्यम् ।

* क्षीरलवणयोर्लालसायाम् ।

* सर्वप्रातिपदिकानां क्यचि लालसायां सुगसुकौ च ।

५२. आमि सर्वनाम्नः सुट् २१७ ।

५३. त्रेस्त्रयः २६४ ।

५४. ह्रस्वनद्यापो नुट् २०८ ।

* नुमचिरतृज्वद्भावेभ्यो नुट्पूर्वविप्रतिषेधेन ।

५५. षट्चतुर्भ्यश्च ३३८ ।

५६. श्रीग्रामण्योश्छन्दसि ३५७३ ।

५७. गोः पादान्ते ३५७४ ।

५८. इदितो नुम्धातोः २२६२ ।

५९. शे मुचादीनाम् २५४२ ।

तुदाद्यन्तर्गणो मुचादिः ॥

* शे तृम्पादीनां नुम्वाच्यः ।

६०. मस्जिनशोर्झलि २५१७ ॥ ३ ॥
६१. रधिजभोरचि २३०२।
६२. नेट्यलिटि रधेः २५१६।
६३. रभेरशब्लिटोः २५८१।
६४. लभेश्च २५८२।
६५. आङो यि २८४५।
६६. उपात्प्रशंसायाम् २८४६।
६७. उपसर्गात्खल्घञोः ३३०६।
६८. न सुदुर्भ्यां केवलाभ्याम् ३३०७।
६९. विभाषा चिण्णमुलोः २७६५।
७०. उगिदचां सर्वनामस्थानेऽधातोः ३६१
७१. युजेरसमासे ३७६।
७२. नपुंसकस्य झलचः ३१४।
* बहूर्जेर्नुम्प्रतिषेधः।
* अन्त्यात्पूर्वो वा नुम्।
७३. इकोऽचि विभक्तौ ३२०। [३२१
७४. तृतीयादिषु भाषितपुंस्कं पुंवद्गालवस्य
७५. अस्थिदधिसक्थ्यक्ष्णामनङुदात्तः ३२२
७६. छन्दस्यपि दृश्यते ३५७५।
७७. ई च द्विवचने ३५७६।
७८. नाभ्यस्ताच्छतुः ४२७।
७९. वा नपुंसकस्य ४४४।
८०. आच्छीनद्योर्नुम् ४४५ ॥ ४ ॥
८१. शप्श्यनोर्नित्यम् ४४६।
८२. सावनडुहः ३३२।
८३. दृक्स्ववःस्वतवसां छन्दसि ३५७७।
८४. दिव औत् ३३६।
८५. पथिमथ्यृभुक्षामात् ३६५।

११२. श्नाभ्यस्तयोरातः २४८३ ।

११३. ई हल्यघोः २४९७ ।

११४. इद्दरिद्रस्य २४८२ ।

* दरिद्रातेरार्धधातुके विवक्षिते आतो लोपो वाच्यः । लुङि वा सनि ण्वुलि ल्युटि च न ।

११५. भियोऽन्यतरस्याम् २४९२ ।

११६. जहातेश्च २४५८ ।

११७. आ च हौ २४९९ ।

११८. लोपो यि २५०० ।

११९. घ्वसोरेद्धावभ्यासलोपश्च २४७१ ।

१२०. अत एकहल्मध्येऽनादेशादेर्लिटि २२६० ॥ ६ ॥

* यजिवप्योश्च ।

* दम्भेश्च ।

१२१. थलि च सेटि २२६१ ।

१२२. तॄफलभजत्रपश्च २३०१ ।

* श्रन्थेश्चेति वक्तव्यम् ।

१२३. राधो हिंसायाम् २५३२ ।

१२४. वा जॄभ्रमुत्रसाम् २३५६ ।

१२५. फणां च सप्तानाम् २३५४ ।

१२६. न शसददवादिगुणानाम् २२६३ ।

१२७. अर्वणस्त्रसावनञः ३६४ ।

१२८. मघवा बहुलम् ३६० ।

१२९. भस्य २३३ ।

१३०. पादः पत् ४१४ ।

१३१. वसोः संप्रसारणम् ४३५ ।

१३२. वाह ऊठ् ३२९ ।

१३३. श्वयुवमघोनामतद्धिते ३६२ ।

५. ह्म्यन्तक्षणश्वसजागृणिश्व्येदिताम्

६. ऊर्णोतेर्विभाषा २४४९ । [२२९९

७. अतो हलादेर्लघोः २२८४ ।

८. नेड्वशि कृति २९८१ ।

९. तितुत्रतथसिसुसरकसेषु च ३१६३ ।

* तितुत्रेष्वग्रहादीनामिति वक्तव्यम् ।

१०. एकाच उपदेशेऽनुदात्तात् २२४६ ।

११. श्र्युकः किति २३८१ ।

१२. सनि ग्रहगुहोश्च २६१० ।

१३. कृसृभृवृस्तुद्रुस्रुश्रुवो लिटि २२९३ ।

१४. श्वीदितो निष्ठायाम् ३०३९ ।

१५. यस्य विभाषा ३०२५ ।

१६. आदितश्च ३०३६ ।

१७. विभाषा भावादिकर्मणोः ३०५४ ।

१८. क्षुब्धस्वान्तध्वान्तलग्नम्लिष्टविरिब्धफाण्टबाढानि मन्थमनस्तमःसक्ताविस्पष्टस्वरानायासभृशेषु ३०५८ ।

१९. धृषिशसी वैयात्ये ३०५९ ।

२०. दृढः स्थूलबलयोः ३०६० ॥ १ ॥

२१. प्रभौ परिबृढः ३०६१ ।

२२. कृच्छ्रगहनयोः कषः ३०६२ ।

२३. घुषिरविशब्दने ३०६३ ।

२४. अर्देः संनिविभ्यः ३०६४ ।

२५. अभेश्चाविदूर्ये ३०६५ ।

२६. णेरध्ययने वृत्तम् ३०६६ । [३०६८

२७. वा दान्तशान्तपूर्णदस्तस्पष्टच्छन्नज्ञप्ताः

२८. रुष्यमत्वरसंघुषास्वनाम् ३०६९ ।

२९. हृषेर्लोमसु ३०७० ।

* विक्षितप्रतिघातयोश्च ।

३०. अपचितश्च ३०७१ ।

* क्तिनि नित्यं चिभावो वक्तव्यः ।

३१. हु ह्वरेश्छन्दसि ३५७९ ।

३२. अपरिह्वृताश्च ३५८० ।

३३. सोमे ह्वरितः ३५८१ ।

३४. ग्रसितस्कभितस्तभितोत्तभितचत्तविकस्ताविशस्तृशंस्तृशास्तृतरुतृतरूतृवरुतृवरूतृवरूत्रीरुज्ज्वलितिक्षरितिवमित्यमितीति च ३५८२ ।

३५. आर्धधातुकस्येड्वलादेः २१८४ ।

३६. स्नुक्रमोरनात्मनेपदनिमित्ते २३२३ ।

३७. ग्रहोऽलिटि दीर्घः २५६२ ।

३८. वृतो वा २३९१ ।

३९. न लिङि २५२९ ।

४०. सिचि च परस्मैपदेषु २३९२ ॥ २ ॥

४१. इट् सनि वा २६२५ ।

४२. लिङ्सिचोरात्मनेपदेषु २५२८ ।

४३. ऋतश्च संयोगादेः २५२६ ।

४४. स्वरतिसूतिसूयतिधूञूदितो वा २२७९ ।

४५. रधादिभ्यश्च २५१५ ।

४६. निरः कुषः २५६० ।

४७. इण्निष्ठायाम् ३०४५ ।

४८. तीषसहलुभरुषरिषः २३४० ।

४९. सनीवन्तर्धभ्रस्जदम्भुश्रिस्वृयूर्णुभरज्ञपिसनाम् २६१८ ।

* तनिपतिदरिद्रातिभ्यः सनो वा इड् वाच्यः ।

५०. क्लिशः क्त्वानिष्ठयोः ३०४९ ।

५१. पूङश्च ३०५०।
५२. वसतिक्षुधोरिट् ३०४६।
५३. अञ्चेः पूजायाम् ३०४७।
५४. लुभो विमोहने ३०४८।
५५. जॄव्रश्च्योः क्त्वि ३३२७।
५६. उदितो वा ३३२८।
५७. सेऽसिचि कृतचृतच्छृदतृदनृतः २५०६
५८. गमेरिट् परस्मैपदेषु २४०१।
५९. न वृद्भ्यश्चतुर्भ्यः २३४८।
६०. तासि च क्लृपः २३५२ ॥ ३ ॥
६१. अचस्तास्वत्थल्यनिटो नित्यम् २२९४
६२. उपदेशेऽत्वतः २२९५।
६३. ऋतो भारद्वाजस्य २२९६। [२५२७
६४. बभूथाततन्थजगृभ्मववर्थेति निगमे

६५. विभाषा सृजिदृशोः २४०४।
६६. इडत्त्यर्तिव्ययतीनाम् २३८४।
६७. वस्वेकाजाद्घसाम् ३०९६।
६८. विभाषा गमहनविदविशाम् ३०९९।
* दृशेश्च।
६९. सनिंससनिवांसम् ३५८३।
७०. ऋद्धनोः स्ये २३६६।
७१. अञ्जेः सिचि २५४६।
७२. स्तुसुधूञ्भ्यः परस्मैपदेषु २३८५।
७३. यमरमनमातां सक्च २३७७।
७४. स्मिपूङ्रञ्ज्वशां सनि २६२६।
७५. किरश्च पञ्चभ्यः २६११।
७६. रुदादिभ्यः सार्वधातुके २४७४।
७७. ईशः से २४३९।

७८. ईडजनोर्ध्वे च २४४० ।
७९. लिङः सलोपोऽनन्त्यस्य २२११ ।
८०. अतो येयः २२१२ । ॥ ४ ॥
८१. आतो ङितः २२३५ ।
८२. आने मुक् ३१०१ ।
८३. ईदासः ३१०४ ।
८४. अष्टन आ विभक्तौ ३७१ ।
८५. रायो हलि २८६ ।
८६. युष्मदस्मदोरनादेशे ३९३ ।
८७. द्वितीयायां च ३९० ।
८८. प्रथमायाश्च द्विवचने भाषायम् ३८७
८९. योऽचि ३९२ ।
९०. शेषे लोपः ३८५ ।
९१. मपर्यन्तस्य ३८३ ।
९२. युवावौ द्विवचने ३८६ ।
९३. यूयवयौ जसि ३८८ ।
९४. त्वाहौ सौ ३८४ ।
९५. तुभ्यमह्यौ ङयि ३९४ ।
९६. तवममौ ङसि ३९८ ।
९७. त्वमावेकवचने ३८९ ।
९८. प्रत्ययोत्तरपदयोश्च १३७३ ।
९९. त्रिचतुरोः स्त्रियां तिसृचतसृ २९८ ।
१००. अचि र ऋतः २९९ ॥ ५ ॥
१०१. जराया जरसन्यतरस्याम् २२७ ।
१०२. त्यदादीनामः २६५ ।
* द्विपर्यन्तानामेवेष्टिः ।
१०३. किमः कः ३४२ ।
१०४. कु तिहोः १९५४ ।

१०५. क्ताति १९६० ।

१०६. तदोः सः सावनन्त्ययोः ३८१ ।

१०७. अदस औ सुलोपश्च ४३७ ।

* अदस औत्वप्रतिषेधः साकच्कस्य वा वक्तव्यः सादुत्वं च ।

१०८. इदमो मः ३४३ ।

१०९. दश्च ३४५ ।

११०. यः सौ ४४१ ।

१११. इदोऽय्पुंसि ३४४ ।

११२. अनाप्यकः ३४६ ।

११३. हलि लोपः ३४७ ।

११४. मृजेर्वृद्धिः २४७३ ।

११५. अचो ञ्णिति २५४ ।

११६. अत उपधायाः २२८२ ।

११७. तद्धितेष्वचामादेः १०७५ ।

११८. किति च १०७६ ।

सिचि प्रभाविट् सन्यचस्तास्वदातो
जराया अष्टादश ॥

इति पाणिनीयसूत्रपाठे सप्तमस्याध्यायस्य द्वितीयः पादः ।

तृतीयः पादः ।

१. देविकाशिंशपादित्यवाड्दीर्घसत्रश्रेयसामात् १४३९ ।

२. केकयमित्रयुप्रलयानां यादेरियः ११४४

३. न य्वाभ्यां पदान्ताभ्यां पूर्वौ तु ताभ्यामैच् १०९८ ।

४. द्वारादीनां च १३८६ ।

२४६. द्वार स्वर स्वग्राम (स्वाध्याय) व्यल्कश स्वस्ति स्वर् स्फयकृत् (सफ्यकृत्) स्वादुमृदु[1] श्रम् श्वन् स्व ॥ इति द्वारादिः ॥

५. न्यग्रोधस्य च केवलस्य १५४३ ।

६. न कर्मव्यतिहारे ३२१७ ।

७. स्वागतादीनां च १५४९ ।

२४७. स्वागत स्वध्वर स्वङ्ग व्यङ्ग व्यड व्यवहार स्वपिति (स्वपति) ॥ इति स्वागतादिः ॥

८. श्वादेरिञि १५६० ।

* इकारादाविति वाच्यम् ।

९. पदान्तस्यान्यतरस्याम् १५६१ ।

१०. उत्तरपदस्य १३९६ ।

११. अवयवादृतोः १३९७ ।

१२. सुसर्वार्धाज्जनपदस्य १३९८ ।

१३. दिशोऽमद्राणाम् १३९९ ।

१४. प्राचां ग्रामनगराणाम् १४०० ।

१५. संख्यायाः संवत्सरसंख्यस्य च १७५२ ।

१६. वर्षस्याभविष्यति १७५४ ।

१७. परिमाणान्तस्यासंज्ञाशाणयोः १६८३ ।

* कुलिजशब्दमपि केचित्पठन्ति ।

१८. जे प्रोष्ठपदानाम् १४०९ ।

१९. हृद्भगसिन्ध्वन्ते पूर्वपदस्य च ११३३

२०. अनुशतिकादीनां च १४३८ ॥ १ ॥

२४८. अनुशतिक अनुहोड अनुसंवरण (अनुसंचरण) अनुसंवत्सर अङ्गारवेणु असिहत्य (अस्यहत्य) अस्यहेति वध्योग पुष्करसद् अनुहरत् कुरुकत कुरुपञ्चाल उदकशुद्ध इहलोक परलोक सर्वलोक सर्वपुरुष सर्वभूमि

१ भिन्नपदत्वे मृदुग्रहणवैयर्थ्यम् । तत्र यकारवकाराभावात् ।

प्रयोग पुरस्त्री । 'राजपुरुषात्ष्यञि' । सूत्रनड । **इत्यनुशतिकादिः ॥ आकृतिगणोऽयम् ॥** तेन । अभिगम अधिभूत अधिदेव चतुर्विद्या इत्यादयोऽप्यन्ये विज्ञेयाः ॥

२१. देवताद्वन्द्वे च १२३९ ।
२२. नेन्द्रस्य परस्य १२४० ।
२३. दीर्घाच्च वरुणस्य १२४१ ।
२४. प्राचां नगरान्ते १४३१ । [१४३२
२५. जङ्गलधेनुवलजान्तस्य विभाषितमुत्तरम्
२६. अर्धात्परिमाणस्य पूर्वस्य तु वा १६८४
२७. नातः परस्य १६८५ ।
२८. प्रवाहणस्य ढे ११२९ ।
२९. तत्प्रत्ययस्य च ११३० । [१४६०
३०. नञः शुचीश्वरक्षेत्रज्ञकुशलनिपुणानाम्
३१. यथातथायथापुरयोः पर्यायेण १७८९
३२. हनस्तोऽचिण्णलोः २५७४ ।
३३. आतो युक्चिण्कृतोः २७६१ ।
३४. नोदात्तोपदेशस्य मान्तस्यानाचमेः २७६३
* अनाचमिकमिवमीनामिति वक्तव्यम् ।
३५. जनीवध्योश्च २५१२ । [२५७०
३६. अर्तिह्रीव्लीरीक्नूयीक्ष्माय्यातां पुग्णौ
३७. शाच्छासाह्वाव्यावेपां युक् २५८५ ।
* पातेर्णौ लुग्वक्तव्यः ।
* धूञ्प्रीञोर्नुग्वक्तव्यः ।
३८. वो विधूनने जुक् २५९० । [२५९१
३९. लीलोर्नुग्लुकावन्यतरस्यां स्नेहनिपातने
४०. भियो हेतुभये षुक् २५९५ ॥ २ ॥
४१. स्फायो वः २५९७ ।
४२. शदेरगतौ तः २५९८ ।

४३. रुहः पोऽन्यतरस्याम् २५९९ ।

४४. प्रत्ययस्थात्कात्पूर्वस्यात इदाप्यसुपः ४६३

* मामकनरकयोरुपसंख्यानम् ।

* त्यक्त्यपोश्च ।

४५. न यासयोः ४६४ ।

* त्यकनश्च निषेधः ।

* पावकादीनां छन्दसि ।

* आशिषि वुनश्च न ।

* उत्तरपदलोपे न ।

* क्षिपकादीनां च ।

२४९. (वा ४५३०) । क्षिपका ध्रुवका चरका सेवका करका चटका अवका लहका अलका कन्यका ध्रुवका एडका ॥ इति क्षिपकादिः । आकृतिगणः ॥

* तारका ज्योतिषि ।

* वर्णका तान्तवे ।

* वर्तका शकुनौ प्राचाम् ।

* अष्टका पितृदेवत्ये ।

* सूतकापुत्रिकावृन्दारकाणां वेति वक्तव्यम् ।

४६. उदीचामातः स्थाने यकपूर्वायाः ४६५

* धात्वन्तयकोस्तु नित्यम् ।

४७. भस्त्रैषाजाज्ञाद्वास्वा नञ्पूर्वाणामपि ४६६

४८. अभाषितपुंस्काच्च ४६७ ।

४९. आदाचार्याणाम् ४६८ ।

५०. ठस्येकः ११७० ।

५१. इसुसुक्तान्तात्कः १२२१ ।

* दोष उपसंख्यानम् ।

५२. चजोः कु घिण्यतोः २८६३ ।

* निष्ठायामनिट इति वक्तव्यम् ।

५३. न्यङ्क्वादीनां च २८६४ ।

२५०. न्यङ्कु मद्गु भृगु दूरेपाक फलेपाक क्षणेपाक दूरेपाका फलेपाका दूरेपाकु फलेपाकु तक्र (तत्र) वक्र

(चक्र) व्यतिषङ्ग (अनुषङ्ग) अवसर्ग (उपसर्ग) श्वपाक मांसपाक (मासपाक) मूलपाक कपोतपाक उलूकपाक। 'संज्ञायां मेघनिदाघावदाघार्घाः' १८०। न्यग्रोध वीरुत्।

इति न्यङ्क्वादिः ॥

५४. हो हन्तेर्ञ्णिन्नेषु ३५८ ।

५५. अभ्यासाच्च २४३० ।

५६. हेरचङि २५३१ ।

५७. सन्लिटोर्जेः २३३१ ।

५८. विभाषा चेः २५२५ ।

५९. न क्वादेः २८७५ ।

६०. अजिव्रज्योश्च २८७६ ॥ ३ ॥

६१. भुजन्युब्जौ पाण्युपतापयोः २८७७ ।

६२. प्रयाजानुयाजौ यज्ञाङ्गे २८७८ ।

६३. वञ्चेर्गतौ २८७९ ।

६४. ओक उचः के २८८० ।

६५. ण्य आवश्यके २८८१ ।

६६. यजयाचरुचप्रवचर्चश्च २८८२ ।

* त्यजेश्च ।

६७. वचोऽशब्दसंज्ञायाम् २८८३ ।

६८. प्रयोज्यनियोज्यौ शक्यार्थे २८८४ ।

६९. भोज्यं भक्ष्ये २८८५ ।

७०. घोर्लोपो लेटि वा ३५८४ ।

७१. ओतः श्यनि २५१० ।

७२. कसस्याचि २३३७ । [२३६५

७३. लुग्वा दुहदिहलिहगुहामात्मनेपदे दन्त्ये

७४. शमामष्टानां दीर्घः श्यनि २५१९ ।

७५. ष्ठिवुक्लमुचमां शिति २३२० ।

* आङि चम इति वक्तव्यम् ।

७६. क्रमः परस्मैपदेषु २३२२ ।
७७. इषुगमियमां छः २४०० ।
७८. पाघ्राध्मास्थाम्नादाण्दृश्यर्तिसर्तिशदसदां पिबजिघ्रधमतिष्ठमनयच्छपश्यर्च्छधौशीयसीदाः २३६० ।
७९. ज्ञाजनोर्जा २५११ ।
८०. प्वादीनां ह्रस्वः २५५८ ॥ ४ ॥
८१. मीनातेर्निगमे ३५८५ ।
८२. मिदेर्गुणः २३४६ ।
८३. जुसि च २४८१ ।
८४. सार्वधातुकार्धधातुकयोः २१६८ ।
८५. जाग्रोऽविचिण्णल्ङित्सु २४८० ।
८६. पुगन्तलघूपधस्य च २१८९ ।
८७. नाभ्यस्तस्याचि पिति सार्वधातुके २५०३

* बहुलं छन्दसीति वक्तव्यम् ।
८८. भूसुवोस्तिङि २२२४ ।
८९. उतो वृद्धिर्लुकि हलि २४४३ ।
९०. ऊर्णोतेर्विभाषा २४४५ ।
९१. गुणोऽपृक्ते २४४८ ।
९२. तृणह इम् २५४५ ।
९३. ब्रुव ईट् २४५२ ।
९४. यङो वा २६५१ ।
९५. तुरुस्तुशम्यमः सार्वधातुके २४४४ ।
९६. अस्तिसिचोऽपृक्ते २२२५ ।
९७. बहुलं छन्दसि ३५८६ ।
९८. रुदश्च पञ्चभ्यः २४७५ ।
९९. अङ्गार्ग्यगालवयोः २४७६ ।
१००. अदः सर्वेषाम् २४२६ ॥ ५ ॥

१०१. अतो दीर्घो यञि २१७०।
१०२. सुपि च २०२।
१०३. बहुवचने झल्येत् २०५।
१०४. ओसि च २०७।
१०५. आङि चापः २८९।
१०६. संबुद्धौ च २८८।
१०७. अम्बार्थनद्योर्ह्रस्वः २६७।
१०८. ह्रस्वस्य गुणः २४२।
१०९. जसि च २४१।
११०. ऋतो ङिसर्वनामस्थानयोः २७५।
१११. घेर्ङिति २४५।
११२. आण्नद्याः २६८।
११३. याडापः २९०।
११४. सर्वनाम्नः स्याड्ढ्रस्वश्च २९१।
११५. विभाषा द्वितीयातृतीयाभ्याम् २९३।
११६. ङेराम्नद्याम्नीभ्यः २७०।
११७. इदुद्भ्याम् २९७।
११८. औत् २५६।
११९. अच्च घेः २४७।
१२०. आङो नाऽस्त्रियाम् २४४।

देविकादेवतास्फायो भुजमीनातेरतो
दीर्घो विंशतिः ॥

इति पाणिनीयसूत्रपाठे सप्तमस्याध्यायस्य तृतीयः पादः।

चतुर्थः पादः।

१. णौ चङ्युपधाया ह्रस्वः २३१४।
२. नाग्लोपिशास्वृदिताम् २५७२।

३. भ्राजभासभाषदीपजीवमीलपीडामन्यतरस्याम् २५६५ ।

* काण्यादीनां वेति वक्तव्यम् ।

२५१. (वा ४६०७) । कण रण भण श्रण लुप हेठ हायि वाणि (चाणि) लोटि (लोठि) लोपि ॥ इति कणादिः ॥

४. लोपः पिबतेरीच्चाभ्यासस्य २५८७ ।

५. तिष्ठतेरित् २५८८ ।

६. जिघ्रतेर्वा २५८९ ।

७. उर्ऋत् २५६७ ।

८. नित्यं छन्दसि ३५८७ ।

९. दयतेर्दिगि लिटि २३८८ ।

* दिग्यादेशेन द्वित्वबाधनमिष्यते ।

१०. ऋतश्च संयोगादेर्गुणः २३७९ ।

११. ऋच्छत्यॄताम् २३८३ ।

१२. शॄदॄप्रां ह्रस्वो वा २४९५ ।

१३. केऽणः ८३४ ।

१४. न कपि ८३५ ।

१५. आपोऽन्यतरस्याम् ८९२ ।

१६. ऋदृशोऽङि गुणः २४०६ ।

१७. अस्यतेस्थुक् २५२० ।

१८. श्वयतेरः २४२१ ।

१९. पतः पुम् २३५५ ।

२०. वच उम् २४५४ ॥ १ ॥

२१. शीङः सार्वधातुके गुणः २४४१ ।

२२. अयङ्यि क्ङिति २६४९ ।

२३. उपसर्गाद्ध्रस्व ऊहतेः २७०२ ।

२४. एतेर्लिङि २४५७ ।

२५. अकृत्सार्वधातुकयोर्दीर्घः २२९८ ।

२६. च्वौ च २१२० ।

२७. रीङृतः १२३४ ।

२८. रिङ् शयग्लिङ्क्षु २३६७ ।

२९. गुणोऽर्तिसंयोगाद्योः २३८० ।

३०. यङि च २६३३ ।

* हन्तेर्हिंसायां यङि घ्नीभावो वाच्यः ।

३१. ई घ्राध्मोः २६४८ ।

३२. अस्य च्वौ २११८ ।

३३. क्यचि च २६५८ ।

३४. अशनायोदन्यधनाया बुभुक्षापिपासा–गर्धेषु २६६१ ।

३५. न च्छन्दस्यपुत्रस्य ३५८८ ।

* अपुत्रादीनामिति वक्तव्यम् ।

३६. दुरस्युर्द्रविणस्युर्वृषण्यतिरिषण्यति ३५८९ ।

३७. अश्वाघस्यात् ३५९० ।

३८. देवसुम्नयोर्यजुषि काठके ३५९१ ।

३९. कव्यध्वरपृतनस्यर्चि लोपः ३५९२ ।

४०. द्यतिस्यतिमास्थामित्ति किति ३०७४ ।

४१. शाच्छोरन्यतरस्याम् ३०७५ । [॥२॥

* श्यतेरित्वं व्रते नित्यमिति वक्तव्यम् ।

४२. दधातेर्हिः ३०७६ ।

४३. जहातेश्च क्त्वि ३३३१ ।

४४. विभाषा छन्दसि ३५९३ ।

४५. सुधितवसुधितनेमधितधिष्वधिषीय च ३५९४ ।

४६. दो दद्घोः ३०७७ ।

४७. अच उपसर्गात्तः ३०७८ ।

४८. अपो भि ४४२ ।

* मासश्छन्दसीति वक्तव्यम् ।

* स्ववस्स्वतवसोर्मास उषसश्च त इष्यते ।

४९. सः स्यार्धधातुके २३४२ ।

५०. तासस्त्योर्लोपः २१९१ ।

५१. रि च २१९२ ।

५२. ह एति २२५० ।

५३. यीवर्णयोर्दीधीवेव्योः २४८८ ।

५४. सनि मीमाघुरभलभशकपतपदामच इस् २६२३ ।

* राधो हिंसायां सनीस् वाच्यः ।

५५. आप्ज्ञप्यृधामीत् २६१९ ।

५६. दम्भ इच्च २६२१ ।

५७. मुचोऽकर्मकस्य गुणो वा २६२४ ।

५८. अत्र लोपोऽभ्यासस्य २६२० ।

५९. ह्रस्वः २१८० ।

६०. हलादिः शेषः २१७९ ॥ ३ ॥

६१. शर्पूर्वाः खयः २२५९ ।

६२. कुहोश्चुः २२४५ ।

६३. न कवतेर्यङि २६४१ ।

६४. कृषेश्छन्दसि ३५९५ ।

६५. दाधर्तिदर्धर्तिदर्धर्षिबोभूतुतेतिक्तेऽलर्ष्यापनीफणत्संसनिष्यदत्करिक्रत्कनिक्रदद्भरिभ्रद्दविध्वतोदविद्युतत्तरित्रतःसरीसृपतंवरीवृजन्मर्मृज्यागनीगन्तीति च [३५९६

६६. उरत् २२४४ ।

६७. द्युतिस्वाप्योः संप्रसारणम् २३४४ ।

६८. व्यथो लिटि २३५३ ।

६९. दीर्घ इणः किति २४५६ ।

७०. अत आदेः २२४८ ।
७१. तस्मान्नुड् द्विहलः २२८८ ।
७२. अश्नोतेश्च २५३३ ।
७३. भवतेरः २१८१ ।
७४. ससूवेति निगमे ३५९७ ।
७५. निजां त्रयाणां गुणः श्लौ २५०२ ।
७६. भृञामित् २४९६ ।
७७. अर्तिपिपर्त्योश्च २४९३ ।
७८. बहुलं छन्दसि ३५९८ ।
७९. सन्यतः २३१७ ।
८०. ओः पुयण्ज्यपरे २५७७ ॥ ४ ॥
८१. स्रवतिशृणोतिद्रवतिप्रवतिप्लवतिच्यवतीनां वा २५७८ ।
८२. गुणो यङ्लुकोः २६३० ।
८३. दीर्घोऽकितः २६३२ ।
८४. नीग्वञ्चुस्रंसुध्वंसुभ्रंसुकसपतपदस्कन्दाम् २६४२ ।
८५. नुगतोऽनुनासिकान्तस्य २६४३ ।
८६. जपजभदहदशभञ्जपशां च २६३८ ।
८७. चरफलोश्च २६३६ ।
८८. उत्परस्यातः २६३७ ।
८९. ति च ३०३७ ।
९०. रीगृदुपधस्य च २६४४ ।
* रीगृत्वत इति वक्तव्यम् ।
९१. रुग्रिकौ च लुकि २६५२ ।
९२. ऋतश्च २६५३ ।
९३. सन्वल्लघुनि चङ्परेऽनग्लोपे २३१६ ।
९४. दीर्घो लघोः २३१८ ।

९५. अत्स्मृदृत्वरप्रथम्रदस्तृस्पशाम् २५६६ ।

९६. विभाषा वेष्टिचेष्ट्योः २५८३ ।

९७. ई च गणः २५७३ ।

णौ च शीङः शाच्छोः शर्पूर्वाः स्रवतिसम्रदश ।

इति पाणिनीयसूत्रपाठे सप्तमस्याध्याध्यास्य चतुर्थः पादः अध्यायश्च ।

॥ अथ अष्टमोऽध्यायः ॥

प्रथमः पादः ।

१. सर्वस्य द्वे २१३९ ।

२. तस्य परमाम्रेडितम् ८३ ।

३. अनुदात्तं च ३६७० ।

४. नित्यवीप्सयोः २१४० ।

५. परेर्वर्जने २१४१ ।

* परेर्वर्जने वा वचनम् ।

६. प्रसमुपोदः पादपूरणे ३५९९ ।

७. उपर्यध्यधसः सामीप्ये २१४२ ।

८. वाक्यादेरामन्त्रितस्यासूयाऽसंमतिकोप-
कुत्सनभर्त्सनेषु २१४३ ।

९. एकं बहुव्रीहिवत् २१४४ ।

१०. आबाधे च २१४५ ।

११. कर्मधारयवदुत्तरेषु २१४६ ।

१२. प्रकारे गुणवचनस्य २१४७ ।

* आनुपूर्व्ये द्वे वाच्ये ।

* क्रियासमभिहारे च ।

* डाचि विवक्षिते द्वे बहुलम् ।

* स्त्रीनपुंसकयोरुत्तरपदस्थाया विभक्तेराम्भावो वा वक्तव्यः ।

१३. अकृच्छ्रे प्रियसुखयोरन्यतरस्याम् [२१४८

१४. यथास्वे यथायथम् २१४९

१५. द्वन्द्वं रहस्यमर्यादावचनव्युत्क्रमणयज्ञ-
पात्रप्रयोगाभिव्यक्तिषु २१५० ।

१६. पदस्य ४०१ ।

१७. पदात् ४०२ ।

१८. अनुदात्तं सर्वमपादादौ ४०३ ।

* समानवाक्ये निघातयुष्मदस्मदादेशा वक्तव्याः ।

१९. आमन्त्रितस्य च ३६५४ ।

२०. युष्मदस्मदोः षष्ठीचतुर्थीद्वितीयास्थयो-
र्वांनावौ ४०४ ॥ १ ॥

२१. बहुवचनस्य वस्नसौ ४०५ ।

२२. तेमयावेकवचनस्य ४०६ ।

२३. त्वामौ द्वितीयायाः ४०७ ।

२४. न चवाहाहैवयुक्ते ४०८ ।
२५. पश्यार्थैश्चानालोचने ४०९ ।
२६. सपूर्वायाः प्रथमाया विभाषा ४१० ।
२७. तिङो गोत्रादीनि कुत्सनाभीक्ष्ण्ययोः ३९३४ ।

२५२. गोत्र ब्रुव प्रवचन प्रहसन प्रकथन प्रत्ययन प्रपञ्च प्राय न्याय प्रचक्षण विचक्षण अवचक्षण स्वाध्याय भूयिष्ठ (भूयिष्ट) वानाम ॥ **इति गोत्रादिः** ॥

२८. तिङ्ङतिङः ३९३५ ।
२९. न लुट् ३९३६ ।
३०. निपातैर्यद्यदिहन्तकुविन्नेच्चण्कच्चिद्यत्रयुक्तम् ३९३७ ।
३१. नह प्रत्यारम्भे ३९३८ ।
३२. सत्यं प्रश्ने ३९३९ ।
३३. अङ्गाप्रातिलोम्ये ३९४० ।
३४. हि च ३९४१ ।
३५. छन्दस्यनेकमपि साकाङ्क्षम् ३९४२ ।
३६. यावद्यथाभ्याम् ३९४३ ।
३७. पूजायां नानन्तरम् ३९४४ ।
३८. उपसर्गव्यपेतं च ३९४५ ।
३९. तुपश्यपश्यताहैः पूजायाम् ३९४६ ।
४०. अहो च ३९४७ ॥ २ ॥
४१. शेषे विभाषा ३९४८ ।
४२. पुरा च परीप्सायाम् ३९४९ ।
४३. नन्वित्यनुज्ञैषणायाम् ३९५० ।
४४. किं क्रियाप्रश्नेऽनुपसर्गमप्रतिषिद्धम् [३९५१
४५. लोपे विभाषा ३९५२ ।
४६. एहिमन्ये प्रहासे लृट् ३९५३ ।

४७. जात्वपूर्वम् ३९५४।
४८. किंवृत्तं च चिदुत्तरम् ३९५५।
४९. आहो उताहो चानन्तरम् ३९५६।
५०. शेषे विभाषा ३९५७। ३९५८
५१. गत्यर्थलोटा लृण्न चेत्कारकं सर्वान्यत्
५२. लोट् च ३९५९।
५३. विभाषितं सोपसर्गमनुत्तमम् ३९६०।
५४. हन्त च ३९६१। [३९६२
५५. आम एकान्तरमामन्त्रितमनन्तिके
५६. यद्धितुपरं छन्दसि ३९६३।
५७. चनचिदिवगोत्रादितद्धिताम्रेडितेष्वगतेः
५८. चादिषु च ३९६५। [३९६४
५९. चवायोगे प्रथमा ३९६६।
६०. हेति क्षियायाम् ३९६७ ॥ ३ ॥

६१. अहेति विनियोगे च ३९६८।
६२. चाहलोप एवेत्यवधारणम् ३९६९।
६३. चादिलोपे विभाषा ३९७०!
६४. वैवावेति च च्छन्दसि ३९७१।
६५. एंकान्याभ्यां समर्थाभ्याम् ३९७२।
६६. यद्वृत्तान्नित्यम् ३९७३।
* अत्र व्यवहिते कार्यमिष्यते।
६७. पूजनात्पूजितमनुदात्तं काष्ठादिभ्यः ३९७४।

२५३. काष्ठ दारुण अमातापुत्र वेश अनाज्ञात अनुज्ञात अपुत्र अयुत अद्भुत (अनुक्त) भृश घोर सुख परम सु अति ॥ इति काष्ठादिः ॥

६८. सगतिरपि तिङ् ३९७५।
* गतिग्रहणे उपसर्गग्रहणमिष्यते।

६९. कुत्सने च सुप्यगोत्रादौ ३९७६ ।

* क्रियाकुत्सन इति वाच्यम् ।

* पूतिश्चानुबन्ध इति वाच्यम् ।

* वा बह्वर्थमनुदात्तमिति वाच्यम् ।

७०. गतिर्गतौ ३९७७ ।

७१. तिङि चोदात्तवति ३९७८ ।

७२. आमन्त्रितं पूर्वमविद्यमानवत् ४१२ ।

७३. नामन्त्रिते समानाधिकरणे सामान्यवचनम् ४१३ ।

७४. विभाषितं विशेषवचने ३६५५ ।

* बहुवचनमित्यपि भाष्यम् ।

सर्वस्य बहुवचनस्य शेषेऽहेति चतुर्दश ॥

इति पाणिनीयसूत्रपाठे अष्टमस्याध्यायस्य प्रथमः पादः ।

द्वितीयः पादः ।

१. पूर्वत्रासिद्धम् १२ ।

* पूर्वत्रासिद्धीयमद्विर्वचने ।

२. नलोपः सुप्स्वरसंज्ञातुग्विधिषु कृति ३५३

३. न मु ने ४३९ । [३६५७

४. उदात्तस्वरितयोर्यणः स्वरितोऽनुदात्तस्य

५. एकादेश उदात्तेनोदात्तः ३६५८ ।

६. स्वरितो वाऽनुदात्ते पदादौ ३६५९ ।

७. नलोपः प्रातिपदिकान्तस्य २३६ ।

* अह्नो नलोपप्रतिषेधः ।

८. न ङिसंबुद्ध्योः ३५२ ।

* ङावुत्तरपदे प्रतिषेधः ।

९. मादुपधायाश्च मतोर्वोऽयवादिभ्यः १८९७ ।

२५४. यव दल्मि ऊर्मि (उर्मि) भूमि कृमि कुञ्चा वशा द्राक्षा ध्राक्षा ध्रजि (व्रजि) ध्वजि निजि सिजि सञ्जि हरित् ककुत् मरुत् गरुत् इक्षु द्रु मधु ॥ इति यवादिः ॥ आकृतिगणः ॥

१०. झयः १८९८ ।

११. संज्ञायाम् १८९९ ।

१२. आसन्दीवदष्ठीवच्चक्रीवत्कक्षीवत्[1]रुमण्वच्चर्मण्वती १९०० ।

१३. उदन्वानुदधौ च १९०१ ।

१४. राजन्वान्सौराज्ये १९०२ ।

१५. छन्दसीरः ३६०० ।

१६. अनो नुट् ३६०१ ।

१७. नाद्घस्य ३६०२ ।

* भूरिदाव्नस्तुड्वाच्यः ।

* ईद्रथिनः ।

१८. कृपो रो लः २३५० ।

* वालमूललघ्वसुरालमङ्गुलीनां वा लो रमापद्यत इति वाच्यम् ।

* कपिलकादीनां संज्ञाच्छन्दसोर्वेति वाच्यम् ।

२५५. (वा) । कपिलक निर्विलीक लोमानि पांसुल कल्म शुक्र कपिलिका तर्पिलिका तर्पिलि ॥ आकृतिगणोऽयम् । इति कपिलकादिः ॥

१९. उपसर्गस्यायतौ २३२६ ।

२०. ग्रो यङि २६३९ ॥ १ ॥

२१. अचि विभाषा २५४१ ।

२२. परेश्च घाङ्कयोः ३२६२ ।

* घ इति स्वरूपस्य ग्रहणम् ।

* योगे चेति वाच्यम् ।

१. अत्र कक्षीवच्छब्दस्य पाठो नार्ष इति 'न संप्रसारण' इति सूत्रभाष्यस्वरस इति शब्देन्दुशेखरे स्थितम् ।

२३. संयोगान्तस्य लोपः ५४ ।

* यणः प्रतिषेधो वाच्यः ।

२४. रात्सस्य २८० ।

२५. धि च २२४९ ।

* सङीति वक्तव्यम् ।

२६. झलो झलि २२८१ ।

२७. ह्रस्वादङ्गात् २३६९ ।

२८. इट ईटि २२६६ ।

२९. स्कोः संयोगाद्योरन्ते च ३८० ।

३०. चोः कुः ३७८ ।

३१. हो ढः ३२४ ।

३२. दादेर्धातोर्घः ३२५ ।

३३. वा द्रुहमुहष्णुहष्णिहाम् ३२७ ।

३४. नहो धः ४४० ।

३५. आहस्थः २४५१ । [२९४

३६. व्रश्चभ्रस्जसृजमृजयजराजभ्राजच्छशां षः

३७. एकाचो बशो भष्झषन्तस्य स्ध्वोः ३२६

३८. दधस्तथोश्च २५०१ ।

३९. झलां जशोऽन्ते ८४ ।

४०. झषस्तथोर्धोऽधः २२८० ॥ २ ॥

४१. षढोः कः सि २९५ । [३०१६

४२. रदाभ्यां निष्ठातो नः पूर्वस्य च दः

४३. संयोगादेरातो धातोर्यण्वतः ३०१७ ।

४४. ल्वादिभ्यः ३०१८ ।

* ऋल्वादिभ्यः क्तिन्निष्ठावद्वाच्यः ।

* दुग्वोर्दीर्घश्च ।

* पूञो विनाशे ।

* सिनोतेर्ग्रासकर्मकर्तृकस्य ।

४५. ओदितश्च ३०१९ ।

४६. क्षियो दीर्घात् ३०१५ ।

४७. श्योऽस्पर्शे ३०२१ ।

४८. अञ्चोऽनपादाने ३०२४ ।

४९. दिवोऽविजिगीषायाम् ३०२८ ।

५०. निर्वाणोऽवाते ३०२९ ।

५१. शुषः कः ३०३० ।

५२. पचो वः ३०३१ ।

५३. क्षायो मः ३०३२ ।

५४. प्रस्त्योऽन्यतरस्याम् ३०३४ ।

५५. अनुपसर्गात्फुल्लक्षीबकृशोल्लाघाः ३०३५

* उत्फुल्लसंफुल्लयोरुपसंख्यानम् ।

५६. नुदविदोन्दीत्राघ्राह्रीभ्योऽन्यतरस्याम् ३०३८ ।

५७. न ध्याख्यापॄमूर्च्छिमदाम् ३०४० ।

५८. वित्तो भोगप्रत्यययोः ३०४१ ।

५९. भित्तं शकलम् ३०४२ ।

६०. ऋणमाधमर्ण्ये ३०४३ ॥ ३ ॥

६१. नसत्तनिषत्तानुत्तप्रतूर्तसूर्तगूर्तानि छन्दसि ३६०३ ।

६२. क्विन्प्रत्ययस्य कुः ३७७ ।

६३. नशेर्वा ४३१ ।

६४. मो नो धातोः ३४१ ।

६५. म्वोश्च २३०९ ।

६६. ससजुषो रुः १६२ ।

६७. अवयाः श्वेतवाः पुरोडाश्च ३४१६ ।

६८. अहन् ४४३ ।

* रूपरात्रिरथन्तरेषु रुत्वं वाच्यम् ।

६९. रोऽसुपि १७२ ।

७०. अम्नरूधरवरित्युभयथा छन्दसि ३६०४

* अहरादीनां पत्यादिषु वा रेफः ।

२५६. (वा ३६०४) । अहर् गीर् धूर् ॥ इत्यहरादिः ॥ २५७. पति गण पुत्र ॥ इति पत्यादिः ॥

७१. भुवश्च महाव्याहृतेः ३६०५ ।

७२. वसुस्रंसुध्वंस्वनडुहां दः ३३४ ।

७३. तिप्यनस्तेः २४८४ ।

७४. सिपि धातो रुर्वा २४८५ ।

७५. दश्च २४६८ ।

७६. र्वोरुपधाया दीर्घ इकः ४३३ ।

७७. हलि च ३५४ ।

७८. उपधायां च २२६५ ।

७९. न भकुर्छुराम् १६२९ ।

८०. अदसोऽसेर्दादु दो मः ४१९ ॥ ४ ॥

८१. एत ईद्बहुवचने ४३८ ।

८२. वाक्यस्य टेः प्लुत उदात्तः ९३ ।

८३. प्रत्यभिवादेऽशूद्रे ९४ ।

* स्त्रियां न ।

* भोराजन्यविशां वेति वाच्यम् ।

८४. दूराद्धूते च ९५ ।

८५. हैहेप्रयोगे हैहयोः ९६ । [९७

८६. गुरोरनृतोऽनन्त्यस्याप्येकैकस्य प्राचाम्

८७. ओमभ्यादाने ३६०६ ।

८८. ये यज्ञकर्मणि ३६०७ ।

८९. प्रणवष्टेः ३६०८ ।

९०. याज्यान्तः ३६०९ ।

९१. ब्रूहिप्रेष्यश्रौषड्वौषडावहानामादेः ३६१०

९२. अग्नीत्प्रेषणे परस्य च ३६११।

९३. विभाषा पृष्टप्रतिवचने हेः ३६१२।

९४. निगृह्यानुयोगे च ३६१३।

९५. आम्रेडितं भर्त्सने ३६१४।

* भर्त्सने पर्यायेणेति वक्तव्यम्।

९६. अङ्गयुक्तं तिङाकाङ्क्षम् ३६१५।

९७. विचार्यमाणानाम् ३६१६।

९८. पूर्वं तु भाषायाम् ३६१७।

९९. प्रतिश्रवणे च ३६१८।

१००. अनुदात्तं प्रश्नान्ताभिपूजितयोः ३६१९

१०१. चिदिति चोपमार्थे प्रयुज्यमाने ३६२०

१०२. उपरिस्विदासीदिति च ३६२१।

१०३. स्वरितमाम्रेडितेऽसूयासंमतिकोपकुत्सनेषु ३६२२।

१०४. क्षियाशीःप्रैषेषु तिङाकाङ्क्षम् ३६२३।

१०५. अनन्त्यस्यापि प्रश्नाख्यानयोः ३६२४

१०६. प्लुतावैच इदुतौ ३६२५।

१०७. एचोऽप्रगृह्यस्यादूराद्धूते पूर्वस्यार्धस्यादुत्तरस्येदुतौ ३६२६।

* प्रश्नान्ताभिपूजितविचार्यमाणप्रत्यभिवादनयाज्यान्तेष्वेव।

* पदान्तग्रहणं कर्तव्यम्।

* आमन्त्रिते छन्दसि प्लुतविकारोऽयं वक्तव्यः।

१०८. तयोर्य्वावचि संहितायाम् ३६२७।

पूर्वत्राचि षढोर्नसत्तैत ईश्चिदित्यष्टौ ॥

इति पाणिनीयसूत्रपाठे अष्टमस्याध्यायस्य द्वितीयः पादः।

तृतीयः पादः ।

१. मतुवसो रु संबुद्धौ छन्दसि ३६२८

* वन उपसंख्यानम् । [यां च ।

* विभाषा भवद्भगवदघवतामोच्चावस्य छन्दसि भाषा-

२. अत्रानुनासिकः पूर्वस्य तु वा १३६ ।

३. आतोऽटि नित्यम् ३६३२ ।

४. अनुनासिकात्परोऽनुस्वारः १३७ ।

५. समः सुटि १३५ ।

* संपुंकानां सो वक्तव्यः ।

६. पुमः खय्यम्परे १३९ ।

७. नश्छव्यप्रशान् १४० ।

८. उभयथर्क्षु ३६३० ।

९. दीर्घादटि समानपादे ३६३१ ।

१०. नॄन्पे १४१ ।

११. स्वतवान्पायौ ३६३३ ।

१२. कानाम्रेडिते १४३ ।

१३. ढो ढे लोपः २३३५ ।

१४. रो रि १७३ ।

१५. खरवसानयोर्विसर्जनीयः ७६ ।

* (विसर्जनीयोऽनुत्तरपदे) ।

१६. रोः सुपि ३३९ ।

१७. भोभगोअघोअपूर्वस्य योऽशि १६७ ।

१८. व्योर्लघुप्रयत्नतरः शाकटायनस्य १६८ ।

१९. लोपः शाकल्यस्य ६७ ।

२०. ओतो गार्ग्यस्य १६९ ॥ १ ॥

२१. उञि च पदे १७० ।

२२. हलि सर्वेषाम् १७१ ।

२३. मोऽनुस्वारः १२२ ।

२४. नश्चापदान्तस्य झलि १२३ ।

२५. मो राजि समः क्वौ १२६ ।

२६. हे मपरे वा १२७ ।

* यवलपरे यवला वेति वक्तव्यम् ।

२७. नपरे नः १२९ ।

२८. ङ्णोः कुक्टुक्शरि १३० ।

२९. डः सि धुट् १३१ ।

३०. नश्च १३२ ।

३१. शि तुक् १३३ ।

३२. ङमो ह्रस्वादचि ङमुण्नित्यम् १३४ ।

३३. मय उञो वो वा १०८ ।

३४. विसर्जनीयस्य सः १३८ ।

३५. शर्परे विसर्जनीयः १५० ।

३६. वा शरि १५१ ।

* खर्परे शरि वा विसर्गलोपो वक्तव्यः ।

३७. कुप्वोः ≍क≍पौ च १४२ ।

३८. सोऽपदादौ १५२ ।

* पाशकल्पककाम्येष्विति वाच्यम् ।

* अनव्ययस्येति वाच्यम् ।

* काम्ये रोरेवेति वाच्यम् ।

३९. इणः षः १५३ ।

४०. नमस्पुरसोर्गत्योः १५४ ॥ २ ॥

४१. इदुदुपधस्य चाप्रत्ययस्य १५५ ।

* मुहुसः प्रतिषेधः ।

४२. तिरसोऽन्यतरस्याम् १५६ ।

४३. द्विस्त्रिश्चतुरिति कृत्वोऽर्थे १५७ ।

४४. इसुसोः सामर्थ्ये १५८ ।

४५. नित्यं समासेऽनुत्तरपदस्थस्य १५९ ।

४६. अतऽकृकमिकंसकुम्भपात्रकुशाकर्णीष्वनव्ययस्य १६० ।

४७. अधःशिरसी पदे १६१ ।

४८. कस्कादिषु च १४४ ।

२५८. कस्कः कौतस्कुतः भ्रातुष्पुत्रः शुनस्कर्णः सद्यस्कालः सद्यस्क्रीः साद्यस्कः कांस्कान् सर्पिष्कुण्डिका धनुष्कपालम् बाहिष्पलम् (बर्हिष्पलम्) यजुष्पात्रम् अयस्कान्तः तमस्काण्डः अयस्काण्डः मेदस्पिण्डः भास्करः अहस्करः ॥ इति कस्कादिः ॥आकृतिगणः ॥

४९. छन्दसि वाप्राम्रेडितयोः ३६३४ ।

५०. कःकरत्करतिकृधिकृतेष्वनदितेः ३६३५

५१. पञ्चम्याः परावध्यर्थे ३६३६ ।

५२. पातौ च बहुलम् ३६३७ । [३६३८

५३. षष्ठ्याः पतिपुत्रपृष्ठपारपदपयस्पोषेषु

५४. इडाया वा ३६३९ ।

५५. अपदान्तस्य मूर्धन्यः २१० ।

५६. सहेः साडः सः ३३५ ।

५७. इण्कोः २११ ।

५८. नुम्विसर्जनीयशर्व्यवायेऽपि ४३४ ।

५९. आदेशप्रत्यययोः २१२ ।

६०. शासिवसिघसीनां च २४१० ॥ ३ ॥

६१. स्तौतिण्योरेव षण्यभ्यासात् २६२७ ।

६२. सः स्विदिस्वदिसहीनां च २६२८ ।

६३. प्राक्सितादड्व्यवायेऽपि २२७६ ।

६४. स्थादिष्वभ्यासेन चाभ्यासस्य २२७७ ।

६५. उपसर्गात्सुनोतिसुवतिस्यतिस्तौतिस्तोभतिस्थासेनयसेधसिचसञ्जस्वञ्जाम् [२२७०

६६. सदिरप्रतेः २२७१ ।

६७. स्तन्भेः २२७२ ।

६८. अवाच्चालम्बनाविदूर्ययोः २२७३ ।
६९. वेश्च स्वनो भोजने २२७४ ।
७०. परिनिविभ्यः सेवसितसयसिवुसहसुट्-स्तुस्वञ्जाम् २२७५ ।
७१. सिवादीनां वाऽड्व्यवायेऽपि २३५९ ।
७२. अनुपर्यभिनिविभ्यः स्यन्दतेरप्राणिषु २३४९ ।
७३. वेः स्कन्देरनिष्ठायाम् २३९८ ।
७४. परेश्च २३९९ ।
७५. परिस्कन्दः प्राच्यभरतेषु ३०२६ ।
७६. स्फुरतिस्फुलत्योर्निर्निविभ्यः २५३७ ।
७७. वेः स्कभ्नातेर्नित्यम् २५५६ ।
७८. इणः षीध्वंलुङ्लिटां धोऽङ्गात् २२४७
७९. विभाषेटः २३२५ ।
८०. समासेऽङ्गुलेः सङ्गः १०१९ ॥ ४ ॥
८१. भीरोः स्थानम् १०२० ।
८२. अग्नेः स्तुत्स्तोमसोमाः ९२४ ।
८३. ज्योतिरायुषः स्तोमः १०२१ ।
८४. मातृपितृभ्यां स्वसा ९८४ ।
८५. मातुःपितुर्भ्यामन्यतरस्याम् ९८३ ।
८६. अभिनिसः स्तनः शब्दसंज्ञायाम् ३१९३
८७. उपसर्गप्रादुर्भ्यामस्तिर्यच्परः २४७२ ।
८८. सुविनिर्दुर्भ्यः सुपिसूतिसमाः २४७७
८९. निनदीभ्यां स्नातेः कौशले ३०८२ ।
९०. सूत्रं प्रतिष्णातम् ३०८३ ।
९१. कपिष्ठलो गोत्रे ३०८४ ।
९२. प्रष्ठोऽग्रगामिनि २९१७ ।
९३. वृक्षासनयोर्विष्टरः ३२३३ ।

९४. छन्दोनाम्नि च ३२०६ ।

९५. गवियुधिभ्यां स्थिरः ९६७ ।

९६. विकुशमिपरिभ्यः स्थलम् ३०८५ ।

९७. अम्बाम्बगोभूमिसव्येऽपद्वित्रिकुशेकुशङ्कङ्गुमञ्जिपुञ्जिपरमेबर्हिर्दिव्यग्निभ्यः स्थः २९१८ ।

* स्थास्थिन्स्थृणामिति वक्तव्यम् ।

९८. सुषामादिषु च १०२२ ।

२५९. सुषामा निःषामा दुःषामा सुषेधः निषेधः (निःषेधः) दुःषेधः सुषन्धिः निःषन्धिः दुःषन्धिः सुष्ठु दुष्ठु 'गौरिषक्थः संज्ञायाम्' १८१ । प्रतिष्णिका जलाषाहम् (जलाषाडम्) नौषेचनम् दुन्दुभिषेवणम् (दुन्दुभिषेचनम्) 'एति[1] संज्ञायामगात्' १८२ । 'नक्षत्राद्वा' १८३ । हरिषेणः रोहिणीषेणः ॥ इति सुषामादिः ॥ आकृतिगणः ॥

९९. एति संज्ञायामगात् १०२३ (ग २५३)

१००. नक्षत्राद्वा १०२४ (ग २५३) ॥५॥

१०१. ह्रस्वात्तादौ तद्धिते १३२५ ।

१०२. निसस्तपतावनासेवने २४०३ ।

१०३. युष्मत्तत्ततक्षुष्वन्तःपादम् ३६४० ।

१०४. यजुष्येकेषाम् ३६४१ ।

१०५. स्तुतस्तोमयोश्छन्दसि ३६४२ ।

१०६. पूर्वपदात् ३६४३ ।

१०७. सुञः ३६४४ ।

१०८. सनोतेरनः ३६४५ ।

१०९. सहेः पृतनर्ताभ्यां च ३६४६ ।

---

१. एति संज्ञायां, नक्षत्राद्वा इत्यनयोर्गणसूत्रत्वमेव न्याय्यम् ।

११०. न रपरसृपिसृजिस्पृशिस्पृहिसवनादीनाम् ३१६८ ।

२६०. सवने सवने । सूते सूते । सोमे सोमे । सवनमुखे सवनमुखे । किंसं किंसम् (किंसः किंसः) । अनुसवनं अनुसवनम् । गोसनिं गोसनिम् । अश्वसनिं अश्वसनिम् ॥ **पाठान्तरम्** ॥ सवने सवने सवनमुखे सवनमुखे । अनुसवनमनुसवनम् । संज्ञायां बृहस्पतिसवः ॥ शकुनिसवनम् । सोमे सोमे । सुते सुते । संवत्सरे संवत्सरे । बिसं बिसम् । किसं किसम् । मुसलं मुसलम् । गोसनिम् अश्वसनिम् ॥ **इति सवनादिः** ॥

१११. सात्पदाद्योः २१२३ ।

११२. सिचो यङि २६४० ।

११३. सेधतेर्गतौ २२७८ ।

११४. प्रतिस्तब्धनिस्तब्धौ च ३०२७ ।

११५. सोढः २३५८ ।

११६. स्तम्भुसिवुसहां चङि २५८० ।

११७. सुनोतेः स्यसनोः २५२४ ।

११८. सदेः परस्य लिटि २३६१ ।

* स्वञ्जेरुपसंख्यानम् ।

११९. निव्यभिभ्योऽड्व्यवाये वा छन्दसि ३६४७ ।

मतुवसोरुञ्चि चेदुदुपधस्य स्तौतिण्योर्भीरोर्ह्रस्वात्तादावेकोनविंशतिः ॥

इति पाणिनीयसूत्रपाठे अष्टमस्याध्यायस्य तृतीयः पादः ।

चतुर्थः पादः ।

१. रषाभ्यां नो णः समानपदे २३५ ।

* ऋवर्णान्नस्य णत्वं वाच्यम् ।

२. अट्कुप्वाङ्नुम्व्यवायेऽपि १९७ ।

३. पूर्वपदात्संज्ञायामगः ८५७ ।

४. वनं पुरगामिश्रकासिध्रकाशारिकाकोटराग्रेभ्यः १०३९ ।

५. प्रनिरन्तःशरेक्षुप्लक्षाम्रकार्ष्यखदिरपीयूक्षाभ्योऽसंज्ञायामपि १०५० ।

६. विभाषौषधिवनस्पतिभ्यः १०५१ ।

* द्व्यच्त्र्यच्भ्यामेव ।

* इरिकादिभ्यः प्रतिषेधो वक्तव्यः ।

२६१. (वा ४९७६) । इरिका मिरिका तिमिरा । इतीरिकादिः ॥ आकृतिगणः ॥

७. अह्नोऽदन्तात् ७९१ ।

८. वाहनमाहितात् १०५२ ।

९. पानं देशे १०५३ ।

१०. वा भावकरणयोः १०५४ ।

* गिरिनद्यादीनां वा ।

२६२. (वा ४९८०) । गिरिनदी गिरिनख गिरिनद्ध गिरिनितम्ब चक्रनदी चक्रनितम्ब तूर्यमान माषोन आर्गयन ॥ इति गिरिनद्यादिः ॥ आकृतिगणः ॥

११. प्रातिपदिकान्तनुम्विभक्तिषु च १०५५

* युवादेर्न ।

२६३. (वा ४९९९) । युवन् पक्क अहन् ॥ इति युवादिः ॥ (आर्ययूना क्षत्रिययूना प्रपक्कानि परिपक्कानि दीर्घाह्नी) ॥ आकृतिगणोऽयम् ॥

१२. एकाजुत्तरपदे णः ३०७ ।

१३. कुमति च १०५६ ।

१४. उपसर्गादसमासेऽपि णोपदेशस्य २२८७

१५. हिनुमीना २५३० ।

१६. आनि लोट् २२३१ ।
१७. नेर्गदनदपतपदघुमास्यतिहन्तियातिवाति-
द्रातिप्सातिवपतिवहतिशाम्यतिचिनो-
तिदेग्धिषु च २२८५ । [२२३२
१८. शेषे विभाषाऽकखादावषान्त उपदेशे
१९. अनितेः २४७८ ।
२०. अन्तः २९८४ ॥ १ ॥
२१. उभौ साभ्यासस्य २६०६ ।
२२. हन्तेरत्पूर्वस्य ३५९ ।
२३. वमोर्वा २४२९ ।
२४. अन्तरदेशे ३२९४ ।
२५. अयनं च ३२९५ ।
२६. छन्दस्यृदवग्रहात् ३६४८ ।
२७. नश्च धातुस्थोरुषुभ्यः ३६४९ ।
२८. [1]उपसर्गाद्नोत्परः ८५९ ।
२९. कृत्यचः २८३५ ।
* निर्विण्णस्योपसंख्यानम् ।
३०. णेर्विभाषा २८३६ ।
३१. हलश्चेजुपधात् २८३७ ।
३२. इजादेः सनुमः २८३८ ।
३३. वा निंसनिक्षनिन्दाम् २८३९ ।
३४. न भाभूपूकमिगमिप्यायीवेपाम् २८४०
* पूञ एवेह ग्रहणमिष्यते ।
* ण्यन्तभादीनामुपसंख्यानम् ।
३५. षात्पदान्तात् ३३१० ।
३६. नशेः षान्तस्य २५१८ ।
३७. पदान्तस्य १९८ ।

---

१. 'उपसर्गाद्बहुलम्' इति भाष्यम् ।

३८. पदव्यवायेऽपि १०५७ ।

* अतद्धित इति वाच्यम् ।

३९. क्षुभ्नादिषु च ७९२ ।

२६४. क्षुभ्ना नृनमन नन्दिन् नन्दन नगर । एतान्युत्तरपदानि संज्ञायां प्रयोजयन्ति । हरिनन्दी हरिनन्दनः गिरिनगरम् । नृतिर्यङि प्रयोजयति । नरीनृत्यते । नर्तन गहन नन्दन निवेश निवास अग्नि अनूप । एतान्युत्तर पदानि प्रयोजयन्ति । परिनर्तनम् परिगहनम् परिनन्दनम् शरनिवेशः शरनिवासः शराग्निः दर्भानूपः । 'आचार्यादणत्वं च' १८४ । आचार्यभोगीनः । **आकृतिगणोऽयम्** ॥ **पाठान्तरम्** ॥ क्षुभ्ना तृप्नु नृनमन नरनगर नन्दन । यङ्नृती । गिरिनदी गृहगमन निवेश निवास अग्नि अनूप आचार्यभोगीन चतुर्हायन । 'इरिकादीनि वनोत्तरपदानि संज्ञायाम्' १८५ । इरिका तिमिर समीर कुबेर हरि कर्मार ॥ **इति क्षुभ्नादिः** ॥

इति श्रीपाणिनिमुनिप्रणीतो गणपाठः समाप्तः ॥

* अग्रग्रामाभ्यां नयतेर्णो वाच्यः ।

४०. स्तोः श्चुना श्चुः १११　॥ २ ॥

* श्चुत्वं धुटि सिद्धं वाच्यम् ।

४१. ष्टुना ष्टुः ११३ ।

४२. न पदान्ताट्टोरनाम् ११४ ।

* अनाम्नवतिनगरीणामिति वक्तव्यम् ।

४३. तोः षि ११५ ।

४४. शात् ११२ ।

४५. यरोऽनुनासिकेऽनुनासिको वा ११६ ।

* प्रत्यये भाषायां नित्यम् ।

४६. अचो रहाभ्यां द्वे ५९ ।

४७. अनचि च ४८ ।

* यणो मयो द्वे वाच्ये ।

४८. नादिन्याक्रोशे पुत्रस्य ५५ ।

* तत्परे च ।

* वा हतजग्धयोः ।

* चयो द्वितीयाः शरि पौष्करसादेरिति वाच्यम् ।

४९. शरोऽचि ३४० ।
५०. त्रिप्रभृतिषु शाकटायनस्य ५६ ।
५१. सर्वत्र शाकल्यस्य ५७ ।
५२. दीर्घादाचार्याणाम् ५८ ।
५३. झलां जश्झशि ५२ ।
५४. अभ्यासे चर्च २१८२ ।
५५. खरि च १२१ ।
५६. वाऽवसाने २०६ ।
५७. अणोऽप्रगृह्यस्यानुनासिकः ११० ।
५८. अनुस्वारस्य ययि परसवर्णः १२४ ।
५९. वा पदान्तस्य १२५ ।
६०. तोर्लि ११७ ॥ ३ ॥

६१. उदः स्थास्तम्भ्वोः पूर्वस्य ११८ ।
६२. झयो होऽन्यतरस्याम् ११९ ।
६३. शश्छोऽटि १२० ।

* छत्वममीति वाच्यम् ।

६४. हलो यमां यमि लोपः ६० ।
६५. झरो झरि सवर्णे ७१ ।
६६. उदात्तादनुदात्तस्य स्वरितः ३६६० ।
६७. नोदात्तस्वरितोदयमगार्ग्यकाश्यपगाल-
वानाम् ३६६१ ।
६८. अ अ ११ ।

रषाभ्यामुभौ ष्टुना ष्टुरुदः स्थाष्टौ ॥

इति पाणिनीयसूत्रपाठे अष्टमस्याध्यायस्य चतुर्थः पादः अध्यायश्च ।

॥ श्रीरस्तु ॥

अथ पाणिनीयो धातुपाठः।

भ्वादयः।

१ भू सत्तायाम्। **उदात्तः परस्मैभाषः** ॥ अथ षट्त्रिंशत्तवर्गीयान्ता आत्मनेपदिनः ॥ २ एध वृद्धौ। ३ स्पर्ध संघर्षे। ४ गाधृ प्रतिष्ठालिप्सयोर्ग्रन्थे च। ५ बाधृ लोडने। ६ नाथृ ७ नाधृ याच्ञोपतापैश्वर्याशीःषु। ८ दध धारणे। ९ स्कुदि आप्रवणे। १० श्विदि श्वैत्ये। ११ वदि अभिवादनस्तुत्योः। १२ भदि कल्याणे सुखे च। १३ मदि स्तुतिमोदमदस्वप्नकान्तिगतिषु। १४ स्पदि किञ्चिच्चलने। १५ क्लिदि परिदेवने। १६ मुद हर्षे। १७ दद दाने। १८ ष्वद १९ स्वर्द आस्वादने। २० उर्द माने क्रीडायां च। २१ कुर्द २२ खुर्द २३ गुर्द २४ गुद क्रीडायामेव। २५ षूद क्षरणे। २६ ह्राद अव्यक्ते शब्दे। २७ ह्लादी सुखे च। २८ स्वाद आस्वादने। २९ पर्द कुत्सिते शब्दे। ३० यती प्रयत्ने। ३१ युतृ ३२ जुतृ भासने। ३३ विथृ ३४ वेथृ याचने। ३५ श्रथि शैथिल्ये। ३६ ग्रथि कौटिल्ये। ३७ कत्थ श्लाघायाम् ॥ **एधादय उदात्ता अनुदात्तेत आत्मनेभाषाः** ॥ अथाष्टत्रिंशत्तवर्गीयान्ताः परस्मैपादिनः ॥ ३८ अत सातत्यगमने। ३९ चिती संज्ञाने। ४० च्युतिर् आसेचने। ४१ श्च्युतिर् (श्चुतिर्) क्षरणे। ४२ मन्थ विलोडने। ४३ कुथि ४४ पुथि ४५ लुथि ४६ मथि हिंसासंक्लेशनयोः। ४७ षिध गत्याम्। ४८ षिधू शास्त्रे माङ्गल्ये च।

४९ खाद भक्षणे । ५० खद स्थैर्ये हिंसायां च । ५१ बद स्थैर्ये । ५२ गद व्यक्तायां वाचि । ५३ रद विलेखने । ५४ णद अव्यक्ते शब्दे । ५५ अर्द गतौ याचने च । ५६ नर्द ५७ गर्द शब्दे । ५८ तर्द हिंसायाम् । ५९ कर्द कुत्सिते शब्दे । ६० खर्द दन्दशूके । ६१ अति ६२ अदि बन्धने । ६३ इदि परमैश्वर्ये । ६४ बिदि अवयवे ॥ भिदि इत्येके ॥ ६५ गडि वदनैकदेशे । ६६ णिदि कुत्सायाम् । ६७ टु नदि समृद्धौ । ६८ चदि आह्लादे । दीप्तौ च । ६९ त्रदि चेष्टायाम् । ७० कदि ७१ क्रदि ७२ क्लदि आह्वाने रोदने च । ७३ क्लिदि परिदेवने । ७४ शुन्ध शुद्धौ ॥ **अतादय उदात्ता उदात्तेतः परस्मैभाषाः** ॥ **अथ कवर्गीयान्ता आत्मनेपदिनो** द्विचत्वारिंशत् ॥ ७५ शीकृ सेचने । ७६ लोकृ दर्शने । ७७ श्लोकृ संघाते । ७८ द्रेकृ ७९ ध्रेकृ शब्दोत्साहयोः । ८० रेकृ शङ्कायाम् । ८१ सेकृ ८२ स्रेकृ ८३ स्रकि ८४ श्रकि ८५ श्लकि गतौ । ८६ शकि शङ्कायाम् । ८७ अकि लक्षणे । ८८ वकि कौटिल्ये । ८९ मकि मण्डने । ९० कक लौल्ये । ९१ कुक ९२ वृक आदाने । ९३ चक तृप्तौ प्रतिघाते च । ९४ ककि ९५ वकि ९६ श्वकि ९७ त्रकि ९८ ढौकृ ९९ त्रौकृ १०० ष्वष्क[2] १०१ वस्क १०२ मस्क १०३ टिकृ १०४ टीकृ १०५ तिकृ १०६ तीकृ १०७ रघि १०८ लघि गत्यर्थाः ॥ तृतीयो दन्त्यादिरित्येके ॥ लघि भोजननिवृत्तावपि ॥ १०९ अघि ११० वघि १११ मघि गत्याक्षेपे । गतौ गत्यारम्भे चेत्यपरे । मघि कैतवे च ॥ ११२ राघृ ११३ लाघृ ११४ द्राघृ सामर्थ्ये ॥ ध्राघृ इत्यपि केचित् । द्राघृ आयामे च ॥ ११५ श्लाघृ कत्थने ॥ **शीकादय उदात्ता अनुदात्तेत आत्मनेभाषाः** ॥ **अथ कवर्गीयान्ताः परस्मैपदिनः पञ्चाशत्** ॥ ११६ फक्क नीचैर्गतौ । ११७ तक हसने । ११८ तकि कृच्छ्रजीवने । (शुक गतौ ।) ११९ बुक्क भषणे ।

---

१. 'सीकृ' २ 'ष्वक्क' इति च पाठान्तरम् ।

१२० कख हसने । १२१ ओखृ १२२ राखृ १२३ लाखृ १२४ द्राखृ १२५ ध्राखृ शोषणालमर्थयोः । १२६ शाखृ १२७ श्लाखृ व्याप्तौ । १२८ उख १२९ उखि १३० वख १३१ वखि १३२ मख १३३ मखि १३४ णख १३५ णखि १३६ रख १३७ रखि १३८ लख १३९ लखि १४० इख १४१ इखि १४२ ईखि १४३ वल्ग १४४ रगि १४५ लगि १४६ अगि १४७ वगि १४८ मगि १४९ तगि १५० त्वगि १५१ श्रगि १५२ श्लगि १५३ इगि १५४ रिगि १५५ लिगि गत्यर्थाः ॥ रिख (रिखि लिख लिखि) त्रख त्रिखि शिखि इत्यपि केचित् । त्वगि कम्पने च ॥ १५६ युगि १५७ जुगि १५८ बुगि वर्जने । १५९ घघ हसने । (दघि पालने । लघि शोषणे ।) १६० मघि मण्डने । १६१ शिघि आघ्राणे । (अर्घ मूल्ये) ॥ **फक्कादय उदात्ता उदात्तेतः परस्मैभाषाः** ॥ अथ चवर्गीयान्ता आत्मनेपदिनः एकविंशतिः ॥ १६२ वर्च दीप्तौ । १६३ षच सेचने सेवने च । १६४ लोचृ दर्शने । १६५ शच व्यक्तायां वाचि । १६६ श्वच १६७ श्वचि गतौ । (शचि च ।) १६८ कच बन्धने । १६९ कचि १७० काचि दीप्तिबन्धनयोः । १७१ मच १७२ मुचि कल्कने । कथन इत्यन्ये ॥ १७३ मचि धारणोच्छ्रायपूजनेषु । १७४ पचि व्यक्तीकरणे । १७५ ष्टुच प्रसादे । १७६ ऋज गतिस्थानार्जनोपार्जनेषु । १७७ ऋजि १७८ भृजी भर्जने । १७९ एजृ १८० भ्रेजृ १८१ भ्राजृ दीप्तौ । १८२ ईज गतिकुत्सनयोः ॥ **वर्चादय उदात्ता अनुदात्तेत आत्मनेभाषाः** ॥ अथ चवर्गीयान्ता व्रज्यन्ताः परस्मैपदिनो द्विसप्ततिः ॥ १८३ शुच शोके । १८४ कुच शब्दे तारे । १८५ कुन्च १८६ क्रुन्च कौटिल्याल्पीभावयोः । १८७ लुन्च अपनयने । १८८ अन्चु गतिपूजनयोः । १८९ वन्चु १९० चन्चु १९१ तन्चु १९२ त्वन्चु १९३ मुन्चु १९४ म्लुन्चु १९५ मुचु १९६ म्लुचु गत्यर्थाः । १९७ ग्रुचु १९८ ग्लुचु १९९ कुजु २०० खुजु स्तेयकरणे । २०१ ग्लुन्चु

२०२ षस्ज गतौ । (षस्जिरात्मनेपद्यपि) । २०३ गुजि अव्यक्ते शब्दे । २०४ अर्च पूजायाम् । २०५ म्लेच्छ अव्यक्ते शब्दे । २०६ लछ २०७ लाछि लक्षणे । २०८ वाछि इच्छायाम् । २०९ आछि आयामे । २१० ह्रीच्छ लज्जायाम् । २११ हुर्छा कौटिल्ये । २१२ मुर्छा मोहसमुच्छ्राययोः । २१३ स्फुर्छा विस्तृतौ । २१४ युच्छ प्रमादे । २१५ उछि उञ्छे । २१६ उछी विवासे । २१७ ध्रज २१८ ध्रजि २१९ धृज २२० धृजि २२१ ध्वज २२२ ध्वजि गतौ । (ध्रिज च) । २२३ कूज अव्यक्ते शब्दे । २२४ अर्ज २२५ षर्ज अर्जने । २२६ गर्ज शब्दे । २२७ तर्ज भर्त्सने । २२८ कर्ज व्यथने । २२९ खर्ज पूजने च । २३० अज गतिक्षेपणयोः । २३१ तेज पालने । २३२ खज मन्थे । (कज मद इत्येके) । २३३ खजि गतिवैकल्ये । २३४ एजृ कम्पने । २३५ टुओ स्फूर्जा वज्रनिर्घोषे । २३६ क्षि क्षये । २३७ क्षिज अव्यक्ते शब्दे । २३८ लज २३९ लजि भर्त्सने । २४० लाज २४१ लाजि भर्जने च । २४२ जज २४३ जजि युद्धे । २४४ तुज हिंसायाम् । २४५ तुजि पालने । २४६ गज २४७ गजि २४८ गृज २४९ गृजि २५० मुज २५१ मुजि शब्दार्थाः । गज मदने च । २५२ वज २५३ व्रज गतौ । **शुचादय उदात्ता उदात्तेतः (क्षिवर्जं) परस्मैभाषाः** ॥ अथ टवर्गीयान्ताः शाड्न्ता आत्मनेपदिनः षट्त्रिंशत् ॥ २५४ अट्ट अतिक्रमहिंसयोः । २५५ वेष्ट वेष्टने । २५६ चेष्ट चेष्टायाम् । २५७ गोष्ट २५८ लोष्ट संघाते । २५९ घट्ट चलने । २६० स्फुट विकसने । २६१ अठि गतौ । २६२ वठि एकचर्यायाम् । २६३ मठि २६४ कठि शोके । २६५ मुठि पालने । २६६ हेठ विबाधायाम् । २६७ एठ च । २६८ हिडि गत्यनादरयोः । २६९ हुडि संघाते । २७० कुडि दाहे । २७१ वडि विभाजने । २७२ मडि च । २७३ भडि परिभाषणे । २७४ पिडि संघाते । २७५ मुडि मार्जने । २७६ तुडि तोडने । २७७ हुडि वरणे । हरण इत्येके । (स्फुडि विकसने) । २७८ चडि कोपे । २७९ शडि

रुजायां सङ्घाते च । २८० तडि ताडने । २८१ पडि गतौ । २८२ कडि मदे । २८३ खडि मन्थे । २८४ हेडृ २८५ होडृ अनादरे । २८६ बाडृ आप्लाव्ये । २८७ द्राडृ २८८ ध्राडृ विशरणे । २८९ शाडृ श्लाघायाम् ॥ अट्टादय उदात्ता अनुदात्तेत आत्मनेभाषाः ॥ अथ आ टवर्गीयान्तसमाप्तेः परस्मैपदिनः ॥ २९० शौटृ गर्वे । २९१ यौटृ बन्धे । २९२ म्लेटृ २९३ म्रेडृ उन्मादे । २९४ कटे वर्षावरणयोः ॥ चटे इत्येके ॥ २९५ अट २९६ पट गतौ । २९७ रट परिभाषणे । २९८ लट बाल्ये ॥ २९९ शट रुजाविशरणगत्यवसादनेषु । ३०० वट वेष्टने । ३०१ किट ३०२ खिट त्रासे । ३०३ शिट ३०४ षिट अनादरे । ३०५ जट ३०६ झट संघाते । ३०७ भट भृतौ । ३०८ तट उच्छ्राये । ३०९ खट काङ्क्षायाम् । ३१० णट नृत्तौ । ३११ पिट शब्दसंघातयोः । ३१२ हट दीप्तौ । ३१३ षट अवयवे । ३१४ लुट विलोडने । डान्तोऽयमित्येके । ३१५ चिट परप्रेष्ये । ३१६ विट शब्दे । ३१७ बिट आक्रोशे । हिट इत्येके ॥ ३१८ इट ३१९ किट ३२० कटी गतौ । ३२१ मडि भूषायाम् । ३२२ कुडि वैकल्ये । कुटीत्येके । ३२३ मुड ३२४ प्रुड मर्दने । ३२५ चुडि अल्पीभावे ३२६ मुडि खण्डने ॥ पुडि चेत्येके ॥ ३२७ रुटि ३२८ लुटि स्तेये ॥ रुठि लुठि इत्येके । रुडि लुडि इत्यपरे ॥ ३२९ स्फुटिर् विशरणे ॥ स्फुटि इत्यपि केचित् ॥ ३३० पठ व्यक्तायां वाचि । ३३१ वठ स्थौल्ये । ३३२ मठ मदनिवासयोः । ३३३ कठ कृच्छ्रजीवने । ३३४ रट परिभाषणे । रठ इत्येके ॥ ३३५ हठ प्लुतिशठत्वयोः ॥ बलात्कार इत्यन्ये ॥ ३३६ रुठ ३३७ लुठ ३३८ उठ उपघाते ॥ ऊठ इत्येके ॥ ३३९ पिठ हिंसासंक्लेशनयोः । ३४० शठ कैतवे च । ३४१ शुठ गतिप्रतिघाते ॥ शुठि इति स्वामी । ३४२ कुठि च । ३४३ लुठि आलस्ये प्रतिघाते च । ३४४ शुठि शोषणे । ३४५ रुठि ३४६ लुठि गतौ । ३४७ चुड्ड भावकरणे । ३४८ अड्ड अभियोगे । ३४९ कड्ड कार्कश्ये ॥ चुड्डादयस्त्रयो

दोपधाः ॥ ३५० क्रीडृ विहारे। ३५१ तुडृ तोडने॥ तूडृ इत्येके॥ ३५२ हुडृ ३५३ हूडृ ३५४ होडृ गतौ। ३५५ रौडृ अनादरे। ३५६ रोडृ ३५७ लोडृ उन्मादे। ३५८ अड उद्यमे। ३५९ लड विलासे॥ लल इत्येके॥ ३६० कड मदे॥ कडि इत्येके॥ ३६१ गडि वदनैकदेशे॥ **शीटादय उदात्ता उदात्तेतः परस्मैभाषाः**॥ अथ पवर्गीयान्ता आत्मनेपदिनः स्तोभत्यन्ताश्चतुस्त्रिंशत्॥ ३६२ तिपृ ३६३ तेपृ ३६४ ष्टिपृ ३६५ ष्टेपृ क्षरणार्थाः॥ आद्योऽनुदात्तः॥ तेपृ कम्पने च॥ ३६६ ग्लेपृ दैन्ये। ३६७ टु वेपृ कम्पने। ३६८ केपृ ३६९ गेपृ ३७० ग्लेपृ च। ३७१ मेपृ ३७२ रेपृ ३७३ लेपृ गतौ। ३७४ त्रपूष् लज्जायाम्। ३७५ कपि चलने। ३७६ रबि ३७७ लबि ३७८ अबि शब्दे। ३७९ लबि अवस्रंसने च। ३८० कबृ वर्णे। ३८१ क्लीबृ अधाष्टर्ये। ३८२ क्षीबृ मदे। ३८३ शीभृ कत्थने ३८४ चीभृ च। ३८५ रेभृ शब्दे॥ अभिरभी क्वचित्पठ्येते॥ लभि च। ३८६ ष्टभि ३८७ स्कभि प्रतिबन्धे। ३८८ जभी ३८९ जृभि गात्रविनामे। ३९० शल्भ कत्थने। ३९१ वल्भ भोजने। ३९२ गल्भ धाष्टर्ये। ३९३ श्रन्भु प्रमादे॥ दन्त्यादिश्च॥ ३९४ ष्टुभु स्तम्भे॥ **तिप्यादय उदात्ता अनुदात्तेत आत्मनेभाषाः॥ तिपिस्त्वनुदात्तः॥** अथ पवर्गीयान्ताः परस्मैपदिनः एकचत्वारिंशत्॥ ३९५ गुपू रक्षणे। ३९६ धूप संतापे। ३९७ जप ३९८ जल्प व्यक्तायां वाचि। जप मानसे च॥ ३९९ चप सान्त्वने। ४०० षप समवाये। ४०१ रप ४०२ लप व्यक्तायां वाचि। ४०३ चुप मन्दायां गतौ। ४०४ तुप ४०५ तुम्प ४०६ त्रुप ४०७ त्रुम्प ४०८ तुफ ४०९ तुम्फ ४१० त्रुफ ४११ त्रुम्फ हिंसार्थाः। ४१२ पर्प ४१३ रफ ४१४ रफि ४१५ अर्ब ४१६ पर्ब ४१७ लर्ब ४१८ बर्ब ४१९ मर्ब ४२० कर्ब ४२१ खर्ब ४२२ गर्ब ४२३ शर्ब ४२४ षर्ब ४२५ चर्ब गतौ। ४२६ कुबि आच्छादने।

४२७ लुबि ४२८ तुबि अर्दने । ४२९ चुबि वक्त्रसंयोगे। ४३० षृभु ४३१ षृन्भु हिंसार्थौ । षिभु षिभि इत्येके ॥ ४३२ शुभ ४३३ शुन्भ भाषणे । भासन इत्येके ॥ हिंसायामित्यन्ये ॥ **गुपादय उदात्ता उदात्तेतः परस्मैभाषाः** ॥ अथ अनुनासिकान्ताः कम्यन्ताः आत्मनेपदिनो दश ॥ ४३४ घिणि ४३५ घुणि ४३६ घृणि ग्रहणे । ४३७ घुण ४३८ घूर्ण भ्रमणे । ४३९ पण व्यवहारे स्तुतौ च । ४४० पन च । ४४१ भाम क्रोधे । ४४२ क्षमूष् सहने । ४४३ कमु कान्तौ ॥ **घिण्यादय उदात्ता अनुदात्तेत आत्मनेभाषाः** ॥ अथ क्रम्यन्ताः परस्मैपदिनः त्रिंशत् ॥ ४४४ अण ४४५ रण ४४६ वण ४४७ भण ४४८ मण ४४९ कण ४५० क्वण ४५१ व्रण ४५२ भ्रण ४५३ ध्वण शब्दार्थाः ॥ धण इत्यपि केचित् ॥ ४५४ ओणृ अपनयने । ४५५ शोणृ वर्णगत्योः । ४५६ श्रोणृ संघाते । ४५७ श्लोणृ च । ४५८ पैणृ गतिप्रेरणश्लेषणेषु (प्रैणृ इत्यपि) । ४५९ ध्रन शब्दे । बण इत्यपि केचित् ॥ ४६० कन दीप्तिकान्तिगतिषु । ४६१ ष्टन ४६२ वन शब्दे । ४६३ वन ४६४ षण संभक्तौ । ४६५ अम गत्यादिषु । ४६६ द्रम ४६७ हम्म ४६८ मीमृ गतौ । मीमृ शब्दे च ॥ ४६९ चमु ४७० छमु ४७१ जमु ४७२ झमु अदने । जिमु इति केचित् । ४७३ क्रमु पादविक्षेपे । **अणादय उदात्ता उदात्तेतः परस्मैभाषाः** ॥ अथ रेवत्यन्ता आत्मनेपदिनश्चत्वारिंशत् ॥ ४७४ अय ४७५ वय ४७६ पय ४७७ मय ४७८ चय ४७९ तय ४८० णय गतौ । ४८१ दय दानगतिरक्षणहिंसादानेषु । ४८२ रय गतौ । लय च ॥ ४८३ ऊयी तन्तुसंताने । ४८४ पूयी विशरणे दुर्गन्धे च । ४८५ क्नूयी शब्दे उन्दने च । ४८६ क्ष्मायी विधूनने । ४८७ स्फायी ४८८ ओ प्यायी वृद्धौ । ४८९ तायृ संतानपालनयोः । ४९० शल चलनसंवरणयोः । ४९१ वल ४९२ वल्ल संवरणे संचरणे च । ४९३ मल ४९४ मल्ल धारणे । ४९५ भल ४९६ भल्ल

परिभाषणहिंसादानेषु । ४९७ कल शब्दसंख्यानयोः । ४९८ कल्ल अव्यक्ते शब्दे । अशब्द इति स्वामी ॥ ४९९ तेवृ ५०० देवृ देवने । ५०१ षेवृ ५०२ गेवृ ५०३ ग्लेवृ ५०४ पेवृ ५०५ मेवृ ५०६ म्लेवृ सेवने ॥ शेवृ खेवृ क्लेवृ इत्यप्येके ॥ ५०७ रेवृ प्लवगतौ ॥ **अथादय उदात्ता अनुदात्तेत आत्मनेभाषाः ॥ अथावत्यन्ताः परस्मैपदिनः एकनवतिः** ॥ ५०८ मव्य बन्धने । ५०९ सूर्क्ष्य ५१० ईर्क्ष्य ५११ ईर्ष्य ईर्ष्यार्थाः । ५१२ हय गतौ । ५१३ शुच्य अभिषवे । चुच्य इत्येके ॥ ५१४ हर्य गतिकान्त्योः । ५१५ अल भूषणपर्याप्तिवारणेषु ॥ अयं स्वरितेदित्येके ॥ ५१६ ञि फला विशरणे । ५१७ मील ५१८ श्मील ५१९ स्मील ५२० क्ष्मील निमेषणे । ५२१ पील प्रतिष्टम्भे । ५२२ णील वर्णे । ५२३ शील समाधौ । ५२४ कील बन्धने । ५२५ कूल आवरणे । ५२६ शूल रुजायां संघोषे च । ५२७ तूल निष्कर्षे । ५२८ पूल संघाते । ५२९ मूल प्रतिष्ठायाम् । ५३० फल निष्पत्तौ । ५३१ चुल्ल भावकरणे । ५३२ फुल्ल विकसने । ५३३ चिल्ल शैथिल्ये भावकरणे च । ५३४ तिल गतौ । तिल्ल इत्येके ॥ ५३५ वेल्ल ५३६ चेल्ल ५३७ केल्ल ५३८ खेल्ल ५३९ क्ष्वेल्ल ५४० वेल्ल चलने । ५४१ पेल्ल ५४२ फेल्ल ५४३ शेल्ल गतौ । षेल्ल इत्येके ॥ ५४४ स्खल संचलने । ५४५ खल संचये । ५४६ गल अदने । ५४७ षल गतौ । ५४८ दल विशरणे । ५४९ श्वल ५५० श्वल्ल आशुगमने । ५५१ खोल्ल ५५२ खोर्ऋ गतिप्रतिघाते । ५५३ धोर्ऋ गतिचातुर्ये । ५५४ त्सर छद्मगतौ । ५५५ क्मर हूर्च्छने । ५५६ अभ्र ५५७ वभ्र ५५८ मभ्र ५५९ चर गत्यर्थाः ॥ चरतिर्भक्षणेऽपि ॥ ५६० ष्ठिवु निरसने । ५६१ जि जये । ५६२ जीव प्राणधारणे । ५६३ पीव ५६४ मीव ५६५ तीव ५६६ णीव स्थौल्ये । ५६७ क्षीवु ५६८ क्षेवु निरसने । ५६९ उर्वी ५७० तुर्वी ५७१ थुर्वी ५७२ दुर्वी ५७३ धुर्वी हिंसार्थाः । ५७४ गुर्वी उद्यमने । ५७५ मुर्वी बन्धने । ५७६

पुर्व ५७७ पर्व ५७८ मर्व पूरणे । ५७९ चर्व अदने । ५८० भर्व हिंसायाम् । ५८१ कर्व ५८२ खर्व ५८३ गर्व दर्पे । ५८४ अर्व ५८५ शर्व ५८६ षर्व हिंसायाम् । ५८७ इवि व्याप्तौ । ५८८ पिवि ५८९ मिवि ५९० णिवि सेचने । (षिवीत्येके) । सेवन इति तरङ्गिण्याम् ॥ ५९१ हिवि ५९२ दिवि ५९३ धिवि ५९४ जिवि प्रीणनार्थाः । ५९५ रिवि ५९६ रवि ५९७ धवि गत्यर्थाः । ५९८ कृवि हिंसाकरणयोश्च । ५९९ मव बन्धने । ६०० अव रक्षणगतिकान्तिप्रीतितृप्त्यवगमप्रवेशश्रवणस्वाम्यर्थयाचनक्रियेच्छादीप्त्यवाप्त्यालिङ्गनहिंसादानभागवृद्धिषु ॥ **मव्यादय उदात्ता उदात्तेतः परस्मैभाषाः ॥ जिस्त्वनुदात्तः** ॥ ६०१ धावु गतिशुद्ध्योः ॥ **उदात्तः स्वरितेदुभयतोभाषः** ॥ अथोष्मान्ता आत्मनेपदिनो द्विपञ्चाशत् ॥ ६०२ धुक्ष ६०३ धिक्ष संदीपनक्लेशनजीवनेषु । ६०४ वृक्ष वरणे । ६०५ शिक्ष विद्योपादाने । ६०६ भिक्ष भिक्षायामलाभे लाभे च । ६०७ क्लेश अव्यक्तायां वाचि । बाधन इति दुर्गः ॥ ६०८ दक्ष वृद्धौ शीघ्रार्थे च । ६०९ दीक्ष मौण्ड्येज्योपनयननियमव्रतादेशेषु । ६१० ईक्ष दर्शने । ६११ ईष गतिहिंसादर्शनेषु । ६१२ भाष व्यक्तायां वाचि । ६१३ वर्ष स्नेहने । ६१४ गेषृ अन्विच्छायाम् । ग्लेषृ इत्येके ॥ ६१५ पेषृ प्रयत्ने । (एषृ इत्येके । येषृ इत्यप्यन्ये) । ६१६ जेषृ ६१७ णेषृ ६१८ एषृ ६१९ प्रेषृ गतौ । ६२० रेषृ ६२१ हेषृ ६२२ ह्रेषृ अव्यक्ते शब्दे । ६२३ कासृ शब्दकुत्सायाम् । ६२४ भासृ दीप्तौ । ६२५ णासृ ६२६ रासृ शब्दे । ६२७ णस कौटिल्ये । ६२८ भ्यस भये । ६२९ आङः शसि इच्छायाम् । ६३० ग्रसु ६३१ ग्लसु अदने । ६३२ ईह चेष्टायाम् । ६३३ वहि ६३४ महि वृद्धौ । (बहीत्येके) । ६३५ अहि गतौ । ६३६ गर्ह ६३७ गल्ह कुत्सायाम् । ६३८ बर्ह ६३९ बल्ह प्राधान्ये । ६४० वर्ह ६४१ वल्ह परिभाषणहिंसाच्छादनेषु । ६४२ प्लिह गतौ । ६४३ वेहृ (बेहृ) ६४४ जेहृ ६४५ बाहृ (वाहृ) प्रयत्ने । जेहृ गतावपि ॥

६४६ द्राहृ निद्राक्षये ॥ निक्षेप इत्येके ॥ ६४७ काश्टृ दीप्तौ । ६४८ ऊह वितर्के । ६४९ गाहू विलोडने । ६५० गृहू ग्रहणे । ६५१ ग्लह च । ६५२ घुषि कान्तिकरणे । घष इति केचित् ॥ **घुक्षादय उदात्ता अनुदात्तेत आत्मनेभाषाः ॥ गृहिस्तु वेद् ।** अथ अर्हत्यन्ताः परस्मैपदिन एकनवतिः ॥ ६५३ घुषिर् अविशब्दने । शब्द इति अन्ये पेठुः ॥ ६५४ अक्षू व्याप्तौ । ६५५ तक्षू ६५६ त्वक्षू तनूकरणे । ६५७ उक्ष सेचने । ६५८ रक्ष पालने । ६५९ णिक्ष चुम्बने । ६६० त्रक्ष ६६१ ष्ट्रक्ष (तृक्ष ष्टृक्ष) ६६२ णक्ष गतौ । ६६३ वक्ष रोषे । संघात इत्येके । ६६४ मृक्ष संघाते । म्रक्ष इत्येके ॥ ६६५ तक्ष त्वंचने । पक्ष परिग्रह इत्येके । ६६६ सूर्क्ष आदरे । षूर्क्ष इति केचित् । ६६७ काक्षि ६६८ वाक्षि ६६९ माक्षि काङ्क्षायाम् । ६७० द्राक्षि ६७१ ध्राक्षि ६७२ ध्वाक्षि घोरवासिते च । ६७३ चूष पाने । ६७४ तूष तुष्टौ । ६७५ पूष वृद्धौ । ६७६ मूष स्तेये । ६७७ लूष ६७८ रूष भूषायाम् । ६७९ शूष प्रसवे । ६८० यूष हिंसायाम् । ६८१ जूष च । ६८२ भूष अलंकारे । ६८३ ऊष रुजायाम् । ६८४ ईष उञ्छे । ६८५ कष ६८६ खष ६८७ शिष ६८८ जष ६८९ झष ६९० शष ६९१ वष ६९२ मष ६९३ रुष ६९४ रिष हिंसार्थाः । ६९५ भष भर्त्सने । ६९६ उष दाहे । ६९७ जिषु ६९८ विषु ६९९ मिषु सेचने । ७०० पुष पुष्टौ । ७०१ श्रिषु ७०२ श्लिषु ७०३ प्रुषु ७०४ प्लुषु दाहे । ७०५ पृषु ७०६ वृषु ७०७ मृषु सेचने । मृषु सहने च । इतरौ हिंसासंक्लेशनयोश्च ॥ ७०८ घृषु संघर्षे । ७०९ हृषु अलीके । ७१० तुस ७११ ह्रस ७१२ ह्लस ७१३ रस शब्दे । ७१४ लस श्लेषणक्रीडनयोः । ७१५ घस्लृ अदने । ७१६ जर्ज ७१७ चर्च ७१८ झर्झ परिभाषणहिंसातर्जनेषु । ७१९ पिसृ ७२० पेसृ गतौ । ७२१ हसे हसने । ७२२ णिश समाधौ । ७२३ मिश ७२४ मश शब्दे रोषकृते च । ७२५ शव गतौ । ७२६ शश प्लुतगतौ । ७२७ शसु हिंसायाम् । ७२८ शंसु

स्तुतौ । दुर्गताविति दुर्गः । ७२९ चह परिकल्कने । ७३० मह पूजायाम् । ७३१ रह त्यागे । ७३२ रहि गतौ । ७३३ दृह ७३४ दृहि ७३५ बृह ७३६ बृहि वृद्धौ । बृहि शब्दे च । बृहिर् चेत्येके । ७३७ तुहिर् ७३८ दुहिर् ७३९ उहिर् अर्दने । ७४० अर्ह पूजायाम् ॥ **घुषिरादय उदात्ता उदात्तेतः परस्मैभाषाः ॥ घसिस्त्वनुदात्तः** ॥ अथ कृपूपर्यन्ता आत्मनेपदिनः षड्विंशतिः ॥ ७४१ द्युत दीप्तौ । ७४२ श्विता वर्णे । ७४३ ञिमिदा स्नेहने । ७४४ ञिष्विदा स्नेहनमोचनयोः । मोहनयोरित्येके । ञिक्ष्विदा चेत्येके ॥ ७४५ रुच दीप्तावभिप्रीतौ च । ७४६ घुट परिवर्तने । ७४७ रुट ७४८ लुट ७४९ लुठ प्रतिघाते । ७५० शुभ दीप्तौ । ७५१ क्षुभ संचलने । ७५२ णभ ७५३ तुभ हिंसायाम् । आद्योऽभावेऽपि ॥ ७५४ स्रन्सु ७५५ ध्वन्सु ७५६ भ्रन्सु अवस्रंसने । ध्वन्सु गतौ च । भ्रन्शु इत्यपि केचित् ॥ तृतीय एव तालव्यान्त इत्यन्ये ॥ ७५७ स्रन्भु विश्वासे । ७५८ वृतु वर्तने । ७५९ वृधु वृद्धौ । ७६० शृधु शब्दकुत्सायाम् । ७६१ स्यन्दू प्रस्रवणे । ७६२ कृपू सामर्थ्ये ॥ **द्युतादय उदात्ता अनुदात्तेत आत्मनेभाषाः** ॥ **वृत्** ॥ अथ त्वरत्यन्ताः त्रयोदशात्मनेपदिनः षितश्च ॥ ७६३ घट चेष्टायाम् । ७६४ व्यथ भयसंचलनयोः । ७६५ प्रथ प्रख्याने । ७६६ प्रस विस्तारे । ७६७ म्रद मर्दने । ७६८ स्खद स्खदने । ७६९ क्षजि गतिदानयोः । ७७० दक्ष गतिहिंसनयोः । ७७१ क्रप कृपायां गतौ च । ७७२ कदि ७७३ क्रदि ७७४ क्लदि वैक्लव्ये । वैकल्य इत्येके । त्रयोऽप्यनिदित इति नन्दी । इदित इति स्वामी । कदिक्रदी इदितौ, क्रद क्लद इति चानिदितौ इति मैत्रेयः ॥ ७७५ ञि त्वरा संभ्रमे ॥ **घटादयः षितः ॥ उदात्ता अनुदात्तेत आत्मनेभाषाः** ॥ अथ फणान्ताः परस्मैपदिनः ॥ ७७६ ज्वर रोगे । ७७७ गड सेचने । ७७८ हेड वेष्टने । ७७९ वट ७८० भट परिभाषणे । ७८१ णट नृत्तौ । नतावित्येके ॥ गतावित्यन्ये ॥ ७८२ ष्टक प्रतिघाते ।

७८३ चके तृप्तौ । ७८४ कखे हसने । ७८५ रगे शङ्कायाम् । ७८६ लगे सङ्गे । ७८७ ह्रगे ७८८ ह्लगे ७८९ षगे ७९० ष्टगे संवरणे । ७९१ कगे नोच्यते । ७९२ अक ७९३ अग कुटिलायां गतौ । ७९४ कण ७९५ रण गतौ । ७९६ चण ७९७ शण ७९८ श्रण दाने च । शण गतावित्यन्ये ॥ ७९९ श्रथ (श्नथ श्लथ) ८०० क्नथ ८०१ क्रथ ८०२ क्लथ हिंसार्थाः । ८०३ वन च । वनु च नोच्यते । ८०४ ज्वल दीप्तौ । ८०५ ह्वल ८०६ ह्मल चलने । ८०७ स्मृ आध्याने । ८०८ दृ भये । ८०९ नॄ नये । ८१० श्रा पाके । मारणतोषणनिशामनेषु ८११ ज्ञा । निशानेष्विति पाठान्तरम् ॥ कम्पने ८१२ चलिः । ८१३ छदिर् ऊर्जने । जिह्वोन्मथने ८१४ लडिः । ८१५ मदी हर्षग्लेपनयोः । ८१६ ध्वन शब्दे । दलि-वलि-स्खलि-रणि-ध्वनि-त्रपि-क्षपयश्चेति भोजः । ८१७ स्वन अवतंसने ॥ **घटादयो मितः** ॥ जनी-जॄष्-क्नसु-रञ्जो-ऽमन्ताश्च । ज्वल-ह्वल-ह्मल-नमामनुपसर्गाद्वा । ग्ला-स्ना-वनु-वमां च । न कमि-अमि-चमाम् । ८१८ शमो दर्शने । ८१९ यमोऽपरिवेषणे । ८२० स्खदिर् अवपरिभ्यां च । ८२१ फण गतौ ॥ **घटादयः फणान्ता मितः** । **वृत्** । **ज्वरादय उदात्ता उदात्तेतः परस्मैभाषाः** ॥ ८२२ राजृ दीप्तौ । **उदात्तः स्वरितेदुभयतोभाषः** ॥ ८२३ टु भ्राजृ ८२४ टु भ्राशृ ८२५ टु भ्लाशृ दीप्तौ ॥ **उदात्ता अनुदात्तेत आत्मनेभाषाः** ॥ अथ क्षरत्यन्ताः परस्मैपदिनः ॥ ८२६ स्यमु ८२७ स्वन ८२८ ध्वन शब्दे । **फणादयो गताः** ॥ ८२९ षम ८३० ष्टम अवैकल्ये ॥ **वृत्** ॥ ८३१ ज्वल दीप्तौ । ८३२ चल कम्पने । ८३३ जल घातने । ८३४ टल ८३५ ट्वल वैक्लव्ये । ८३६ ष्ठल स्थाने । ८३७ हल विलेखने । ८३८ णल गन्धे । बन्धन इत्येके ॥ ८३९ पल गतौ । ८४० बल प्राणने धान्यावरोधने च । ८४१ पुल महत्त्वे । ८४२ कुल संस्त्याने बन्धुषु च । ८४३ शल ८४४ हुल ८४५ पत्लृ गतौ । (हल हिंसायां

संवरणे च)। ८४६ क्वथे निष्पाके। ८४७ पथे गतौ। ८४८ मथे विलोडने। ८४९ टु वम् उद्गिरणे। ८५० भ्रमु चलने। ८५१ क्षर संचलने॥ **स्यमादय उदात्ता उदात्तेतः परस्मैभाषाः** ॥ ८५२ षह मर्षणे॥ **उदात्तोऽनुदात्तेदात्मनेभाषः** ॥ ८५३ रमु क्रीडायाम्। रम इति माधवः। **अनुदात्तोऽनुदात्तेदात्मनेभाषः** ॥ अथ कसन्ताः परस्मैपदिनः॥ ८५४ षद्लृ विशरणगत्यवसादनेषु। ८५५ शद्लृ शातने। ८५६ क्रुश आह्वाने रोदने च॥ **षदादयस्त्रयोऽनुदात्ता उदात्तेतः परस्मैभाषाः** ॥ ८५७ कुच संपर्चनकौटिल्यप्रतिष्टम्भविलेखनेषु। ८५८ बुध अवगमने। ८५९ रुह बीजजन्मनि प्रादुर्भावे च। ८६० कस गतौ। **वृत्** ॥ **कुचादय उदात्ता उदात्तेतः परस्मैभाषाः** ॥ **रुहिस्त्वनुदात्तः** ॥ ज्वलादिर्गतः॥ अथ गूहत्यन्ताः स्वरितेतः॥ ८६१ हिक्क अव्यक्ते शब्दे। ८६२ अन्चु गतौ याचने च। अचु इत्येके। अचि इत्यपरे॥ ८६३ टु याचृ याच्ञायाम्। ८६४ रेटृ परिभाषणे। ८६५ चते ८६६ चदे याचने। ८६७ प्रोथृ पर्याप्तौ। ८६८ मिदृ ८६९ मेदृ मेधाहिंसनयोः। थान्ताविमाविति स्वामी। धान्ताविति न्यासः॥ ८७० मेधृ संगमे च। ८७१ णिदृ ८७२ णेदृ कुत्सासंनिकर्षयोः। ८७३ शृधु ८७४ मृधु उन्दने। ८७५ बुधिर् बोधने। ८७६ उ बुन्दिर् निशामने। ८७७ वेणृ गतिज्ञानचिन्तानिशामनवादित्रग्रहणेषु॥ नान्तोऽप्ययम्॥ ८७८ खनु अवदारणे। ८७९ चीवृ आदानसंवरणयोः। ८८० चायृ पूजानिशामनयोः। ८८१ व्यय गतौ। ८८२ दाशृ दाने। ८८३ भेषृ भये॥ गतावित्येके॥ ८८४ भ्रेषृ ८८५ भ्लेषृ गतौ। ८८६ अस गतिदीप्त्यादानेषु॥ अष इत्येके॥ ८८७ स्पश बाधनस्पर्शनयोः। ८८८ लष कान्तौ। ८८९ चष भक्षणे। ८९० छष हिंसायाम्। ८९१ झष आदानसंवरणयोः। ८९२ भ्रक्ष ८९३ भ्लक्ष अदने। (भक्ष इति मैत्रेयः)। ८९४ दासृ दाने। ८९५ माहृ माने। ८९६ गुहू

संवरणे ॥ **हिक्कादय उदात्ताः स्वरितेत उभयतोभाषाः** ॥ **अथ अजन्ताः उभयपदिनः** ॥ ८९७ श्रिञ् सेवायाम् ॥ **उदात्त उभयतोभाषः** ॥ ८९८ भृञ् भरणे । ८९९ हृञ् हरणे । ९०० धृञ् धारणे । ९०१ णीञ् प्रापणे । **भृञादयश्चत्वारोऽनुदात्ता उभयतोभाषाः** ॥ **अथ अजन्ताः परस्मैपदिनः** ॥ ९०२ धेट् पाने । ९०३ ग्लै ९०४ म्लै हर्षक्षये । ९०५ द्यै न्यक्करणे । ९०६ द्रै स्वप्ने । ९०७ ध्रै तृप्तौ । ९०८ ध्यै चिन्तायाम् । ९०९ रै शब्दे । ९१० स्त्यै ९११ ष्ट्यै शब्दसंघातयोः । ९१२ खै खदने । ९१३ क्षै ९१४ जै ९१५ षै क्षये । ९१६ कै ९१७ गै शब्दे । ९१८ शै ९१९ श्रै पाके । स्नै इति केषुचित्पाठः । ९२० पै ९२१ ओ वै शोषणे । ९२२ ष्टै वेष्टने । ९२३ ष्णै वेष्टने ॥ शोभायां चेत्येके ॥ ९२४ दैप् शोधने । ९२५ पा पाने । ९२६ घ्रा गन्धोपादाने । ९२७ ध्मा शब्दाग्निसंयोगयोः । ९२८ ष्ठा गतिनिवृत्तौ । ९२९ म्ना अभ्यासे । ९३० दाण् दाने । ९३१ ह्वृ कौटिल्ये । ९३२ स्वृ शब्दोपतापयोः । ९३३ स्मृ चिन्तायाम् । ९३४ ह्वृ संवरणे । ९३५ सृ गतौ । ९३६ ऋ गतिप्रापणयोः । ९३७ गृ ९३८ घृ सेचने । ९३९ ध्वृ हूर्च्छने ! ९४० स्रु गतौ । ९४१ षु प्रसवैश्वर्ययोः । ९४२ श्रु श्रवणे । ९४३ ध्रु स्थैर्ये । ९४४ दु ९४५ द्रु गतौ । ९४६ जि ९४७ ज्रि अभिभवे ॥ **धयत्यादयोऽनुदात्ताः परस्मैभाषाः** ॥ **अथ ङीङन्ता ङितः** ॥ ९४८ ष्मिङ् ईषद्धसने । ९४९ गुङ् अव्यक्ते शब्दे । ९५० गाङ् गतौ । ९५१ कुङ् ९५२ घुङ् ९५३ उङ् ९५४ ङुङ् शब्दे । उङ् कुङ् खुङ् गुङ् घुङ् ङुङ् इत्यन्ये ॥ ९५५ च्युङ् ९५६ ज्युङ् ९५७ प्रुङ् ९५८ प्लुङ् गतौ । क्लुङ् इत्येके ॥ ९५९ रुङ् गतिरेषणयोः । ९६० धृङ् अवध्वंसने । ९६१ मेङ् प्रणिदाने । ९६२ देङ् रक्षणे । ९६३ श्यैङ् गतौ । ९६४ प्यैङ् वृद्धौ । ९६५ त्रैङ् पालने ॥ **ष्मिङादयोऽनुदात्ता आत्मनेभाषाः** ॥ ९६६ पूङ् पवने ।

९६७ मूङ् बन्धने । ९६८ डीङ् विहायसा गतौ ॥ **पूङादयस्त्रय उदात्ता आत्मनेभाषाः** ॥ ९६९ तॄ प्लवनतरणयोः ॥ **उदात्तः परस्मैभाषः** ॥ अथाष्टावात्मनेपदिनः ॥ ९७० गुप गोपने । ९७१ तिज निशाने । ९७२ मान पूजायाम् । ९७३ बध बन्धने ॥ **गुपादयश्चत्वार उदात्ता अनुदात्तेत आत्मनेभाषाः** ॥ ९७४ रभ राभस्ये । ९७५ डु लभष् प्राप्तौ । ९७६ ष्वन्ज परिष्वङ्गे । ९७७ हद पुरीषोत्सर्गे ॥ **रभादयश्चत्वार उदात्ता अनुदात्तेत आत्मनेभाषाः** ॥ ९७८ ञि ष्विदा अव्यक्ते शब्दे ॥ **उदात्त उदात्तेत् परस्मैभाषः** ॥ ९७९ स्कन्दिर् गतिशोषणयोः । ९८० यभ मैथुने । ९८१ णम प्रह्वत्वे शब्दे च । ९८२ गम्लृ ९८३ सृप्लृ गतौ । ९८४ यम उपरमे । ९८५ तप संतापे । ९८६ त्यज हानौ । ९८७ षन्ज सङ्गे । ९८८ दृशिर् प्रेक्षणे । ९८९ दन्श दशने । ९९० कृष विलेखने । ९९१ दह भस्मीकरणे । ९९२ मिह सेचने ॥ **स्कन्दादयोऽनुदात्ता उदात्तेतः परस्मैभाषाः** ॥ ९९३ कित निवासे रोगापनयने च ॥ **उदात्तेत् परस्मैभाषः** ॥ अथ वहत्यन्ताः स्वरितेतः ॥ ९९४ दान खण्डने । ९९५ शान तेजने ॥ **उदात्तौ स्वरितेतावुभयतोभाषौ** ॥ ९९६ डु पचष् पाके । ९९७ षच समवाये । ९९८ भज सेवायाम् । ९९९ रञ्ज रागे । १००० शप आक्रोशे । १००१ त्विष दीप्तौ । १००२ यज देवपूजासंगतिकरणदानेषु । १००३ डु वप् बीजसंताने । छेदनेऽपि ॥ १००४ वह प्रापणे ॥ **पचादयोऽनुदात्ताः स्वरितेत उभयतोभाषाः** ॥ **षचिस्तूदात्तः** ॥ १००५ वस निवासे । **अनुदात्त उदात्तेत् परस्मैभाषः** ॥ १००६ वेञ् तन्तुसंताने । १००७ व्येञ् संवरणे । १००८ ह्वेञ् स्पर्धायां शब्दे च ॥ **वेञादयस्त्रयोऽनुदात्ता उभयतोभाषाः** ॥ अथ परस्मैपदिनौ ॥ १००९ वद व्यक्तायां वाचि । १०१० टु ओ श्वि गतिवृद्धयोः । **वृत्** । यजादिः समाप्तः ॥

अयं वदतिश्चोदात्तौ परस्मैभाषौ ॥ चुलुम्पत्यादिश्च भ्वादौ द्रष्टव्यः । तस्य आकृतिगणत्वात् । ऋतिः सौत्रश्च सजुगुप्साकृपयोः ॥ इति शब्विकरणा भ्वादयः ॥

अथ अदादिः ।

१०११ अद भक्षणे । १०१२ हन हिंसागत्योः ॥ **अनुदात्तावुदात्तेतौ परस्मैपदिनौ** ॥ अथ चत्वारः स्वरितेतः ॥ १०१३ द्विष अप्रीतौ । १०१४ दुह प्रपूरणे । १०१५ दिह उपचये । १०१६ लिह आस्वादने ॥ **द्विषादयोऽनुदात्ताः स्वरितेत उभयतोभाषाः** ॥ १०१७ चक्षिङ् व्यक्तायां वाचि । अयं दर्शनेऽपि ॥ **अनुदात्तोऽनुदात्तेत् आत्मनेपदी** ॥ अथ पृच्यन्ताः अनुदात्तेतो दश ॥ १०१८ ईर गतौ कम्पने च । १०१९ ईड स्तुतौ । १०२० ईश ऐश्वर्ये । १०२१ आस उपवेशने । १०२२ आङः शासु इच्छायाम् । १०२३ वस आच्छादने । १०२४ कसि गतिशासनयोः । अयमनिदिति केचित् । कस इत्येके । कश इत्यपि ॥ १०२५ णिसि चुम्बने । १०२६ णिजि शुद्धौ । १०२७ शिजि अव्यक्ते शब्दे । १०२८ पिजि वर्णे । संपर्चन इत्येके । उभयत्रेत्यन्ये । अवयव इत्येके । अव्यक्ते शब्दे इतीतरे । पृजि इत्येके ॥ १०२९ वृजी वर्जने । वृजि इत्यन्ये ॥ १०३० पृची संपर्चने ॥ **ईरादय उदात्ता अनुदात्तेत आत्मनेभाषाः** ॥ १०३१ षूङ् प्राणिगर्भविमोचने । १०३२ शीङ् स्वप्ने ॥ **उदात्तावात्मनेभाषौ** ॥ अथ स्तौत्यन्ताः परस्मैपदिनो दश ॥ १०३३ यु मिश्रणेऽमिश्रणे च । १०३४ रु शब्दे । तु इति सौत्रो धातुः गतिवृद्धिहिंसासु ॥ १०३५ णु स्तुतौ । १०३६ टुक्षु शब्दे । १०३७ क्ष्णु तेजने । १०३८ ष्णु प्रस्रवणे ॥ **युप्रभृतय उदात्ता उदात्तेतः परस्मैभाषाः** ॥ १०३९ ऊर्णुञ् आच्छादने ॥ **उदात्त**

उभयतोभाषः ॥ १०४० यु अभिगमने । १०४१ षु प्रसवैश्वर्ययोः ॥ १०४२ कु शब्दे । १०४३ ष्टुञ् स्तुतौ ॥ **द्युप्रभृतयोऽनुदात्ताः परस्मैभाषाः ॥ स्तौतिस्तूभयतोभाषः** ॥ १०४४ ब्रूञ् व्यक्तायां वाचि ॥ **उदात्त उभयतोभाषः** ॥ अथ शास्यन्ताः परस्मैपदिनः ॥ १०४५ इण् गतौ । १०४६ इङ् अध्ययने । नित्यमधिपूर्वः ॥ १०४७ इक् स्मरणे । अयमप्यधिपूर्वः । १०४८ वी गतिव्याप्तिप्रजनकान्त्यसनखादनेषु । (ई च) । १०४९ या प्रापणे । १०५० वा गतिगन्धनयोः । १०५१ भा दीप्तौ । १०५२ ष्णा शौचे । १०५३ श्रा पाके । १०५४ द्रा कुत्सायां गतौ । १०५५ प्सा भक्षणे । १०५६ पा रक्षणे । १०५७ रा दाने । १०५८ ला आदाने । द्वावपि दाने इति चन्द्रः ॥ १०५९ दाप् लवने । १०६० ख्या प्रकथने । १०६१ प्रा पूरणे । १०६२ मा माने । १०६३ वच परिभाषणे ॥ **इणप्रभृतयोऽनुदात्ताः परस्मैभाषाः ॥ इङ् त्वात्मनेपदी** ॥ १०६४ विद ज्ञाने । १०६५ अस भुवि । १०६६ मृजू शुद्धौ । १०६७ रुदिर् अश्रुविमोचने ॥ **विदादय उदात्ता उदात्तेतः परस्मैभाषाः** ॥ १०६८ ञि ष्वप् शये ॥ **अनुदात्तः परस्मैभाषः** ॥ १०६९ श्वस प्राणने । १०७० अन च । १०७१ जक्ष भक्षहसनयोः ॥ **वृत्** ॥ १०७२ जागृ निद्राक्षये । १०७३ दरिद्रा दुर्गतौ । १०७४ चकासृ दीप्तौ । १०७५ शासु अनुशिष्टौ ॥ **श्वसादय उदात्ता उदात्तेतः परस्मैभाषाः** ॥ अथ पञ्चधातवश्छान्दसाः ॥ १०७६ दीधीङ् दीप्तिदेवनयोः । १०७७ वेवीङ् वेतिना तुल्ये ॥ **उदात्तावात्मनेभाषौ** ॥ १०७८ षस १०७९ षस्ति स्वप्ने । १०८० वश कान्तौ ॥ **षसादय उदात्ता उदात्तेतः परस्मैभाषाः** ॥ १०८१ चर्करीतं च । १०८२ ह्नुङ् अपनयने ॥ **अनुदात्त आत्मनेभाषः** ॥ इति लुग्विकरणा अदादयः ॥ २ ॥

अथ जुहोत्यादिः ।

१०८३ हु दानादनयोः । आदाने चेत्येके । प्रीणनेऽपीति भाष्यम् ॥ १०८४ ञि भी भये । १०८५ ह्री लज्जायाम् ॥ **जुहोत्यादयोऽनुदात्ताः परस्मैभाषाः ॥** १०८६ पॄ पालनपूरणयोः । पृ इत्येके ॥ **उदात्तः परस्मैभाषः ॥** १०८७ डुभृञ् धारणपोषणयोः ॥ **अनुदात्त उभयतोभाषः ॥** १०८८ माङ् माने, शब्दे च । १०८९ ओ हाङ् गतौ ॥ **अनुदात्तावात्मनेपदिनौ ॥** १०९० ओ हाक् त्यागे ॥ **अनुदात्तः परस्मैपदी ॥** १०९१ डु दाञ् दाने । १०९२ डु धाञ् धारणपोषणयोः । दान इत्यप्येके ॥ **अनुदात्तावुभयतोभाषौ ॥** अथ त्रयः स्वरितेतः ॥ १०९३ णिजिर् शौचपोषणयोः । १०९४ विजिर् पृथग्भावे । १०९५ विष्लृ व्याप्तौ ॥ **णिजिरादयोऽनुदात्ताः स्वरितेत उभयतोभाषाः ॥** अथ आगणान्ताः एकादश परस्मैपदिनश्छान्दसाश्च ॥ १०९६ घृ क्षरणदीप्त्योः । १०९७ हृ प्रसह्यकरणे । १०९८ ऋ १०९९ सृ गतौ ॥ **घृप्रभृतयोऽनुदात्ताः परस्मैभाषाः ॥** ११०० भस भर्त्सनदीप्त्योः ॥ **उदात्त उदात्तेत् परस्मैपदी ॥** ११०१ कि ज्ञाने ॥ **अनुदात्तः परस्मैपदी ॥** ११०२ तुर त्वरणे । ११०३ धिष शब्दे । ११०४ धन धान्ये । ११०५ जन जनने । **तुरादय उदात्ता उदात्तेतः परस्मैभाषाः ॥** ११०६ गा स्तुतौ ॥ **अनुदात्तः परस्मैभाषः ॥ घृप्रभृतय एकादश च्छन्दसि । इयर्ति भाषायामपि ॥** इति श्लुविकरणा जुहोत्यादयः ॥ ३ ॥

अथ दिवादिः ।

अथ उदात्ता झृषन्ताः परस्मैपदिनः ॥ ११०७ दिवु क्रीडाविजिगीषाव्यवहारद्युतिस्तुतिमोदमदस्वप्नकान्तिगतिषु । ११०८ षिवु तन्तुसंताने । ११०९ स्रिवु गतिशोषणयोः । १११० ष्ठिवु निरसने । केचिदिहेमं न पठन्ति ॥ ११११ ष्णुसु अदने । आदान इत्येके । अदर्शन इत्यपरे ॥ १११२ ष्णसु निरसने । १११३ क्नसु ह्वरणदीप्त्योः । १११४ व्युष दाहे । १११५ प्लुष च । १११६ नृती गात्रविक्षेपे । १११७ त्रसी उद्वेगे । १११८ कुथ पूतीभावे । १११९ पुथ हिंसायाम् । ११२० गुध परिवेष्टने । ११२१ क्षिप प्रेरणे । ११२२ पुष्प विकसने । ११२३ तिमं ११२४ ष्टिम ११२५ ष्टीम आर्द्रीभावे । ११२६ व्रीड चोदने लज्जायां च । ११२७ इष गतौ । ११२८ षह ११२९ षुह चक्यर्थे । ११३० जॄष् ११३१ झॄष् वयोहानौ । दिवादय उदात्ता उदात्तेतः परस्मैभाषाः ॥ क्षिपिस्त्वनुदात्तः ॥ अथ स्वादयः ॥ ११३२ षूङ् प्राणिप्रसवे । ११३३ दूङ् परितापे । उदात्तावात्मनेभाषौ ॥ ११३४ दीङ् क्षये । ११३५ डीङ् विहायसा गतौ । ११३६ धीङ् आधारे । ११३७ मीङ् हिंसायाम् । ११३८ रीङ् श्रवणे । ११३९ लीङ् श्लेषणे । ११४० व्रीङ् वृणोत्यर्थे ॥ वृत् ॥ स्वादय ओदितः ॥ ११४१ पीङ् पाने । ११४२ माङ् माने । ११४३ ईङ् गतौ । ११४४ प्रीङ् प्रीतौ ॥ दीङादय आत्मनेपदिनोऽनुदात्ताः ॥ डीङ् तूदात्तः ॥ अथ चत्वारः परस्मैपदिनः ॥ ११४५ शो तनूकरणे । ११४६ छो छेदने । ११४७ षो अन्तकर्मणि । ११४८ दो अवखण्डने ॥ श्यतिप्रभृतयोऽनुदात्ताः परस्मैभाषाः ॥ अथ आत्मनेपदिनः पञ्चदश ॥ ११४९ जनी प्रादुर्भावे । ११५० दीपी दीप्तौ । ११५१ पूरी आप्यायने । ११५२ तूरी गतित्वरणहिंसनयोः । ११५३ धूरी ११५४ गूरी

हिंसागत्योः । ११५५ घूरी ११५६ जूरी हिंसावयोहान्योः । ११५७ शूरी हिंसास्तम्भनयोः । ११५८ चूरी दाहे । ११५९ तप (पत) ऐश्वर्ये वा । ११६० वृतु वरणे । वावृतु इति केचित् ॥ ११६१ क्लिश उपतापे । ११६२ काश्ट दीप्तौ । ११६३ वाश्ट शब्दे ॥ जन्यादय उदात्ता अनुदात्तेत आत्मनेभाषाः । तपिस्त्वनुदात्तः ॥ अथ पञ्च स्वरितेतः ॥ ११६४ मृष तितिक्षायाम् । ११६५ शुचिर् पूतीभावे ॥ उदात्तौ स्वरितेतावुभयतोभाषौ ॥ ११६६ णह बन्धने । ११६७ रञ्ज रागे । ११६८ शप आक्रोशे ॥ णहादयस्त्रयोऽनुदात्ताः स्वरितेत उभयतोभाषाः ॥ अथ एकादश आत्मनेपदिनः ॥ ११६९ पद गतौ । ११७० खिद दैन्ये । ११७१ विद सत्तायाम् । ११७२ बुध अवगमने । ११७३ युध संप्रहारे । ११७४ अनो रुध कामे । ११७५ अण प्राणने । अन इत्येके ॥ ११७६ मन ज्ञाने । ११७७ युज समाधौ । ११७८ सृज विसर्गे । ११७९ लिश अल्पीभावे ॥ पदादयोऽनुदात्ता अनुदात्तेत आत्मनेभाषाः ॥ अण् तूदात्तः ॥ अथ आगणान्ताः परस्मैपदिनः अष्टषष्टिः ॥ ११८० राधोऽकर्मकाद्वृद्धावेव । ११८१ व्यध ताडने । ११८२ पुष पुष्टौ । ११८३ शुष शोषणे । ११८४ तुष प्रीतौ । ११८५ दुष वैकृत्ये । ११८६ श्लिष आलिङ्गने । ११८७ शक विभाषितो मर्षणे । उभयपदी ॥ ११८८ ष्विदा गात्रप्रक्षरणे । ञि ष्विदा इत्येके ॥ ११८९ क्रुध क्रोधे । ११९० क्षुध बुभुक्षायाम् । ११९१ शुध शौचे । ११९२ षिधु संराद्धौ ॥ राधादयोऽनुदात्ता उदात्तेतः परस्मैभाषाः ॥ वेटः ॥ ११९३ रध हिंसासंराद्ध्योः । ११९४ णश अदर्शने । ११९५ तृप प्रीणने । ११९६ दृप हर्षमोहनयोः । ११९७ द्रुह जिघांसायाम् । ११९८ मुह वैचित्त्ये । ११९९ ष्णुह उद्गिरणे । १२०० ष्णिह प्रीतौ ॥ वृत् ॥ रधादयो वेटः उदात्तेतः परस्मैभाषाः ॥ १२०१ शमु उपशमे । १२०२ तमु काङ्क्षायाम् । १२०३

दमु उपशमे । १२०४ श्रमु तपसि खेदे च । १२०५ भ्रमु अनवस्थाने । १२०६ क्षमू सहने । १२०७ क्लमु ग्लानौ । १२०८ मदी हर्षे ॥ वृत् ॥ शमादय उदात्ता उदात्तेतः परस्मैभाषाः ॥ क्षमू तु वेट् ॥ १२०९ असु क्षेपणे । १२१० यसु प्रयत्ने । १२११ जसु मोक्षणे । १२१२ तसु उपक्षये । १२१३ दसु च । १२१४ वसु स्तम्भे । बसु इति केचित् ॥ १२१५ व्युष विभागे । व्युस इत्यन्ये । बुस इत्यपरे ॥ १२१६ प्लुष दाहे । १२१७ बिस प्रेरणे । १२१८ कुस संश्लेषणे । १२१९ बुस उत्सर्गे । १२२० मुस खण्डने । १२२१ मसी परिणामे । समी इत्येके ॥ १२२२ लुट विलोडने । १२२३ उच समवाये । १२२४ भृशु १२२५ भ्रन्शु अधःपतने । १२२६ वृश वरणे । १२२७ कृश तनूकरणे । १२२८ ञि तृषा पिपासायाम् । १२२९ हृष तुष्टौ । १२३० रुष १२३१ रिष हिंसायाम् । १२३२ डिप क्षेपे । १२३३ कुप क्रोधे । १२३४ गुप व्याकुलत्वे । १२३५ युप १२३६ रुप १२३७ लुप विमोहने । (ष्टूप समुच्छ्राये) । १२३८ लुभ गार्ध्ये (गार्ध्न्ये) । १२३९ क्षुभ संचलने । १२४० णभ १२४१ तुभ हिंसायाम् । क्षुभिनभितुभयो द्युतादौ क्र्यादौ च पठ्यन्ते ॥ १२४२ क्लिदू आर्द्रीभावे । १२४३ ञि मिदा स्नेहने । १२४४ ञि क्ष्विदा स्नेहनमोचनयोः । १२४५ ऋधु वृद्धौ । १२४६ गृधु अभिकाङ्क्षायाम् । वृत् ॥ असुप्रभृतय उदात्ता उदात्तेतः परस्मैभाषाः ॥ दिवादिराकृतिगण इति केचित् ॥ इति श्यन्विकरणा दिवादयः ॥ ४ ॥

अथ स्वादिः ।

१२४७ षुञ् अभिषवे । १२४८ षिञ् बन्धने । १२४९ शिञ् निशाने । १२५० डु मिञ् प्रक्षेपणे । १२५१ चिञ् चयने । १२५२ स्तृञ् आच्छादने ।

१२५३ कृञ् हिंसायाम् । १२५४ वृञ् वरणे । १२५५ धुञ् कम्पने । धूञ् इत्येके । स्वादयोऽनुदात्ता उभयतोभाषाः ॥ वृञ् उदात्तः ॥ अथ परस्मैपदिनः अष्टौ ॥ १२५६ टु दु उपतापे । १२५७ हि गतौ वृद्धौ च । १२५८ पृ प्रीतौ । १२५९ स्पृ प्रीतिपालनयोः । प्रीतिचलनयोः इत्यन्ये । 'चलनं जीवनम्' इति स्वामी । स्मृ इत्येके ॥ पृणोत्यादयस्त्रयोऽपि छान्दसा इत्याहुः ॥ १२६० आप्लृ व्याप्तौ । १२६१ शक्लृ शक्तौ । १२६२ राध १२६३ साध संसिद्धौ । दुनोतिप्रभृतयोऽनुदात्ताः परस्मैभाषाः ॥ अथ द्वौ आत्मनेपदिनौ ॥ १२६४ अशू व्याप्तौ संघाते च । १२६५ ष्टिघ आस्कन्दने ॥ अशिस्तिघी उदात्तावनुदात्तेतावात्मनेभाषौ ॥ अथ आगणान्ताः परस्मैपदिनः षोडश ॥ १२६६ तिक १२६७ तिग गतौ च । १२६८ षघ हिंसायाम् । १२६९ ञि धृषा प्रागल्भ्ये । १२७० दन्भु दम्भने । १२७१ ऋधु वृद्धौ । तृप प्रीणने इत्येके ॥ छन्दसि ॥ अथ आगणान्ताश्छान्दसाः ॥ १२७२ अह व्याप्तौ । १२७३ दघ घातने पालने च । १२७४ चमु भक्षणे । १२७५ रि १२७६ क्षि १२७७ चिरि १२७८ जिरि १२७९ दाश १२८० दृ हिंसायाम् ॥ क्षिर् भाषायाम् इत्येके ॥ ऋक्षीत्येक एवाजादिरेके । रेफवानित्यन्ये ॥ वृत् ॥ तिकादय उदात्ता उदात्तेतः परस्मैभाषाः ॥ इति श्नुविकरणाः स्वादयः ॥ ५ ॥

अथ तुदादिः ।

अथ षडुभयपदिनः ॥ १२८१ तुद व्यथने । १२८२ णुद प्रेरणे । १२८३ दिश अतिसर्जने । १२८४ भ्रस्ज पाके । १२८५ क्षिप प्रेरणे । १२८६ कृष विलेखने ॥ तुदादयोऽनुदात्ताः स्वरितेत उभयतोभाषाः ॥ १२८७ ऋषी गतौ । उदात्त उदात्तेत्परस्मैपदी ॥ अथ चत्वार आत्मनेपदिनः ॥ १२८८ जुषी

प्रीतिसेवनयोः । १२८९ ओ विजी भयचलनयोः । १२९० ओ लजी १२९१ ओ लस्जी व्रीडायाम् ॥ **जुषादय उदात्ता अनुदात्तेत आत्मनेभाषाः ॥ अथ परस्मैपदिनः ॥** १२९२ ओ व्रश्चू छेदने । १२९३ व्यच व्याजीकरणे । १२९४ उछि उञ्छे । १२९५ उछी विवासे । १२९६ ऋच्छ गतीन्द्रियप्रलयमूर्तिभावेषु । १२९७ मिच्छ उत्क्लेशे । १२९८ जर्ज १२९९ चर्च १३०० झर्झ परिभाषणभर्त्सनयोः । १३०१ त्वच संवरणे । १३०२ ऋच स्तुतौ । १३०३ उब्ज आर्जवे । १३०४ उज्झ उत्सर्गे । १३०५ लुभ विमोहने । १३०६ रिफ कत्थनयुद्धनिन्दाहिंसादानेषु । रिह इत्येके ॥ १३०७ तृप १३०८ तृन्फ तृप्तौ । द्वावपि फान्ताविल्येके ॥ १३०९ तुप १३१० तुन्प १३११ तुफ १३१२ तुन्फ हिंसायाम् । १३१३ दृप १३१४ दृन्फ उत्क्लेशे । प्रथमोऽपि द्वितीयान्त इत्येके ॥ १३१५ ऋफ १३१६ ऋन्फ हिंसायाम् । १३१७ गुफ १३१८ गुन्फ ग्रन्थे । १३१९ उभ १३२० उन्भ पूरणे । १३२१ शुभ १३२२ शुन्भ शोभार्थे । १३२३ दृभी ग्रन्थे । १३२४ चृती हिंसाश्रन्थनयोः । १३२५ विध विधाने । १३२६ जुड गतौ । जुन इत्येके ॥ १३२७ मृड सुखने । १३२८ पृड च । १३२९ पृण प्रीणने । १३३० वृण च । १३३१ मृण हिंसायाम् । १३३२ तुण कौटिल्ये । १३३३ पुण कर्मणि शुभे । १३३४ मुण प्रतिज्ञाने । १३३५ कुण शब्दोपकरणयोः । १३३६ शुन गतौ । १३३७ द्रुण हिंसागतिकौटिल्येषु । १३३८ घुण १३३९ घूर्ण भ्रमणे । १३४० षुर ऐश्वर्यदीप्त्योः । १३४१ कुर शब्दे । १३४२ खुर छेदने । १३४३ मुर संवेष्टने । १३४४ क्षुर विलेखने । १३४५ घुर भीमार्थशब्दयोः । १३४६ पुर अग्रगमने । १३४७ वृहू उद्यमने । बृहू इत्यन्ये ॥ १३४८ तृहू १३४९ स्तृहू १३५० तृन्हू हिंसार्थाः । १३५१ इष इच्छायाम् । १३५२ मिष स्पर्धायाम् । १३५३ किल श्वैत्यक्रीडनयोः । १३५४ तिल स्नेहे । १३५५

चिल वसने । १३५६ चल विलसने । १३५७ इल स्वप्नक्षेपणयोः । १३५८ विल संवरणे । १३५९ बिल भेदने । १३६० णिल गहने । १३६१ हिल भावकरणे । १३६२ शिल १३६३ षिल उञ्छे । १३६४ मिल श्लेषणे । १३६५ लिख अक्षरविन्यासे । १३६६ कुट कौटिल्ये । १३६७ पुट संश्लेषणे । १३६८ कुच संकोचने । १३६९ गुज शब्दे । १३७० गुड रक्षायाम् । १३७१ डिप क्षेपे । १३७२ छुर छेदने । १३७३ स्फुट विकसने । १३७४ मुट आक्षेपमर्दनयोः । १३७५ त्रुट छेदने । १३७६ तुट कलहकर्मणि । १३७७ चुट १३७८ छुट छेदने । १३७९ जुट बन्धने । १३८० कड मदे । १३८१ लुट संश्लेषणे । (लुठ इत्येके । लुड इत्यन्ये) ॥ १३८२ कृड घनत्वे । १३८३ कुड बाल्ये । १३८४ पुड उत्सर्गे । १३८५ घुट प्रतिघाते । १३८६ तुड तोडने । १३८७ थुड १३८८ स्थुड संवरणे । खुड छुड इत्येके ॥ १३८९ स्फुर १३९० फुल संचलने । स्फुर स्फुरणे, स्फुल संचलने इत्येके ॥ स्फर इत्यन्ये ॥ १३९१ स्फुड १३९२ चुड १३९३ व्रुड संवरणे । १३९४ क्रुड १३९५ भृड निमज्जन इत्येके ॥ **व्रश्चादय उदात्ता उदात्तेतः परस्मैभाषाः** ॥ १३९६ गुरी उद्यमने ॥ **उदात्तोऽनुदात्तेदात्मनेपदी** ॥ अथ चत्वारः परस्मैपदिनः ॥ १३९७ णू स्तवने । १३९८ धू विधूनने ॥ **उदात्तौ परस्मैभाषौ** ॥ १३९९ गु पुरीषोत्सर्गे । १४०० ध्रु गतिस्थैर्ययोः । ध्रुव इत्येके ॥ **अनुदात्तौ परस्मैपदिनौ** ॥ १४०१ कुङ् शब्दे ॥ **उदात्त आत्मनेपदी** ॥ दीर्घान्त इति कैयटादयः । ह्रस्वान्त इति न्यासः ॥ **वृत्** ॥ कुटादयो गताः ॥ १४०२ पृङ् व्यायामे । १४०३ मृङ् प्राणत्यागे ॥ **अनुदात्तावात्मनेभाषौ** ॥ अथ परस्मैपदिनः सप्त ॥ १४०४ रि १४०५ पि गतौ । १४०६ धि धारणे । १४०७ क्षि निवासगत्योः ॥ **रियत्यादयोऽनुदात्ताः परस्मैभाषाः** ॥ १४०८ षू प्रेरणे । १४०९ कॄ विक्षेपे । १४१० गॄ

निगरणे ॥ **उदात्ताः परस्मैभाषाः** ॥ १४११ दृङ् आदरे । १४१२ धृङ् अवस्थाने ॥ **अनुदात्तावात्मनेभाषौ** ॥ **अथ षोडश परस्मैपदिनः** ॥ १४१३ प्रच्छ ज्ञीप्सायाम् ॥ **वृत्** ॥ किरादयो गताः । १४१४ सृज विसर्गे । १४१५ टु मस्जो शुद्धौ । १४१६ रुजो भङ्गे । १४१७ भुजो कौटिल्ये । १४१८ छुप स्पर्शे । १४१९ रुश १४२० रिश हिंसायाम् । १४२१ लिश गतौ । १४२२ स्पृश संस्पर्शने । १४२३ विच्छ गतौ । १४२४ विश प्रवेशने । १४२५ मृश आमर्शने । १४२६ णुद प्रेरणे । १४२७ षद्लृ विशरणगत्यवसादनेषु । १४२८ शद्लृ शातने ॥ **पृच्छत्यादयोऽनुदात्ता उदात्तेतः परस्मैभाषाः** ॥ **विच्छस्तूदात्तः** ॥ अथ षट् स्वरितेतः । १४२९ मिल सङ्गमे । **उदात्तः स्वरितेदुभयतोभाषः** ॥ १४३० मुच्लृ मोक्षणे । १४३१ लुप्लृ छेदने । १४३२ विद्लृ लाभे । १४३३ लिप उपदेहे । १४३४ षिच क्षरणे ॥ **मुचादयोऽनुदात्ताः स्वरितेत उभयतोभाषाः** ॥ **विन्दतिस्तूदात्तः** । १४३५ कृती छेदने ॥ **उदात्त उदात्तेत्परस्मैपदी** ॥ १४३६ खिद परिघाते ॥ **अनुदात्त उदात्तेत्परस्मैपदी** ॥ १४३७ पिश अवयवे ॥ अयं दीपनायामपि ॥ **उदात्त उदात्तेत्परस्मैपदी** ॥ **वृत्** ॥ मुचादयः तुदादयश्च वृत्ताः ॥ इति शविकरणास्तुदादयः ॥ ६ ॥

अथ रुधादिः ।

आद्या नव स्वरितेतः ॥ १४३८ रुधिर् आवरणे । १४३९ भिदिर् विदारणे । १४४० छिदिर् द्वैधीकरणे । १४४१ सिचिर् विरेचने । १४४२ विचिर् पृथग्भावे । १४४३ क्षुदिर् संपेषणे । १४४४ युजिर् योगे ॥ **रुधादयोऽनुदात्ताः स्वरितेत उभयतोभाषाः** ॥ १४४५ उ छृदिर् दीप्तिदेवनयोः । १४४६ उ तृदिर् हिंसाऽनादरयोः ॥ **उदात्तौ स्वरितेतावुभयतोभाषौ** ॥ १४४७ कृती वेष्टने ॥ **उदात्त उदात्तेत्परस्मैपदी** ॥

१४४८ ञि इन्धी दीप्तौ ॥ **उदात्तोऽनुदात्तेदात्मनेपदी** ॥ १४४९ खिद दैन्ये । १४५० विद विचारणे ॥ **अनुदात्तावनुदात्तेतावात्मनेपदिनौ । अथ परस्मैपदिनः** ॥ १४५१ शिष्लृ विशेषणे । १४५२ पिष्लृ संचूर्णने । १४५३ भन्जो आमर्दने । १४५४ भुज पालनाभ्यवहारयोः ॥ **शिषादयोऽनुदात्ता उदात्तेतः परस्मैभाषाः** ॥ १४५५ तृह १४५६ हिसि हिंसायाम् । १४५७ उन्दी क्लेदने । १४५८ अन्जू व्यक्तिमर्षणकान्तिगतिषु । १४५९ तन्चु संकोचने । १४६० ओ विजी भयचलनयोः । १४६१ वृजी वर्जने । १४६२ पृची संपर्के ॥ **तृहादय उदात्ता उदात्तेतः परस्मैपदिनः** ॥ **वृत्** ॥ इति श्नम्विकरणा रुधादयः ॥ ७ ॥

अथ तनादिः ।

आद्याः सप्त स्वरितेतः ॥ १४६३ तनु विस्तारे । १४६४ षणु दाने । १४६५ क्षणु हिंसायाम् । १४६६ क्षिणु च । १४६७ ऋणु गतौ । १४६८ तृणु अदने । १४६९ घृणु दीप्तौ ॥ **तनादय उदात्ताः स्वरितेत उभयतोभाषाः** ॥ १४७० वनु याचने । अयं चन्द्रमते परस्मैपदी ॥ १४७१ मनु अवबोधने ॥ **उदात्तावनुदात्तेतावात्मनेभाषौ** ॥ १४७२ डु कृञ् करणे ॥ **अनुदात्त उभयतोभाषः** ॥ **वृत्** ॥ इत्युविकरणास्तनादयः ॥ ८ ॥

अथ क्र्यादिः ।

१४७३ डु क्रीञ् द्रव्यविनिमये । १४७४ प्रीञ् तर्पणे कान्तौ च । १४७५ श्रीञ् पाके । १४७६ मीञ् हिंसायाम् । १४७७ षिञ् बन्धने । १४७८ स्कुञ् आप्रवणे । स्तन्भु स्तुन्भु स्कन्भु स्कुन्भु रोधन इत्येके। प्रथमतृतीयौ स्तम्भे इति माधवः । द्वितीयो निष्कोषणे चतुर्थो धारण इत्यन्ये। चत्वार इमे परस्मैपदिनः सौत्राश्च ॥ १४७९ युञ् बन्धने ॥ **क्र्यादयोऽनुदात्ता उभयतोभाषाः** ॥

१४८० क्नूञ् शब्दे । १४८१ द्रूञ् हिंसायाम् । १४८२ पूञ् पवने । १४८३ लूञ् छेदने । १४८४ स्तॄञ् आच्छादने । १४८५ कॄञ् हिंसायाम् । १४८६ वॄञ् वरणे । १४८७ धूञ् कम्पने ॥ **क्रूप्रभृतय उदात्ता उभयतोभाषाः ॥ अथ बध्नात्यन्ताः परस्मैपदिनः ॥** १४८८ शॄ हिंसायाम् । १४८९ पॄ पालन-पूरणयोः । १४९० वॄ वरणे । भरण इत्येके ॥ १४९१ भॄ भर्त्सने । भरणेऽप्येके । १४९२ मॄ हिंसायाम् । १४९३ दॄ विदारणे । १४९४ जॄ वयोहानौ । झॄ इत्येके ॥ धॄ इत्यन्ये ॥ १४९५ नॄ नये । १४९६ कॄ हिंसायाम् । १४९७ ॠ गतौ । १४९८ गॄ शब्दे ॥ **शृणातिप्रभृतय उदात्ता उदात्तेतः परस्मैपदिनः ॥** १४९९ ज्या वयोहानौ । १५०० री गतिरेषणयोः । १५०१ ली श्लेषणे । १५०२ व्ली वरणे । १५०३ प्ली गतौ ॥ **वृत्** ॥ ल्वादयो गताः । प्वादयो-ऽपीत्येके ॥ १५०४ व्री वरणे । १५०५ भ्री भये । भर इत्येके ॥ १५०६ क्षीष् हिंसायाम् । १५०७ ज्ञा अवबोधने १५०८ बन्ध बन्धने ॥ **ज्यादयो-ऽनुदात्ता उदात्तेतः परस्मैभाषाः** ॥ १५०९ वृङ् संभक्तौ ॥ **उदात्त आत्मनेपदी** ॥ १५१० श्रन्थ विमोचनप्रतिहर्षयोः । १५११ मन्थ विलोडने । १५१२ श्रन्थ १५१३ ग्रन्थ संदर्भे । १५१४ कुन्थ संश्लेषणे । संक्लेश इत्येके । कुथ इति दुर्गः ॥ १५१५ मृद क्षोदे । १५१६ मृड च । अयं सुखेऽपि ॥ १५१७ गुध रोषे । १५१८ कुष निष्कर्षे । १५१९ क्षुभ संचलने । १५२० णभ १५२१ तुभ हिंसायाम् । १५२२ क्लिशू विबाधने । १५२३ अश भोजने । १५२४ उध्रस उञ्छे । १५२५ इष आभीक्ष्ण्ये । १५२६ विष विप्रयोगे । १५२७ प्रूष १५२८ प्लुष स्नेहनसेवनपूरणेषु । १५२९ पुष पुष्टौ । १५३० मुष स्तेये । १५३१ खच भूतप्रादुर्भावे । वान्तोऽयमित्येके ॥ १५३२ हेठ च ॥ **श्रन्थादय उदात्ता उदात्तेतः परस्मैभाषाः ॥ क्लिशिस्तु वेट् । विषस्त्वनुदात्तः ॥** १५३३ ग्रह

उपादाने ॥ **उदात्तः स्वरितेदुभयतोभाषः** ॥ इति श्नाविकरणाः क्र्यादयः ॥ ९ ॥

अथ चुरादिः ।

१५३४ चुर स्तेये । १५३५ चिति स्मृत्याम् । १५३६ यत्रि संकोचे । १५३७ स्फुडि परिहासे । स्फुटि इत्यपि ॥ १५३८ लक्ष दर्शनाङ्कनयोः । १५३९ कुद्रि अनृतभाषणे । कुड इत्येके । कुडि इत्यपरे ॥ १५४० लड उपसेवायाम् । १५४१ मिदि स्नेहने । अयमनिदिति क्षीरस्वामिकौशिकौ ॥ १५४२ ओ लडि उत्क्षेपणे । ओकारो धात्ववयव इत्येके । नेत्यपरे । उ लडि इत्यन्ये ॥ १५४३ जल अपवारणे । लज इत्येके ॥ १५४४ पीड अवगाहने । १५४५ नट अवस्पन्दने । १५४६ श्रथ प्रयत्ने । प्रस्थान इत्येके ॥ १५४७ बध संयमने । बन्ध इति चान्द्राः ॥ १५४८ पॄ पूरणे । १५४९ ऊर्ज बल-प्राणनयोः । १५५० पक्ष परिग्रहे । (चूर्ण पेषणे) ॥ १५५१ वर्ण १५५२ चूर्ण प्रेरणे । वर्ण वर्णन इत्येके ॥ १५५३ प्रथ प्रख्याने । १५५४ पृथ प्रक्षेपे । पथ इत्येके ॥ १५५५ षम्ब संबन्धने । १५५६ शम्ब च । साम्ब इत्येके ॥ १५५७ भक्ष अदने । १५५८ कुट्ट छेदनभर्त्सनयोः । पूरण इत्येके ॥ १५५९ पुट्ट १५६० चुट्ट अल्पीभावे । १५६१ अट्ट १५६२ षुट्ट अनादरे । १५६३ लुण्ट स्तेये । लुण्ठ इति केचित् ॥ १५६४ शठ १५६५ श्वठ असंस्कारगत्योः । श्वठि इत्येके ॥ १५६६ तुजि १५६७ पिजि हिंसाबलादाननिकेतनेषु । तुज पिज इति केचित् । लजि लुजि इत्येके ॥ १५६८ पिस गतौ । १५६९ षान्त्व सामप्रयोगे ॥ १५७० श्वल्क १५७१ वल्क परिभाषणे । १५७२ ष्णिह स्नेहने । स्फिट इत्येके ॥ १५७३ स्मिट अनादरे । ष्मिङ् इत्येके ॥ १५७४ श्लिष श्लेषणे । १५७५ पथि गतौ । १५७६ पिछ कुट्टने । १५७७ छदि संवरणे । १५७८ श्रण दाने । १५७९ तड आघाते । १५८० खड १५८१

खडि १५८२ कांडे भेदने । १५८३ कुडि रक्षणे । १५८४ गुडि वेष्टने। रक्षण इत्येके । कुठि इत्यन्ये । गुठि इत्यपरे ॥ १५८५ खुडि खण्डने । १५८६ वटि विभाजने । पडि इति केचित् । (चडि कपि चण्डे) । १५८७ मडि भूषायां हर्षे च । १५८८ भडि कल्याणे । १५८९ छर्द वमने । १५९० पुस्त १५९१ बुस्त आदरानादरयोः । १५९२ चुद संचोदने । १५९३ नक्क १५९४ धक्क नाशने । १५९५ चक्क १५९६ चुक्क व्यथने । १५९७ क्षल शौचकर्मणि । १५९८ तल प्रतिष्ठायाम् । १५९९ तुल उन्माने । १६०० दुल उत्क्षेपे । १६०१ पुल महत्त्वे । १६०२ चुल समुच्छ्राये । १६०३ मूल रोहणे । १६०४ कल १६०५ विल क्षेपे । १६०६ बिल भेदने। १६०७ तिल स्नेहने । १६०८ चल भृतौ । १६०९ पाल रक्षणे । १६१० लूष हिंसायाम् । १६११ शुल्ब माने । १६१२ शूर्प च । १६१३ चुट छेदने । १६१४ मुट संचूर्णने । १६१५ पडि १६१६ पसि नाशने । १६१७ वज मार्गसंस्कारगत्योः । १६१८ शुल्क अतिस्पर्शने । अतिसर्जन इत्येके ॥ १६१९ चपि गत्याम् । १६२० क्षपि क्षान्त्याम् । १६२१ छजि कृच्छ्रजीवने । १६२२ श्वर्त गत्याम् । १६२३ श्वभ्र च । १६२४ ज्ञप ज्ञानज्ञापनमारणतोषण-निशाननिशामनेषु । मिच्चेत्येके ॥ १६२५ यम च परिवेषणे । चान्मित् ॥ १६२६ चह परिकल्कने । चप इत्येके ॥ १६२७ रह त्यागे । १६२८ बल प्राणने । १६२९ चिञ् चयने । नान्ये मितोऽहेतौ ॥ १६३० घट्ट चलने । १६३१ मुस्त संघाते । १६३२ खट्ट संवरणे । १६३३ षट्ट १६३४ स्फिट्ट १६३५ चुबि हिंसायाम् । १६३६ पूल संघाते । पूर्ण इत्येके । पुण इत्यन्ये ॥ १६३७ पुंस अभिवर्धने । १६३८ टकि बन्धने । (व्यप क्षेपे । व्यय विप इत्येके ।) १६३९ धूस कान्तिकरणे । मूर्धन्यान्त इत्येके । तालव्यान्त इत्यन्ये ॥ १६४० कीट वर्णे । १६४१ चूर्ण संकोचने । १६४२ पूज पूजायाम् । १६४३

अर्क स्तवने । तपन इत्येके ॥ १६४४ शुठ आलस्ये । १६४५ शुठि शोषणे । १६४६ जुड प्रेरणे । १६४७ गज १६४८ मार्ज शब्दार्थौ । १६४९ मर्च च । १६५० घृ प्रस्रवणे । स्रावण इत्येके ॥ १६५१ पचि विस्तारवचने । १६५२ तिज निशातने । १६५३ कृत संशब्दने । १६५४ वर्ध छेदन-पूरणयोः । १६५५ कुबि आच्छादने । कुभि इत्येके ॥ १६५६ लुबि १६५७ तुबि अदर्शने । अर्दन इत्येके ॥ १६५८ ह्रप व्यक्तायां वाचि । क्लप इत्येके । ह्लप इत्यन्ये ॥ १६५९ चुटि छेदने । १६६० इल प्रेरणे । १६६१ म्रक्ष म्लेच्छने । १६६२ म्लेच्छ अव्यक्तायां वाचि । १६६३ ब्रूस १६६४ बर्ह हिंसायाम् । केचिदिह गर्ज गर्द शब्दे, गर्ध अभिकाङ्क्षायाम् इति पठन्ति ॥ १६६५ गुर्द पूर्वनिकेतने । १६६६ जसि रक्षणे । मोक्षण इति केचित् ॥ १६६७ ईड स्तुतौ । १६६८ जसु हिंसायाम् । १६६९ पिडि संघाते । १६७० रुष रोषे । रुट इत्येके ॥ १६७१ डिप क्षेपे । १६७२ ष्टूप समुच्छ्राये । **आकुस्मादात्मनेपदिनः** ॥ १६७३ चित संचेतने । १६७४ दशि दंशने । १६७५ दसि दर्शनदंशनयोः । दस इत्यप्येके ॥ १६७६ डप १६७७ डिप संघाते । १६७८ तत्रि कुटुम्बधारणे । कुटुम्ब धात्वन्तरमिति चान्द्राः ॥ १६७९ मत्रि गुप्तपरिभाषणे । १६८० स्पश ग्रहणसंश्लेषणयोः । १६८१ तर्ज १६८२ भर्त्स तर्जने । १६८३ बस्त १६८४ गन्ध अर्दने । १६८५ विष्क हिंसायाम् । हिष्क इत्येके ॥ १६८६ निष्क परिमाणे । १६८७ लल ईप्सायाम् । १६८८ कूण संकोचे । १६८९ तूण पूरणे । १६९० भ्रूण आशाविशङ्कयोः । १६९१ शठ श्लाघायाम् । १६९२ यक्ष पूजायाम् । १६९३ स्यम वितर्के । १६९४ गूर उद्यमने । १६९५ शम १६९६ लक्ष आलोचने । १६९७ कुत्स अवक्षेपणे । १६९८ त्रुट छेदने । कुट इत्येके ॥ १६९९ गल स्रवणे । १७०० भल आभण्डने ।

१७०१ कूट आप्रदाने । अवसादन इत्येके ॥ १७०२ कुट्ट प्रतापने । १७०३ वन्चु प्रलम्भने । १७०४ वृष शक्तिबन्धने । १७०५ मद तृप्तियोगे । १७०६ दिवु परिकूजने । १७०७ गृ विज्ञाने । १७०८ विद चेतनाख्याननिवासेषु । १७०९ (मान) मन स्तम्भे । १७१० यु जुगुप्सायाम् । १७११ कुस्म नाम्नो वा कुत्सितस्मयने ॥ इत्याकुस्मीयाः ॥ १७१२ चर्च अध्ययने । १७१३ बुक्क भाषणे । १७१४ शब्द उपसर्गादाविष्कारे च । १७१५ कण निमीलने । १७१६ जभि नाशने । १७१७ षूद क्षरणे । १७१८ जसु ताडने । १७१९ पश बन्धने । १७२० अम रोगे । १७२१ चट १७२२ स्फुट भेदने । १७२३ घट संघाते । हन्त्यर्थाश्च ॥ १७२४ दिवु मर्दने । १७२५ अर्ज प्रतियत्ने । १७२६ घुषिर् विशब्दने । १७२७ आङः क्रन्द सातत्ये । १७२८ लस शिल्पयोगे । १७२९ तसि १७३० भूष अलंकरणे । (घोष असने, मोक्ष आसने) ॥ १७३१ अर्ह पूजायाम् । १७३२ ज्ञा नियोगे । १७३३ भज विश्राणने । १७३४ शृधु प्रसहने । १७३५ यत निकारोपस्कारयोः । १७३६ रक १७३७ लग आस्वादने । रघ इत्येके । रग इत्यन्ये ॥ १७३८ अन्चु विशेषणे । १७३९ लिगि चित्रीकरणे । १७४० मुद संसर्गे । १७४१ त्रस धारणे । ग्रहण इत्येके । वारण इत्यन्ये ॥ १७४२ उ ध्रस उञ्छे । उकारो धात्ववयव इत्येके । नेत्यन्ये ॥ १७४३ मुच प्रमोचने मोदने च । १७४४ वस स्नेहच्छेदापहरणेषु । १७४५ चर संशये । १७४६ च्यु सहने । हसने चेत्येके । च्युस इत्येके ॥ १७४७ भुवोऽवकल्कने । चिन्तन इत्येके ॥ १७४८ कृपेश्च ॥ आ स्वदः सकर्मकात् ॥ अतः परं स्वदिमभिव्याप्य संभवत्कर्मकेभ्य एव णिच् ॥ १७४९ ग्रस ग्रहणे । १७५० पुष धारणे । १७५१ दल विदारणे । १७५२ पट १७५३ पुट १७५४ लुट १७५५ तुजि १७५६ मिजि १७५७ पिजि १७५८ लुजि १७५९ भजि १७६० लघि १७६१

त्रसि १७६२ पिसि १७६३ कुसि १७६४ दशि १७६५ कुशि १७६६ घट १७६७ घटि १७६८ बृहि १७६९ बर्ह १७७० बल्ह १७७१ गुप १७७२ धूप १७७३ विच्छ १७७४ चीव १७७५ पुथ १७७६ लोकृ १७७७ लोचृ १७७८ णद् १७७९ कुप १७८० तर्क १७८१ वृतु १७८२ वृधु भाषार्थाः । १७८३ रुट १७८४ लजि १७८५ अजि १७८६ दसि १७८७ भृशि १७८८ रुशि १७८९ शीक १७९० रुसि १७९१ नट १७९२ पुटि १७९३ जि १७९४ चि (जुचि) १७९५ रघि १७९६ लघि १७९७ अहि १७९८ रहि १७९९ महि च । १८०० लडि १८०१ तुड १८०२ नल च । १८०३ पूरी आप्यायने । १८०४ रुज हिंसायाम् । १८०५ ष्वद आस्वादने । स्वाद इत्येके ॥ आ धृषाद्वा ॥ इत ऊर्ध्वं धृषधातुमभिव्याप्य वैकल्पिकणिचः ॥ १८०६ युज १८०७ पृच संयमने । १८०८ अर्च पूजायाम् । १८०९ षह मर्षणे । १८१० ईर क्षेपे । १८११ ली द्रवीकरणे । १८१२ वृजी वर्जने । १८१३ वृञ् आवरणे । १८१४ जॄ वयोहानौ । १८१५ ज्रि च । १८१६ रिच वियोजनसंपर्चनयोः । १८१७ शिष असर्वोपयोगे । १८१८ तप दाहे । १८१९ तृप तृप्तौ । संदीपन इत्येके ॥ १८२० छृदी संदीपने । चृप छृप तृप दृप संदीपन इत्येके ॥ १८२१ दृभी ग्रन्थे (भये) । १८२२ दृभ संदर्भे । १८२३ श्रथ मोक्षणे । हिंसायाम् इत्यन्ये ॥ १८२४ मी गतौ । १८२५ ग्रन्थ बन्धने । १८२६ शीक आमर्षणे । १८२७ चीक च । १८२८ अर्द हिंसायाम् ॥ **स्वरितेत्** ॥ १८२९ हिसि हिंसायाम् । १८३० अर्ह पूजायाम् । १८३१ आङः षद पद्यर्थे । १८३२ शुन्ध शौच-कर्मणि । १८३३ छद अपवारणे ॥ **स्वरितेत्** ॥ १८३४ जुष परितर्कणे । परितर्पण इत्यन्ये ॥ १८३५ धूञ् कम्पने । १८३६ प्रीञ् तर्पणे । १८३७ श्रन्थ १८३८ ग्रन्थ संदर्भे । १८३९ आप्लृ लम्भने ॥ **स्वरितेदयमि-**

त्येके ॥ १८४० तनु श्रद्धोपकरणयोः । उपसर्गाच्च दैर्घ्ये ॥ चन श्रद्धोपहननयोरित्येके ॥ १८४१ वद संदेशवचने ॥ **स्वरितेत्** ॥ **अनुदात्तेदित्येके** ॥ १८४२ वच परिभाषणे । १८४३ मान पूजायाम् । १८४४ भू प्राप्तावात्मनेपदी । णिच्संनियोगेनैव आत्मनेपदमित्येके ॥ १८४५ गर्ह विनिन्दने । १८४६ मार्ग अन्वेषणे । १८४७ कठि शोके । प्रायेण उत्पूर्वः उत्कण्ठावचनः ॥ १८४८ मृजू शौचालंकारयोः । १८४९ मृष तितिक्षायाम् ॥ **स्वरितेत्** ॥ १८५० धृष प्रसहने ॥ **इत्याधृषीयाः** ॥ **अथादन्ताः** ॥ १८५१ कथ वाक्यप्रबन्धे । १८५२ वर ईप्सायाम् । १८५३ गण संख्याने । १८५४ शठ १८५५ श्वठ सम्यगवभाषणे । १८५६ पट १८५७ वट ग्रन्थे । १८५८ रह त्यागे । १८५९ स्तन १८६० गदी देवशब्दे । १८६१ पत गतौ वा । वा अदन्त इत्येके ॥ १८६२ पष अनुपसर्गात् (गतौ) । १८६३ स्वर आक्षेपे । १८६४ रच प्रतियत्ने । १८६५ कल गतौ संख्याने च । १८६६ चह परिकल्कने । १८६७ मह पूजायाम् । १८६८ सार १८६९ कृप १८७० श्रथ दौर्बल्ये । १८७१ स्पृह ईप्सायाम् । १८७२ भाम क्रोधे । १८७३ सूच पैशुन्ये । १८७४ खेट भक्षणे । तृतीयान्त इत्येके । खोट इत्यन्ये ॥ १८७५ क्षोट क्षेपे । १८७६ गोम उपलेपने । १८७७ कुमार क्रीडायाम् । १८७८ शील उपधारणे । १८७९ साम सान्त्वप्रयोगे । १८८० वेल कालोपदेशे । काल इति पृथग्धातुरित्येके ॥ १८८१ पल्पूल लवनपवनयोः । १८८२ वात सुखसेवनयोः । गतिसुखसेवनेष्वित्येके ॥ १८८३ गवेष मार्गणे । १८८४ वास उपसेवायाम् । १८८५ निवास आच्छादने । १८८६ भाज पृथक्कर्मणि । १८८७ सभाज प्रीतिदर्शनयोः । प्रीतिसेवनयोरित्येके ॥ १८८८ ऊन परिहाणे । १८८९ ध्वन शब्दे । १८९० कूट परितापे । परिदाह इत्यन्ये ॥ १८९१ संकेत १८९२ ग्राम १८९३ कुण

१८९४ गुण चामन्त्रणे । चात्कूटोऽपि इति मैत्रेयः ॥ १८९५ केत श्रावणे निमन्त्रणे च । १८९६ कूण संकोचनेऽपि । १८९७ स्तेन चौर्ये । **आगर्वादात्मनेपदिनः** ॥ १८९८ पद गतौ । १८९९ गृह ग्रहणे । १९०० मृग अन्वेषणे । १९०१ कुह विस्मापने । १९०२ शूर १९०३ वीर विक्रान्तौ । १९०४ स्थूल परिबृंहणे । १९०५ अर्थ उपयाच्ञायाम् । १९०६ सत्र संतानक्रियायाम् । १९०७ गर्व माने ॥ **इत्यागर्वीयाः** ॥ १९०८ सूत्र वेष्टने । १९०९ मूत्र प्रस्रवणे । १९१० रूक्ष पारुष्ये । १९११ पार १९१२ तीर कर्मसमाप्तौ । १९१३ पुट संसर्गे । १९१४ धेक दर्शन इत्येके । १९१५ कत्र शैथिल्ये । कर्त इत्यप्येके ॥ 'प्रातिपदिकाद्धात्वर्थे बहुलमिष्ठवच्च' (ग १८६) 'तत्करोति तदाचष्टे' (ग १८७) । 'तेनातिक्रामति' (ग १८८) । 'धातुरूपं च' (ग १८९) । 'आख्यानात्कृतस्तदाचष्टे कृल्लुक्प्रकृतिप्रत्यापत्तिः प्रकृतिवच्च कारकम्' (वा १७६८) । 'कर्तृकरणाद्धात्वर्थे' (ग १९०) । १९१६ बष्क दर्शने । १९१७ चित्र चित्रीकरणे । कदाचिद्दर्शने ॥ १९१८ अंस समाघाते । १९१९ वट विभाजने । १९२० लज प्रकाशने । वटि लजि इत्येके ॥ १९२१ मिश्र संपर्के । १९२२ संग्राम युद्धे ॥ **अनुदात्तेत्** ॥ १९२३ स्तोम श्लाघायाम् । १९२४ छिद्र कर्णभेदने । करणभेदन इत्येके । कर्ण इति धात्वन्तरमित्यपरे ॥ १९२५ अन्ध दृष्ट्युपघाते । उपसंहार इत्यन्ये ॥ १९२६ दण्ड दण्डनिपातने । १९२७ अङ्क पदे लक्षणे च । १९२८ अङ्ग च । १९२९ सुख १९३० दुःख तत्क्रियायाम् । १९३१ रस आस्वादनस्नेहनयोः । १९३२ व्यय वित्तसमुत्सर्गे । १९३३ रूप रूपक्रियायाम् । १९३४ छेद द्वैधीकरणे । १९३५ छद अपवारणे । १९३६ लाभ प्रेरणे । १९३७ व्रण गात्रविचूर्णने । १९३८ वर्ण वर्णक्रियाविस्तारगुणवचनेषु । बहुलमेतन्निदर्शनम् इत्येके ॥ १९३९ पर्ण हरितभावे । १९४० विष्क दर्शने । १९४१ क्षप प्रेरणे । १९४२ वस

निवासे । १९४३ तुत्थ आवरणे । एवं आन्दोलयति प्रेङ्खोलयति विडम्बयति अवधीरयति इत्यादि । अन्ये तु दशगणपाठो बहुलमित्याहुः । तेनेह अपठिता अपि सौत्रा लौकिका वैदिका अपि द्रष्टव्या इत्याहुः । इतरे तु नवगणीपठितेभ्योऽपि क्वचित् स्वार्थे णिज्भवति, बहुलग्रहणात्, तेन रामो राज्यमचीकरत् इत्यादिसिद्धिरित्याहुः । चुरादिभ्य एव बहुलं णिजित्यन्ये ॥ णिङङ्गान्निरसने । श्वेताश्वाश्वतरगालोडिताह्वरकाणामश्वतरेतकलोपश्च । पुच्छादिषु प्रातिपदिकाद्धात्वर्थ इत्येव सिद्धम् ॥ इति स्वार्थणिजन्ताश्चुरादयः ॥ १० ॥

इति श्रीपाणिनिमुनिप्रणीतो धातुपाठः समाप्तः

ॐ नमः पाणिनिकात्यायनपतञ्जलिभ्यः शब्दविद्यासंप्रदाय-
कर्तृभ्यो नमो महद्भ्यो नमो गुरुभ्यः ॥

अथ पाणिनीया शिक्षा ।

अथ शिक्षां प्रवक्ष्यामि पाणिनीयं मतं यथा । शास्त्रानुपूर्वं तद्विद्याद्यथोक्तं लोकवेदयोः ॥ १ ॥ प्रसिद्धमपि शब्दार्थमविज्ञातमबुद्धिभिः । पुनर्व्यक्तीकरिष्यामि वाच उच्चारणे विधिम् ॥ २ ॥ त्रिषष्टिश्चतुःषष्टिर्वा वर्णाः शम्भुमते मताः । प्राकृते संस्कृते चापि स्वयं प्रोक्ताः स्वयम्भुवा ॥ ३ ॥ स्वरा विंशतिरेकश्च स्पर्शानां पञ्चविंशतिः । यादयश्च स्मृता ह्यष्टौ चत्वारश्च यमाः स्मृताः ॥ ४ ॥ अनुस्वारो विसर्गश्च ≍क≍पौ चापि पराश्रितौ । दुःस्पृष्टश्चेति विज्ञेयो ऌकारः प्लुत एव च ॥ ५ ॥ (१) ॥ आत्मा बुद्ध्या समेत्यार्थान्मनो युङ्क्ते विवक्षया । मनः कायाग्निमाहन्ति स प्रेरयति मारुतम् ॥ ६ ॥ मारुतस्तूरसि चरन्मन्द्रं जनयति स्वरम् । प्रातःसवनयोगं तं छन्दोगायत्रमाश्रितम् ॥ ७ ॥ कण्ठे माध्यंदिनयुगं

मध्यमं त्रैष्टुभानुगम् । तारं तार्तीयसवनं शीर्षण्यं जागतानुगम् ॥ ८ ॥ सोदीर्णो मूर्ध्न्यभिहतो वक्त्रमापद्य मारुतः । वर्णाञ्जनयते तेषां विभागः पञ्चधा स्मृतः॥९॥ स्वरतः कालतः स्थानात्प्रयत्नानुप्रदानतः । इति वर्णविदः प्राहुर्निपुणं तं निबोधत ॥ १० ॥ (२) ॥ उदात्तश्चानुदात्तश्च स्वरितश्च स्वरास्त्रयः । ह्रस्वो दीर्घः प्लुत इति कालतो नियमा अचि ॥ ११ ॥ उदात्तौ निषादगान्धारावनुदात्त ऋषभधैवतौ । स्वरितप्रभवा ह्येते षड्जमध्यमपञ्चमाः ॥ १२ ॥ अष्टौ स्थानानि वर्णानामुरः कण्ठः शिरस्तथा । जिह्वामूलं च दन्ताश्च नासिकोष्ठौ च तालु च ॥ १३ ॥ ओभावश्च विवृत्तिश्च शषसा रेफ एव च । जिह्वामूलमुपध्मा च गतिरष्टविधोष्मणः ॥ १४ ॥ यद्योभावप्रसंधानमुकारादिपरं पदम् । स्वरान्तं तादृशं विद्याद्यदन्यद्व्यक्तमूष्मणः ॥ १५ ॥ (३) ॥ हकारं पञ्चमैर्युक्तमन्तःस्थाभिश्च संयुतम् । औरस्यं तं विजानीयात्कण्ठ्यमाहुरसंयुतम् ॥ १६ ॥ कण्ठ्यावहाविचुयशास्तालव्या ओष्ठजावुपू । स्युर्मूर्धन्या ऋटुरषा दन्त्या लृतुलसाः स्मृताः॥१७॥ जिह्वामूले तु कुः प्रोक्तो दन्त्योष्ठ्यो वः स्मृतो बुधैः । एऐ तु कण्ठतालव्यावोऔ कण्ठोष्ठजौ स्मृतौ ॥ १८ ॥ अर्धमात्रा तु कण्ठ्या स्यादेकारैकारयोर्भवेत् । ओकारौकारयोर्मात्रा तयोर्विवृतसंवृतम् ॥ १९ ॥ संवृतं मात्रिकं ज्ञेयं विवृतं तु द्विमात्रिकम् । घोषा वा संवृताः सर्वे अघोषा विवृताः स्मृताः ॥ २० ॥ (४) ॥ स्वराणामूष्मणां चैव विवृतं करणं स्मृतम् । तेभ्योऽपि विवृतावेङौ ताभ्यामैचौ तथैव च ॥ २१ ॥ अनुस्वारयमाणां च नासिकास्थानमुच्यते । अयोगवाहा विज्ञेया आश्रयस्थानभागिनः ॥ २२ ॥ अलाबुवीणा निर्घोषो दन्त्यमूल्यस्वरानन्नु । अनुस्वारस्तु कर्तव्यो नित्यं ह्रोः शषसेषु च ॥ २३ ॥ अनुस्वारे विवृत्यां तु विरामे चाक्षरद्वये । द्विरोष्ठ्यौ तु विगृह्णीयाद्यत्रौकारवकारयोः ॥ २४ ॥ व्याघ्री यथा हरेत्पुत्रान्दंष्ट्राभ्यां न च पीडयेत् । भीता पतनभेदाभ्यां तद्वद्वर्णान्प्रयोजयेत् ॥ २५ ॥ (५) ॥ यथा सौराष्ट्रिका नारी तक्रँ इत्यभिभाषते । एवं रङ्गाः प्रयोक्तव्याः खे अराँ इव खेदया ॥ २६ ॥ रङ्गवर्णं प्रयुञ्जीरन्नो ग्रसेत्पूर्व-

-मक्षरम्। दीर्घस्वरं प्रयुञ्जीयात्पश्चान्नासिक्यमाचरेत् ॥ २७ ॥ हृदये चैकमात्र-स्त्वर्धमात्रस्तु मूर्धनि । नासिकायां तथार्धं च रङ्गस्यैवं द्विमात्रता ॥ २८ ॥ हृदयादुत्करे तिष्ठन्कांस्येन स्वमनुस्वरन् । मार्दवं च द्विमात्रं च जघन्वाँ इति निदर्शनम् ॥ २९ ॥ मध्ये तु कम्पयेत्कम्पमुभौ पार्श्वौ समौ भवेत् । स रङ्गं कम्पयेत्कम्पं रथींवेति निदर्शनम् ॥ ३० ॥ एवं वर्णाः प्रयोक्तव्या नाव्यक्ता न च पीडिताः । सम्यग्वर्णप्रयोगेण ब्रह्मलोके महीयते ॥ ३१ ॥ (६) ॥ गीती शीघ्री शिरःकम्पी तथा लिखितपाठकः । अनर्थज्ञोऽल्पकण्ठश्च षडेते पाठकाधमाः ॥ ३२ ॥ माधुर्यमक्षरव्यक्तिः पदच्छेदस्तु सुस्वरः । धैर्यं लयसमर्थं च षडेते पाठका गुणाः ॥ ३३ ॥ शङ्कितं भीतमुद्घृष्टमव्यक्तमनुनासिकम् । काकस्वरं शिरसिगतं तथा स्थानविवर्जितम् ॥ ३४ ॥ उपांशुदष्टं त्वरितं निरस्तं विलम्बितं गद्गदितं प्रगीतम् । निष्पीडितं ग्रस्तपदाक्षरं च वदेन्न दीनं न तु सानुनास्यम् ॥ ३५ ॥ प्रातः पठेन्नित्यमुरःस्थितेन स्वरेण शार्दूलरुतोपमेन । मध्यंदिने कण्ठगतेन चैव चक्राह्वसंकूजितसंनिभेन ॥ ३६ ॥ तारं तु विद्यात्सवनं तृतीयं शिरोगतं तच्च सदा प्रयोज्यम् । मयूरहंसान्यभृतस्वराणां तुल्येन नादेन शिरःस्थितेन ॥ ३७ ॥ (७) ॥ अचोऽस्पृष्टा यणस्त्वीषन्नेमस्पृष्टाः शरः स्मृताः । शेषाः स्पृष्टा हलः प्रोक्ता निबोधानुप्रदानतः ॥ ३८ ॥ यमोऽनुनासिका न ह्रौ (ह्रो) नादिनो हझषः स्मृताः । ईषन्नादा यणो जश्च श्वासिनस्तु खफादयः ॥ ३९ ॥ ईषच्छ्वासांश्चरो विद्याद्गोर्धामैतत्प्रचक्षते । दाक्षीपुत्रः पाणिनिना येनेदं व्यापितं भुवि ॥ ४० ॥ छन्दः पादौ तु वेदस्य हस्तौ कल्पोऽथ पठ्यते । ज्योतिषामयनं चक्षुर्निरुक्तं श्रोत्रमुच्यते ॥ ४१ ॥ शिक्षा घ्राणं तु वेदस्य मुखं व्याकरणं स्मृतम् । तस्मात्साङ्गमधीत्यैव ब्रह्मलोके महीयते ॥ ४२ ॥ (८) ॥ उदात्त-माख्याति वृषोऽङ्गुलीनां प्रदेशिनीमूलनिविष्टमूर्धा । उपान्तमध्ये स्वरितं धृतं च कनिष्ठिकायामनुदात्तमेव ॥ ४३ ॥ उदात्तं प्रदेशिनीं विद्यात्प्रचयं मध्यतोऽङ्गुलिम् । निहतं तु कनिष्ठिक्यां स्वरितोपकनिष्ठिकाम् ॥ ४४ ॥ अन्तोदात्तमाद्युदात्तमुदा-

त्तमनुदात्तं नीचस्वरितम् । मध्योदात्तं स्वरितं द्व्युदात्तं त्र्युदात्तमिति नवपदशय्या ॥ ४५ ॥ अग्निः सोमः प्रावो वीर्यं हविषां स्वर्बृहस्पतिरिन्द्राबृहस्पती । अग्निरित्यन्तोदात्तं सोम इत्याद्युदात्तं प्रेत्युदात्तं व इत्यनुदात्तं वीर्यं नीचस्वरितम् ॥ ४६ ॥ हविषां मध्योदात्तं स्वरिति स्वरितम् । बृहस्पतिरिति द्व्युदात्तमिन्द्राबृहस्पती इति त्र्युदात्तम् ॥ ४७ ॥ अनुदात्तो हृदि ज्ञेयो मूर्ध्न्युदात्त उदाहृतः । स्वरितः कर्णमूलीयः सर्वास्ये प्रचयः स्मृतः ॥ ४८ ॥ (९) चाषस्तु वदते मात्रां द्विमात्रं त्वेव वायसः । शिखी रौति त्रिमात्रं तु नकुलस्त्वर्धमात्रकम् ॥ ४९ ॥ कुतीर्थादागतं दग्धमपवर्णं च भक्षितम् । न तस्य पाठे मोक्षोऽस्ति पापाहेरिव किल्बिषात् ॥ ५० ॥ सुतीर्थादागतं व्यक्तं स्वाम्नायं सुव्यवस्थितम् । सुस्वरेण सुवक्त्रेण प्रयुक्तं ब्रह्म राजते ॥ ५१ ॥ मन्त्रो हीनः स्वरतो वर्णतो वा मिथ्याप्रयुक्तो न तमर्थमाह । स वाग्वज्रो यजमानं हिनस्ति यथेन्द्रशत्रुः स्वरतोऽपराधात् ॥ ५२ ॥ अनक्षरं ह्यनायुष्यं विस्वरं व्याधिपीडितम् । अक्षताशस्त्ररूपेण वज्रं पतति मस्तके ॥ ५३ ॥ हस्तहीनं तु योऽधीते स्वरवर्णविवर्जितम् । ऋग्यजुःसामभिर्दग्धो वियोनिमधिगच्छति ॥ ५४ ॥ हस्तेन वेदं योऽधीते स्वरवर्णार्थसंयुतम् । ऋग्यजुःसामभिः पूतो ब्रह्मलोके महीयते ॥ ५५ ॥ (१०) ॥ शङ्करः शाङ्करीं प्रादाद्दाक्षीपुत्राय धीमते । वाङ्मयेभ्यः समाहृत्य देवीं वाचमिति स्थितिः ॥ ५६ ॥ येनाक्षरसमाम्नायमधिगम्य महेश्वरात् । कृत्स्नं व्याकरणं प्रोक्तं तस्मै पाणिनये नमः ॥ ५७ ॥ अज्ञानान्धस्य लोकस्य ज्ञानाञ्जनशलाकया । चक्षुरुन्मीलितं येन तस्मै पाणिनये नमः ॥ ५८ ॥ त्रिनयनमभिमुखनिःसृतामिमां य इह पठेत्प्रयतश्च सदा द्विजः । स भवति धनधान्यपशुपुत्रकीर्तिमानतुलं च सुखं समश्नुते दिवीति दिवीति ॥ ५९ ॥ अथ शिक्षामात्मोदात्तश्च हकारं स्वराणां यथा गीत्यचोस्पृष्टोदात्तं चाषस्तु शङ्कर एकादश ॥

इति श्रीपाणिनीया शिक्षा समाप्ता ॥

॥ श्रीः ॥

अथ परिभाषापाठः ।

व्याख्यानतो विशेषप्रतिपत्तिर्न हि संदेहादलक्षणम् ॥ १ ॥ यथोद्देशं संज्ञापरिभाषम् ॥ २ ॥ कार्यकालं संज्ञापरिभाषम् ॥ ३ ॥ अनेकान्ता अनुबन्धाः ॥ ४ ॥ एकान्ताः ॥ ५ ॥ नानुबन्धकृतमनेकाल्त्वम् ॥ ६ ॥ नानुबन्धकृतमनेजन्तत्वम् ॥ ७ ॥ नानुबन्धकृतमसारूप्यम् ॥ ८ ॥ उभयगतिरिह भवति ॥ ९ ॥ कार्यमनुभवन् हि कार्यी निमित्ततया नाश्रीयते ॥ १० ॥ यदागमास्तद्गुणीभूतास्तद्ग्रहणेन गृह्यन्ते ॥ ११ ॥ निर्दिश्यमानस्यादेशा भवन्ति ॥ १२ ॥ यत्रानेकविधमान्तर्यं तत्र स्थानत आन्तर्यं बलीयः ॥ १३ ॥ अर्थवद्ग्रहणे नानर्थकस्य ग्रहणम् ॥ १४ ॥ गौणमुख्ययोर्मुख्ये कार्यसंप्रत्ययः ॥ १५ ॥ अनिनस्मन्ग्रहणान्यर्थवता चानर्थकेन च तदन्तविधिं प्रयोजयन्ति ॥ १६ ॥ एकयोगनिर्दिष्टानां सह वा प्रवृत्तिः सह वा निवृत्तिः ॥ १७ ॥ एकयोगनिर्दिष्टानां क्वचिदेकदेशोऽप्यनुवर्तते ॥ १८ ॥ भाव्यमानेन सवर्णानां ग्रहणं न ॥ १९ ॥ भाव्यमानोऽप्युकारः सवर्णान् गृह्णाति ॥ २० ॥ वर्णाश्रये नास्ति प्रत्ययलक्षणम् ॥ २१ ॥ उणादयोऽव्युत्पन्नानि प्रातिपदिकानि ॥ २२ ॥ प्रत्ययग्रहणे यस्मात्स विहितस्तदादेस्तदन्तस्य ग्रहणम् ॥ २३ ॥ प्रत्ययग्रहणे चापञ्चम्याः ॥ २४ ॥ उत्तरपदाधिकारे प्रत्ययग्रहणे न तदन्तग्रहणम् ॥ २५ ॥ स्त्रीप्रत्यये चानुपसर्जने न ॥ २६ ॥ संज्ञाविधौ प्रत्ययग्रहणे तदन्तग्रहणं नास्ति ॥ २७ ॥ कृद्ग्रहणे गतिकारकपूर्वस्यापि ग्रहणम् ॥ २८ ॥ पदाङ्गाधिकारे तस्य च तदन्तस्य च ॥ २९ ॥ व्यपदेशिवदेकस्मिन् ॥ ३० ॥ ग्रहणवता प्रातिपदिकेन तदन्तवि-

धिर्नास्ति ॥ ३१ ॥ व्यपदेशिवद्भावोऽप्रातिपदिकेन ॥३२ ॥ यस्मिन्विधिस्तदादा-
वल्ग्रहणे ॥ ३३ ॥ सर्वो द्वन्द्वो विभाषैकवद्भवति ॥ ३४ ॥ सर्वे विधयश्छन्दसि
विकल्पन्ते ॥ ३५ ॥ प्रकृतिवदनुकरणं भवति ॥ ३६ ॥ एकदेशविकृतमनन्यवत्
॥ ३७ ॥ पूर्वपरनित्यान्तरङ्गापवादानामुत्तरोत्तरं बलीयः ॥ ३८ ॥ पुनः प्रसङ्गवि-
ज्ञानात्सिद्धम् ॥३९॥ सकृद्गतौ विप्रतिषेधे यद्बाधितं तद्बाधितमेव ॥४०॥ विकरणेभ्यो
नियमो बलीयान् ॥ ४१ ॥ परान्नित्यं बलवत् ॥४२॥ कृताकृतप्रसङ्गि नित्यं
तद्विपरीतमनित्यम् ॥ ४३ ॥ शब्दान्तरस्य प्राप्नुवन्विधिरनित्यो भवति ॥ ४४ ॥
शब्दान्तरात्प्राप्नुवतः शब्दान्तरे प्राप्नुवतश्चानित्यत्वम् ॥ ४५ ॥ लक्षणान्तरेण
प्राप्नुवन्विधिरनित्यः ॥ ४६ ॥ क्वचित्कृताकृतप्रसङ्गित्वमात्रेणापि नित्यता ॥ ४७ ॥
यस्य च लक्षणान्तरेण निमित्तं विहन्यते न तदनित्यम् ॥ ४८ ॥ यस्य च
लक्षणान्तरेण निमित्तं विहन्यते तदप्यनित्यम् ॥ ४९ ॥ स्वरभिन्नस्य च प्राप्नुव-
न्विधिरनित्यो भवति ॥ ५० ॥ असिद्धं बहिरङ्गमन्तरङ्गे ॥ ५१ ॥ नाजानन्तर्ये
बहिष्ट्वप्रक्लृप्तिः ॥ ५२ ॥ अन्तरङ्गानपि विधीन्बहिरङ्गो लुग् बाधते ॥ ५३ ॥
पूर्वोत्तरपदनिमित्तकार्यात्पूर्वमन्तरङ्गोऽप्येकादेशो न ॥५४॥ अन्तरङ्गानपि विधीन्
बहिरङ्गो ल्यप् बाधते ॥ ५५ ॥ वार्णादाङ्गं बलीयो भवति ॥ ५६ ॥ अकृतव्यूहाः
पाणिनीयाः ॥ ५७ ॥ अन्तरङ्गादप्यपवादो बलीयान् ॥ ५८ ॥ येन नाप्राप्ते यो
विधिरारभ्यते स तस्य बाधको भवति ॥ ५९ ॥ क्वचिदपवादविषयेऽप्युत्सर्गोऽ-
भिनिविशते ॥ ६० ॥ पुरस्तादपवादा अनन्तरान्विधीन् बाधन्ते नोत्तरान् ॥ ६१ ॥
मध्येऽपवादाः पूर्वान्विधीन्बाधन्ते नोत्तरान् ॥ ६२ ॥ अनन्तरस्य विधिर्वा भवति
प्रतिषेधो वा ॥६३॥ पूर्वं ह्यपवादा अभिनिविशन्ते पश्चादुत्सर्गाः ॥६४॥ प्रकल्प्य
चापवादविषयं तत उत्सर्गोऽभिनिविशते ॥ ६५ ॥ उपसंजनिष्यमाणनिमित्तोऽ
प्यपवाद उपसंजातनिमित्तमप्युत्सर्गं बाधते ॥ ६६ ॥ अपवादो यद्यन्यत्र
चरितार्थस्तर्ह्यन्तरङ्गेण बाध्यते ॥ ६७ ॥ अभ्यासविकारेषु बाध्यबाधकभावो
नास्ति ॥ ६८ ॥ ताच्छीलिकेषु वासरूपविधिर्नास्ति ॥ ६९ ॥ क्त्वल्युट्तुमुन्खलर्थेषु

वासरूपविधिर्नास्ति ॥ ७० ॥ ल्यादेशेषु वासरूपविधिर्नास्ति ॥ ७१ ॥ उभयनिर्देशे पञ्चमीनिर्देशो बलीयान् ॥ ७२ ॥ प्रातिपदिकग्रहणे लिङ्गविशिष्टस्यापि ग्रहणम् ॥ ७३ ॥ विभक्तौ लिङ्गविशिष्टाग्रहणम् ॥ ७४ ॥ सूत्रे लिङ्गवचनमतन्त्रम् ॥ ७५ ॥ नञिवयुक्तमन्यसदृशाधिकरणे तथा ह्यर्थगतिः ॥ ७६ ॥ गतिकारकोपपदानां कृद्भिः सह समासवचनं प्राक् सुबुत्पत्तेः ॥ ७७ ॥ सांप्रतिकाभावे भूतपूर्वगतिः ॥ ७८ ॥ बहुव्रीहौ तद्गुणसंविज्ञानमपि ॥ ७९ ॥ चानुकृष्टं नोत्तरत्र ॥ ८० ॥ स्वरविधौ व्यञ्जनमविद्यमानवत् ॥ ८१ ॥ हल्स्वरप्राप्तौ व्यञ्जनमविद्यमानवत् ॥ ८२ ॥ निरनुबन्धकग्रहणे न सानुबन्धकस्य ॥ ८३ ॥ तदनुबन्धकग्रहणे नातदनुबन्धकस्य ॥ ८४ ॥ क्वचित्स्वार्थिकाः प्रकृतितो लिङ्गवचनान्यतिवर्तन्ते ॥ ८५ ॥ समासान्तविधिरनित्यः ॥ ८६ ॥ संनिपातलक्षणो विधिरनिमित्तं तद्विघातस्य ॥ ८७ ॥ संनियोगशिष्टानामन्यतरापाये उभयोरप्यपायः ॥ ८८ ॥ ताच्छीलिके णेऽण्कृतानि भवन्ति ॥ ८९ ॥ धातोः कार्यमुच्यमानं तत्प्रत्यये भवति ॥ ९० ॥ तन्मध्यपतितस्तद्ग्रहणेन गृह्यते ॥ ९१ ॥ लुग्विकरणालुग्विकरणयोरलुग्विकरणस्य ॥ ९२ ॥ प्रकृतिग्रहणे ण्यधिकस्यापि ग्रहणम् ॥ ९३ ॥ अङ्गवृत्ते पुनर्वृत्तावविधिः ॥ ९४ ॥ संज्ञापूर्वकविधेरनित्यत्वम् ॥ ९५ ॥ आगमशास्त्रमनित्यम् ॥ ९६ ॥ गणकार्यमनित्यम् ॥ ९७ ॥ अनुदात्तेत्त्वलक्षणमात्मनेपदमनित्यम् ॥ ९८ ॥ नञ्घटितमनित्यम् ॥ ९९ ॥ आतिदेशिकमनित्यम् ॥ १०० ॥ सर्वविधिभ्यो लोपविधिरिड्विधिश्च बलवान् ॥ १०१ ॥ प्रकृतिग्रहणे यङ्लुगन्तस्यापि ग्रहणम् ॥ १०२ ॥ विधौ परिभाषोपतिष्ठते नानुवादे ॥ १०३ ॥ उपपदविभक्तेः कारकविभक्तिर्बलीयसी ॥ १०४ ॥ अनन्त्यविकारेऽन्त्यसदेशस्य ॥ १०५ ॥ नानर्थकेऽलोऽन्त्यविधिरनभ्यासविकारे ॥ १०६ ॥ प्रधानाप्रधानयोः प्रधाने कार्यसंप्रत्ययः ॥ १०७ ॥ अवयवप्रसिद्धेः समुदायप्रसिद्धिर्बलीयसी ॥ १०८ ॥ व्यवस्थितविभाषयापि कार्याणि क्रियन्ते ॥ १०९ ॥ विधिनियमसंभवे विधिरेव ज्यायान् ॥ ११० ॥ सामान्यातिदेशे विशेषानतिदेशः ॥ १११ ॥

प्रत्ययाप्रत्यययोः प्रत्ययस्य ग्रहणम् ॥ ११२ ॥ सहचरितासहचरितयोः सहचरितस्यैव ग्रहणम् ॥ ११३ ॥ श्रुतानुमितयोः श्रुतसंबन्धो बलवान् ॥ ११४ ॥ लक्षणप्रतिपदोक्तयोः प्रतिपदोक्तस्यैव ग्रहणम् ॥ ११५ ॥ गामादाग्रहणेष्वविशेषः ॥ ११६ ॥ प्रत्येकं वाक्यपरिसमाप्तिः ॥ ११७ ॥ क्वचित्समुदायेऽपि ॥ ११८ ॥ अभेदका गुणाः ॥ ११९ ॥ बाधकान्येव निपातनानि ॥ १२० ॥ पर्जन्यवल्लक्षणप्रवृत्तिः ॥ १२१ ॥ निषेधाश्च बलीयांसः ॥१२२॥ अनिर्दिष्टार्थाः प्रत्ययाः स्वार्थे ॥ १२३ ॥ योगविभागादिष्टसिद्धिः ॥ १२४ ॥ पर्यायशब्दानां लाघवगौरवचर्चा नाद्रियते ॥ १२५ ॥ ज्ञापकसिद्धं न सर्वत्र ॥ १२६ ॥ पूर्वत्रासिद्धीयमद्वित्वे ॥ १२७ ॥ एकस्या आकृतेश्चरितः प्रयोगो द्वितीयस्यास्तृतीयस्याश्च न भविष्यति ॥ १२८ ॥ संप्रसारणं तदाश्रयं च कार्यं बलवत् ॥ १२९ ॥ क्वचिद्विकृतिः प्रकृतिं गृह्णाति ॥ १३० ॥ औपदेशिकप्रायोगिकयोरौपदेशिकस्यैव ग्रहणम् ॥ १३१ ॥ श्तिपा शपानुबन्धेन निर्दिष्टं यद्गणेन च । यत्रैकाज्ग्रहणं चैव पञ्चैतानि न यङ्लुकि ॥ १३२ ॥ पदगौरवाद्योगविभागो गरीयान् ॥ १३३ ॥ अर्धमात्रालाघवेन पुत्रोत्सवं मन्यन्ते वैयाकरणाः ॥१३४॥

॥ परिभाषापाठः समाप्तः ॥

अष्टाध्यायीसूत्राणां सूची १।

सूत्राङ्कः	सूत्रम्
११	अ अ ८ । ४ । ६८
१८६९	अंशंहारी ५ । २ । ६९
८५	अकः सवर्णे दीर्घः ६।१।१०१
५३९	अकथितं च १ । ४ । ५१
३१८८	अकर्तरि च कारके० ३।३।१९
६०१	अकर्तर्यृणे पञ्चमी २ । ३ । २४
२६९३	अकर्मकाच्च १ । ३ । २६
२७०८	अकर्मकाच्च १ । ३ । ३५
२७१८	अकर्मकाच्च १ । ३ । ४५
३८६४	अकर्मधारये राज्यम् ६।२।१३०
२१४८	अकृच्छ्रे प्रियसुख० ८।१।१३
२२९८	अकृत्सार्वधातुकयोः० ७।४।२५
३८०७	अके जीविकार्थे ६ । २ । ७३
६२८	अकेनोर्भविष्यदाध० २।३।७०
६६४	अक्षशलाकासंख्याः०२।१।१०
३२४७	अक्षेषु ग्लहः ३ । ३ । ७०
२३३८	अक्ष्णोऽन्यतरस्याम् ३।१।७५
९४४	अक्ष्णोऽदर्शनात् ५ । ४ । ७६
१६२१	अगाराद्ठन्तान् ४ । ४ । ७०
३२५६	अगारैकदेशे प्रघणः०३।३।७९
३६११	अग्नीत्प्रेषणे परस्य च ८।२।९२
९२४	अग्नेः स्तुत्स्तोमसोमाः८।३।८२
१२३६	अग्नेर्ढक् ४ । २ । ३३
३००१	अग्नौ चेः ३ । २ । ९१
२८९२	अग्नौ परिचाय्यो० ३।१।१३१
७९५	अग्राख्यायामुरसः ५ । ४ । ९३
३४६२	अग्राद्यत् ४ । ४ । ११६
८८३	अग्रान्तशुद्धशुभ्रवृ० ५।४।१४५
३५५३	अङितश्च ६ । ४ । १०३
३५२२	अङ्ग इत्यादौ च ६।१।११९
३६१५	अङ्गयुक्तं तिङाकाङ्क्षम् ८।२।९६
२००	अङ्गस्य ६ । ४ । १
३८०४	अङ्गानि मैरेये ६। २ । ७०
३९४०	अङ्गाप्रातिलोम्ये ८ । १ । ३३
८५३	अङ्गुलेर्दारुणि ५ । ४ । ११४
२०६३	अङ्गुल्यादिभ्यष्ठक् ५।३।१०८
१४०४	अ च ४ । ३ । ३१ ।

सूत्राङ्कः	सूत्रम्
३०७८	अच उपसर्गात्तः ७ । ४ । ४७
४१६	अचः ६ । ४ । १३८
३६७८	अचः कर्तृयकि ६ । १ । १९५
२७६८	अचः कर्मकर्तरि ३ । १ । ६२
५०	अचः परस्मिन्पूर्ववि०१।१।५७
९४५	अचतुरविचतुरसुच० ५।४।७७
३५	अचश्च १ । २ । २८
२२९४	अचस्तास्वत्थल्य० ७ । २ । ६१
१२५६	अचित्तहस्तिधेनो० ४ । २ । ४७
१४७६	अचित्ताददेशका० ४ । ३ । ९६
२९९	अचि र ऋतः ७ । २ । १००
२५४१	अचि विभाषा ८ । २ । २१
२७१	अचि श्नुधातुभ्रुवां० ६ । ४ । ७७
२५४	अचोऽञ्णिति ७ । २ । ११५
७९	अचोऽन्त्यादि टि १ । १ । ६४
२८४२	अचो यत् ३ । १ । ९७
५९	अचो रहाभ्यां द्वे ८ । ४ । ४६
३८९१	अच्कावशक्तौ ६ । २ । १५७
२४७	अच्च घेः ७ । ३ । ११९
७७०	अच्छगत्यर्थवदेषु १ । ४ । ६९
९४३	अच्प्रत्यन्ववपूर्वा० ५ । ४ । ७५
२८५३	अजर्यं संगतम् ३ । १ । १०५
२००६	अजादी गुणवचना ०५।३।५८
२१७६	अजादेर्द्वितीयस्य ६ । १ । २
४५४	अजाद्यतष्टाप् ४ । १ । ४
९०४	अजाद्यदन्तम् २ । २ । ३३
१६६९	अजाविभ्यां थ्यन् ५ । १ । ८
२०३९	अजिनान्तस्योत्तरप० ५।३।८२
२८७६	अजिव्रज्योश्च ७ । ३ । ६०
२२९२	अजेर्व्यघञपोः २ । ४ । ५६
२६१४	अज्झनगमां सनि ६ । ४ । १६
२०२८	अज्ञाते ५ । ३ । ७३
३०४७	अञ्चेः पूजायाम् ७ । २ । ५३
१९८०	अञ्चेर्लुक् ५ । ३ । ३०
३७१६	अञ्चेश्छन्दस्यसर्व० ६।१।१७०
३०२४	अञ्चोऽनपादाने ८ । २ । ४८
२५४६	अञ्जेः सिचि ७ । २ । ७१

सूत्राङ्कः	सूत्रम्
८५६	अञ्नासिकायाः सं०५।४।११८
१९७	अट्कुप्वाङ्नुम्व्यवाये० ८।४।२
२४७६	अड् गार्ग्यगालवयोः ७।३।९९
१४०६	अणञौ च ४ । ७ ३३
२७५४	अणावकर्मकाच्चित्त० १।३।८८
३८०९	अणि नियुक्ते ६ । २ । ७५
११८०	अणो द्व्यचः ४ । १ । १५६
११०	अणोऽप्रगृह्यस्यानुना०८।४।५७
३१८१	अण्कर्मणि च ३ । ३ । १२
१५६८	अण्कुटिलिकायाः ४ । ४ । १८
१९१०	अण्च ५ । २ । १०३
११९८	अणिञोरनार्षयोर्गुरू० ४।१।७८
३२१९	अणिनुणः ५ । ४ । १५
१४	अणुदित्सवर्णस्य चा० १।१।६९
१४५२	अणृगयनादिभ्यः ४ । ३ । ७३
१५९८	अण्महिष्यादिभ्यः ४ । ४ । ४८
२२४८	अत आदेः ७ । ४ । ७०
१०९५	अत इञ् ४ । १ । ९५
१९२२	अत इनिठनौ ५ । २ । ११५
२४६७	अत उत्सार्वधातुके ६।४।११०
२२८२	अत उपधायाः ७ । २ । ११६
२२६०	अत एकहल्मध्ये० ६।४। १२०
१६०	अतःकृकमिकंसकुंभ० ८।३।४६
११९६	अतश्च ४ । १ । १७५
२११३	अतिग्रहाव्यथनक्षे० ५।४।४६
२०९४	अतिथेर्ञ्यः ५ । ४ । २६
५५६	अतिरतिक्रमणे च १ । ४ । ९५
२००१	अतिशायने तमबिष्ठनौ ५।३।५५
७३८	अतेः शुनः ५ । ४ । ९६
३९२५	अतेरकृत्पदे ६ । २ । १९१
१९१	अतो गुणे ६ । १ । ९७
२१७०	अतो दीर्घो यञि ७ । ३ । १०१
२०३	अतो भिस ऐस् ७ । १ । ९
३०९	अतोऽम् ७ । १ । २४
२२१२	अतो येयः ७ । २ । ८०
१६३	अतो रोरप्लुतादप्लुते ६।१।११३
२३०८	अतो लोपः ६ । ४ । ४८

सूत्राङ्कः	सूत्रम्
२३३०	अतो ल्रान्तस्य ७ । २ । २
२२८४	अतो हलादेर्लघोः ७ । २ । ७
२२०२	अतो हेः ६ । ४ । १०५
६९१	अत्यन्तसंयोगे च २ । १ । २९
२६२०	अत्र लोपोऽभ्यासस्य ७।४।५८
१३६	अत्रानुनासिकः पूर्वस्य०८।३।२
११४७	अत्रिभृगुकुत्सवसिष्ठ०२।४।६५
४२५	अत्वसन्तस्य चाधातोः६।४।१४
२५६६	अत्स्मृदृत्वरप्रथम्रद० ७।४।९५
२४२६	अदः सर्वेषाम् ७ । ३ । १००
२४७९	अदभ्यस्तात् ७ । १ । ४
५३	अदर्शनं लोपः १ । १ । ६०
४३७	अदस औ सुलोपश्च ७।२।१०७
१०१	अदसो मात् १ । १ । १२
४१९	अदसोऽसेर्दादुदो मः ८।२।८०
२४२३	अदिप्रभृतिभ्यः शपः २।४।७२
१२८२	अदूरभवश्च ४ । २ । ७०
१७	अदेङ्गुणः १ । १ । २
३०८०	अदो जग्धिर्ल्यप्ति किति०२।४।३६
२९७७	अदोऽनन्ने ३ । २ । ६८
७७१	अदोऽनुपदेशे १ । ४ । ७०
३१५	अद्ड्डतरादिभ्यःपञ्च०७।१।२५
३४८०	अद्भिः संस्कृतम् ४ । ४ । १३४
१८१४	अद्यश्वीनावष्टब्धे ५ । २ । १३
१६१	अधःशिरसी पदे ८ । ३ । ४७
१८७३	अधिकम् ५ । २ । ७३
६२६	अधिकरणवाचिनश्च २।३।६८
७०७	अधिकरणवाचिना च २।२।१३
१९८९	अधिकरणविचाले च ५।३।४३
३३६२	अधिकरणे बन्धः ३ । ४ । ४१
२९२९	अधिकरणे शेतेः ३ । २ । १५
९१९	अधिकरणैतावत्त्वे च २।४।१५
१४६७	अधिकृत्य कृते ग्रन्थे ४।३।८७
५५४	अधिपरी अनर्थकौ१ । ४ । ९३
६४४	अधिरीश्वरे १ । ४ । ९७
५४२	अधिशीङ्स्थासां कर्म १।४।४६
६१३	अधीगर्थदयेशां कर्मणि२।३।५२
२८२०	अधीष्टे च ३ । ३ । १६६
१९६६	अधुना ५ । ३ । १७
२७०६	अधेः प्रसहने १ । ३ । ३३
३९२२	अधेरुपरिस्थम् ६ । २ । १८८
९०९	अध्ययनतो विप्रकृष्टा० २।४।५
१६९३	अध्यर्धपूर्वद्विगोर्लु० ५।१।२८

सूत्राङ्कः	सूत्रम्
३३०१	अध्यायन्यायोद्याव०३।३।१२२
१८८०	अध्यायानुवाकयोर्लुक्५।२।६०
१६२२	अध्यायिन्यदेशका० ४।४।७१
१४४८	अध्यायेष्वेवर्षेः ४ । ३ । ६९
१८१७	अध्वनो यत्खौ ५ । २ । १६
३७४४	अध्वर्युकषाययोर्जातौ ६।२।१०
९०८	अध्वर्युक्रतुरनपुंसकम्२ । ४ । ४
११५८	अन् ६ । ४ । १६७
४६२	अन उपधालोपिनो० ४।१।२८
२४८	अनङ् सौ ७ । १ । ९३
४८	अनचि च ८ । ४ । ४७
२०७६	अनत्यन्तगतौ क्तात् ५ । ४ । ४
७७६	अनत्याधान उरसि० १।४।७५
२२०५	अनद्यतने लङ् ३ । २ । १११
२१८५	अनद्यतने लुट् ३ । ३ । १५
१९६९	अनद्यतनेर्हिलन्यत० ५।३।२१
२०९१	अनन्तावसथेतिह० ५।४।२३
३६२४	अनन्त्यस्यापि प्र० ८।२।१०५
५३६	अनभिहिते २ । ३ । १
२८०२	अनवक्लृप्त्यमर्ष० ३।३।१४५
६७८	अनश्च ५ । ४ । १०८
३५०५	अनसन्तान्नपुंसका०५।४।१०३
३४६	अनाप्यकः ७ । २ । ११२
३७८६	अनिगन्तोऽञ्चतौ व० ६।२।५२
२४७८	अनितेः ८ । ४ । १९
४१५	अनिदितां हल उप० ६।४।२४
२०३१	अनुकम्पायाम् ५ । ३ । ७६
७६३	अनुकरणं चानितिप०१।४।६२
१८७४	अनुकाभिकाभीकः ५ । २ । ७४
९५१	अनुगवमायामे ५ । ४ । ८३
२०८३	अनुगादिनष्ठक् ५ । ४ । १३
१८१६	अनुग्वलंगामी ५ । २ । १५
४०३	अनुदात्तं सर्वमपादादौ८।१।१८
२१५७	अनुदात्तङित आत्म०१।३।१२
३६७०	अनुदात्तं च ८ । १ । ३
३६५०	अनुदात्तं पदमेक० ६।१।१५८
३६१९	अनुदात्तं प्रश्नान्ता०८।२।१००
३६५१	अनुदात्तस्य च य० ६।१।१६१
२४०२	अनुदात्तस्य चर्दुपध० ६।१।५९
१२५३	अनुदात्तादेरञ् ४ । २ । ४४
१५२०	अनुदात्तादेश्च ४ । ३ । १४०
३६७४	अनुदात्ते च ६ । १ । १९०
३५२३	अनुदात्ते च कुधपरे६।१।१२०

सूत्राङ्कः	सूत्रम्
३१२९	अनुदात्तेतश्च हलादेः३।२।१४९
२४२८	अनुदात्तोपदेशवन० ६।४।३७
३७०९	अनुदात्तौ सुप्पितौ ३ । १ । ४
२६६६	अनुनासिकस्य क्वि० ६।४।१५
१३७	अनुनासिकात्परोऽनु० ८।३।४
१८१०	अनुपदसर्वान्नायानयं० ५।२।९
१८९०	अनुपद्यन्वेष्टा ५ । २ । ९०
२७४५	अनुपराभ्यां कृञः १।३।७९
२७४३	अनुपसर्गाज्ज्ञः १ । ३ । ७६
३०३५	अनुपसर्गात्फुल्लक्षीव०८।२।५५
२७१६	अनुपसर्गाद्वा १ । ३ । ४३
२९००	अनुपसर्गाल्लिम्प० ३।१।१३८
४६९	अनुपसर्जनात् ४ । १ । १४
५७९	अनुप्रतिगृणश्च १ । ४ । ४१
१७७४	अनुप्रवचनादिभ्य०५।१।१११
१२७२	अनुब्राह्मणादिनिः ४ । २ । ६२
६६९	अनुर्यत्समया २ । १ । १५
५४७	अनुर्लक्षणे १ । ४ । ८४
९०७	अनुवादे चरणानाम् २।४।३
२३४९	अनुपर्यभिनिविभ्यः० ८।३।७२
१४३८	अनुशतिकादीनां च ७।३।२०
१२४	अनुस्वारस्य ययि० ८।४।५८
११०६	अनृष्यानन्तर्ये वि०४।१।१०४
८३०	अनेकमन्यपदार्थे २ । २ । २४
४५	अनेकाल्शित्सर्वस्य १।१।५५
३६०१	अनो नुट् ८ । २ । १६
४६०	अनो बहुव्रीहेः ४ । १ । १२
३८८४	अनो भावकर्मवचनः६।२।१५०
२७२२	अनोरकर्मकात् १ । ३ । ४९
३९२३	अनोरप्रधानकनी० ६।२।१८९
७९६	अनोश्मायःसरसां० ५।४।९४
३०१०	अनौ कर्मणि ३ । २ । १००
३८२६	अन्तः ६ । २ । ९२
३८७७	अन्तः ६ । २ । १४३
३९१३	अन्तः ६ । २ । १७९
२९८४	अन्तः ८ । ४ । २०
१४३७	अन्तःपूर्वपदाट्ठञ् ४ । ३ । ६०
२२०	अन्तरं बहिर्योगोप० १।१।३६
३२९४	अन्तरदेशे ८ । ४ । २४
७६६	अन्तरपरिग्रहे १ । ४ । ६५
५४५	अन्तरान्तरेण युक्ते २ । ३ । ४
३२५५	अन्तर्घनो देशे ३ । ३ । ७८
५९१	अन्तर्धौ येनादर्शनं० १।४।२८

सूत्रसूची

सूत्राङ्कः सूत्रम्

८५५ अन्तर्बहिर्भ्यां च० ५।४।११७
४८९ अन्तर्वत्पतिवतोर्नुक् ४।१।३२
३९१४ अन्तश्च ६।२।१८०
३६८५ अन्तश्च तवै युगपत् ६।१।२००
२९६५ अन्तात्यन्ताध्वदूर० ३।२।४८
७५ अन्तादिवच्च ६।१।८५
२०१४ अन्तिकबाढयोर्नेद० ५।३।६३
३७१५ अन्तोदात्तादुत्तर० ६।१।१६९
३७०६ अन्तोऽवत्याः ६।१।२२०
३८१७ अन्त्यात्पूर्वं बह्वचः ६।२।८३
१६३७ अन्नाण्णः ४।४।८५
६९६ अन्नेन व्यञ्जनम् २।१।३४
४९७ अन्यतो ङीष् ४।१।४०
३३४८ अन्यथैवंकथमित्थंसु० ३।४।२७
६७५ अन्यपदार्थे च संज्ञा० २।१।२१
५९५ अन्यारादितरर्ते दि० २।३।२९
३१५८ अन्येभ्योऽपि दृश्यते ३।२।१७८
३४२२ अन्येभ्योऽपि दृश्यते ३।३।१३०
२९८० अन्येभ्योऽपि दृश्यन्ते ३।२।७५
३५३९ अन्येषामपि दृश्यते ६।३।१३७
३०११ अन्येष्वपि दृश्यते ३।२।१०१
३३८६ अन्वच्यानुलोम्ये ३।४।६४
९४९ अन्ववतप्ताद्रहसः ५।४।८१
३३७५ अपगुरोर्णमुलि ६।१।५३
३२५५ अपघनोऽङ्गम् ३।३।८१
३०७१ अपचितश्च ७।२।३०
१०८९ अपत्यं पौत्रप्रभृति० ४।१।१६२
८१५ अपथं नपुंसकम् २।४।४०
१३५९ अपदातौ साल्वात् ४।२।१३५
२१० अपदान्तस्य मूर्धन्यः ८।३।५५
६६६ अपपरिबहिरञ्चवः० २।१।१२
६९६ अपपरी वर्जने १।४।८८
१५७१ अपमित्ययाचिता० ४।४।२१
१०५९ अपरस्पराः क्रिया० ६।१।१४४।
४८० अपरिमाणबिस्ताचि० ४।१।२२
३५८० अपरिह्वृताश्च ७।२।३२
२७७९ अपरोक्षे च ३।२।११९
५६३ अपवर्गे तृतीया २।३।६
१०६४ अपस्करो रथाङ्गम् ६।१।१२९
३५०२ अपस्पृधेथामानृचुरा० ६।१।३६
२७१७ अपह्नवे ज्ञः १।३।४४
३९२० अपाच्च ६।२।१८६
२६८८ अपाच्चतुष्पाच्छकु० ६।१।१४२

सूत्राङ्कः सूत्रम्

२११२ अपादाने चाहीयरुहोः ५।४।४५
५८७ अपादाने पञ्चमी २।३।२८
३३७५ अपादाने परीप्सायाम् ३।४।५२
२७४६ अपाद्वदः १।३।७३
५५७ अपिः पदार्थसंभाव० १।४।९६
११६३ अपूर्वपदादन्यतर० ४।१।१४०
२५१ अपृक्त एकाल्प्रत्ययः १।२।४१
२९६७ अपे क्लेशतमसोः ३।२।५०
३१२४ अपे च लषः ३।२।१४४
७०० अपेतापोढमुक्तपति० २।१।३८
१२२९ अपोनप्त्रपांनप्तृभ्यांघः ४।२।२७
४४२ अपो भि ७।४।४८
२७७ अप्तृन्तृच्स्वसृनप्तृने० ६।४।११
८३२ अप्पूरणीप्रमाण्योः ५।४।११६
३२७९ अ प्रत्ययात् ३।३।१०२
९८ अप्लुतवदुपस्थिते ६।१।१२९
४६७ अभाषितपुंस्काच्च ७।३।४८
१४७० अभिजनश्च ४।३।९०
२०८१ अभिजिद्विदभृद्० ५।३।११८
२७७३ अभिज्ञावचने लृट् ३।२।११२
५४३ अभिनिविशश्च १।४।४७
१४६६ अभिनिष्क्रामति द्वा० ४।३।८६
३१९३ अभिनिसः स्तनः० ८।३।८६
२७४६ अभिप्रत्यतिभ्यः क्षिपः १।३।८०
५५३ अभिरभागे १।४।९१
३२१८ अभिविधौ भाव इनुण् ३।३।४४
२१२४ अभिविधौ संपदा च ५।४।५३
३९१९ अमेर्मुखम् ६।२।१८५
३०६५ अमेश्वाविदूर्ये ७।२।२५
१८१८ अभ्यमित्राच्छ च ५।२।१७
२४१७ अभ्यस्तस्य च ६।१।३३
३६७३ अभ्यस्तानामादिः ६।१।१८९
२२९० अभ्यासस्यासवर्णे ६।४।७८
३४२० अभ्यासाच्च ७।३।५५
२१८२ अभ्यासे चर्च ८।४।५४
३४०३ अभ्युत्सादयांप्रजन० ३।१।४२
२९७० अमनुष्यकर्तृके च ३।२।५३
३८२४ अमहन्नव नगरेऽनु० ६।२।८९
२८७४ अमावस्यदन्यतर० ३।१।१२२
१४०३ अमावास्याया वा ४।३।३०
१९४ अमि पूर्वः ६।१।१०७
३५०३ अमु च च्छन्दसि ५।४।१२
९७० अमूर्धमस्तकात्स्वा० ६।३।१२

सूत्राङ्कः सूत्रम्

७८३ अमैवाव्ययेन २।२।२०
३५६२ अमो मश् ७।१।४०
३६०४ अम्नरूधरवरित्युभय० ८।२।७०
२९१८ अम्बाम्बगोभूमिस० ८।३।९७
२६७ अम्बार्थनद्योर्ह्रस्वः ७।३।१०७
३३३ अम् संबुद्धौ ७।१।९९
१८७६ अयःशूलदण्डाजि० ५।२।७६
२६४९ अयङ् यि क्ङिति ७।४।२२
३२९५ अयनं च ८।४।२५
३३९० अयस्मयादीनि च्छ० १।४।२०
२३११ अयामन्ताल्वाय्ये० ६।४।५५
१३५३ अरण्यान्मनुष्ये ४।२।१२९
३८३४ अरिष्टगौडपूर्वे च ६।२।१००
२९४२ अरुर्द्विषदजन्तस्य मु० ६।३।६७
२१२१ अरुर्मनश्चक्षुश्चेतोर० ५।४।५१
२४९३ अर्तिपिपर्त्योश्च ७।४।७७
३१६५ अर्तिलूधूसूखनस० ३।२।१८४
२५७० अर्तिह्रीव्लीरीक्नू० ७।३।३६
१७८ अर्थवदधातुरप्रत्ययः १।२।४५
३७७८ अर्थे ६।२।४४
१०२६ अर्थे विभाषा ६।३।१००
३०६४ अर्देः संनिविभ्यः ७।२।२४
७१३ अर्धं नपुंसकम् २।२।२
८१६ अर्धर्चाः पुंसि च २।४।३१
८०२ अर्धाच्च ५।४।१००
१६८४ अर्धात्परिमाणस्य पू० ७।३।२६
१३७४ अर्धाद्यत् ४।३।४
३८२४ अर्मे चावर्णं द्व्यच्त्र्यच् ६।२।९०
२८५१ अर्यः स्वामिवैश्ययोः ३।१।१०३
३६४ अर्वणस्त्रसावनञः ६।४।१२७
१९३३ अर्शआदिभ्योऽच् ५।२।१२७
२९२६ अर्हः ३।२।१२
३११३ अर्हः प्रशंसायाम् ३।२।१३३
२८२२ अर्हे कृत्यतृचश्च ३।३।१६९
३११६ अलंकृञ्निराकृ० ३।२।१३६
३३१६ अलंखल्वोः प्रतिषे० ३।४।१८
९५८ अलुगुत्तरपदे ६।३।१
४२ अलोऽन्त्यस्य १।१।५२
२४९ अलोऽन्त्यात्पूर्व उपधा १।१।६५
८७५ अल्पाख्यायाम् ५।४।१३६
९०५ अल्पाच्तरम् २।२।३४
२०४० अल्पे ५।३।८५
२३४ अल्लोपोऽनः ६।४।१३४

सूत्राङ्कः	सूत्रम्
१६००	अवक्रयः ४ । ४ । ५०
२०५०	अवक्षेपणे कन् ५ । ३ । ९५
८८	अवङ् स्फोटायनस्य ६।१।१२३
१४४२	अवचक्षे च ३ । ४ । १५
२८४९	अवद्यपण्यवर्याग० ३।१।१०१
३५२४	अवपथासि च ६ । १ । १२१
१३९७	अवयवादृतोः ७ । ३ । ११
१५१५	अवयवे च प्राण्यो० ४।३।१३५
१७४८	अवयसि ठंश्च ५ । १ । ८४
३४१६	अवयाः श्वेतवाः पु० ८।२।६७
९४७	अवसमन्धेभ्यस्त० ५ । ४।७९
२२७३	अवाच्चालम्बनावि० ८।३।६८
१८३४	अवात्कुटारच्च ५ । २ । ३०
२७२४	अवाद्ग्रः १ । ३ । ५१
१७१२	अवारपारात्यन्तानु० ५।२।११
१३४९	अवृद्धादपि बहु० ४ । २।१२५
१११६	अवृद्धाभ्यो नदी० ४।१।११३
२०९६	अवेः कः ५ । ४ । २८
३२२६	अवे ग्रहो वर्षप्रति० ३।३।५१
३९९९	अवे तृस्त्रोर्घञ् ३ । ३ । १२०
३४१५	अवे यजः ३ । २ । ७२
३१८७	अवोदैधौद्मप्रश्रथ० ६ । ४।२९
३१९७	अवोदोर्नियः ३ । ३ । २६
८१	अव्यक्तानुकरणस्या० ६।१।९८
२१२८	अव्यक्तानुकरणद्य० ५ । ४।५७
६५२	अव्ययं विभक्तिसमी० २।१।६
२०२६	अव्ययसर्वनाम्नाम० ५।३।७१
१३२४	अव्ययात्त्यप् ४ । २ । १०४
४५२	अव्ययादाप्सुपः २ । ४ । ८२
६५१	अव्ययीभावः २ । १ । ५
४५१	अव्ययीभावश्च १ । १ । ४१
६५९	अव्ययीभावश्च २ । ४ । १८
१४३६	अव्ययीभावाच्च ४ । ३ । ५९
६६०	अव्ययीभावे चाकाले ६।३।८१
६७७	अव्ययीभावे शर० ५।४।१०७
३३८१	अव्यये यथाभिप्रेता० ३।४।५९
३५१९	अव्यादवद्यादव० ६ । १।११६
२६६१	अशनायोदन्यध० ७।४ । ३४
१४४३	अशब्दे यत्खावन्य० ४।३।६४
८२७	अशाला च २ । ४ । २४
२५३३	अश्नोतेश्च ७ । ४ । ७२
२६६२	अश्वक्षीरवृषलवणा० ७।१।५१
१०७४	अश्वपत्यादिभ्यश्च ४ । १ । ८४
१८२०	अश्वस्यैकाहगमः ५ । २ । १९
३५९०	अश्वाघस्यात् ७ । ४ । ३७
१११३	अश्वादिभ्यः फञ् ४।१।११०
३४७२	अश्विमानण् ४ । ४ । १२६
२०७९	अषडक्षाशितंग्वलं० ५ । ४।७
१०२५	अषष्ठ्यतृतीयास्थ० ६ । ३।९९
३७१	अष्टन आ विभक्तौ ७।२।८४
१०४६	अष्टनः संज्ञायाम् ६।३।१२५
३७१८	अष्टनो दीर्घात् ६ । १ । १७२
३७२	अष्टाभ्य औश् ७ । १ । २१
२२४२	असंयोगाल्लिट् कित् १ । २।५
१५२९	असंज्ञायां तिल० ४।२।१४९
१६८२	असमासे निष्का० ५।१।२०
१३७९	अ सांप्रतिके ४ । ३ । ९
२१८३	असिद्धवदत्राभात् ६।४।२२
३४६९	असुरस्य स्वम् ४ । ४ । १२३
२९५१	असूर्यललाटयोर्दृ० ३।२ । ३६
७६९	अस्तं च १ । ४ । ६८
१९७६	अस्ताति च ५ । ३ । ४०
१५१०	अस्तिनास्तिदिष्टं० ४ । ४।६०
२२२५	अस्तिसिचोऽपृक्ते ७ । ३ । ९६
२४७०	अस्तेर्भूः २ । ४ । ५२
३२२	अस्थिदधिसक्थ्य० ७।१ । ७५
८१८	अस्मदो द्वयोश्च १ । २ । ५९
२१६४	अस्मद्युत्तमः १ । ४ । १०७
१९२८	अस्मायामेधास्र० ५।२।१२१
२११८	अस्य च्वौ ७ । ४ । ३२
३३७९	अस्यतितृषोः क्रिया० ३।४।५७
२४३८	अस्यतिवक्तिख्या० ३ । १।५२
२५२०	अस्यतेस्थुक् ७ । ४ । १७
५०९	अस्वाङ्गपूर्वपदाद्वा ४ । १।५३
७८७	अहःसर्वैकदेशसं० ५ । ४।८७
१९४६	अहंशुभमोर्युस् ५ । २ । १४०
४४३	अहन् ८ । २ । ६८
३७८१	अहीने द्वितीया ६ । २ । ४७
३९६८	अहेतिविनियोगे च ८।१।६१
३९४७	अहो च ८ । १ । ४०
७८९	अह्नष्टखोरेव ६ । ४ । १४५
७९१	अह्नोऽदन्तात् ८ । ४ । ७
७९०	अह्नोऽह्न एतेभ्यः ५ । ४।८८
२३२	आकडारादेका संज्ञा १ । ४।१
१५५७	आकर्षात्ष्ठल् ४ । ४ । ९
१८६४	आकर्षादिभ्यः कन् ५।२।६४
१७७७	आकालिकडाद्य० ५।१।११४
१५८८	आक्रन्दाट्ठञ्च ४ । ४ । ३८
३८९२	आक्रोशे च ६ । २ । १५८
३२८९	आक्रोशे नञ्यनिः ३।३।११२
३२२०	आक्रोशे वन्योर्ग्रहः ३ । ३।४५
३११४	आ क्वेस्तच्छीलत० ३।२।१३४
५९२	आख्यातोपयोगे १ । ४ । २९
१८१५	आगवीनः ५ । २ । १४
११५२	आगस्त्यकौण्डिन्य० २ । ४।७०
१२२४	आग्रहायण्यश्वत्थाट्ठक् ४।२।२२
२७१३	आङ उद्गमने १ । ३ । ४०
२८९	आङि चापः ७ । ३ । १०५
२९२५	आङि ताच्छील्ये ३ । २ । ११
३२५०	आङि युद्धे ३ । ३ । ७३
२६८६	आङो दोऽनास्यवि० १।३।२०
२४४	आङो नाऽस्त्रियाम् ७।३।१२०
३५२५	आङोऽनुनासिक० ६।१।१२६
२६९५	आङो यमहनः १ । ३ । २८
२८४५	आङो यि ७ । १ । ६५
६६७	आङ् मर्यादाभिवि० २।१।१३
५९७	आङ् मर्यादावचने १ । ४।८९
१४७	आङ्माङोश्च ६ । १ । ७४
१७८२	आ च त्वात् ५ । १ । १२०
२४९८	आ च हौ ६ । ४ । ११७.
३८३८	आचार्योपसर्जन० ६।२।१०४
३७७०	आचार्योपसर्जनश्चा० ६।२।३६
४८५	आच्छीनद्योर्नुम् ७ । १ । ८०
३५७२	आज्जसेरसुक् ७ । १ । ५०
९६२	आज्ञायिनि च ६ । ३ । ५
२६९	आटश्च ६ । १ । ९०
२२५४	आडजादीनाम् ६ । ४ । ७२
२२०४	आडुत्तमस्य पिच्च ३ । ४।९२
१७१९	आढकाचितपात्रा० ५ । १।५३
२९७३	आढ्यसुभगस्थूल० ३ । २।५६
२६८	आण् नद्याः ७ । ३ । ११२
३४२९	आत ऐ ३ । ४ । ९५
२३७१	आत औ णलः ७ । १ । ३४
२२२७	आतः ३ । ४ । ११०
२८९८	आतश्चोपसर्गे ३ । १ । १३६
३२८३	आतश्चोपसर्गे ३ । ३ । १०६
२२३५	आतो ङितः ७ । २ । ८१
३६३२	आतोऽटि नित्यम् ८ । ३ । ३
२४०	आतो धातोः ६ । ४ । १४०
२९१५	आतोऽनुपसर्गे कः ३ । २ । ३

सूत्राङ्कः	सूत्रम्
३४१८	आतो मनिन्क्वनि० ३।२।७४
२७६१	आतो युक् चिण्० ७।३।३३
३३०९	आतो युच् ३ । ३ । १२८
२३७२	आतो लोप इटि च ६।४।६४
९६३	आत्मनश्च ६ । ३ । ६
२२५८	आत्मनेपदेष्वनतः ७।१ । ५
२६९६	आत्मनेपदेष्वन्यत० २।४।४४
२४१९	आत्मनेपदेष्वन्यतर०३।१।५४
१६७०	आत्मन्विश्वजन० ५ । १ । ९
२९९३	आत्ममाने खश्च ३ । २ । ८३
१६७१	आत्माध्वानौ खे ६ । ४।१६९
१५१३	आथर्वणिकस्येक० ४।३।१३३
७६४	आदरानादरयोः स० १।४।६३
४६८	आदाचार्याणाम् ७ । ३ । ४९
३७६१	आदिः प्रत्येनसि ६ । २ । २७
३७३१	आदिः सिचोऽन्य० ६।१।१८७
३०५३	आदिकर्मणि क्तः क० ३।४।७१
३०३६	आदितश्च ७ । २ । १६
२	आदिरन्त्येन सहेता १। १।७१
३७९८	आदिरुदात्तः ६ । २ । ६४
२२८९	आदिर्ञिटुडवः १ । ३ । ५
३६७७	आदिर्णमुल्यन्यत० ६।१।१९४
३८५९	आदिश्चिहणादीनाम्६।२।२२५
३१५१	आदृगमहनजनः० ३।२।१७१
४४	आदेः परस्य १ । १ । ५४
२३७०	आदेच उपदेशेऽशिति६।१।४५
२१२	आदेशप्रत्यययोः ८ । ३ । ५९
६९	आद्गुणः ६ । १ । ८७
३४८	आद्यन्तवदेकस्मिन् १ । १।२१
३६	आद्यन्तौ टकितौ १ । १ । ४६
३८५३	आद्युदात्तं द्व्यच्छ० ६।२।११९
३७०८	आद्युदात्तश्च ३ । १ । ३
६३२	आधारोऽधिकरणम् १।४।४५
९२१	आनङृतो द्वन्द्वे ६ । ३ । २५
२८८८	आनाय्योऽनित्ये ३ । १।१२७
२२३१	आनि लोट् ८ । ४ । १६
३१०१	आने मुक् ७ । २ । ८२
८०७	आन्महतः समाना० ६।३।४६
१०८२	आपत्यस्य च तद्धि०६।४।१५१
३५२१	आपो जुषाणो वृ० ६।१।११८
८९२	आपोऽन्यतरस्याम् ७।४ । १५
२६१९	आप्ज्ञप्यृधामीत् ७ । ४ । ५५
१८०९	आप्रपदं प्राप्नोति ५ । २ । ८
२१४५	आबाधे च ८ । १ । १०
३३४३	आभीक्ष्ण्ये णमुल्च ३ ।४।२२
३९६२	आम एकान्तरमाम० ८।१।५५
२२३८	आमः २ । ४ । ८१
४१२	आमन्त्रितं पूर्वमवि० ८।१।७२
३६५३	आमन्त्रितस्य च ६ । १।१९८
३६५४	आमन्त्रितस्य च ८ । १ । १९
२१७	आमि सर्वनाम्नः सुट् ७।१।५२
२२५१	आमेतः ३ । ४ । ९०
२२४०	आम्प्रत्ययवत्कृञो० १।३।६३
३६१४	आम्रेडितं भर्त्सने ८ । २ । ९५
४७५	आयनेयीनीयियः फ० ७।१।२
२३०५	आयादय आर्धधा० ३।१।३१
६६७	आयुक्तकुशलाभ्यां० २।३।४०
१४७१	आयुधजीविभ्यश्छः०४।३।९१
२०६७	आयुधजीविसंघा० ५।३।११४
१५६४	आयुधाच्छ च ४ । ४ । १४
११३६	आरगुदीचाम् ४ । १ । १३०
२१८७	आर्धधातुकं शेषः ३।४।११४
२१८४	आर्धधातुकस्येड्वला० ७।२।३५
२४३२	आर्धधातुके २ । ४ । ३५
२३०७	आर्धधातुके ६ । ४ । ४६
३७९२	आर्यो ब्राह्मणकुमा० ६।२।५८
१६८१	आर्हादगोपुच्छसं० ६ । १।१९
१९३१	आलजाटचौ बहु० ५।२।१२५
५२९	आवट्याच्च ४ । १ । ७५
३३११	आवश्यकाधम० ३।३ । १७०
१६२५	आवसथात्ष्ठल् ४ । ४ । ७४
२७९०	आशंसायां भूतवच्च ३।३।१३२
२७९२	आशंसावचने लिङ् ३।३।१३४
३७५५	आशङ्काबाधनेदीय० ६।२।२१
३६९५	आशितः कर्ता ६ । १ । २०७
२९६२	आशिते भुवः करण० ३।२।४५
२९१२	आशिषि च ३ । १ । १५०
६१६	आशिषि नाथः २ । ३ । ५५
२१९५	आशिषि लिङ्लोटौ ३।३।१७३
२९६६	आशिषि हनः ३ । २ । ४९
१०६२	आश्चर्यमनित्ये ६ । १ । १४७
१४२०	आश्वयुज्या वुञ् ४ । ३ । ४५
१९००	आसन्दीवदष्ठीवच्च० ८।२।१२
४३०	आ सर्वनाम्नः ६ । ३ । ९१
२८८७	आसुयुवपिरपि० ३। १।१२६
१०६१	आस्पदं प्रतिष्ठा० ६ । १।१४६
२४५१	आहस्थः ८ । २ । ३५
१९८६	आहि च दूरे ५ । ३ । ३७
३९५६	आहो उताहो चान० ८।१।४९
१०४५	इकः काशे ६ । ३ । १२३
३५३६	इकः सुञि ६ । ३ । १३४
३४	इको गुणवृद्धी १ । १ । ३
३२०	इकोऽचि विभक्तौ ७ । १।७३
२६१२	इको झल् १ । २ । ९
४७	इको यणचि ६ । १ । ७७
१०४३	इको वहेऽपीलोः ६ । ३।१२१
९१	इकोऽसवर्णे शाक० ६।१।१२७
९९९	इको ह्रस्वोऽङ्यो गा० ६।३।६१
३७६३	इगन्तकालकपाल० ६ । २।२९
१७९६	इगन्ताच्च लघुपूर्वात्५।१।१३१
२८९७	इगुपधज्ञाप्रीकिरः० ३।१।१३५
३२८	इग्यणः संप्रसारणम् १।१।४५
२६१६	इणश्च २ । ४ । ४८
३१९१	इङश्च ३ । ३ । २१
३११०	इङ्धार्योः शत्रकृ० ३।२।१३०
२९९४	इच एकाचोऽम्प्रत्य० ६।३।६८
८६६	इच्कर्मव्यतिहारे ५।४।१२७
३२७८	इच्छा ३ । ३ । १०१
२८१६	इच्छार्थेभ्यो विभा० ३।३।१६०
२८१४	इच्छार्थेषु लिङ्लो० ३।३।१५७
२८३८	इजादेः सनुमः ८ । ४ । ३२
२२३७	इजादेश्च गुरुमतोऽ० ३।१।३६
१०८५	इञः प्राचाम् २ । ४ । ६०
१३३३	इञश्च ४ । २ । ११२
२२६६	इट ईटि ८ । २ । २८
२२५७	इटोऽत् ३ । ४ । १०६
२६२५	इट् सनि वा ७ । २ । ४१
२३८४	इडत्यर्तिव्ययतीनाम् ७।२।६६
३६३९	इडाया वा ८ । ३ । ५४
१५३	इणः षः ८ । ३ । ३९
२२४७	इणः षीध्वंलुङ्लिटां० ८।३।७८
२४५८	इणो गा लुङि २ । ४ । ४५
२४५५	इणो यण् ६ । ४ । ८१
२११	इण्कोः ८ । ३ । ५७
३१४२	इण्नशिजिसर्तिभ्यः ३।२।१६३
३०४५	इण्निष्ठायाम् ७ । २ । ४७
१९६३	इतराभ्योऽपि दृश्यन्ते५।३।१४
२६८२	इतरेतरान्योन्योपप० १।३।१६
२२०७	इतश्च ३ । ४ । १००

सूत्राङ्कः	सूत्रम्
३४२६	इतश्च लोपः परस्मै० ३।४।९७
१०२५	इतश्चानिञः ४ । १ । १२२
३६६	इतोऽत्सर्वनामस्थाने ७।१।८६
५२०	इतो मनुष्यजातेः ४ । १ । ६५
५६६	इत्थंभूतलक्षणे २ । ३ । २१
३८८३	इत्थंभूतेन कृतमि० ६।२।१४९
१०१८	इदंकिमोरीश्की ६ । ३ । ९०
३५६८	इन्दतो मसि ७ । १ । ४६
१९४९	इदम इश् ५ । ३ । ३
१९७२	इदमस्थमुः ५ । ३ । २४
३५०	इदमोऽन्वादेशेऽश० २।४।३२
३४३	इदमो मः ७ । २ । १०८
१९६५	इदमोर्हिल् ५ । ३ । १६
१९५८	इदमो हः ५ । ३ । ११
२२६२	इदितो नुम्धातोः ७ । १ । ५८
१५५	इदुदुपधस्य चाप्रत्य० ८।३।४१
२९७	इदुद्भ्याम् ७ । ३ । ११७
३४४	इदोऽय् पुंसि ७ । २ । १११
१७०३	इद्गोण्याः १ । २ । ५०
२४८२	इद्दरिद्रस्य ६ । ४ । ११४
९२५	इद्वृद्धौ ६ । ३ । २८
८९०	इनः स्त्रियाम् ५ । ४ । १५२
१८३४	इनच्पिटच्चिकचि च ५।२।३३
१२४५	इनण्यनपत्ये ६ । ४ । १६४
१२६०	इनित्रकट्यचश्च ४ । २ । ५१
५०५	इन्द्रवरुणभवशर्वरु० ४।१।४९
१८९३	इन्द्रियमिन्द्रलिङ्गमि० ५।२।९३
८९	इन्द्रे च ६ । १ । १२४
३३९३	इन्धिभवतिभ्यां च १ । २ । ६
३५६	इन्हन्पूषार्यम्णां शौ ६।४।१२
३५४७	इरयोरे ६ । ४ । ७६
२२६९	इरितो वा ३ । १ । ५७
२०५१	इवे प्रतिकृतौ ५ । ३ । ९६
२४००	इषुगमियमां छः ७ । ३ । ७७
१००६	इष्टकेषीकामा० ६ । ३ । ६५
१८८८	इष्टादिभ्यश्च ५ । २ । ८८
३५७०	इष्टीनमिति च ७ । १ । ४८
२०१८	इष्ठस्य यिट् च ६ । ४ । १५९
१२२१	इसुसुक्तान्तात्कः ७ । ३ । ५१
१५८	इसुसोः सामर्थ्ये ८ । ३ । ४४
२?८५	इस्मन्त्रन्क्विषु च ६ । ४ । ९७
२६४८	ई घ्राध्मोः ७ । ४ । ३१
२८६०	ई च खनः ३ । १ । १११
२५७३	ई च गणः ७ । ४ । ९७
३५७६	ई च द्विवचने ७ । १ । ७७
२४४०	ईडजनोर्ध्वे च ७ । २ । ७८
३७०२	ईडवन्दवृशंसदु० ६ । १।२१४
२३३	ईदग्नेः सोमवरुणयोः ६।३।२७
३१०४	ईदासः ७ । २ । ८३
१०९	ईदूतौ च सप्तम्यर्थे १।१।१९
१००	ईदूदेद्द्विवचनं प्रगृह्यम् १।१।११
२८४३	ईद्यति ६ । ४ । ६५
८९४	ईयसश्च ५ । ४ । १५६
३७०७	ईवत्याः ६ । १ । २२१
२४३९	ईशः से ७ । २ । ७७
३४४०	ईश्वरे तोसुन्कसुनौ ३ । ४।१३
७५५	ईषदकृता २ । २ । ७
३७८८	ईषदन्यतरस्याम् ६ । २ । ५४
१०३१	ईषदर्थे ६ । ३ । १०५
२०२२	ईषदसमाप्तौ कल्पब्०५।३।६७
३३०५	ईषद्दुःसुषु कृच्छ्रा० ३।३।१२६
२४९७	ई हल्यघोः ६ । ४ । ११३
९९	ई ३ चाक्रवर्मणस्य ६।१।१३१
१६६२	उगवादिभ्यो यत् ५ । १ । २
४५५	उगितश्च ४ । १ । ६
९८७	उगितश्च ६ । ३ । ४५
३६१	उगिदचां सर्वनाम० ७।१।७०
२९५२	उग्रंपश्येरंमदपाणिं० ३।२।३७
५	उच्चैरुदात्तः १ । २ । २९
३६६४	उच्चैस्तरां वा वषट्० १।२।३५
१०६	उञः १ । १ । १७
१७०	उञि च पदे ८ । ३ । २१
१५८२	उञ्छति ४ । ४ । ३२
३६८१	उञ्छादीनां च ६ । १ । १६०
३१६९	उणादयो बहुलम् ३ । ३ । १
२३३४	उतश्च प्रत्यया० ६।४ । १०६
२८०९	उताप्योः समर्थ० ३।३।१५२
२३४४	उतो वृद्धिर्लुकि हलि ७।३।८९
१८८०	उत्क उन्मनाः ५ । २ । ८०
२३०९	उत्करादिभ्यश्छः ४ । २ । ९०
७९४	उत्तमैकाभ्यां च ५ । ४ । ९०
१६४१	उत्तरपथेनाहृतं च ५।१ । ७७
३८३९	उत्तरपदवृद्धौ सर्वं च ६।२।१०५
१३९६	उत्तरपदस्य ७ । ३ । १०
३८४५	उत्तरपदादिः ६ । २ । १११
८००	उत्तरमृगपूर्वाच्चसक्थ्नः ५।४।९८
१९८७	उत्तराच्च ५ । ३ । ३८
१९८३	उत्तराधरदक्षिणादा० ५।३।३४
२६३७	उत्परस्यातः ७ । ४ । ८८
१०७८	उत्सादिभ्योऽञ् ४ । १ । ८६
४२०	उद ईत् ६ । ४ । १३९
११८	उदः स्थास्तम्भोः पू० ८।४।६१
९९५	उदकस्योदः संज्ञायाम् ६।३।५७
३८३०	उदकेऽकेवले ६ । २ । ९६
१२८६	उदक्च विपाशः ४ । २ । ७४
३३०२	उदङ्कोऽनुदके ३ । ३ । १२३
१९०१	उदन्वानुदधौ च ८ । २ । १३
१८६७	उदराट्ठगाद्यूने ५ । २ । ६७
३८४१	उदराश्वेषुषु ६ । २ । १०७
२७२६	उदश्चरः सकर्मकात् १।३।५३
१२२०	उदश्वितोऽन्यतरस्या० ४।२।१९
३७२०	उदात्तयणोहल्पूर्वात् ६।१।१७४
३६६९	उदात्तस्वरितपरस्य० १।२।४०
३६५७	उदात्तस्वरितयोर्यणः० ८।२।४
३६६०	उदात्तादनुदात्तस्य० ८।४।६६
२९४५	उदि कूले रुजिवहोः ३।१।३१
३२०७	उदि ग्रहः ३ । ३ । ३५
३३२८	उदितो वा ७ । ३ । ५६
३२२४	उदि श्रयतियौतिपू० ३।३।४९
११८१	उदीचां वृद्धादगो० ४।१।१५७
४६५	उदीचामातः स्थाने० ७।३।४६
३३१७	उदीचां माङो व्यती० ३।४।१९
११७७	उदीचामिञ् ४ । १ । १५३
१३३०	उदीच्यग्रामाच्च ब० ४।२।१०९
३०५६	उदुपधाद्भावादिक० १।२।२१
२६९१	उदोऽनूर्ध्वकर्मणि १ । ३ । २४
२४१४	उदोष्ठ्यपूर्वस्य ७ । १ । १०२
३२५७	उद्घनोऽत्याधानम् ३ । ३ । ८०
८८६	उद्विभ्यां काकुदस्य ५।४।१४८
२६९४	उद्विभ्यां तपः १ । ३ । २७
३२००	उन्न्योर्ग्रः ३ । ३ । २९
११५१	उपकादिभ्योऽन्यत० २।४।६९
३२६३	उपघ्न आश्रये ३ । ३ । ८५
१४१५	उपजानूपकर्णोपनी० ४।३।४०
१४३५	उपज्ञाते ४ । ३ । ११५
८२४	उपज्ञोपक्रमं तदाद्या० २।४।२१
३३६८	उपदंशस्तृतीयायाम् ३।४।४७
३	उपदेशेऽजनुनासिक० १।३।२
२२७५	उपदेशेऽत्वतः ७ । ३ । ६२

सूत्राङ्कः	सूत्रम्
२२६५	उपधायां च ८।२।७८
२५७१	उपधायाश्च ७।१।१०१
७८२	उपपदमतिङ् २।२।१९
२७१२	उपपराभ्याम् १।३।३९
३८१४	उपमानं शब्दार्थ० ६।२।८०
८७६	उपमानाच्च ५।४।१३७
७९९	उपमानादप्राणिषु ५।४।९७
२६६४	उपमानादाचारे ३।१।१०
७३४	उपमानानि सामान्य० २।१।५५
३३६६	उपमाने कर्मणि च ३।४।४५
७३५	उपमितं व्याघ्रादि० २।१।५६
३६२१	उपरिस्विदासीदि० ८।२।१०२
२१४२	उपर्यध्यधसः सामीप्ये ८।१।७
१९८१	उपर्युपरिष्टात् ५।३।३१
३४३१	उपसंवादाशङ्कयोश्च ३।४।८
२४७२	उपसर्गप्रादुर्भ्याम० ८।३।८७
३९४५	उपसर्गव्यपेतं च ८।१।३८
१०४४	उपसर्गस्य घञ्य० ६।३।१२२
२३२६	उपसर्गस्यायतौ ८।२।१९
२२	उपसर्गाः क्रियायोगे १।४।५९
८५८	उपसर्गाच्च ५।४।११९
३४९६	उपसर्गाच्छन्दसि० ५।१।११८
३३०६	उपसर्गात्खल्घञोः ७।१।६७
२२७०	उपसर्गात्सुनोतिसु० ८।३।६५
३९११	उपसर्गात्स्वाङ्गं० ६।२।१७७
९५३	उपसर्गादध्वनः ५।४।८५
२२८७	उपसर्गादसमासेपि० ८।४।१४
७४	उपसर्गादृति धातौ ६।१।९१
२७०२	उपसर्गाद्ध्रस्व ऊहतेः ७।४।२३
८५९	उपसर्गाद्बहुलम् ८।४।२८
३२७०	उपसर्गे घोः किः ३।३।९२
३००९	उपसर्गे च संज्ञायाम् ३।२।९९
३२३५	उपसर्गेऽदः ३।३।५९
३१९२	उपसर्गे रुवः ३।३।२२
६५४	उपसर्जनं पूर्वम् २।२।३०
२८५२	उपसर्या काल्या० ३।१।१०४
२७५०	उपाच्च १।३।८४
७७४	उपाजेऽन्वाजे १।४।७३
२५५२	उपात्प्रतियत्नवै० ६।१।१३९
२८४२	उपात्प्रशंसायाम् ७।१।६६
३९२८	उपाद्द्व्यजजिनम० ६।२।१९४
२७२९	उपाद्यमः स्वकरणे १।३।५६
१८३५	उपाधिभ्यां त्यकन्ना० ५।२।३४

सूत्राङ्कः	सूत्रम्
२६९२	उपान्मन्त्रकरणे १।३।२५
५४४	उपान्वध्याङ्वसः १।४।४८
३०९८	उपेयिवाननाश्वा० ३।२।१०९
३७३३	उपोत्तमं रिति ६।१।२१७
५५१	उपोऽधिके च १।४।८७
१४१९	उप्ते च ४।३।४४
३६३०	उभयथर्क्षु ८।३।८
६२४	उभयप्राप्तौ कर्मणि २।३।६६
१८८५	उभादुदात्तो नित्यम् ५।२।४४
४२६	उभे अभ्यस्तम् ६।१।५
३८७४	उभे वनस्पत्यादि० ६।२।१४०
२६०६	उभौ साभ्यासस्य ८।४।२०
१५३६	उमोर्णयोर्वा ४।३।१५८
८८९	उरःप्रभृतिभ्यः कप् ५।४।१५०
७०	उरण् रपरः १।१।५१
२२४४	उरत् ७।४।६६
१६४६	उरसोऽण्च ४।४।९४
१४९४	उरसो यच्च ४।३।११४
२५६७	उर्ऋत् ७।४।७
२३६८	उश्च १।२।१२
२३४१	उषविदजागृभ्यो० ३।१।३८
९२८	उषासोषसः ६।३।३१
३७७४	उष्ट्रः सादिवाम्योः ६।२।४०
१५३५	उष्ट्राद्वुञ् ४।३।१५७
२२१४	उस्यपदान्तात् ६।१।९६
१०७	ऊँ १।१।१८
४	ऊकालोऽज्झ्रस्वदीर्घ० १।२।२७
५२१	ऊडुतः ४।१।६६
३७१७	ऊडिदंपदाद्यप्पु० ६।१।१७१
३२७४	ऊतियूतिजूतिसाति० ३।३।९७
९४२	ऊदनोर्देशे ६।३।९८
२३६४	ऊदुपधाया गोहः ६।४।८९
४८३	ऊधसोऽनङ् ५।४।१३१
३८८७	ऊनार्थकलहं तृती० ६।२।१५३
५२४	ऊरूत्तरपदादौपम्ये ४।१।६९
१९२९	ऊर्णाया युस् ५।२।१२३
२४४९	ऊर्णोतेर्विभाषा ७।२।६
२४४५	ऊर्णोतेर्विभाषा ७।३।९०
८६९	ऊर्ध्वाद्विभाषा ५।४।१३०
३३६५	ऊर्ध्वे शुषिपूरोः ३।४।४४
७६२	ऊर्यादिच्विडाचश्च १।४।६१
१९१४	ऊषसुषिमुष्कमधो० ५।२।१०७
९४०	ऋक्पूरब्धूःपथामानक्षे ५।४।७४

सूत्राङ्कः	सूत्रम्
९९३	ऋचः शे ६।३।५५
३५३५	ऋचितनुघमक्षुत० ६।३।१३३
२३८३	ऋच्छत्यॄताम् ७।४।११
३०४३	ऋणमाधमर्ण्ये ८।२।६०
२७९	ऋत उत् ६।१।१११
२६५३	ऋतश्च ७।४।९२
२५२६	ऋतश्च संयोगादेः ७।२।४३
२३७९	ऋतश्च संयोगादेर्गुणः ७।४।१०
३५०८	ऋतश्छन्दसि ५।४।१५८
१४५७	ऋतष्ठञ् ४।३।७८
२४२२	ऋतेरीयङ् ३।१।२९
२७५	ऋतो ङिसर्वनाम० ७।४।११०
१५९९	ऋतोऽञ् ४।४।४९
२२९६	ऋतो भारद्वाजस्य ७।२।६३
१७६९	ऋतोरण् ५।१।१०५
९८१	ऋतो विद्यायोनिसंब० ६।३।२३
९२	ऋत्यकः ६।१।१२८
३७३	ऋत्विग्दधृक्स्रग्दिगु० ३।२।५९
३५५६	ऋत्व्यवास्त्व्यवा० ६।४।१७५
२८५९	ऋदुपधाच्चाक्लृपि० ३।१।११०
२७६	ऋदुशनस्पुरुदंसोऽने० ७।१।९४
२४०६	ऋदृशोऽङि गुणः ७।४।१६
२३६६	ऋद्धनोः स्ये ७।२।७०
३०६	ऋन्नेभ्यो ङीप् ४।१।५
१६७६	ऋषभोपानहोर्ञ्यः ५।१।१४
१११७	ऋष्यन्धकवृष्णिकु० ४।१।११४
२८७२	ऋहलोर्ण्यत् ३।१।१२४
२३९०	ॠत इद्धातोः ७।१।१००
३२३२	ॠदोरप् ३।३।५७
६८	एकः पूर्वपरयोः ६।१।८४
१९२५	एकगोपूर्वाट्ठञ्नि० ५।२।११८
१०००	एकतद्धिते च ६।३।६२
१६३१	एकधुराल्लुक्च ४।४।७९
२१४४	एकं बहुव्रीहिवत् ८।१।९
१९२	एकवचनं संबुद्धिः २।३।४९
३९६	एकवचनस्य च ७।१।३२
६५५	एकविभक्ति चापूर्व० १।२।४४
२०६४	एकशालायाष्ठज० ५।३।१०९
३६६२	एकश्रुति दूरात्संबुद्धौ १।२।३३
२०८७	एकस्य सकृच्च ५।४।१९
९९७	एकहलादौ पूरयित० ६।३।५९
२२४६	एकाच उपदेशेऽनु० ७।२।१०
२१७५	एकाचो द्वे प्रथमस्य ६।१।१

सूत्राङ्कः	सूत्रम्
३२६	एकाचो बशो भष् झ० ८।२।३७
२०४९	एकाच्च प्राचाम् ५।३।९४
३०७	एकाजुत्तरपदे णः ८।४।१२
१९९८	एकादाकिनिच्चास० ५।३।५२
८११	एकादिश्चैकस्य चादुक् ६।३।७६
३६५८	एकादेश उदात्तेनोदात्तः ८।२।५
२९९०	एकाद्धोध्यमुञन्य० ५।३।४४
३९७२	एकान्याभ्यां सम० ८।१।६५
८६	एको गोत्रे ४।१।९३
८६	एङः पदान्तादति ६।१।१०९
७८	एङि पररूपम् ६।१।९४
१३३८	एङ् प्राचां देशे १।१।७५
१९३	एङ्ह्रस्वात्संबुद्धेः ६।१।६९
३२३	एच इग्घ्रस्वादेशे १।१।४८
३६२६	एचोऽप्रगृह्यस्या० ८।२।१०७
६१	एचोऽयवायावः ६।१।७८
२९४१	एजेः खश् ३।२।२८
१५३७	एण्या ढञ् ४।३।१५९
४३८	एत ईद्बहुवचने ८।२।८१
२२५३	एत ऐ ३।४।९३
१७६	एतत्तदोः सुलोपो० ६।१।१३२
१९६२	एतदस्त्रतसोस्त्रतसौ० २।४।३३
१९५१	एतदोऽन् ५।३।५
१०२३	एति संज्ञायामगात् ८।३।९९
२८५७	एतिस्तुशास्वृदृजु० ३।१।१०९
१९५०	एतेतौ रथोः ५।३।४
२४५७	एतेर्लिङि ७।४।२४
७३	एत्येधत्यूठ्सु ६।१।८९
१९९२	एधाच्च ५।३।४६
६१०	एनपा द्वितीया २।३।३१
१९८४	एनबन्यतरस्यामदूरे० ५।३।३५
३२३१	एरच् ३।३।५६
२७२	एरनेकाचोऽसंयोग० ६।४।८२
२१९६	एरुः ३।४।८६
२३७४	एर्लिङि ६।४।६७
३९५३	एहि मन्ये प्रहासे लृट् ८।१।४६
१७७६	ऐकागारिकट् चौरे ४।१।११३
१३२६	ऐषमोह्यःश्वसोऽन्य० ४।२।१०५
२५७७	ओः पुयण्ज्यपरे ७।४।८०
२८१	ओः सुपि ६।४।८३
२८८०	ओक उचः के ७।३।६४
१५७७	ओजः सहोम्भसा० ४।४।२७
९६०	ओजःसहोऽम्भस्तम० ६।३।३

सूत्राङ्कः	सूत्रम्
३४७६	ओजसोऽहनि यत्खौ ४।४।१३०
१०४	ओत् १।१।१५
२५१०	ओतः श्यनि ७।३।७१
१७९	ओतो गार्ग्यस्य ८।३।२०
३०१९	ओदितश्च ८।२।४५
३६०६	ओमभ्यादाने ८।२।८७
८०	ओमाङोश्च ६।१।९५
१२८३	ओरञ् ४।२।७१
१५१९	ओरञ् ४।३।१३९
२८८६	ओरावश्यके ३।१।१२५
८४७	ओर्गुणः ६।४।१४६
१३४३	ओर्देशे ठञ् ४।२।११९
२१०५	ओषधेश्च जातौ ५।४।३७
३५३४	ओषधेश्च विभक्ता० ६।३।१३२
२०७	ओसि च ७।३।१०४
११५९	औक्षमनपत्ये ६।४।१७३
२८७	औङ आपः ७।१।१८
२५६	औत् ७।३।११८
२८५	औतोऽम्शसोः ६।१।९३
३६३५	कः करत्करति कृ० ८।३।५०
१९४४	कंशंभ्यां बभयुस्ति ५।२।१३८
३८५६	कंसमन्थशूर्पपा० ६।२।१२२
१६९०	कंसाट्टिठन् ५।१।२५
१५४७	कंसीयपरशव्ययो० ४।३।१६८
८८४	ककुदस्यावस्थायां० ५।४।१४६
१३५०	कच्छाग्निवक्त्र० ४।२।१२६
१३५७	कच्छादिभ्यश्च ४।२।१३३
१४८७	कठचरकाल्लुक् ४।३।१०७
१६२३	कठिनान्तप्रस्तारसं० ४।४।७२
१७३३	कडंकरदक्षिणाच्छ च ५।१।६९
७५१	कडाराः कर्मधारये २।२।३८
७६७	कणेमनसी श्रद्धाप्र० १।४।६६
३८४८	कण्ठपृष्ठग्रीवाजङ्घं च ६।२।११४
२६७८	कण्ड्वादिभ्यो यक् ३।१।२७
१३३२	कण्वादिभ्यो गोत्रे ४।२।१११
३७९१	कतरकतमौ कर्म० ६।२।५७
७४२	कतरकतमौ जाति० २।१।६३
१३१५	कत्र्यादिभ्यो ढकञ् ४।२।९५
१६५४	कथादिभ्यष्ठक् ४।४।१०२
३४४९	कद्रुकमण्डल्वोश्छ० ४।१।७१
३८५८	कन्था च ६।२।१२४
१३६६	कन्थापलदनगर० ४।२।१४२
१३२२	कन्थायाष्ठक् ४।२।१०२

सूत्राङ्कः	सूत्रम्
१११९	कन्यायाः कनीन च ४।१।११६
१७९२	कपिज्ञात्योर्ढक् ५।१।१२७
३९०७	कपि पूर्वम् ६।२।१७३
१११०	कपिबोधादाङ्गिरसे ४।१।१०७
३०८४	कपिष्ठलो गोत्रे ८।३।९१
२३१०	कमेर्णिङ् ३।१।३०
१६६३	कम्बलाच्च संज्ञायाम् ५।१।३
११९४	कम्बोजाल्लुक् ४।१।१७३
३२९३	करणाधिकरणयोश्च ३।३।११७
६०४	करणे च स्तोकाल्प० २।३।३३
२९९६	करणे यजः ३।२।८५
३२५८	करणेऽयोविद्रुषु ३।३।८२
३३५९	करणे हनः ३।४।३७
२०६५	कर्कलोहितादीकक् ५।३।११०
१४४४	कर्णललाटात्कन्नलं० ४।३।६५
१०३६	कर्णे लक्षणस्यावि० ६।३।११५
३८४६	कर्णो वर्णलक्षणात् ६।२।११२
२६८०	कर्तरि कर्मव्यतिहारे १।३।१४
२८३२	कर्तरि कृत् ३।४।६७
७१०	कर्तरि च २।२।१६
३१६७	कर्तरि चर्षिदेवतयोः ३।२।१८६
२९७४	कर्तरि भुवः खिष्णुच्० ३।२।५७
२१६७	कर्तरि शप् ३।१।६८
२९८९	कर्तर्युपमाने ३।२।७९
२६६५	कर्तुः क्यङ् सलोपश्च ३।१।११
५३५	कर्तुरीप्सिततमं कर्म १।४।४९
५६१	कर्तृकरणयोस्तृतीया २।३।१८
६९४	कर्तृकरणे कृता बहु० २।१।३२
६२३	कर्तृकर्मणोः कृति २।३।६५
३३०८	कर्तृकर्मणोश्च भूकृ० ३।३।१२७
२७१०	कर्तृस्थे चाशरीरे क० १।३।३७
३३६४	कर्त्रोर्जीवपुरुषयोर्न० ३।४।४३
१७६७	कर्मण उकञ् ५।१।१०३
५६९	कर्मणा यमभिप्रैति १।४।३२
१८३६	कर्मणि घटोऽठच् ५।२।३५
७०८	कर्मणि च २।२।१४
३२९१	कर्मणि च येन सं० ३।३।११६
३३५०	कर्मणि दृशिविदोः० ३।४।२९
५३७	कर्मणि द्वितीया २।३।२
२९३६	कर्मणि भृतौ ३।२।२२
२९९७	कर्मणि हनः ३।२।८६
३००३	कर्मणीनि विक्रियः ३।२।९३
२६७१	कर्मणो रोमन्थत० ३।१।१५

सूत्राङ्कः सूत्रम्

३००२ कर्मण्यभ्याख्यायाम् ३।२।९२
२९१३ कर्मण्यण् ३ । २ । १
३२७१ कर्मण्यधिकरणे च ३ । ३।९३
३३४६ कर्मण्याक्रोशे कृ० ३ । ४।२५
२१४६ कर्मधारयवदुत्तरेषु ८ । १।८१
३७८० कर्मधारयेऽनिष्ठा ६ । २ । ४६
१४९१ कर्मन्दकृशाश्वादि० ४।३।१११
५४८ कर्मप्रवचनीययुक्ते० २।३ । ८
५४६ कर्मप्रवचनीयाः १ । ४ । ८३
२७६६ कर्मवत्कर्मणा तुल्य० ३।१।८७
१७६४ कर्मवेषाद्यत् ५ । १ । १००
३२८५ कर्मव्यतिहारे ण० ३ ।३ । ४३
१६१४ कर्माध्ययने वृत्तम् ४।४ । ६३
३६८० कर्षात्वतो घ० ६ । १ । १५९
१४८८ कलापिनोऽण् ४ । ३ । १०८
१४८४ कलापिवैशम्पाय० ४।३।१०४
१४२३ कलाप्यश्वत्थयवबु० ४।३।४८
१२०९ कलेर्ढक् ४ । २ । ८
११३१ कल्याण्यादीनामि० ४।१।१२६
१०३३ कर्वे चोष्णे ६ । ३ । १०७
३५९२ कव्यध्वरपृतनस्यर्चि० ७।४।३९
३४११ कव्यपुरीषपुरीष्येषु० ३।२।६५
३३५७ कषादिषु यथाविध्य० ३।४।४६
२६७० कष्टाय क्रमणे ३ । १ । १४
१४४ कस्कादिषु च ८ । ३ । ४८
२०२७ कस्य च दः ५ । ३ । ७२
१२२७ कस्येत् ४ । २ । २५
१९१८ काण्डाण्डादीरन्नी० ५।२।१११
४८१ काण्डान्तात्क्षेत्रे ४ । १ । २३
१४३ कानाम्रेडिते ८ । ३ । १२
१०३० का पथ्यक्षयोः ६ । २ । १०४
१३१९ कापिश्याः ष्फक् ४ । २ । ९९
२८१० कामप्रवेदनेऽक० ३ । ३।१५३
२६६३ काम्यच्च ३ । १ । ९
३८८२ कारकाद्दत्तश्रुतयोः० ६।२।१४८
५३४ कारके १ । ४ । २३
९६८ कारनाम्नि च प्राचां० ६।३।१०
१०७० कारस्करो वृक्षः ६ । १ । १५६
१००७ कारे सत्यागदस्य ६ । ३ । ७०
३७७० कार्तकौजपादयश्च ६ । २।३७
१६१४ कार्मस्ताच्छील्ये ६ । ४ । १७२
१८८१ कालप्रयोजनाद्रोगे ५ । २ । ८१
२७९५ कालविभागे चान० ३।३।१३७
३१७९ कालसमयवेलासु० ३।३।१६७
६९० कालाः २ । १ । २८
७१६ कालाः परिमाणिना २ । २।५
२१०१ कालाच्च ५ । ४ । ३३
१३८१ कालाट्ठञ् ४ । ३ । ११
१७४२ कालात् ५ । १ । ७८
१४१८ कालात्साधुपुष्प्य० ४ । ३।४३
१७७० कालाद्यत् ५ । १ । १०७
५५८ कालाध्वनोरत्यन्त० २ । ३।५
१२३७ कालेभ्यो भववत् ४ । २ । ३४
१२९९ कालोपसर्जने च १ । २ । ५७
१४८३ काश्यपकौशिका० ४।३।१०३
१३४० काश्यादिभ्यष्ठ० ४।२ । ११६
२०४५ कासूगोणीभ्यां ष्टरच् ५।३।९०
१०६९ कास्तीराजस्तुन्दे० ६।१।१५५
२३०६ कास्प्रत्ययादाममन्त्रे०३।१।३५
२०४७ किंयत्तदोर्निर्धारणे० ५ । ३।९२
३९५५ किंवृत्तं च चिदुत्तरम् ८।१।४८
२८०१ किंवृत्ते लिङ्लृटौ ३।३ । १४४
२७८५ किंवृत्ते लिप्सायाम् ३ । ३।६
१९४८ किंसर्वनामबहुभ्यो० ५ । ३।२
२८०३ किंकिलास्त्यर्थेषु० ३।३ । १४६
३९५१ किं क्रियाप्रश्नेऽनुप० ८।१।४४
७४३ किं क्षेपे २ । १ । ६४
३७१२ कितः ६ । १ । १६५
१०७६ किति च ७ । २ । ११८
२२१६ किदाशिषि ३ । ४ । १०४
३४२ किमः कः ७ । २ । १०३
९५५ किमः क्षेपे ५ । ४ । ७०
१८४२ किमः संख्यापरि० ५ । २।४१
१९७३ किमश्च ५ । ३ । २५
१८४१ किमिदंभ्यां वो घः ५ । २।४०
२००४ किमेत्तिङव्ययघादा० ५।४।११
१९५९ किमोऽत् ५ । ३ । १२
२५३९ किरतौ लवने ६ । १ । १४०
२६११ किरश्च पञ्चभ्यः ७ । २ । ७५
१६०३ किसरादिभ्यः ष्ठन् ४।४ । ५३
७६१ कुगतिप्रादयः २ । २ । १८
२०४३ कुटीशमीशुण्डा० ५ । ३ । ८८
३८७० कुण्डं वनम् ६ । २ । १३६
१९१४ कुतिहोः ७ । २ । १०४
२०४४ कुत्वा डुपच् ५ । ३ । ८९
३९७६ कुत्सने च सुप्यगो० ८।१।६९
७३२ कुत्सितानि कुत्सनैः २।१।५३
२०२९ कुत्सिते ५ । ३ । ७४
१४२ कुप्वो ᳲकᳲपौ च ८ । ३ । ३७
१०५६ कुमति च ८ । ४ । १३
८०६ कुमहद्भ्यामन्य० ५।४ । १०५
७५२ कुमारश्रमणादिभिः २।१।७०
२९६८ कुमारशीर्षयोर्णिनिः ३।२।५१
३७६० कुमारश्च ६ । २ । २६
३८२९ कुमार्यां वयसि ६ । २ । ९५
१३०६ कुमुदनडवेतसे० ४ । २।८७
८७८ कुम्भपदीषु च ५ । ४ । १३९
३७७६ कुरुगार्हपतरिक्तगु० ६।२।४२
११९० कुरुनादिभ्यो ण्यः ४।१।१७०
११७५ कुर्वादिभ्यो ण्यः ४।१।१५१
१३१६ कुलकुक्षिग्रीवाभ्यः० ४।२।९६
११३२ कुलटाया वा ४ । १ । १२७
१५५२ कुलत्थकोपधादण् ४ । ४ । ४
११६२ कुलात्खः ४ । १ । १३९
१४९८ कुलालादिभ्यो वुञ् ४।३।११८
१७२१ कुलिजाल्लुक्खौ च ५ । १।५५
१८८३ कुल्माषादञ् ५ । २ । ८३
२०६० कुशाग्राच्छः ५ । ३ । १०५
२७७२ कुषिरञ्जोः प्राचां श्य०३।१।९०
१५८१ कुसीददशैकादशा० ४।४।३१
३८३६ कुसूलकूपकुम्भ० ६ । २।१०२
१०५८ कुस्तुम्बुरूणि जातिः६।१।१४३
२२४५ कुहोश्चुः ७ । ४ । ६२
३८५५ कूलतीरतूलमूल० ६ । २।१२१
३८६३ कूलसूदस्थलक० ६ । २।१२९
१३६९ कृकणपर्णाद्भारद्वा० ४।२।१४५
३०६२ कृच्छ्रगहनयोः कषः ७।२।२२
६१४ कृञः प्रतियत्ने २ । ३ । ५३
३२७७ कृञः श च ३ । ३ । १००
२१२९ कृञो द्वितीयतृतीय० ५।४।५८
२९३४ कृञो हेतुताच्छी० ३ । २।२०
२२३९ कृञ् चानुप्रयुज्यते० ३।१।४०
१४१३ कृतलब्धक्रीतकुश० ४ । ३।३८
१४९६ कृते ग्रन्थे ४ । ३ । ११६
१७९ कृत्तद्धितसमासाश्च १ । २।४६
२८३५ कृत्यचः ८ । ४ । २९
७४९ कृत्यतुल्याख्या अ० २ । १।६८
२८४१ कृत्यल्युटो बहुलम् ३।३।११३
२८३१ कृत्याः ३ । १ । ९५

सूत्राङ्कः	सूत्रम्
६२९	कृत्यानां कर्तरि वा २।३।७१
३४४१	कृत्यार्थे तवैकेन्के० ३।४।१४
३३१२	कृत्याश्च ३।३।१७१
६९५	कृत्यैरधिकार्थवचने २।१।३३
७२०	कृत्यैर्ऋणे २।१।४३
३८९४	कृत्योकेष्णुच्चार्वाद० ६।२।१६०
६२२	कृत्वोर्थप्रयोगे का० २।३।६४
३७४	कृदतिङ् ३।१।९३
४४९	कृन्मेजन्तः १।१।३९
२३५०	कृपो रो लः ८।२।१८
२११७	कृभ्वस्तियोगे संपद्य० ५।४।५०
३४०६	कृमृदृरुहिभ्यश्छन्दसि ३।१।५९
३५९२	कृपेश्छन्दसि ७।४।६४
२२९३	कृसृभृवृस्तुद्रुस्रुश्रुवो० ७।२।१३
३२०१	कॄ धान्ये ३।३।३०
११४४	केकयमित्रयुप्रलयानां० ७।३।२
८३४	केऽणः ७।४।१३
१२४८	केदाराद्यञ्च ४।२।४०
४८८	केवलमामकभागधेय० ४।१।३०
१९१६	केशाद्वोऽन्यतर० ५।२।१०९
१२५७	केशाश्वाभ्यां य० ४।२।४८
१०२७	कोः कत्तत्पुरुषेऽचि ६।३।१०१
१२९१	कोपधाच्च ४।२।७९
१५१७	कोपधाच्च ४।३।१३७
१३५६	कोपधादण् ४।२।१३२
१४१७	कोशाड्ढञ् ४।३।४२
१५१२	कौपिञ्जलहास्तिप० ४।२।१३
१२१४	कौमारापूर्ववचने ४।२।१३
४७७	कौरव्यमाण्डूकाभ्यां च ४।१।१९
११७९	कौसल्यकार्मार्या० ४।१।११५
२२१७	क्ङिति च १।१।५
३०१२	क्तक्तवतू निष्ठा १।१।२६
६२५	क्तस्य च वर्तमाने २।३।६७
५०७	क्तादल्पाख्यायाम् ४।१।५१
३३१३	क्तिच्क्तौ च सं० ३।३।१७४
३७७९	क्ते च ६।२।४५
७०६	क्तेन च पूजायाम् २।२।१२
७३९	क्तेन नञ्विशिष्टे० २।१।६०
७२२	क्तेनाहोरात्रावयवाः २।१।४५
३७९५	क्ते नित्यार्थे ६।२।६१
३०८७	क्तोऽधिकरणे च ध्रौ० ३।४।७६
७८५	क्त्वा च २।२।२२
४५०	क्त्वातोसुन्कसुनः १।१।४०
३५६०	क्त्वापि च्छन्दसि ७।१।३८
३३२१	क्त्वि स्कन्दिस्यन्दोः ६।४।३१
३५६९	क्त्वो यक् ७।१।४७
८३७	क्यङ्मानिनोश्च ६।३।३६
२६५८	क्यचि च ७।४।३३
२११९	क्यच्व्योश्च ६।४।१५२
२६६०	क्यस्य विभाषा ६।४।५०
३१५०	क्याच्छन्दसि ३।२।१७०
१४४७	क्रतुयज्ञेभ्यश्च ४।३।६८
१२७०	क्रतूक्थादिसूत्रान्ताट्ठक् ४।२।६०
२८९१	क्रतौ कुण्डपाय्यसं० ३।१।१३०
३८५२	क्रत्वादयश्च ६।२।११८
२३२२	क्रमः परस्मैपदेषु ७।३।७६
३३२९	क्रमश्च क्त्वि ६।४।१८
१२७१	क्रमादिभ्यो वुन् ४।२।६१
६६	क्रय्यस्तदर्थे ६।१।८२
२९७८	क्रव्ये च ३।२।६९
६८१	क्रियार्थोपपदस्य च क० २।३।१४
२८२५	क्रियासमभिहारे लोट्० ३।४।२
२६००	क्रीङ्जीनां णौ ६।१।४८
२६८७	क्रीडोऽनुसंपरिभ्य० १।३।२१
१५३४	क्रीतवत्परिमाणात् ४।३।१५६
५०६	क्रीतात्करणपूर्वात् ४।१।५०
५७५	क्रुधद्रुहेर्ष्यासूयार्थाः० १।४।३७
५७६	क्रुधद्रुहोरुपसृष्टयोः० १।४।३८
३१३१	क्रुधमण्डार्थेभ्यश्च ३।२।१५१
१२००	क्रोड्यादिभ्यश्च ४।१।८०
२५५४	क्र्यादिभ्यः श्ना ३।१।८१
३०४९	क्लिशः क्त्वानिष्ठयोः ७।२।५०
३२४२	क्वणो वीणायां च ३।३।६५
३०९५	क्वसुश्च ३।२।१०७
१९६०	क्वाति ७।२।१०५
३७७	क्विन्प्रत्ययस्य कुः ८।२।६२
२९८३	क्विप् च ३।२।७६
११६१	क्षत्राद्घः ४।१।१३८
३६८९	क्षयो निवासे ६।१।२०१
६५	क्षय्यजय्यौ शक्यार्थे ६।१।८१
३०३२	क्षायो मः ८।२।५३
२७९१	क्षिप्रवचने लृट् ३।३।१३३
३३३८	क्षियः ६।४।५९
३६२३	क्षियाशीःप्रैषेषु ति० ८।२।१०४
३०१५	क्षियो दीर्घात् ८।२।४६
१२२२	क्षीराड्ढञ् ४।२।२०
११२	क्षुद्रजन्तवः २।४।८
११३७	क्षुद्राभ्यो वा ४।१।१३१
१४९९	क्षुद्राभ्रमरवटरपा० ४।३।११९
३०५८	क्षुब्धस्वान्तध्वान्त० ७।२।१८
७९२	क्षुभ्नादिषु च ८।४।३९
३७७३	क्षुल्लकश्च वैश्वदेवे ६।२।३९
१८९२	क्षेत्रियच्परक्षेत्रे चि० ५।२।९२
७२४	क्षेपे २।१।४७
३८४२	क्षेपे ६।२।१०८
२९६१	क्षेमप्रियमद्रेऽण्च ३।२।४४
२३३७	क्सस्याचि ७।३।७२
१६३०	खः सर्वधुरात् ४।४।७८
३४७८	ख च ४।४।१३२
२९५५	खचि ह्रस्वः ६।४।९४
६८८	खट्वा क्षेपे २।१।२६
१२५४	खण्डिकादिभ्यश्च ४।२।४५
३३०४	खनो घ च ३।३।१२५
७६	खरवसानयोर्विसर्जः ८।३।१५
१२१	खरि च ८।४।५५
१२५९	खलगोरथात् ४।२।५०
१६६८	खलयवमाषतिलवृष० ५।१।७
१७९८	खार्या ईकन् ५।२।३३
८०३	खार्याः प्राचाम् ५।४।१०१
२९४३	खित्यनव्ययस्य ६।३।६६
३५१३	खिदेश्छन्दसि ६।१।५२
२५५	ख्यत्यात्परस्य ६।१।११२
३८७३	गतिकारकोपपदात्० ६।२।१३९
५४०	गतिबुद्धिप्रत्यवसा० १।४।५२
३७८३	गतिरनन्तरः ६।२।४९
३९७७	गतिर्गतौ ८।१।७०
२७	गतिश्च १।४।६०
५८५	गत्यर्थकर्मणि द्विती० २।३।१२
३९५८	गत्यर्थलोटा लृण्न० ८।१।५१
३०८६	गत्यर्थाकर्मकश्लिष० ३।४।७२
३१४४	गत्वरश्च ३।२।१६४
२८४८	गदमदचरयमश्चा० ३।१।१००
३७४७	गन्तव्यपण्यं वाणिजे ६।२।१३
२७०५	गन्धनावक्षेपणसेव० १।३।३२
८७४	गन्धस्येदुत्पूतिसु० ५।४।१३५
२९८६	गमः क्वौ ६।४।४०
२९६४	गमश्च ३।२।४७
२३६३	गमहनजनखनघ० ६।४।९८
२४०१	गमेरिट् परस्मैपदेषु ७।२।५८
१४३५	गम्भीराञ्ञ्यः ४।३।५८

सूत्राङ्कः	सूत्रम्
११०७	गर्गादिभ्यो यञ् ४।१।१०५
१३६१	गर्तोत्तरपदाच्छः ४।२।१३७
२७९९	गर्हायां लडपि० ३।३।१४२
२८०६	गर्हायां च ३।३।१४९
९१५	गवाश्वप्रभृतीनि च २।४।११
९६७	गवियुधिभ्यां स्थिरः ८।३।९५
२९०८	गस्थकन् ३।१।१४६
१३६२	गहादिभ्यश्च ४।२।१३८
२४६१	गाङ्कुटादिभ्योऽञ्णि० १।२।१
२४५९	गाङ् लिटि २।४।४९
१९१७	गाण्ड्यजगात्संज्ञा० ५।२।११०
२२२३	गातिस्थाघुपाभूभ्यः० २।४।७७
१२७५	गाथिविदथिकेशि० ६।४।१६५
३७३८	गाधलवणयोः प्रमाणे ६।२।४
२९२२	गापोष्टक् ३।२।८
६८३	गिरेश्च सेनकस्य ५।४।११२
१६५५	गुडादिभ्यष्ठञ् ४।४।१०३
१७८८	गुणवचनब्राह्मणा० ५।१।१२४
२४४८	गुणोऽपृक्ते ७।३।९१
२६३०	गुणो यङ्लुकोः ७।४।८२
२३८०	गुणोऽर्तिसंयोगाद्योः ७।४।२९
२३०३	गुपूधूपविच्छिपणि० ३।१।२८
३४०४	गुपेश्छन्दसि ३।१।५०
२३९३	गुप्तिज्किद्भ्यः सन् ३।१।५
९७	गुरोरनृतोऽनन्त्यस्य० ८।२।८६
३२८०	गुरोश्च हलः ३।३।१०३
२७३९	गृधिवञ्च्योः प्रलम्भने १।३।६९
११४३	गृष्ट्यादिभ्यश्च ४।१।१३६
१६४२	गृहपतिना संयुक्ते ञ्यः ४।४।९०
२९०६	गेहे कः ३।१।१४४
३५७४	गोः पादान्ते ७।१।५७
३२९८	गोचरसंचरवहव्र० ३।३।११९
३८१२	गोतन्तियवं पाले ६।२।७८
२७४	गोतो णित् ७।१।९०
१४७९	गोत्रक्षत्रियाख्येभ्यो० ४।३।९९
१७९९	गोत्रचरणाच्छ्लाघा० ५।१।१३४
१५०६	गोत्रचरणाद्वुञ् ४।३।१२६
११७१	गोत्रस्त्रियाः कुत्स० ४।१।१४७
१४५९	गोत्रादङ्कवत् ४।३।८०
१०९४	गोत्राद्यून्यस्त्रियाम् ४।१।९४
३८०३	गोत्रान्तेवासिमाणव० ६।२।६९
११९९	गोत्रावयवात् ४।१।७९
१०९९	गोत्रे कुञ्जादिभ्यः० ४।१।९८
१०८१	गोत्रेऽलुगचि ४।१।८९
१२४६	गोत्रोक्षोष्ट्रोरभ्रराज० ४।२।३९
१७०५	गोद्व्यचोऽसंख्या० ५।१।३९
११३५	गोधाया ढ्रक् ४।१।१२९
१५३८	गोपयसोर्यत् ४।३।१६०
१५५४	गोपुच्छाट्ठञ् ४।४।६
१३६०	गोयवाग्वोश्च ४।२।१३६
७१९	गोरतद्धितलुकि ५।४।९२
३८०६	गोबिडालसिंहसैन्धव० ६।२।७२
१५२५	गोश्च पुरीषे ४।३।१४५
१८६२	गोषदादिभ्यो वुन् ५।२।६२
१८१९	गोष्ठात्खञ्भूतपूर्वे ५।२।१८
१०६०	गोष्पदं सेवितासे० ६।१।१४५
६५६	गोस्त्रियोरुपसर्जनस्य १।२।४८
३७७५	गौः सादसादिसार० ६।२।४१
१०१०	ग्रन्थान्ताधिके च ६।३।७९
३५८२	ग्रसितस्कभितस्त० ७।२।३४
३२६४	ग्रहवृदृनिश्चिगमश्च ३।३।५८
२४१२	ग्रहिज्यावयिव्यधिव० ६।१।१६
२५६२	ग्रहोऽलिटि दीर्घः ७।२।३७
३७९६	ग्रामः शिल्पिनि ६।२।६२
७९७	ग्रामकौटाभ्यां च त० ५।४।९५
१३७७	ग्रामजनपदैकदेशाद० ४।३।७
१२५१	ग्रामजनबन्धुभ्यस्तल् ४।२।४३
१४४०	ग्रामात्पर्यनुपूर्वात् ४।३।६१
१३१४	ग्रामाद्यखञौ ४।२।९४
३८१८	ग्रामेऽनिवसन्तः ६।२।८४
८३९	ग्राम्यपशुसङ्घेष्वतरु० १।२।७३
१४३४	ग्रीवाभ्योऽण्च ४।३।५७
१४२१	ग्रीष्मवसन्तादन्यत० ४।३।४६
१४२४	ग्रीष्मावरसमाद्वुञ् ४।३।४९
२६३९	ग्रो यङि ८।२।२०
३११९	ग्लाजिस्थश्च ग्स्नुः ३।२।१३९
९७५	घकालतनेषु काल० ६।३।१७
३४६३	घच्छौ च ४।४।११७
१२६७	घञः सास्यां क्रिये० ४।२।२८
३२३६	घञपोश्च २।४।३८
३१८९	घञि च भावकरणयोः ६।४।२७
२०३४	घनिलचौ च ५।३।७९
९८५	घरूपकल्पचेलड्ब्रुव० ६।३।४३
३५५०	घसिभसोर्हलि च ६।४।१००
२४६२	घुमास्थागापाजहा० ६।४।६६
३०६३	घुषिरविशब्दने ७।२।२३
२४५	घेर्ङिति ७।३।१११
३५८४	घोर्लोपो लेटि वा ७।३।७०
३८१९	घोषादिषु च ६।२।८५
२४७१	घ्वसोरेद्धावभ्यास० ६।४।११९
१३४	ङमोह्रस्वादचि ङमुट्० ८।३।३२
३७००	ङयि च ६।१।२१२
२४६	ङसिङसोश्च ६।१।११०
२१६	ङसिङ्योः स्मात्स्मिनौ ७।१।१५
४३	ङिच्च १।१।५३
२९६	ङिति ह्रस्वश्च १।४।६
३८२	ङेप्रथमयोरम् ७।१।२८
२७०	ङेराम्नद्याम्नीभ्यः ७।३।११६
२०४	ङेर्यः ७।१।१३
१३०	ङ्णोः कुक्टुक्शरि ८।३।२८
१००१	ङ्यापोः संज्ञाछन्द० ६।३।६३
१८२	ङ्याप्प्रातिपदिकात् ४।१।१
३७२४	ङ्याश्छन्दसि बहु० ६।१।१७८
२४३६	चक्षिङः ख्याञ् २।४।५४
२३१५	चङि ६।१।११
३६७९	चङ्यन्यतरस्याम् ६।१।२१८
२८६३	चजोः कुघिण्यतोः ७।३।५२
११३४	चटकाया ऐरक् ४।१।१२८
३६८२	चतुरः शसि ६।१।१६७
३३१	चतुरनडुहोरामुदात्तः ७।१।९८
६३१	चतुर्थी चाशिष्यायु० २।३।७३
६९८	चतुर्थी तदर्थार्थब० २।१।३६
३७७७	चतुर्थी तदर्थे ६।२।४३
५७०	चतुर्थी संप्रदाने २।३।१३
३३९६	चतुर्थ्यर्थे बहुलं छ० २।२।६२
७५३	चतुष्पादो गर्भिण्या २।१।७१
११४१	चतुष्पाद्भ्यो ढञ् ४।१।१३५
३९६४	चनचिदिवगोत्रादि० ८।१।५७
१०१४	चरणे ब्रह्मचारिणि ६।३।८६
१२५५	चरणेभ्यो धर्मवत् ४।२।४६
१५५६	चरति ४।४।८
२६३६	चरफलोश्च ७।४।८७
३९३०	चरेष्टः ३।२।१६
१६७७	चर्मणोऽण् ५।१।१५
३३५२	चर्मोदरयोः पूरेः ३।४।३१
३१२८	चलनशब्दार्थाद० ३।२।१४८
३९६६	चवायोगे प्रथमा ८।१।५९
२०	चादयोऽसत्वे १।४।५७
३९७०	चादिलोपे विभाषा ८।१।६३

सूत्राङ्कः	सूत्रम्
३९६५	चादिषु च ८ । १ । ५८
२६४७	चायः की ६ । १ । २१
३५११	चायः की ६ । १ । ३५
९०१	चार्थे द्वन्द्वः २ । २ । २९
३९६९	चाहलोप एवेत्यव० ८।१।६२
२३२९	चिणो लुक् ६ । ४ । १०४
२७६२	चिणमुलोर्दीर्घोऽन्य० ६।४।९३
२४१३	चिण्ते पदः ३ । १ । ६०
२७५८	चिण्भावकर्मणोः ३ । १ । ६६
३७१०	चितः ६ । १ । १६३
१०४७	चितेः कपि ६ । ३ । १२७
१७५५	चित्तवति नित्यम् ५ । १ । ८९
२८९३	चित्याग्निचित्ये च ३।१।१३२
२८०७	चित्रीकरणे च ३ । ३ । १५०
३६२०	चिदिति चोपमार्थे० ८।२।१०१
३२८२	चिन्तिपूजिकथि० ३।३।१०५
२५६९	चिस्फुरोर्णौ ६ । १ । ५४
३८६१	चीरमुपमानम् ६ । २ । १२७
१८९	चुटू १ । ३ । ७
१५७३	चूर्णादिनिः ४ । ४ । २३
३८६८	चूर्णादीन्यप्राणि० ६।२।१३४
३८६०	चेलखेटकटुकका० ६।२।१२६
३३५४	चेले क्नोपेः ३ । ४ । ३३
३७८	चोः कुः ८ । २ । ३०
३६५२	चौ ६ । १ । २२२
४१७	चौ ६ । ३ । १३८
२५६१	च्छ्वोः शूडनुनासिके च ६।४।१९
२२२१	च्लि लुङि ३ । १ । ४३
२२२२	च्लेः सिच् ३ । १ । ४४
२१२०	च्वौ च ७ । ४ । २६
१४८९	छगलिनो ढिनुक् ४।३।१०९
१२३०	छ च ४ । २ । २८
१६१२	छत्रादिभ्यो णः ४ । ४ । ६२
१६७५	छदिरुपधिबलेर्ढञ् ५।१।१३
३४२१	छन्दसि गत्यर्थेभ्यः ३।३।१२९
३४९५	छन्दसि घस् ५ । १ । १०६
३४९२	छन्दसि च ५ । १ । ६७
३५०७	छन्दसि च ५ । ४ । १४२
३५३२	छन्दसि च ६ । ३ । १२६
३४५०	छन्दसि ठञ् ४ । ३ । १९
३४०७	छन्दसि निष्टर्क्य० ३।१।१२३
१८८९	छन्दसि परिपन्थि० ५।२।८९
३३९१	छन्दसि परेऽपि १ । ४ । ८१
३३८७	छन्दसि पुनर्वस्वोरे० १।२।६१
३०९३	छन्दसि लिट् ३ । २ । १०५
३४२३	छन्दसि लुङ्लङ्० ३ । ४ । ६
३४०८	छन्दसि वनसनर० ३।२।२७
३६३४	छन्दसि वा प्राम्रे० ८।३।४९
३४३२	छन्दसिशायजपि ३ । १ । ८४
३४०९	छन्दसि सहः ३ । २ । ६३
३६००	छन्दसीरः ८ । २ । १५
१६४५	छन्दसो निर्मिते ४ । ४ । ९३
१४५०	छन्दसो यदणौ ४ । ३ । ७१
३९४२	छन्दस्यनेकमपि० ८ । १ । ३५
३५४५	छन्दस्यपि दृश्यते ६।४।७३
३५७५	छन्दस्यपि दृश्यते ७।१।७६
३४३५	छन्दस्युभयथा ३ । ४ । ११७
३५४०	छन्दस्युभयथा ६ । ४ । ५
३५४८	छन्दस्युभयथा ६ । ४ । ८६
३६४८	छन्दस्यृदवग्रहात् ८।४।२६
१५०९	छन्दोगौक्थिकया० ४।३।१२९
३२०५	छन्दोनाम्नि च ३ । ३ । ३४
३२०६	छन्दोनाम्नि च ८ । ३ । ९४
१२८८	छन्दोब्राह्मणानि च त ३।२।६६
३८२०	छात्र्यादयः शालायां ६।२।८६
३२९७	छादेर्घेऽद्व्युपसर्गस्य ६।४।९६
८२५	छायाबाहुल्ये २ । ४ । २२
१४६	छे च ६ । १ । ७३
१७२९	छेदादिभ्यो नित्यम् ५।१।६४
३१२	जश्शसोः शिः ७ । १ । २०
४२८	जक्षित्यादयः षट् ६ । १ । ६
१४३२	जङ्गलधेनुवलजान्त० ७।३।२५
१३४८	जनपदतदवध्योश्च ४।२।१२४
११८६	जनपदशब्दात्क्ष० ४।१।१६६
१४८०	जनपदिनां जनपद० ४।३।१००
१२९३	जनपदे लुप् ४ । २ । ८१
३४१३	जनसनखनक्रमग० ३।२।६७
२५०४	जनसनखनां सञ्झलोः ६।४।४२
५९३	जनिकर्तुः प्रकृतिः १ । ४ । ३०
३५४२	जनिता मन्त्रे ६ । ४ । ५३
२५१२	जनीवध्योश्च ७ । ३ । ३५
२६३८	जपजभदहदशभञ्ज० ७।४।८६
१५४४	जम्ब्वा वा ४ । ३ । १६५
८६४	जम्भासुहरिततृण० ५।४।१२५
३६९०	जयः करणम् ६ । १ । २०२
२२७	जराया जरसन्य० ७।२।१०१
३१३५	जल्पभिक्षकुट्टलुण्ट० ३।२।१५५
२१४	जसः शी ७ । १ । १७
२४१	जसि च ७ । ३ । १०९
२४९८	जहातेश्च ६ । ४ । ११६
३३३१	जहातेश्च क्त्वि ७ । ४ । ४३
३१४५	जागरूकः ३ । २ । १६५
२४८०	जाग्रोऽविचिण्ण० ७ । ३ । ८५
१५३१	जातरूपेभ्यः प० ४।३।१५३
३९०४	जातिकालसुखा० ६।२।१७०
२०३७	जातिनाम्नः कन् ५ । ३ । ८१
९१०	जातिरप्राणिनाम् २ । ४ । ६
२८०४	जातुयदोर्लिङ् ३ । ३ । १४७
५१८	जातेरस्त्रीविषयाद० ४।१।६३
८४२	जातेश्च ६ । ३ । ४१
२०८१	जात्यन्ताच्छ बन्धुनि० ५।४।९
८१७	जात्याख्यायामेक० १।२।५८
३९५४	जात्वपूर्वम् ८ । १ । ४७
५००	जानपदकुण्ड० ४ । १ । ४२
३३३०	जान्तनशां विभाषा ६।४।३२
८७२	जायाया निङ् ५ । ४ । १३४
३३०३	जालमानायः ३।३।१२४
६१७	जासिनिप्रहणनाट० २।३।५६
२५८९	जिघ्रतेर्वा ७ । ४ । ६
३१३७	जिदृक्षिविश्री० ३ । २ । १५७
१४४१	जिह्वामूलाङ्गुलेश्छः ४ । ३ । ६२
३०९२	जीर्यतेरतृन् ३ । २ । १०४
१०९०	जीवति तु वंश्ये० ४।१।१६३
२०५४	जीविकार्थे चापण्ये० ५।३।९९
७८०	जीविकोपनिषदावौ० १।४।७९
३१३०	जुचङ्क्रम्यदन्द्र० ३।२।१५०
३६९७	जुष्टार्पिते च च्छ० ६।१।२०९
२४८१	जुसि च ७ । ३ । ८३
२४८९	जुहोत्यादिभ्यः श्लुः २।४।७५
३३२७	जॄव्रश्च्योः क्त्वि ७ । २ । ५५
२२९१	जॄस्तम्भुम्रुचु० ३ । १ । ५८
१४०९	जे प्रोष्ठपदानाम् ७ । ३ । १८
२५११	ज्ञाजनोर्जा ७ । ३ । ७९
२७३१	ज्ञाश्रुस्मृदृशां सनः १ । ३ । ५७
६१२	ज्ञोऽविदर्थस्य करणे २।३।५१
२०११	ज्य च ५ । ३ । ६१
३३४०	ज्यश्च ६ । १ । ४२
२०१२	ज्यादादीयसः ६ । ४ । १६०
१०२१	ज्योतिरायुषः स्तोमः ८।३।८३

सूत्राङ्कः सूत्रम्
१०१३ ज्योतिर्जनपदरा० ६ । ३ । ८५
१९२१ ज्योत्स्नातमिस्रा० ५।२।११४
२६५४ ज्वरत्वरस्रिव्यवि० ६ । ४ । २०
२९०२ ज्वलितिकसन्ते०३ । १ । १४०
६८२ झयः ५ । ४ । १११
१८९८ झयः ८ । २ । १०
११९ झयो होऽन्यतरस्याम् ८।४।६२
७१ झरो झरि सवर्णे ८ । ४ । ६५
८४ झलां जशोऽन्ते ८ । २ । ३९
५२ झलां जश्झशि ८ । ४ । ५३
२२८१ झलो झलि ८ । २ । २६
३६८३ झल्युपोत्तमम् ६ । १ । १८०
२२८० झषस्तथोर्धोऽधः ८ । २ । ४०
२२५६ झस्य रन् ३ । ४ । १०५
२२१३ झेर्जुस् ३ । ४ । १०८
२१६९ झोऽन्तः ७ । १ । ३
१५३३ ञितश्च तत्प्रत्ययात् ४।३।१५५
३०८८ ञीतः क्तः ३ । २ । १८७
३६८६ ञ्नित्यादिर्नित्यम् ६। १ । १९७
२०७२ ञ्यादयस्तद्राजाः ५ । ३ ।११९
२०१ टाङसिङसामि० ७ । १ । १२
४५८ टाबृचि ४ । १ । ९
४७० टिड्ढाणञ्द्वयसज्० ४।१।१५
२२३३ टित आत्मनेपदा० ३।४।७९
३१६ टेः ६ । ४ । १४३
१७८६ टेः ६ । ४ । १५५
३२६७ ट्वितोऽथुच् ३ । ३ । ८९
१३०३ ठक्छौ च ४ । २ । ८४
१४५४ ठगायस्थानेभ्यः ४ । ३ । ७५
१२४९ ठञ्कवचिनश्च ४ । २ । ४१
११७० ठस्येकः ७ । ३ । ५०
२०३५ ठाजादावूर्ध्वं द्वितीयात्० ५।३।८३
१३१ डः सि धुट् ८ । ३ । २९
२५९ डति च १ । १ । २५
४६१ डाबुभाभ्यामन्य० ४ । १।१३
३२६६ ड्वितः क्त्रिः ३ । ३ । ८८
११३९ ढकि लोपः ४ । १ । १३३
११२२ ढक्च मण्डूकात् ४ । १ । ११९
३४५५ ढश्छन्दसि ४ । ४ । १०६
११४२ ढे लोपोऽकद्र्वाः ६ । ४ । १४७
२३३५ ढो ढे लोपः ८ । ३ । १३
१७४ ढ्रलोपे पूर्वस्य० ६ । ३ । १११
३२१६ णचः स्त्रियामञ् ५ । ४ । १४
२२८३ णलुत्तमो वा ७ । १ । ९१
२५६४ णिचश्च १ । ३ । ७४
२५०२ णिजां त्रयाणां गुणः ७।४।७५
३८१३ णिनि ६ । २ । ७९
२३१२ णिश्रिद्रुस्रु० ३ । १ । ४८
२७३८ णेरणौ यत्कर्म णौ० १।३।६७
३०६६ णेरध्ययने वृत्तम् ७ । २ । २६
२३१३ णेरनिटि ६ । ४ । ५१
२८३६ णेर्विभाषा ८ । ४ । ३०
३११७ णेश्छन्दसि ३ । २ । १३७
२२८६ णो नः ६ । १ । ६५
२६०७ णौ गमिरबोधने २ । ४ । ४६
२३१४ णौ चङ्युपधाया ह्रस्वः ७।४।१
२६०१ णौ च संश्चङोः २ । ४ । ५१
२५७९ णौ च संश्चङोः ६ । १ । ३१
२८८१ ण्य आवश्यके ७ । ३ । ६५
१२७६ ण्यक्षत्रियार्षञितो० २।४।५८
३२८४ ण्यासश्रन्थो युच् ३ । ३ । १०७
२९०९ ण्युट् च ३ । ३ । १४७
२८९५ ण्वुल्तृचौ ३ । १ । १३३
२१५६ तङानावात्मनेपदम् १।४।१००
१४५३ तत आगतः ४ । ३ । ७४
६८४ तत्पुरुषः २ । १ । २२
७४५ तत्पुरुषः समानाधि० १।२।४२
६ ७८६ तत्पुरुषस्याङ्गुलेः० ५ । ४ । ८६
९७२ तत्पुरुषे कृति ब० ६ । ३ । १४
३७३६ तत्पुरुषे तुल्यार्थतृती० ६।२।२
३८५७ तत्पुरुषे शालायां० ६।२।१२२
८२२ तत्पुरुषोऽनञ्कर्म० २।४।१९
२०८९ तत्प्रकृतवचने मयट् ५।४।२१
१५७८ तत्प्रत्यनुपूर्वमीप० ४ । ४ । २८
११२८ तत्प्रत्ययस्य च ७ । ३ । २९
२५७५ तत्प्रयोजको हेतुश्च १ । ४ । ५४
७२३ तत्र २ । १ । ४६
१८६३ तत्र कुशलः पथः ५ । २ । ६३
१७६० तत्र च दीयते कार्यं० ५।१।९६
१३९३ तत्र जातः ४ । ३ । २५
१७७९ तत्र तस्येव ५ । १ । ११६
८४६ तत्र तेनेदमिति स० २।२।२७
१६२० तत्र नियुक्तः ४ । ४ । ६९
१४२८ तत्र भवः ४ । ३ । ५३
१७०९ तत्र विदित इति च ५।१।४३
१६५० तत्र साधुः ४ । ४ । ९८
१२१५ तत्रोद्धृतममत्रेभ्यः ४ । २ । १४
७८१ तत्रोपपदं सप्तमीस्थम् ३।१।९२
१८०८ तत्सर्वादेः कर्म० ५ । २ । ७
५३८ तथायुक्तं चानी० १ । ४ । ५०
१२६९ तदधीते तद्वेद ४ । २ । ५९
२१२५ तदधीनवचने ५ । ४ । ५४
१६७४ तदर्थं विकृतेः प्रकृतौ ५।१।१२
१७२८ तदर्हति ५ । १ । ६३
१७८० तदर्हम् ५ । १ । ११७
१२९५ तदशिष्यं संज्ञाप्र० १ । २ ।५३
१८४६ तदस्मिन्नधिकमि० ५ । २ ।४५
१८८२ तदस्मिन्नन्नं प्राये० ५ । २ ।८२
१२७९ तदस्मिन्नस्तीति दे० ४।२।६७
१७१३ तदस्मिन्वृद्ध्यायला० ५।१।४७
१६१७ तदस्मै दीयते नि० ४।४।६६
१६७८ तदस्य तदस्मिन्स्या० ५।१।१६
१६०१ तदस्य पण्यम् ४ । ४ । ५१
१७२३ तदस्य परिमाणम् ५ । १ ।५७
१७५८ तदस्य ब्रह्मचर्यम् ५ । १ । ९४
१८३७ तदस्य संजातं तार० ५।२।३६
१४२७ तदस्य सोढम् ४ । ३ । ५२
१२६६ तदस्यां प्रहरणमि० ४ । २।५७
१८९४ तदस्यास्त्यस्मिन्नि० ५ । २ ।९४
३८१ तदोः सः सावन० ७।२।१०६
१९६८ तदो दा च ५ । ३ । १९
१४६५ तद्गच्छति पथिदूतयोः ४।३।८५
१७१६ तद्धरतिवहत्यावहति० ५।१।५०
४४८ तद्धितश्चासर्वविभक्तिः १।१।३८
३७११ तद्धितस्य ६ । १ । १६४
५३० तद्धिताः ४ । १ । ७६
७२८ तद्धितार्थोत्तरपद० २ । १ ।५१
१०७५ तद्धितेष्वचामादेः ७।२।११७
२१०४ तद्युक्तात्कर्मणोऽण् ५ । ४ । ३६
११९३ तद्राजस्य बहुषु० २ । ४ । ६२
१६२७ तद्वहति रथयुगप्रास० ४।४।७६
३४७१ तद्वानासामुपधा० ४।४।१२५
२४६६ तनादिकृञ्भ्य उः ३ । १ । ७९
२५४७ तनादिभ्यस्तथासोः २ । ४ ।७९
३५४९ तनिपत्योश्छन्दसि ६ । ४ ।९९
२३३९ तनूकरणे तक्षः ३ । १ । ७६
२७५९ तनोतेर्यकि ६ । ४ । ४४
२६२२ तनोतेर्विभाषा ६ । ४ । १७
१८७० तन्त्रादचिरापहृते ५ । २ ।७०

सूत्राङ्कः	सूत्रम्
१९०९	तपःसहस्राभ्यां वि०५।२।१०२
१५	तपरस्तत्कालस्य १।१।७०
२७७१	तपस्तपःकर्मकस्यै० ३।१।८८
२७६०	तपोऽनुतापे च ३।१।६५
३५६७	तप्तनप्तनथनाश्च ७।१।४५
१७४४	तमधीष्टो भृतो भू० ५।१।८०
२८३३	तयोरेव कृत्यक्तखल०३।४।७०
३४९५	तयोर्दार्हिलौ च च्छ०५।३।२०
३६२७	तयोर्य्वावचि संहि०८।२।१०८
१५५३	तरति ४।४।५
२००३	तरप्तमपौ घः १।१।२२
१३७२	तवकममकावेकवचने ४।३।३
३९८	तवममौ ङसि ७।२।९६
३७८५	तवै चान्तश्च युगपत् ६।२।५१
२८३४	तव्यत्तव्यानीयरः ३।१।९६
८३६	तसिलादिष्वाकृत्व० ६।३।३५
१४९३	तसिश्च ४।३।११३
१९५५	तसेश्च ५।३।८
१८९६	तसौ मत्वर्थे १।४।१९
२१९९	तस्थस्थमिपां तां० ३।४।१०१
१९६	तस्माच्छसो नः पुंसि६।१।१०३
४१	तस्मादित्युत्तरस्य १।१।६७
७५८	तस्मान्नुडचि ६।३।७४
२२८८	तस्मान्नुड् द्विहलः ७।४।७१
१३७१	तस्मिन्नणि च युष्माका०४।३।२
४०	तस्मिन्निति निर्दिष्टे० १।१।६६
१७६५	तस्मै प्रभवति सं० ५।१।१०१
१६६५	तस्मै हितम् २।१।५
१७५९	तस्य च दक्षिणा यज्ञा०५।१।९५
३५६६	तस्य तात् ७।१।४४
१५९७	तस्य धर्म्यम् ४।४।४७
१७०४	तस्य निमित्तं संयो० ५।१।३८
१२८१	तस्य निवासः ४।२।६९
८३	तस्य परमाम्रेडितम् ८।१।२
१८२५	तस्य पाकमूले पी० ५।२।२४
१८४९	तस्य पूरणे डट् ५।२।४८
१७८१	तस्य भावस्त्वतलौ ५।१।११९
६२	तस्य लोपः १।३।९
१७११	तस्य वापः ५।१।४५
१५१४	तस्य विकारः ४।३।१३४
१४४५	तस्य व्याख्यान इति०४।३।६६
१२४३	तस्य समूहः ४।२।३७
८	तस्यादित उदात्त० १।२।३२

सूत्राङ्कः	सूत्रम्
१०८८	तस्यापत्यम् ४।१।९२
१५००	तस्येदम् ४।३।१२०
१७०८	तस्येश्वरः ५।१।४२
३१०९	ताच्छील्यवयोवच०३।२।१२९
३७८४	तादौ च निति कृ० ६।२।५०
२१६१	तान्येकवचनद्विव० १।४।१०२
३१७४	ताभ्यामन्यत्रोणादयः३।४।७५
१५३०	तालादिभ्योऽण् ४।३।१५२
१८७७	तावतिथं ग्रहणमिति०५।२।७७
२१९१	तासस्त्योर्लोपः ७।४।५०
२३५२	तासि च कॢपः ७।२।६०
३७३०	तास्यनुदात्तेन्ङिद० ६।१।१८६
११५०	तिककितवादिभ्यो० २।४।६८
११७८	तिकादिभ्यः फिञ् ४।१।१५४
२००२	तिङश्च ५।३।५६
२१६०	तिङस्त्रीणि त्रीणि० १।४।१०१
३९७८	तिङि चोदात्तवति० ८।१।७१
३९३४	तिङो गोत्रादीनि कु०८।१।२७
३९३५	तिङ्ङतिङः ८।१।२८
२१६६	तिङ्शित्सार्वधातु० ३।४।११
३०३७	ति च ७।४।८९
३१६३	तितुत्रतथसिसुसरक० ७।२।९
१४८२	तित्तिरिवरतन्तु० ४।६।१०२
३७२९	तित्स्वरितम् ६।१।१८५
२१५४	तिप्तस्झिसिप्थस्थमि० ३।४।७८
२४८४	तिप्यनस्तेः ८।२।७३
४२३	तिरसस्तिर्यलोपे ६।३।९४
१५६	तिरसोऽन्यतरस्याम् ८।३।४२
७७२	तिरोऽन्तर्धौ १।४।७१
३३८२	तिर्यच्यपवर्गे ३।४।६०
८४४	तिविंशतेर्डिति ६।४।१४२
२५८८	तिष्ठतेरित् ७।४।५
६७१	तिष्ठद्गुप्रभृतीनि च २।१।१७
८२०	तिष्यपुनर्वस्वोर्नक्षत्र०१।२।६३
३७१३	तिसृभ्यो जसः ६।१।१६६
१३२७	तीररूप्योत्तरपदा० ४।२।१०६
१०१५	तीर्थे ये ६।३।८७
२३४०	तीषसहलुभरुषरिषः ७।२।४८
३४६१	तुग्राद्घन् ४।४।११५
३५०९	तुजादीनां दीर्घो० ६।१।७
२५३४	तुदादिभ्यः शः ३।१।७७
२९१९	तुन्दशोकयोः परिमृ० ३।२।५
१९२४	तुन्दादिभ्य इलच्च ५।२।११७

सूत्राङ्कः	सूत्रम्
१९४५	तुन्दिवलिवटेर्भः ५।२।१३९
३९४६	तुपश्यपश्यताहैः पू० ८।१।३९
३९४	तुभ्यमह्यौ ङयि ७।२।९५
५८२	तुमर्थाच्च भाववचनात् २।३।१५
३४३६	तुमर्थे सेसेनसेऽसे० ३।४।९
३१७५	तुमुन्ण्वुलौ क्रियायां०३।३।१०
२००८	तुरिष्ठेमेयःसु ६।४।१५४
२४४४	तुरुस्तुशम्यमः सा० ७।३।९५
६३०	तुल्यार्थैरतुलोपमा० २।३।७२
१०	तुल्यास्यप्रयत्नं स० १।१।९
२००७	तुश्छन्दसि ५।३।५९
२१९७	तुह्योस्तातङ्ङाशि० ७।१।३५
१४७४	तूदीसलातुरवर्मती० ३।४।९४
३३८५	तूष्णीमि भुवः ३।४।६३
७०९	तृजकाभ्यां कर्तरि २।२।१५
२७४	तृज्वत्क्रोष्टुः ७।१।९५
२५४५	तृणह इम् ७।३।९२
१०२९	तृणे च जातौ ६।३।१०३
३७८२	तृतीया कर्मणि ६।२।४८
३३९४	तृतीया च होश्छन्दसि २।३।३
६०२	तृतीया तत्कृतार्थेन० २।१।३०
३२१	तृतीयादिषु भाषित०७।१।७४
७८४	तृतीयाप्रभृतीन्य० २।२।२१
५४९	तृतीयार्थे १।४।८५
६५८	तृतीयासप्तम्योर्बहुलम् २।४।८४
२२३	तृतीयासमासे १।१।३०
३११५	तृन् ३।२।१३५
३३२६	तृषिमृषिकृशेः काश्य० १।२।२५
२३०१	तृफलभजत्रपश्च ६।४।१२२
११९२	ते तद्राजाः ४।१।१७१
१७०२	तेन क्रीतम् ५।१।३७
१७७८	तेन तुल्यं क्रियाचे०५।१।११५
१५५०	तेन दीव्यति खनति० ४।४।२
१२८०	तेन निर्वृत्तम् ४।२।६८
१७४३	तेन निर्वृत्तम् ५।१।७९
१७५७	तेन परिजय्यलभ्य० ५।१।९३
१४८१	तेन प्रोक्तम् ४।३।१०१
१७६२	तेन यथाकथा च ह०५।१।९८
१२०२	तेन रक्तं रागात् ४।२।१
१८२७	तेन वित्तश्चुञ्चुप्चणपौ ५।२।२६
८४८	तेन सहेति तुल्य० २।२।२८
१४९२	तेनैकदिक् ४।३।११२
२२३०	ते प्राग्धातोः १।४।८०

सूत्राङ्कः सूत्रम्
४०६ तेमयावेकवचनस्य ८।१।२२
११५ तोः षि ८।४।४३
११७ तोर्लि ८।४।६०
३१०६ तौं सत् ३।२।१२७
४२९ त्यदादिषु दृशोऽना० ३।२।६०
२६५ त्यदादीनामः ७।२।१०२
१३३६ त्यदादीनि च १।१।७४
९३८ त्यदादीनि सर्वैर्नित्यं १।२।७२
३७०४ त्यागरागहासकुह० ६।१।२१६
१५१८ त्रपुजतुनोः षुक् ४।३।१३८
३१२० त्रसिगृधिधृषिक्षि० ३।२।१४०
१७२७ त्रिंशच्चत्वारिंशतो० ५।१।६२
८८४ त्रिककुत्पर्वते ५।४।१४७
२९८ त्रिचतुरोः स्त्रियां० ७।२।९९
५६ त्रिप्रभृतिषु शाकटा० ८।४।५०
१५७० त्रेर्मम्नित्यम् ४।४।२०
१८५५ त्रेः संप्रसारणं च ५।२।५५
८०९ त्रेस्त्रयः ६।३।४८
२६४ त्रेस्त्रयः ७।१।५३
३८९ त्वमावेकवचने ७।२।९७
४०७ त्वामौ द्वितीयायाः ८।१।२३
३८४ त्वाहौसौ ७।२।९४
१००२ त्वे च ६।३।६४
३४९४ थट् च च्छन्दसि ५।२।५०
२२६१ थलि च सेटि ६।४।१२१
३७३२ थलि च सेटीड० ६।१।१९६
३८७८ थाथघञ्क्ताजबि० ६।२।१४४
२२३६ थासः से ३।४।८०
३५०० थाहेतौ च च्छन्दसि ५।३।२६
३६७ थो न्थः ७।१।८७
२३९६ दंशसञ्जस्वञ्जां शपि ६।४।२५
१९८५ दक्षिणादाच् ५।३।३६
१३१८ दक्षिणापश्चात्पुर० ४।२।९८
८६५ दक्षिणेर्मा लुब्धयोगे५।४।१२६
१९७८ दक्षिणोत्तराभ्यामत० ५।३।२८
२०७४ दण्डव्यवसर्गयोश्च ५।४।२
१७३१ दण्डादिभ्यो यत् ५।१।६६
२९०१ ददातिदधात्योर्वि० ३।१।१३९
२५०१ दधस्तथोश्च ८।२।३८
३०७६ दधातेर्हिः ७।४।४२
१२१९ दध्नष्ठक् ४।२।१८
१९१३ दन्त उन्नत उरच् ५।२।१०६
१९२० दन्तशिखात्संज्ञा० ५।२।११३

सूत्राङ्कः सूत्रम्
२६२१ दम्भ इच्च ७।४।५६
२३८८ दयतेर्दिगि लिटि ७।४।९
२३२४ दयायासश्च ३।१।३७
३४५ दश्च ७।२।१०९
२४६८ दश्च ८।२।७५
३०७९ दस्ति ६।३।१२४
२७२८ दाणश्च सा चेच्चतु० १।३।५५
११४५ दाण्डिनायनहा० ६।४।१७४
३२५ दादेर्धातोर्घः ८।२।३२
३५९६ दाधर्तिदर्धर्ति० ७।४।६५
२३७६ दाधा घ्वदाप् १।१।२०
३१३९ दाधेट्सिशदस० ३।२।१५९
१९६७ द्रानीं च ५।३।१८
२०६९ दामन्यादित्रि० ५।३।११६
४८६ दामहायनान्ताच्च ४।१।२७
३१६२ दाम्नीशसयुयुज० ३।२।१८२
३७३९ दायाद्यं दायादे ६।२।५
३१७२ दाशगोघ्नौ सं० ३।४।७३
३६२९ दाश्वान्साह्वान्मी० ६।१।१२
३८३७ दिक्शब्दा ग्रामज० ६।२।१०३
१९७४ दिक्शब्देभ्यः सप्त० ५।३।२७
१३७६ दिक्पूर्वपदाट्ठञ्च ४।३।६
१३२८ दिक्पूर्वपदादसंज्ञा० ४।२।१०
५१५ दिक्पूर्वपदान्ङीप् ४।१।६०
७२७ दिक्संख्ये संज्ञायाम् २।१।५०
१४२९ दिगादिभ्यो यत् ४।३।५४
८४५ दिङ्नामान्यन्तराले २।२।२६
१०७७ दित्यदित्यादित्य० ४।१।८५
३३७ दिव उत् ६।१।१३१
३३६ दिव औत् ७।१।८४
५६२ दिवः कर्म च १।४।४३
९२७ दिवसश्च पृथिव्याम् ६।३।३०
६१९ दिवस्तदर्थस्य २।३।५८
२५०५ दिवादिभ्यः श्यन् ३।१।६९
२९३५ दिवाविभानिशाप्र० ३।२।२१
३७२७ दिवो झल् ६।१।१८३
९२६ दिवो द्यावा ६।३।२९
३०२८ दिवोऽविजिगीषा० ८।२।४९
१३९९ दिशो मद्राणाम् ७।३।१३
३७६५ दिष्टिवितस्त्योश्च ६।२।३१
२५०७ दीङो युडचि क्ङिति ६।४।६३
२१९० दीधीवेवीटाम् १।१।६
२३२८ दीपजनबुधपूरि० ३।१।६१

सूत्राङ्कः सूत्रम्
२४५६ दीर्घ इणः किति ७।४।६९
३८१६ दीर्घकाशतुषभ्राष्ट्र० ६।२।८३
३४४८ दीर्घजिह्वी च च्छन्द० ४।१।५९
३३ दीर्घं च १।४।१२
१२४१ दीर्घाच्च वरुणस्य ७।३।२३
२३९ दीर्घाज्जसि च ६।१।१०५
१४८ दीर्घात् ६।१।७५
३६३१ दीर्घादटि समानपादे ८।३।९
५८ दीर्घादाचार्याणाम् ८।४।५२
२३३२ दीर्घोऽकितः ७।४।८३
२३१८ दीर्घो लघोः ७।४।९४
२१३५ दुःखात्प्रातिलोम्ये ५।४।६४
२९०४ दुन्योरनुपसर्गे ३।१।१४२
३५८९ दुरस्युर्द्रविणस्युर्वृ० ७।४।३६
११६५ दुष्कुलाड्ढक् ४।१।१४२
२९७९ दुहः कब्घश्च ३।२।७०
२७६९ दुहश्च ३।१।६३
३४६६ दूतस्य भागक० ४।४।१२०
९५ दूराद्धूते च ८।२।८४
६०५ दूरान्तिकार्थेभ्यो द्वि०२।३।३५
६११ दूरान्तिकार्थैः षष्ठ्य० २।३।३४
३५७७ दृक्स्ववस्स्वतवसां० ७।१।८३
१०१७ दृग्दृशवतुषु ६।३।८९
३०६० दृढः स्थूलबलयोः ७।२।२०
१४३३ दृतिकुक्षिकलशिव० ४।३।५६
३००४ दृशेः क्वनिप् ३।२।९४
३४३८ दृशे विख्ये च ३।४।११
१२०८ दृष्टं साम २।३।४७
१४२२ देयमृणे ४।३।४७
२१२६ देये त्रा च ५।४।५५
३८७५ देवताद्वन्द्वे च ६।२।१४१
९२२ देवताद्वन्द्वे च ६।३।२६
१२३९ देवताद्वन्द्वे च ७।३।२१
२०९२ देवतान्तात्तादर्थ्ये० ५।४।२४
२०५५ देवपथादिभ्यश्च ५।३।१००
३६६७ देवब्रह्मणोरनु० १।२।३८
२१२७ देवमनुष्यपुरुष० ५।४।५६
३५९१ देवसुम्नयोर्यजुषि० ७।४।३८
२०९५ देवात्तल् ५।४।२७
१४३९ देविकाशिंशपा० ७।३।१
३१२७ देविक्रुशोश्चोप० ३।२।१४७
१९१२ देशे लुबिलचौ च ५।२।१०५
१२०१ दैवयज्ञिशौचिवृ० ४।१।८१

सूत्राङ्कः	सूत्रम्
३०७७	दो दद्घोः ७ । ४ । ४६
२६०४	दोषो णौ ६ । ४ । ९०
३०७४	द्यतिस्यतिमास्था० ७।४।४०
१२३५	द्यावापृथिवीशुना० ४।२।३२
२३४४	द्युतिस्वाप्योः सं० ७।४।६७
२३४५	द्युद्भ्यो लुङि १ । ३ । ९१
१९१५	द्युद्रुभ्यां मः ५ । २ । १०८
१३२१	द्युप्रागपागुदक्प्र० ४।२।१०१
३०२०	द्रवमूर्तिस्पर्शयोः ६ । १ । २४
२०५९	द्रव्यं च भव्ये ५ । ३ । १०४
११०५	द्रोणपर्वतजीवन्ता० ४।१।१०३
१५३९	द्रोश्च ४ । ३ । १६१
२१५०	द्वन्द्वं रहस्यमर्यादाव० ८।१।१५
१७९८	द्वन्द्वमनोज्ञादिभ्य० ५।१।१३३
९०६	द्वन्द्वश्च प्राणितूर्य० २ । ४ । २
९३०	द्वन्द्वाच्चुदषहा० ५ । ४ । १०६
१२०७	द्वन्द्वाच्छः ४ । २ । ६
१५०५	द्वन्द्वाद्वुन् वैरमैथु० ४।३।१२५
९०३	द्वन्द्वे घि २ । २ । ३२
२२४	द्वन्द्वे च १ । १ । ३१
१९३४	द्वन्द्वोपतापगर्ह्या० ५।२।१२८
१३८६	द्वारादीनां च ७ । ३ । ४
७३१	द्विगुरेकवचनम् २ । ४ । १
६८५	द्विगुश्च २ । १ । २३
४७९	द्विगोः ४ । १ । २१
१७२०	द्विगोष्ठंश्च ५ । १ । ५४
१७४६	द्विगोर्यप् ५ । १ । ८२
१०८०	द्विगोर्लुगनपत्ये ४ । १ । ८८
१७५०	द्विगोर्वा ५ । १ । ८६
३८३१	द्विगौ क्रतौ ६ । २ । ९७
३७४६	द्विगौ प्रमाणे ६ । २ । १२
७१४	द्वितीयतृतीयच० २ । २ । ३
३५१	द्वितीयाटौस्स्वेनः २ । ४ । ३४
३३९५	द्वितीया ब्राह्मणे २ । ३ । ६०
३९०	द्वितीयायां च ७ । २ । ८७
३३७४	द्वितीयायां च ३ । ४ । ५३
६८६	द्वितीयाश्रितातीत० २।१।२४
१०११	द्वितीये चानुपाख्ये ६ ।३।८०
२०८६	द्वित्रिचतुर्भ्यः सुच् ५।४।१८
१७०१	द्वित्रिपूर्वादण् च ५ । १ । ३६
१६९५	द्वित्रिपूर्वान्निष्कात् ५।१।३०
८५४	द्वित्रिभ्यां ष मूर्ध्नः ५।४।११५
१८४४	द्वित्रिभ्यां तयस्याय० ५।२।४३
८०४	द्वित्रिभ्यामञ्जलेः ५।४। १०२
३९३१	द्वित्रिभ्यां पाद्दन्मू०६।२।१९७
१९९१	द्वित्र्योश्च धमुञ् ५। ३ । ४५
८६७	द्विदण्ड्यादिभ्यश्च ५ ।४।१२८
२२४३	द्विर्वचनेऽचि १ । १ । ५९
२००५	द्विवचनविभज्यो० ५। ३।५७
२९५४	द्विषत्परयोस्तापेः ३ ।२ । ३९
२४३५	द्विषश्च ३ । ४। ११२
३१११	द्विषोऽमित्रे ३ । २ । १३१
९५२	द्विस्तावा त्रिस्तावा० ५।४।८४
१५६	द्विस्त्रिश्चतुरिति० ८ । ३ । ४३
१३८०	द्वीपादनुसमुद्रं यञ् ४।३।१०
१८५४	द्वेस्तीयः ५ । २ । ५४
१२१५	द्वैपवैयाघ्रादञ् ४ । २ । १२
११२४	द्व्यचः ४ । १ । १२१
३४५३	द्व्यचश्छन्दसि ४ । ३ । १५०
३५३७	द्व्यचोतस्तिङः ६ । ३ । १३५
१४५१	द्व्यजृद्ब्राह्मणर्क्प्रथमा० ४।३।७२
११८८	द्व्यञ्मगधकलि० ४ । १ ।१७०
९४१	द्व्यन्तरुपसर्गेभ्योऽप० ६।३।९७
८०८	द्व्यष्टनः संख्यायाम० ६।३।४७
१८६	द्व्येकयोर्द्विवचनैक० १।४।२२
३१६१	धः कर्मणि ष्ट्रन् ३ । २ ।१८१
१३३६	धनगणं लब्धा ४ । ४ । ८४
१८६५	धनहिरण्यात्कामे ५ । २ ।६५
८७०	धनुषश्च ५ । ४ । १३२
१३४५	धन्वयोपधाद्वुञ् ४ । २ ।१२१
१५९१	धर्मं चरति ४ । ४ । ४१
१६४५	धर्मपथ्यर्थन्याया० ४ ।४ ।९२
१९३८	धर्मशीलवर्णान्ता० ५।२।१३२
८६३	धर्मादनिच्केवलात् ५।४।१२४
२८२४	धातुसंबन्धे प्रत्ययाः ३।४।१
२८२९	धातोः ३ । १ । ९१
३६७१	धातोः ६ । १ । १६२
२६०८	धातोः कर्मणः स० ३ । १ ।७
२६२९	धातोरेकाचो हला० ३।१।२२
६४	धातोस्तन्निमि० ६ । १ ।८०
२२६४	धात्वादेः षः सः ६ । १ । ६४
१८०२	धान्यानां भवने क्षे० ५।२।१
५७३	धारेरुत्तमर्णः १ । ४ । ३५
२२४९	धि च ८ । २ । २५
२३३२	धिन्विकृण्व्योर च ३ । १ ।८०
१६२८	धुरो यड्ढकौ ४ । ४ । ७७
१३५१	धूमादिभ्यश्च ४ । २ । १२७
३०५९	धृषिशसी वैयात्ये ७ । २ ।१९
५८६	ध्रुवमपायेऽपादानम् १।४।२४
३५६४	ध्वमो ध्वात् ७ । १ । ४२
७१९	ध्वाङ्क्षेण क्षेपे २ । १ । ४२
२६५९	नः क्ये १ । ४ । १५
८३५	न कपि ७ । ४ । १४
३२१७	न कर्मव्यतिहारे ७ । ३ । ६
२६४१	न कवतेर्यङि ७ । ४ । ६३
८३८	न कोपधायाः ६ । ३ । ३७
३३१४	न क्तिचि दीर्घश्च ६ । ४ । ३९
३३२२	न क्त्वा सेट् १ । २ । १८
५१२	न क्रोडादिबह्वचः ४ । १ ।५६
२८८५	न क्वादेः ७ । ३ । ५९
३४८७	नक्षत्राद्घः ४ । ४ । १४१
१०२४	नक्षत्राद्वा ८ । ३ । १००
६४२	नक्षत्रे च लुपि २ । ३ । ४५
१२०४	नक्षत्रेण युक्तः कालः ४।२।३
१४१२	नक्षत्रेभ्यो बहुलम् ४ । ३।३७
५१४	नखमुखात्संज्ञायाम् ४।१।५८
२६८१	न गतिहिंसार्थेभ्यः १ ।३ ।१५
१३५२	नगरात्कुत्सनप्रा० ४।२।१२८
३९१०	न गुणादयोऽवयवाः ६।२।७६
११४९	न गोपवनादिभ्यः २ । ४।६७
७६०	न गोप्राणिष्वन्य० ६ ।३ ।७७
३७३६	न गोश्वन्साववर्ण० ६।१।१८२
३५२	न ङिसंबुद्ध्योः ८ । २ । ८
४०८	न चवाहाहैवयुक्ते ८ । १ ।२४
३५८८	न च्छन्दस्य पुत्रस्य ७ ।४।३५
७५६	नञ् २ । २ । ६
१४६०	नञः शुचीश्वरक्षेत्र० ७।३।३०
९५६	नञस्तत्पुरुषात् ५ । ४ । ७१
३८८९	नञो गुणप्रतिषेधे० ६।२।१५५
३८५०	नञो जरमरमि० ६ । २।११६
८६१	नञ्दुःसुभ्यो हलि० ५।४।१२१
३९०७	नञ्सुभ्याम् ६ । २ । १७२
१३०७	नदशादाड्ड्वलच् ४ । २ । ८८
११०३	नडादिभ्यः फक् ४ । १ । ९९
१३१०	नडादीनां कुक्च ४ । २ ।९१
३००	न तिसृचतसृ ६ । ४ । ४
१८३२	नते नासिकायाः सं० ५।२।३१
१०८६	न तौल्वलिभ्यः २ । ४ । ६१
१५१०	न दण्डमाणवान्ते० ४।३।१३०

सूत्राङ्कः	सूत्रम्
९१८	न दधिपयआदीनि २ । ४।१४
६८१	नदीपौर्णमास्याग्र० ५।४।११०
३८४३	नदी बन्धुनि ६ । २ । १०९
६७४	नदीभिश्च २ । १ । २०
२७६७	न दुद्रसुनमां य० ३।१।८९
२४०७	न दृशः ३ । १ । ४७
९८६	नद्याः शेषस्यान्य० ६ । ३ ।४४
१३१७	नद्यादिभ्यो ढक् ४ । २ । ९७
१३०४	नद्यां मतुप् ४ । २ । ८५
८३३	नद्यृतश्च ५ । ४ । १५३
१३२४	न द्व्यचः प्राच्य० ४ । २।११३
२६५६	न धातुलोप आर्ध० १ । ११४
३०४०	न ध्याख्यापॄमूर्च्छि० ८।२।५७
१७८३	न नञ्पूर्वात्तत्पुरु० ५।१।१२१
७०४	न निर्धारणे २ । २ । १०
३९१५	न निविभ्याम् ६ । २ । १८१
२७८०	ननौ पृष्टप्रतिवचने ३।२।१२१
२८९६	नन्दिग्रहिपचादि० ३।१।१३४
२४४६	नन्द्राः संयोगादयः ६ । १ ।३
३९५०	नन्वित्यनुज्ञैषणा० ८ । १ ।४३
२७८१	नन्वोर्विभाषा ३ । २ । १२१
५१	न पदान्तद्विर्वचन० १।१।५८
११४	न पदान्ताट्टोरनाम् ८ ।४ ।४२
१२९	नपरे नः ८ । ३ । २७
२७५५	न पादम्याङ्यमाङ्य० १।३।८९
९३५	नपुंसकमनपुंसके० १ । २ ।६८
३१४	नपुंसकस्य झलचः ७ । १ ।७२
३१०	नपुंसकाच्च ७ । १ । १९
६८०	नपुंसकादन्यतरस्यां ५।४।१०९
३०९०	नपुंसके भावे क्तः ३।३।११४
९५४	न पूजनात् ५ । ४ । ६९
११९७	न प्राच्यभर्गादि० ४।१।१७८
२२२	न बहुव्रीहौ १ । १ । २९
१६२९	न भकुर्छुराम् ८ । २ । ७९
२८४०	न भाभूपूकमिगमि० ८।४।३४
३८२५	न भूताधिकसंजीव० ६।२।९१
३७५३	न भूवाक्चिद्दिधिषु ६ । २।१९
२७३	न भूसुधियोः ६ । ४ । ८५
७५९	न भ्राण्नपान्नवेदाना०६।३।७५
११५७	न मपूर्वोऽपत्येऽव०६।४।१७०
५८३	नमः स्वस्तिस्वाहास्व०२।३।१६
१५४	नमस्पुरसोर्गत्योः ८ । ३ ।४०
२२३८	न माङ्योगे ६ । ४ । ७४
३१४७	नमिकम्पिस्म्यज० ३।२।१६७
४३९	न मुने ८ । २ । ३
२६७५	नमोवरिवश्चित्रङः० ३।१।१९
३१३२	न यः ३ । २ । १५२
२७७४	न यदि ३ । २ । ११३
३३४४	न यद्यनाकाङ्क्षे ३ । ४ । २३
४६४	न यासयोः ७ । ३ । ४५
१०९८	न य्वाभ्यां पदान्ता० ७।३।३
३१६८	न रपरसृपिसृजि० ८।३।११०
२७७०	न रुधः ३ । १ । ६४
१०४८	नरे संज्ञायाम् ६ । ३ । १२९
२५२९	न लिङि ७ । २ । ३९
३९३६	न लुट् ८ । १ । २९
२६३	न लुमताङ्गस्य १ । १ । ६३
६२७	न लोकाव्ययनिष्ठा० २।३।६९
२३६	नलोपः प्रातिपदि० ८ । २ । ७
३५३	नलोपः सुप्स्वर० ८ । २ । २
७५७	नलोपो नञः ६ । ३ । ७३
३३३५	न ल्यपि ६ । ४ । ६९
२६४६	न वशः ६ । १ । २०
१९०	न विभक्तौ तुस्माः १ । ३ । ४
२३४८	न वृद्भ्यश्चतुर्भ्यः ७ । २ । ५९
२४	न वेति विभाषा १ । १ । ४४
२४१६	न व्यो लिटि ६ । १ । ४६
२९३७	न शब्दश्लोककलह० ३।२।२३
२२६३	न शसददवादि० ६ ।४।१२६
२५१८	नशेः षान्तस्य ८ । ४ । ३६
४३१	नशेर्वा ८ । २ । ६३
१३२	नश्च ८ । ३ । ३०
३६४९	नश्च धातुस्थो० ८ । ४ । २७
१२३	नश्चापदान्तस्य झ० ८।३।२४
१४०	नश्छव्यप्रशान् ८ । ३ । ७
३०८	नषट्स्वस्रादिभ्यः ४ । १ ।१०
३५५	न संयोगाद्वमन्तात् ६।४।१३७
७९३	न संख्यादेः स० ५ । ४ । ८९
८९३	न संज्ञायाम् ५ । ४ । १५
३६०३	नसत्तनिषत्तानु० ८ । २ । ६१
३६३	न संप्रसारणे सं० ६ । १ । ३७
२०७७	न सामि वचने ५ । ४ । ५
३३०७	न सुदुर्भ्यां केव० ७ । १ । ६८
३६६६	न सुब्रह्मण्यायां स्व० १।२।३७
६७९	नस्तद्धिते ६ । ४ । १४४
३९३८	नह प्रत्यारम्भे ८ । १ । ३१
३८३५	न हास्तिनफलक० ६।२।१०१
१०३७	नहिवृतिवृषि० ६ । ३ । ११६
४४०	नहो धः ८ । २ । ३४
२५७२	नाग्लोपिशास्वृ० ७ । ४ । २
३८६७	नाचार्यराजर्त्वि० ६ । २।१३३
१३	नाज्झलौ १ । १ । १०
४२४	नाञ्चेः पूजायाम् ६ । ४ । ३०
८९६	नाडीतन्त्र्योः स्वाङ्गे ५।४।१५९
२९४५	नाडीमुष्ट्योश्च ३ । २ । ३०
१६८५	नातः परस्य ७ । ३ । २७
१६५	नादिचि ६ । १ । १०४
५५	नादिन्याक्रोशे० ८ । ४ । ४८
३६०२	नाद्धस्य ८ । २ । १७
३३८४	नाधार्थप्रत्यये० ३ । ४ । ६२
२७९३	नानद्यतनवत्० ३ । ३ । १३५
२७३२	नानोर्ज्ञः १ । ३ । ५८
१८५०	नान्तादसंख्यादेर्मट् ५।२।४९
२५०३	नाभ्यस्तस्याचि पि० ७।३।८७
४२७	नाभ्यस्ताच्छतुः ७ । १ । ७८
४१३	नामन्त्रिते समा० ८ । १ । ७३
३७२३	नामन्यतरस्याम् ६ ।१।१७७
२०९	नामि ६ । ४ । ३
३३८०	नाम्न्यादिशिग्रहोः ३।४।५८
८२	नाम्रेडितस्यान्त्य० ६ । १ ।९९
८०१	नावो द्विगोः ५ । ४ । ९९
३९०२	नाव्ययदिक्शब्द० ६।२।१६८
६५७	नाव्ययीभावादतो०२।४।८३
२९४४	नासिकास्तनयो० ३ । २ । २९
५११	नासिकोदरौष्ठ० ४ । १ । ५५
१६२४	निकटे वसति ४ । ४ । ७३
२७५३	निगरणचलनार्थे० १ । ३ । ८७
३६१३	निगृह्यानुयोगे च ८ । २ । ९४
३२६५	निघो निमितम् ३ । ३ । ८
१५२४	नित्यं वृद्धशरा० ४ । ३ । १४
१८५७	नित्यं शतादिमा० ५ । २ ।५७
४८७	नित्यं संज्ञाछन्दसो० ४।१।२९
४९२	नित्यं सपत्न्यादिषु ४ ।१ ।३५
१५९	नित्यं समासेऽनुत्तर०८।३।४५
२५९६	नित्यं स्मयतेः ६ । १ । ५७
७७८	नित्यं हस्ते पाणा० १।४।७७
२५४८	नित्यं करोतेः ६ । ४ । १०८
२६३४	नित्यं कौटिल्ये गतौ ३।१।२३
७११	नित्यं क्रीडाजीविकयोः२।२।१७

सूत्राङ्कः	सूत्रम्
२२००	नित्यं ङितः ३ । ४ । ९९
३४४६	नित्यं छन्दसि ४ । १ । ४६
३५८७	नित्यं छन्दसि ७ । ४ । ८
८६२	नित्यमसिच्प्रजा० ५।४।१२२
३२४३	नित्यं पणः परिमाणे ३।३।६६
३६९८	नित्यं मन्त्रे ६ । १ । २१०
२१४०	नित्यवीप्सयोः ८ । १ । ४
३०८२	निनदीभ्यां स्नातेः० ८।३।८९
३१२६	निन्दहिंसक्लिशखाद३।२।१४६
१०३	निपात एकाजनाङ् १।१।१४
३५३८	निपातस्य च ६ । ३ । १३६
३९३७	निपातैर्यद्यदिहन्तकु०८।१।३०
३२५१	निपानमाहावः ३ । ३ । ७४
३३५५	निमूलसमूलयोः कषः३।४।३४
२५६०	निरः कुषः ७ । २ । ४६
३२९९	निरभ्योः पूल्वोः ३ । ३ । २८
३९१८	निरुदकादीनि च ६।२।१८४
३०२९	निर्वाणोऽवाते ८ । २ । ५०
१५६९	निर्वृत्तेऽक्षद्यूतादिभ्यः४।४।१९
३७४२	निवाते वातत्राणे ६ । २ । ८
३२१३	निवासचितिशरीर० ३।३।४१
३६४७	निव्यभिभ्योऽड्व्य०८।३।११९
१३८४	निशाप्रदोषाभ्यां च ४।३।१४
२१३३	निष्कुलान्निष्कोषणे ५।४।६२
८९९	निष्ठा २ । २ । ३६
३०१३	निष्ठा ३ । २ । १०२
३६९३	निष्ठा च द्व्यजनात् ६।१।२०५
३०५७	निष्ठायां सेटि ६ । ४ । ५२
३०१४	निष्ठायामण्यदर्थे ६ । ४ । ६०
३०५२	निष्ठा शीङ्स्विदि० १।२।१९
३९०३	निष्ठोपमानादन्यत०६।२।१६९
३८४४	निष्ठोपसर्गपूर्वमन्य०६।२।११०
८९७	निष्प्रवाणिश्च ५ । ४ । १६०
२७०३	निसमुपविभ्यो ह्वः १।३।३०
२४०३	निसस्तपतावना० ८।३।१०२
२६४२	नीग्वञ्चुस्रंसुध्वंसु० ७।४।८४
६	नीचैरनुदात्तः १ । २ । ३०
२०३२	नीतौ च तद्युक्तात् ५।३।७७
२६४३	नुगतोऽनुनासिका० ७।४।८५
३०३८	नुदविदोन्दत्राघ्रा० ८।२।५६
४३४	नुम्विसर्जनीयशर्व्ये० ८।३।५८
२८३	नृ च ६ । ४ । ६
३७२८	नृ चान्यतरस्याम् ६।१।१८४

सूत्राङ्कः	सूत्रम्
१४१	नॄन्पे ८ । ३ । १०
२२६८	नेटि ७ । २ । ४
२५१६	नेट्यलिटि रधेः ७ । १ । ६२
२९८१	नेड्वशि कृति ७ । २ । ८
३५५९	नेतराच्छन्दसि ७ । १ । २६
३४९	नेदमदसोरकोः ७ । १ । ११
१२४०	नेन्द्रस्य परस्य ७ । ३ । २२
९७७	नेन्सिद्धबध्नातिषु च ६।३।१९
३०३	नेयङुवङ्स्थानावस्त्री १।४।४
३९२६	नेरनिधाने ६ । २ । १९२
२२८५	नेर्गदनदपतपद० ८।४।१७
१८३३	नेर्बिडज्बिरीसचौ ५ । २ । ३२
२६८७	नेर्विशः १ । ३ । १७
३७२१	नोङ्धात्वोः ६ । १ । १७५
३८७६	नोत्तरपदेऽनुदात्ता०६।२।१४२
३४५४	नोत्वद्वर्ध्रबिल्वात् ४ । ३।१५१
३६६१	नोदात्तस्वरितोदय० ८।४।६७
२७६३	नोदात्तोपदेशस्य० ७।३।३४
३४०५	नोनयतिध्वनयत्ये० ३।१।५१
३३२४	नोपधात्थफान्ताद्वा १।२।२३
३७०	नोपधायाः ६ । ४ । ७
३२४१	नौ गदनदपठस्वनः ३।३।६४
३२३७	नौ ण च ३ । ३ । ६०
१५५५	नौ द्व्यचष्ठन् ४ । ४ । ७
१६४३	नौवयोधर्मविषमूल० ४।४।९१
३२२३	नौ वृ धान्ये ३ । ३ । ४८
१५४३	न्यग्रोधस्य च केवलस्य ७।३।५
२८६४	न्यङ्क्वादीनां च ७ । ३ । ५३
३७८७	न्यधी च ६ । २ । ५३
१८२६	पक्षात्तिः ५ । २ । २५
१५८५	पक्षिमत्स्यमृगान्हन्ति४।४।३५
१७२५	पङ्क्तिविंशतित्रिंशच्च० ५।१।५९
५२३	पङ्गोश्च ४ । १ । ६८
३०३१	पचो वः ८ । २ । ५२
१७२६	पञ्चद्दशतौ वर्गे वा ५।१।६०
६९९	पञ्चमी भयेन २ । १ । ३७
६३९	पञ्चमी विभक्ते २ । ३ । ४२
५९८	पञ्चम्यपाङ्परिभिः २।३।१०
३९७	पञ्चम्या अत् ७ । १ । ३१
३६३६	पञ्चम्याः परावध्यर्थे ८।३।५१
९५९	पञ्चम्यास्तोकादिभ्यः ६।३।२
३००८	पञ्चम्यामजातौ ३ । २ । ९८
१९५३	पञ्चम्यास्तसिल् ५ । ३ । ७

सूत्राङ्कः	सूत्रम्
१६९९	पणपादमाषशताद्यत् ५।१।३४
२३५५	पतः पुम् ७ । ४ । १९
२५७	पतिः समास एव १ । ४ । ८
१७९३	पत्यन्तपुरोहिता० ५।१।१२८
३७५२	पत्यावैश्वर्ये ६ । २ । १८
४९०	पत्युर्नो यज्ञसंयोगे ४।१।३३
१५०२	पत्त्रपूर्वादञ् ४ । ३ । १२२
१५०३	पत्त्राध्वर्युपरिषदश्च ४।३।१२३
१४०२	पथः पन्थ च ४ । ३ । २९
१७३९	पथः ष्कन् ५ । १ । ७५
३५३०	पथि च छन्दसि ६।३।१०८
३६८७	पथिमथोः सर्वना०६।१।१९९
३६५	पथिमथ्यृभुक्षामात् ७।१।८५
९५७	पथो विभाषा ५ । ४ । ७२
१६५६	पथ्यतिथिवसति० ४।४।१०४
१६३९	पदमस्मिन्दृश्यम् ४ । ४ । ८७
३१८२	पदरुजविशस्पृशो० ३।३।१६
१०५७	पदव्यवायेऽपि ८ । ४ । ३८
४०१	पदस्य ८ । १ । १६
४०२	पदात् ८ । १ । १७
१९८	पदान्तस्य ८ । ४ । ३७
१५६१	पदान्तस्यान्यतरस्याम् ७।३।९
१४९	पदान्ताद्वा ६ । १ । ७६
२८७०	पदास्वैरिबाह्याप० ३।१।११९
३७४१	पदेऽपदेशे ६ । २ । ७
१५८९	पदोत्तरपदं गृह्णाति ४।४।३९
२२८	पद्दन्नोमास्हृन्निशस० ६।१।६३
९९१	पद्यत्यतदर्थे ६ । ३ । ५३
१७४०	पन्थो ण नित्यम् ५ । १ । ७६
२८	परः सन्निकर्षः सं०१।४।१०९
८१२	परवल्लिङ्गं द्वन्द्वतत्पु०२।४।२६
१८१	परश्च ३ । १ । २
१६०८	परश्वधाट्ठञ्च ४ । ४ । ५८
२७९६	परस्मिन्विभाषा ३।३।१३८
२१७३	परस्मैपदानां णल० ३।४।८२
९६५	परस्य च ६ । ३ । ८
५८९	पराजेरसोढः १ । ४ । २६
३९३३	परादिश्छन्दसि० ६।२।१९९
३२१०	परावनुपात्यय इणः ३।३।३८
३३१९	परावरयोगे च । ३ । ४ । २०
१३७५	परावराधमोत्तमपूर्वाच्च ४।३।५
५८०	परिक्रयणे संप्रदान० १।४।४४
३३७७	परिक्लिश्यमाने च ३ । ४ । ५५

सूत्राङ्कः सूत्रम्

१६७९ परिखाया ढञ् ५ । १ । १७
२२७५ परिनिविभ्यः सेव० ८।३।७०
३२०९ परिन्योर्नीणोर्द्यूता० ३ । ३।३७
१५८६ परिपन्थं च तिष्ठति ४ । ४।३६
३७६७ परिप्रत्युपापावर्ज्य० ६।२।३३
३१९० परिमाणाख्यायां स० ३।३।२०
१६८३ परिमाणान्तस्यासं० ७।३।१७
२९४८ परिमाणे पचः ३ । २ । ३३
१५७९ परिमुखं च ४ । ४ । २९
१२११ परिवृतो रथः ४ । २ । १०
२६८४ परिव्यवेभ्यः क्रियः १ । ३।१८
१५९४ परिषदो ण्यः ४ । ४ । ४४
१६५३ परिषदो ण्यः ४ । ४ । १०१
३०२६ परिस्कन्दः प्राच्यभ० ८।३।७५
३९१६ परेरभितो भावि० ६।२।१८२
२७४८ परेर्मृषः १ । ३ । ८२
२१४१ परेर्वर्जने ८ । १ । ५
२३९९ परेश्च ८ । ३ । ७४
३२६२ परेश्च घाङ्कयोः ८ । २ । २२
२१७१ परोक्षे लिट् ३ । २ । ११५
१८११ परोवरपरंपरपुत्रपौ० ५।२।१०
३२६१ परौ घः ३ । ३ । ८४
३२३० परौ भुवोऽवज्ञाने ३ । ३ । ५५
३२२२ परौ यज्ञे ३ । ३ । ४७
१५५८ पर्पादिभ्यः ष्ठन् ४ । ४ । १०
१९५६ पर्यभिभ्यां च ५ । ३ । ९
३१७८ पर्याप्तिवचनेष्वलम० ३।४।६६
३२८८ पर्यायार्हर्णोत्पत्ति० ३।३।१११
१३६७ पर्वताच्च ४ । २ । १४३
२०७० पर्श्वादियौधेयादि० ५।३।११७
३८६२ पललसूपशाकं मिश्रे ६।३।१२८
१५२१ पलाशादिभ्यो वा ४।३ । १४१
३५०१ पश्चपश्चा च च्छन्दसि ५।३।३३
१९८२ पश्चात् ५ । ३ । ३२
४०९ पश्यार्थैश्चानालोचने ८।१।२५
५१९ पाककर्णपर्णपुष्पफ० ४।१।६४
२३६० पाघ्राध्मास्थाम्नादा० ७।३।७८
२९७२ पाणिघताडघौ शि० ३।२।५५
२८९९ पाघ्राध्माधेट्दृशः शः ३।१।१३७
१२१२ पाण्डुकम्बलादिनिः ४ । २।११
३६३७ पातौ च बहुलम् ८ । ३ । ५२
१७१२ पात्राद्घन् ५ । १ । ४६
१७३२ पात्राद्घंश्च ५ । १ । ६८
७२५ पात्रेसमितादयश्च २ । १ । ४८
३४५७ पाथोनदीभ्यां ड्यण् ४।४।१११
४१४ पादः पत् ६ । ४ । १३०
२०७३ पादशतस्य संख्यादे० ५।४।१
९९० पादस्य पदाज्याति० ६।३।५२
८७७ पादस्य लोपोऽह० ५।४।१३८
२०९३ पादार्घाभ्यां च ५ । ४ । २५
४५७ पादोऽन्यतरस्याम् ४ । १ । ८
१०५३ पानं देशे ८ । ४ । ९
३८०२ पापं च शिल्पिनि ६ । २ । ६८
७३३ पापाणके कुत्सितैः २।१। ५४
२८९० पाय्यसांनाय्यनि० ३।१। १२९
१०७१ पारस्करप्रभृतीनि० ६।१। १५७
१७३६ पारायणतुरायणचा० ५।१।७२
१४९० पाराशर्यशिलालि० ४।३।११०
६७२ पारेमध्ये षष्ठ्या वा २।१।१८
१८७५ पार्श्वेनान्विच्छति ५ । २ । ७५
१२५८ पाशादिभ्यो यः ४ । २ । ४९
३५२८ पितरामातरा च च्छ० ६।३।३३
९३६ पिता मात्रा १ । २ । ७०
१४५८ पितुर्यच्च ४ । ३ । ७९
१२४२ पितृव्यमातुलमाता० ४।२। ३६
११३८ पितृष्वसुश्छण् ४ । १ । १३२
१५२६ पिष्टाच्च ४ । ३ । १४६
११२१ पीलाया वा ४ । १ । ११८
५०४ पुंयोगादाख्यायाम् ४।१ । ४८
७४६ पुंवत्कर्मधारयजाती० ६।३।४२
३२९६ पुंसि संज्ञायां घः ३।३ । ११८
४३६ पुंसोऽसुङ् ७ । १ । ८९
२१८९ पुगन्तलघूपधस्य च ७।३।८६
२६७६ पुच्छभाण्डचीवरा० ३। १।२०
३८६६ पुत्रः पुम्भ्यः ६ । २ । १३२
१७०६ पुत्राच्छ च ५ । १ । ४०
११८३ पुत्रान्तादन्यत० ४।१ । १५९
९८० पुत्रेऽन्यतरस्याम् ६ । ३ । २२
१३९ पुमः खय्यम्परे ८ । ३ । ६
९३३ पुमान्स्त्रिया १ । २ । ६७
३९४९ पुरा च परीप्सायाम् ८।१।४२
१४८४ पुराणप्रोक्तेषु ब्रा० ४।३।१०५
२७८२ पुरि लुङ् चास्मे ३ । २ ।१२२
३९२४ पुरुषश्चान्वादिष्टः ६ । २।१९०
१८३९ पुरुषहस्तिभ्यामण्च ५ । २।३८
४८२ पुरुषात्प्रमाणेऽन्य० ४।१।२४
३८३३ पुरे प्राचाम् ६ । २ । ९९
२९३२ पुरोऽग्रतोऽग्रेषु सर्तेः ३।२।१८
७६८ पुरोऽव्ययम् १ । ४ । ६७
३१६६ पुवः संज्ञायाम् ३ । २ । १८५
२३४३ पुषादिद्युताद्यॢदितः ३ । १।५५
१९४१ पुष्करादिभ्यो देशे ५।२।१३५
२८६७ पुष्यसिध्यौ नक्षत्रे ३।१।११६
२९५८ पूःसर्वयोर्दारिसहोः ३।२ । ४१
२०६६ पूगाञ्ञ्योऽग्रा० ५ । ३।११२
३७६२ पूगेष्वन्यतरस्याम् ६।२ । २८
३०५१ पूङः क्त्वा च १ । २ । २२
३०५० पूङश्च० ७ । २ । ५१
३१०८ पूङ्यजोः शानन् ३ । २।१२८
३९७४ पूजनात्पूजितमनु० ८।१ । ६७
३९४४ पूजायां नानन्तरम् ८।१।३७
४९३ पूतक्रतोरै च ४ । १ । ३६
७०५ पूरणगुणसुहितार्थ० २।२।११
१९९४ पूरणाद्भागे तीयादन् ५।३।४८
१७१४ पूरणार्धाट्ठन् ५ । १ । ४८
८८७ पूर्णाद्विभाषा ५ । ४ । १४९
७२९ पूर्वकालैकसर्वजर० २।१।४९
१२ पूर्वत्रासिद्धम् ८ । २ । १
३६१७ पूर्वं तु भाषायाम् ८।२ । ९८
३६४३ पूर्वपदात् ८ । ३ । १०३
८५७ पूर्वपदात्संज्ञायामगः ८।४ । ३
२१८ पूर्वपरावरदक्षिणो० १।१।३४
२७३४ पूर्ववत्सनः १ । ३ । ६२
८१३ पूर्ववदश्ववडवौ २ । ४ । २७
६९३ पूर्वसदृशसमोनार्थ० २।१।३१
१८८६ पूर्वादिनिः ५ । २ । ८६
२२१ पूर्वादिभ्यो नवभ्यो वा ७।१।१६
१९७५ पूर्वाधरावराणामसि० ५।३।३९
७३७ पूर्वापरप्रथमचरम० २।१।५८
७१२ पूर्वापराधरोत्तरमेक० २ । २।१
१४०१ पूर्वाह्णापराह्णार्द्रामूल० ४।३।२८
२९३३ पूर्वे कर्तरि ३ । २ । १९
३७५६ पूर्वे भूतपूर्वे ६ । २ । २२
३४७९ पूर्वैः कृतमिनयौ च ४।४।१३३
२१७८ पूर्वोऽभ्यासः ६ । १ । ४
६०३ पृथग्विनानानाभि० २।३।३२
१७८४ पृथ्वादिभ्य इमनि० ५।१।१२२
१०३४ पृषोदरादीनि य० ६।३।१०९
९९६ पेषं वासवाहनधिषु ६।३।५८

सूत्राङ्कः	सूत्रम्
१०८४	पैलादिभ्यश्च २ । ४ । ५९
७४४	पोटायुवतिस्तोक० २ । १।६५
२८४४	पोरदुपधात् ३ । १ । ९८
१४४९	पौरोडाशपुरोडाशा० ४।३।७०
३०७२	प्यायः पी ६ । १ । २८
२०२४	प्रकारवचने जाती० ५।३।६९
१९७१	प्रकारवचने थाल् ५।३ । ३३
२१४१	प्रकारे गुणवचनस्य ८।१।१२
२६९०	प्रकाशनस्थेयाख्य० १।३।२३
३५१८	प्रकृत्यान्तःपादम० ६।१।११५
३८७१	प्रकृत्या भगालम् ६ । २।१३७
८५०	प्रकृत्याशिषि ६ । ३ । ८३
२०१०	प्रकृत्यैकाच् ६ । ४ । १६३
१७७१	प्रकृष्टे ठञ् ५ । १ । १०८
२६०३	प्रजने वीयतेः ६ । १ । ५५
३२४८	प्रजने सर्तेः ३ । ३ । ७१
३१३६	प्रजोरिनिः ३ । २ । १५६
२१०६	प्रज्ञादिभ्यश्च ५ । ४ । ३८
१९०८	प्रज्ञाश्रद्धार्चा० ५ । २ । १०१
३६०८	प्रणवष्टेः ८ । २ । ८९
२८८९	प्रणाय्यो संमतौ ३ । १।१२८
५९९	प्रतिः प्रतिनि० १ । ४ । ९२
१५९०	प्रतिकण्ठार्थललामं० ४।४।४०
१६५१	प्रतिजनादिभ्यः० ४ । ४ । ९९
६००	प्रतिनिधिप्रतिदाने० २।३।११
१५९२	प्रतिपथमेति ठंश्च ४ । ४।४२
३७४०	प्रतिबन्धि चिरकृ० ६ । २ । ६
२१११	प्रतियोगे पञ्चम्याः ५ । ४।४४
३६१८	प्रतिश्रवणे च ८ । २ । ९९
१०६६	प्रतिष्कशश्च कशेः ६।१ । १५२
३०??	प्रतिस्तब्धनिस्त० ८ । ३।११४
३९२७	प्रतेरंश्वादयस्तत्पुरुषे६।२।१९३
९५०	प्रतेरुरसः सप्तमी० ५।४ । ८२
३०२२	प्रतेश्च ६ । १ । २५
३५०२	प्रत्नपूर्वविश्वेमात्था०५।३।१११
२८६९	प्रत्यपिभ्यां ग्रहेः ३ । १।११८
९४	प्रत्यभिवादेऽशूद्रे ८ । २ । ८३
१८०	प्रत्ययः ३ । १ । १
२६२	प्रत्ययलोपे प्रत्यय० १।१।६२
४६३	प्रत्ययस्थात्कात्पूर्व० ७।३।४४
२६०	प्रत्ययस्य लुक्श्लुलुपः १।१।६१
१३७३	प्रत्ययोत्तरपदयोश्च ७।२ । ९८
२७३३	प्रत्याङ्भ्यां श्रुवः १ । ३ । ५९
५७८	प्रत्याङ्भ्यां श्रुवः पू० १।४।४०
३२०४	प्रथने वावशब्दे ३ । ३ । ३३
२२६	प्रथमचरमतयाल्पा० १।१।३३
१६४	प्रथमयोः पूर्वसवर्णः६।१।१०२
६५३	प्रथमानिर्दिष्टं समा० १।२।४३
३८७	प्रथमायाश्च द्विव० ७ । २।८८
३७९०	प्रथमोऽचिरोपसंपत्तौ ६।२।५६
१२९८	प्रधानप्रत्ययार्थ० १ । २ । ५६
१०५०	प्रनिरन्तःशरेक्षुप्लक्षा० ८।४।५
१४६३	प्रभवति ४ । ३ । ८३
३०६१	प्रभौ परिवृढः ७ । २ । २१
३२४५	प्रमदसंमदौ हर्षे ३ । ३ । ६८
३३७२	प्रमाणे च ३ । ४ । ५१
१८३८	प्रमाणे द्वयसज्द० ५ । २।३७
१५८०	प्रयच्छति गर्ह्यम् ४ । ४ । ३०
२८७८	प्रयाजानुयाजौ य० ७।३।६२
३४३७	प्रयै रोहिष्यै अव्य० ३।४।१०
१७७२	प्रयोजनम् ५ । १ । १०९
२८८४	प्रयोज्यनियोज्यौ० ७ । ३।६८
११२७	प्रवाहणस्य ढे ७। ३ । २८
३८८१	प्रवृद्धादीनां च ६ । २ । १४७
२०२१	प्रशंसायां रूपप् ५ । ३ । ६६
७४७	प्रशंसावचनैश्च २ । १ । ६६
२००९	प्रशस्यस्य श्रः ५ । ३ । ६०
२७७७	प्रश्ने चासन्नकाले ३ । २।११७
२९१७	प्रष्ठोऽग्रगामिनि ८ । ३ । ९२
३५९९	प्रसमुपोदः पादपूरणे ८ । १।६
८६८	प्रसंभ्यां जानुनोर्ज्ञुः ५।४।१२९
६४१	प्रसितोत्सुकाभ्यां० २ । ३।४४
१०६७	प्रस्कण्वहरिश्चन्द्रा० ६।१।१५३
३०३४	प्रस्त्योऽन्यतरस्याम् ८ । २।५४
१३४६	प्रस्थपुरवहान्ताच्च ४।२।१२२
३८२१	प्रस्थेऽवृद्धमकर्क्या० ६।२।८७
१३३१	प्रस्थोत्तरपदपल० ४।२।११०
१६०७	प्रहरणम् ४ । ४ । ५७
२१६३	प्रहासे च मन्योप० १।४।१०६
६४८	प्राक् कडारात्समासः २।१।३
१६६१	प्राक् क्रीताच्छः ५ । १ । १
२२७६	प्राक्सितादड्व्यवा० ८।३।६३
२०२५	प्रागिवात्कः ५ । ३ । ७०
१९९५	प्रागेकादशभ्योऽछ० ५।३।४९
१६२६	प्राग्घिताद्यत् ४ । ४ । ७५
१९४७	प्राग्दिशो विभक्तिः ५ । ३ । १
१०७३	प्राग्दीव्यतोऽण् ४ । १ । ८३
१९	प्राग्रीश्वरान्निपाताः १ । ४।५६
१६८०	प्राग्वतेष्ठञ् ५ । १ । १८
१५४८	प्राग्वहतेष्ठक् ४ । ४ । १
१३६३	प्राचां कटादेः ४ । २ । १३९
३८०८	प्राचां क्रीडायाम् ६ । २ । ७४
१४००	प्राचां ग्रामनगराणाम्७।३।१४
१४३१	प्राचां नगरान्ते ७ । ३ । २४
४७३	प्राचां ष्फतद्धितः ४ । १ । १७
११८४	प्राचामवृद्धात्फिन्० ४।१।१६०
२०३६	प्राचामुपादेरड० ५ । ३ । ८०
१७९४	प्राणभृज्जातिवयो० ५।१।१२९
१५३२	प्राणिरजतादिभ्यो० ४।३।१५४
१९०३	प्राणिस्थादातो लज० ५।२।९६
१०५५	प्रातिपदिकान्तनुम्० ८।४।११
५३२	प्रातिपदिकार्थलिङ्गव०२।३।४६
२१	प्रादयः १ । ४ । ५८
३९१७	प्रादस्वाङ्गं संज्ञा० ६ । २।१८३
२७४७	प्राद्वहः १ । ३ । ८१
७७९	प्राध्वं बन्धने १ । ४ । ७८
७१५	प्राप्तापन्ने च द्वितीयया २।२।४
१४१४	प्रायभवः ४ । ३ । ३९
९७३	प्रावृट्शरत्कालादि० ६।३।१५
१३८८	प्रावृष एण्यः ४ । ३ । १७
१३९४	प्रावृषष्ठप् ४ । ३ । २६
२९५३	प्रियवशे वदः खच् ३ । २।३८
२०१६	प्रियस्थिरस्फिरोरु० ६।४।१५७
३७५०	प्रीतौ च ६ । २ । १६
२९११	प्रुसृल्वः समभि० ३ । १।१४९
२९२०	प्रेदाज्ञः ३ । २ । ६
३१९८	प्रेद्रुस्तुस्रुवः ३ । ३ । २७
३१२५	प्रे लपसृद्रुमथवद० ३।२।१४५
३२२१	प्रे लिप्सायाम् ३ । ३ । ४६
३२२७	प्रे वणिजाम् ३ । ३ । ५२
६२१	प्रेष्यब्रुवोर्हविषो दे० २।३।६१
३२०३	प्रेस्त्रोऽयज्ञे ३ । ३ । ३२
२८१७	प्रैषातिसर्गप्राप्तका०३।३।१६३
१२७४	प्रोक्ताल्लुक् ४ । २ । ६४
२७१५	प्रोपाभ्यां युजेरयज्ञ० १।३।६४
२७३५	प्रोपाभ्यां समर्थाभ्याम्१।३।४२
१५४२	प्लक्षादिभ्योऽण् ४ । ३ । १६४
९०	प्लुतप्रगृह्या अचि० ६।१।१२५
२७२५	प्लुतावैच इदुतौ ८ । २ । १०६

सूत्राङ्कः सूत्रम्
२५५८ प्वादीनां ह्रस्वः ७ । ३ । ८०
१०८७ फक्फिञोरन्यत० ४।१।९१
२३५४ फणां च सप्तानाम् ६।४।१२५
२९४० फलेग्रहिरात्मंभरिश्च ३।२।२६
१५४१ फले लुक् ४ । ३ । १६३
८१९ फल्गुनीप्रोष्ठपदा० १।२।६०
११७४ फाण्टाहृतिमिमता०४।१।१५०
१८०६ फेनादिलच्च ५ । २ । ९९
११७३ फेश्छ च ४ । १ । १४९
१६४८ बन्धने चर्षौ ४ । ४ । ९६
१००५ बन्धुनि बहुव्रीहौ ६ । १ । १४
९७१ बन्धे च विभाषा ६ । ३ । १३
२५२७ बभूथाततन्थजगृभ्म ७।२।६४
३४६५ बर्हिषि दत्तम् ४ । ४ । ११९
१९४२ बलादिभ्यो मतुब० ५।२।१३६
२५८ बहुगणवतुडति संख्या १।१।२३
१८५२ बहुपूगगणसङ्घस्य० ५।२।५२
३५०६ बहुप्रजाश्छन्दसि ५।४।१२३
३३९८ बहुलं छन्दसि २ । ४ । ३९
३४०० बहुलं छन्दसि २ । ४ । ७३
३४०१ बहुलं छन्दसि २ । ४ । ७६
३४१९ बहुलं छन्दसि ३ । २ । ८८
३४९८ बहुलं छन्दसि ५ । २ । १२२
३५१० बहुलं छन्दसि ६ । १ । ३४
३५५७ बहुलं छन्दसि ७ । १ । ८
३५५८ बहुलं छन्दसि ७ । १ । १०
३५७८ बहुलं छन्दसि ७ । १ । १०३
३५८६ बहुलं छन्दसि ७ । ३ । ९७
३५९८ बहुलं छन्दसि ७ । ४ । ७८
३५४६ बहुलं छन्दस्यमा० ६ । ४ । ७५
२९९१ बहुलमाभीक्ष्ण्ये ३ । २ । ८१
४०५ बहुवचनस्य वस्नसौ ८।१।२१
२०५ बहुवचने झल्येत् ७।३।१०३
३८९६ बहुव्रीहाविदमेत० ६।२।१६२
४८४ बहुव्रीहेरूधसो ङीष् ४। १।२५
५०८ बहुव्रीहेश्चान्तोदात्तात् ४।१।५२
३७३५ बहुव्रीहौ प्रकृत्या पूर्वं० ६।२।१
३८४० बहुव्रीहौ विश्वं सं० ६।२।१०६
८५२ बहुव्रीहौ सक्थ्य० ५।४।११३
८५१ बहुव्रीहौ संख्येये० ५।४।७३
१८७ बहुषु बहुवचनम् १।४।२१
३९०९ बहोर्नञ्वदुत्तरपद० ६।२।१७५

२०१७ बहोर्लोपो भू च बहोः ६।४।१५८
११४८ बह्वच इञः प्राच्यभ० २।४।६६
१२८५ बह्वचः कूपेषु ४ । २ । ३७
१४४६ बह्वचोऽन्तोदात्ताट्ठ० ४।३।६७
२०३३ बह्वचो मनुष्यना० ५।३।७८
१६१५ बह्वच्पूर्वपदाट्ठञ् ४।४।६४
३७६४ बह्वन्यतरस्याम् ६ । २ । ३०
२१०९ बह्वल्पार्थाच्छस्का० ५।४।४२
५०३ बह्वादिभ्यश्च ४ । १ । ४५
२६७२ बाष्पोष्मभ्यामुद्व० ३ । १।१६
५२२ बाह्वन्तात्संज्ञायाम् ४।१।६७
१०९६ बाह्वादिभ्यश्च ४ । १ । ९६
२५९३ बिभेतेर्हेतुभये ६ । १ । ५६
१३११ बिल्वकादिभ्यश्छ० ६।४।१५३
१५१६ बिल्वादिभ्योऽण् ४।३।१३६
१६९६ बिस्ताच्च ५। १ । ३१
२०७८ बृहत्या आच्छादने ५ । ४ । ६
२७४८ बुधयुधनशजनेङ्० १।३।८६
१८०१ ब्रह्मणस्त्वः ५ । १ । १३६
८०५ ब्रह्मणो जानपदा० ५।४।१०४
२९९८ ब्रह्मभ्रूणवृत्रेषु क्विप् ३।२।८७
९४६ ब्रह्महस्तिभ्यां वर्चसः ५।४।७८
१८७१ ब्रह्मणकोष्णिके सं० ५।२।७१
१२५० ब्राह्मणमाणववाडवा०४।२।४२
११५८ ब्राह्मोजातौ ६ । ४ । १७१
२४५२ ब्रुव ईट् ७ । ३ । ९३
२४५० ब्रुवः पञ्चानामा० ३ । ४ । ८४
२४५३ ब्रुवो वचिः २ । ४ । ५३
३६१० ब्रूहिप्रेष्यश्रौषड्वौषट्०८।२।९१
३८०५ भक्ताख्यास्तदर्थेषु ६ । २ । ७१
१६५२ भक्ताण्णः ४ । ४ । १००
१६१९ भक्तादणन्यतरस्याम् ४।४।६८
१४७५ भक्तिः ४ । ३ । ९५
६९७ भक्ष्येणमिश्रीकरणम् २।१।३५
२९७६ भजो ण्विः ३ । २ । ६२
३१४१ भञ्जभासमिदो घुरच् ३।२।१६१
२७६४ भञ्जेश्च चिणि ६ । ४ । ३३
३५१७ भय्यप्रवय्ये च च्छ० ६।१।८३
१११४ भर्गात्त्रैगर्ते ४ । १ । १११
१३३९ भवतष्ठक्छसौ ४ । २ । ११५
२१८१ भवतेरः ७ । ४ । ७३
३१७१ भविष्यति गम्यादयः ३।३।३
२७९४ भविष्यति मर्यादा० ३।३।१३६

३४५६ भवे छन्दसि ४ । ४ । ११०
२८९४ भव्यगेयप्रवचनीयो० ३।४।६८
१५६६ भस्त्रादिभ्यः ष्ठन् ४ । ४ । १६
४६६ भस्त्रैषाजाज्ञाद्वास्वान०७।३।४७
२३३ भस्य ६ । ४ । १२९
३६८ भस्य टेर्लोपः ७ । १ । ८८
१७१५ भागाद्यच्च ५ । १ । ४९
२६७९ भावकर्मणोः १ । ३ । १३
३४४३ भावलक्षणे स्थेण्कृ० ३।४।१६
३१८० भाववचनाश्च ३ । ३। ११
३१८४ भावे ३ । ३ । १८
३४९० भावे च ४ । ४ । १४४
३२५२ भावेऽनुपसर्गस्य ३ । ३ । ७५
३०९७ भाषायां सदवसश्रु ३।२।१०८
२७२० भासनोपसंभाषा० १।३।४७
१२४४ भिक्षादिभ्योऽण् ४ । २ । ३८
२९३१ भिक्षासेनादायेषु च ३।२।१७
३०४२ भित्तं शकलम् ८ । २ । ५९
२८६६ भिद्योद्ध्यौ नदे ३ । १ । ११५
३१५४ भियः क्रुक्लुकनौ ३ । २ ।१७४
२४९२ भियोऽन्यतरस्याम् ६।४।११५
२५९५ भियो हेतुभये षुक् ७।३।४०
५८८ भीत्रार्थानां भयहेतुः १।४।२५
३१७३ भीमादयोऽपादाने ३ । ४।७४
१०२० भीरोः स्थानम् ८ । ३ । ८१
२५९४ भीस्म्योर्हेतुभये १ । ३ । ६८
३६७५ भीह्रीभृहुमदजन० ६।१।१९२
२४९१ भीह्रीभृहुवां श्लुवच्च ३।१।३९
२८७७ भुजन्युब्जौ पाण्युप०७।३।६१
२७२७ भुजोऽनवने १ । ३ । ६६
५९४ भुवः प्रभवः १ । ४ । ३१
३१५९ भुवः संज्ञान्तरयोः ३।२।१७९
३११८ भुवश्च ३ । २ । १३८
३४४७ भुवश्च ४ । १ । ४७
३६०५ भुवश्च महाव्याहृतेः ८।२।७१
२०५५ भुवो भावे ३ । १ । १०७
२१७४ भुवो वुग्लुङ्लिटोः ६ । ४।८८
१९९९ भूतपूर्वे चरट् ५ । ३ । ५३
२९९५ भूते ३ । २ । ८४
२७९७ भूते च ३ । ३ । १४०
३१७० भूतेऽपि दृश्यन्ते ३ । ३ । २
१८ भूवादयो धातवः १ । ३ । १
७६५ भूषणेऽलम् १ । ४ । ६४

सूत्राङ्कः	सूत्रम्
२२२४	भूसुवोस्तिङि ७ । ३ । ८८
२४९६	भृञामित् ७ । ४ । ७६
२८६१	भृञोऽसंज्ञायाम् ३ । १ । ११२
२६६७	भृशादिभ्यो भुव्यच्वे० ३।१।१२
२८८५	भोज्यं भक्ष्ये ७ । ३ । ६९
१६७	भोभगोअघोअपूर्व० ८।३।१७
१२६३	भौरिक्याद्यैषुकार्या० ४।२।५४
३९५	भ्यसो भ्यम् ७ । १ । ३०
२५३५	भ्रस्जो रोपधयो० ६ । ४ ।४७
३१५७	भ्राजभासधुर्विद्यु० ३।२।१७७
२५६५	भ्राजभासभाषदीप० ७ । ४।३
१०९१	भ्रातरि च ज्यायसि ४।१।१६४
११६७	भ्रातुर्व्यच्च ४ । १ । १४४
९३४	भ्रातृपुत्रौ स्वसृदुहि० १।२।६९
१०३०	भ्रुवो वुक्च ४ । १ । १२५
३६०	मघवा बहुलम् ६ । ४ । १२८
१६०६	मड्डुकझर्झरादणन्य० ४ ।४।५६
१६४९	मतजनहलात्करण ०४।४।९७
३०८९	मतिबुद्धिपूजार्थे० ३। २।१८८
३६२८	मतुवसो रु संबुद्धौ० ८ । ३।१
३७०५	मतोः पूर्वमात्संज्ञा० ६।१।२१९
१२८५	मतोश्च बह्वजङ्गात् ४ । २।७२
३४८२	मतौ च ४ । ४ ।१३६
१८५९	मतौ छः सूक्तसाम्नोः ५।२।५९
१०४१	मतौ बह्वचोऽनजि० ६।३।११९
३४७४	मत्वर्थे मासतन्वोः ४।४।१२८
३२४४	मदोऽनुपसर्गे ३ । ३ । ६७
१३५५	मद्रवृज्योः कन् ४ । २ ।१३१
२१३८	मद्रात्परिवापणे ५ । ४ । ६७
१३२९	मद्रेभ्योऽञ् ४ । २ । १०८
११०९	मधुबभ्र्वोर्ब्राह्मण० ४।१।१०६
३४८५	मधोः ४ । ४ । १३९
३४७५	मधोर्ञ च ४ । ४ । १२९
९६९	मध्याद्गुरौ ६ । ३ । ११
१३७८	मध्यान्मः ४ । ३ । ८
७७७	मध्येपदे निवचने च १।४।७६
१३०५	मध्वादिभ्यश्च ४ । २ । ८६
२९९२	मनः ३ । २ । ८२
४५९	मनः ४ । १ । ११
९६१	मनसः संज्ञायाम् ६ । ३ । ४
१३५८	मनुष्यतत्स्थयो० ४ । २ ।१३४
४९५	मनोरौ वा ४ । १ । ३८
११८५	मनोर्जातावञ्य० ४ ।१।१६१

सूत्राङ्कः	सूत्रम्
३८८५	मन्क्तिन्व्याख्या० ६ ।२।१५१
३४०२	मन्त्रे घसह्वरणश० २ ।४ ।८०
३४२०	मन्त्रे वृषेषपचमन० ३।३।९६
३४१४	मन्त्रे श्वेतवहोक्थश० ३।२।७१
३५५४	मन्त्रेष्वाङ्यादे० ६ । ४ ।१४१
३५३३	मन्त्रेसोमाश्वेन्द्रि० ६।३ ।१३१
९९८	मन्थौदनसक्तुबि० ६ । ३ ।६०
५८४	मन्यकर्मण्यनादरे वि० २।३।१७
३८३	मपर्यन्तस्य ७ । २ । ९१
१०८	मय उञो वो वा ८ । ३ ।३३
१४६२	मयट् च ४ । ३ । ८२
१५२३	मयड्वैतयोर्भाषा० ४। ३।१४३
३३१८	मयतेरिदन्यतर० ६ । ४ ।७०
७५४	मयूरव्यंसकादयश्च २।१।७२
३४८४	मये च ४ । ४ । १३८
१०६८	मस्करमस्करिणौ० ६।१।१५४
२५१७	मस्जिनशोर्झलि ७ । १ । ६०
११६४	महाकुलादञ्खञौ ४।१।१४१
३७७२	महान्व्रीह्यपराह्णगृ० ६। २।३८
१२३८	महाराजप्रोष्ठपदा० ४ ।२।३५
१४७७	महाराजाट्ठञ् ४ । ३ । ९७
१२३१	महेन्द्राद्घाणौ च ४ । २ । २९
२२१९	माङि लुङ् ३ । ३ । १७५
१६७३	माणवचरकाभ्यां खञ् ५।१।११
९२९	मातरपितरावुदीचाम् ६।३।३२
९८३	मातुःपितुर्भ्यामन्य० ८।३।८५
१११८	मातुरुत्संख्यासंभ० ४।१।११५
९८४	मातृपितृभ्यां स्वसा ८।३।८४
११४०	मातृष्वसुश्च ४ । १ । १३४
३७४८	मात्रोपज्ञोपक्रम० ६ । २ ।१४
१५८७	माथोत्तरपद० ४ । ४ । ३७
१८९७	मादुपधायाश्च म० ८ । २ ।९
१९९७	मानपश्वङ्गयोः क० ५ ।३।५१
१५४०	माने वयः ४ । ३ । १६२
२३९४	मान्बधदान्शान्० ३ । १ ।६
३४७०	मायायामण् ४ । ४ । १२४
३८२२	मालादीनां च ६ । २ । ८८
१७४५	मासाद्वयसि य० ५ । १ । ८१
२९४९	मितनखे च ३ । २ । ३४
२५६८	मितां ह्रस्वः ६ । ४ । ९२
१०४९	मित्रे चर्षौ ६ । ३ । १३०
२७४०	मिथ्योपपदात्कृ० १ । ३ ।७१
३७	मिदचोऽन्त्यात्० १ । १ । ४७

सूत्राङ्कः	सूत्रम्
२३४६	मिदेर्गुणः ७ । ३ । ८२
३८८८	मिश्रं चानुपसर्ग० ६।२।२५४
२५०८	मीनातिमिनोतिदी० ६।१।५०
३५८५	मीनातेर्निगमे ७ । ३ । ८१
३९०१	मुखं स्वाङ्गम् ६ । ३ । १६७
९	मुखनासिकावच० १ । १ । ८
२६२४	मुचोऽकर्मकस्य ७ । ४ । ५७
२६७७	मुण्डमिश्रश्लक्ष्ण० ३ । १।२१
१५७५	मुद्गादण् ४ । ४ । २५
३२५४	मूर्तौ घनः ३ । ३ । ७७
१६४०	मूलमस्याबर्हि ४ । ४ । ८८
२८६२	मृजेर्विभाषा ३ । १ । ११३
२४७३	मृजेर्वृद्धिः ७ । २ । ११४
३३२३	मृडमृदगुध० १ । २ । ७
२१०७	मृदस्तिकन् ५ । ४ । ३९
३०५५	मृषस्तितिक्षायाम् १ । २। २०
२९६०	मेघर्तिभयेषु कृञः ३ । २।४३
२२०३	मेर्निः ३ । ४ । ८९
१२३	मोऽनुस्वारः ८ । ३ । २३
१४१	मो नो धातोः ८ । २ । ६४
१२६	मो राजि समः क्वौ ८ ।३।२५
२५३८	म्रियतेर्लुङ्लिङो० १ । ३ ।६१
२३०९	म्वोश्च ८ । २ । ६५
७४१	यः सौ ७ । २ । ११०
५२८	यङश्चाप् ४ । १ । ७४
२६३३	यङि च ७ । ४ । ३०
२६५०	यङोऽचि च २ । ४ । ७४
२६५१	यङो वा ७ । ३ । ९४
२३१	यचि भम् १ । ४ । १८
२८०५	यच्चयत्रयोः ३ । ३ । १४८
३१४६	यजजपदशां यङः ३।२।१६६
३५६५	यजध्वैनमिति च ७ । १ ।४३
३२६८	यजयाचयतविच्छ० ३।३।९०
२८८२	यजयाचरुचप्रवच० ७।३।६६
३५२०	यजुष्युरः ६ । १ । ११७
३६४१	यजुष्येकेषाम् ८ । ३ । १०४
३३९७	यजेश्च करणे २ । ३ । ६३
३६६३	यज्ञकर्मण्यजप० १ । २ । ३४
१७३५	यज्ञर्त्विग्भ्यां घख० ५ ।१।७१
३२०२	यज्ञे समि स्तुवः ३ । ३ । ३१
११०८	यञञोश्च २ । ४ । ६४
४७१	यञश्च ४ । १ । १६
११०३	यञिञोश्च ४ । १ । १०१

सूत्राङ्कः	सूत्रम्
६३८	यतश्च निर्धारणम् २ । ३ ।४१
३७०१	यतोऽनावः ६ । १ । २१३
१८४०	यत्तदेतेभ्यः परिमा० ५।१।३९
१७८९	यथातथायथापुर० ७।३।३१
३३४९	यथातथयोरसू० ३ । ४ । २८
१८०७	यथासुखसंमुख० ५ । २ । ६
२८२७	यथाविध्यनुप्र० ३ । ४ । ४
१२८	यथासंख्यमनु० १ । ३ । १०
६६१	यथासादृश्ये २ । १ । ७
२१४९	यथास्वे यथायथम् ८ ।१।१४
३९६३	यद्धितुपरं छन्दसि ८ । १।५६
३९७३	यद्वृत्तान्नित्यम् ८ । १ । ६६
३२४०	यमः समुपनिविषु० ३ ।३।६३
२३७७	यमरमनमातां० ७ । २ । ७३
२६९८	यमो गन्धने १ । २ । १५
३८९०	ययतोश्चातदर्थे ६ । २ । १५६
११६	यरोऽनुनासिकेऽनु० ८ ।४।४५
१८०४	ययवयवकषष्टिका० ५ । २ । ३
३१५६	यश्च यङः ३ । २ । १७६
२५२१	यसोऽनुपसर्गात् ३ । १ । ७१
११४६	यस्कादिभ्यो गोत्रे २ । ४।६३
१९९	यस्मात्प्रत्ययविधि० १ ।४।१३
६४५	यस्मादधिकं यस्य चे० २।३।९
६३४	यस्य च भावेन० २ । ३ । ३७
६७०	यस्य चायामः २ । १ । १६
३०२५	यस्य विभाषा ७ । २ । १५
२६३१	यस्य हलः ६ । ४ । ४९
३११	यस्येति च ६ । ४ । १४८
७०३	याजकादिभिश्च २ । २ । ९
३६०९	याज्यान्तः ८ । २ । ९०
२९०	याडापः ७ । ३ । ११३
१९९३	याप्ये पाशप् ५ । ३ । ४७
३३५१	यावति विन्दजीवोः ३ ।४।३०
२७८३	यावत्पुरानिपात० ३ । ३ ।४
६६२	यावदवधारणे २ । १ । ८
३९४३	यावद्यथाभ्याम् ८ । १ । ३६
२०९७	यावादिभ्यः कन् ५ । ४ ।२९
२२०९	यासुट् परस्मैपदे० ३।४।१०३
२४८८	यीवर्णयोर्दीधीवे० ७ । ४ ।५३
३८१५	युक्तारोह्यादयश्च ६ । २ । ८१
३८००	युक्ते च ६ । २ । ६६
२८७३	युग्यं च पत्रे ३ । १ । १२१
३७६	युजेरसमासे ७ । १ । ७१

सूत्राङ्कः	सूत्रम्
३५४४	युप्लुवोर्दीर्घ० ६ । ४ । ५८
७४८	युवा खलतिप० २ । १ । ६७
२०१९	युवाल्पयोः कनन्य० ५।३।६४
३८६	युवावौ द्विव० ७ । २ । ९२
१२४७	युवोरनाकौ ७ । १ । १
३६४०	युष्मत्तत्ततक्षु० ८ । ३ ।१०३
४०४	युष्मदस्मदोः षष्ठी० ८।१।२०
३९३	युष्मदस्मदोरनादे० ७ ।२।८६
१३७०	युष्मदस्मदोरन्य० ४ । ३ । १
३६९९	युष्मदस्मदोर्ङसि ६ । १ ।२११
३९९	युष्मदस्मद्भ्यां ङ० ७ । १ ।२७
२१६२	युष्मद्युपपदे स० १ । ४।१०५
५३१	यूनस्तिः ४ । १ । ७७
१०८३	यूनि लुक् ४ । १ । ९०
३८८	यूयवयौ जसि ७ । २ । ९३
२६६	यूस्त्र्याख्यौ नदी १ । ४ । ३
२५४९	ये च ६ । ४ । १०९
१६६७	ये च तद्धिते ६ । १ । ६१
११५४	ये चाभावकर्म० ६ ।१।१६८
२६	येन विधिस्तदन्तस्य १।१।७२
५६५	येनाङ्गविकारः २ । ३ । २०
३६०७	ये यज्ञकर्मणि ८ । २ । ८८
२३१९	ये विभाषा ६ । ४ । ४३
९१३	येषां च विरोधः शा० २।४।९
१२९७	योगप्रमाणे च० १ । २ । ५५
१७६६	योगाद्यच्च ५ । १ । १०२
३९२	योऽचि ७ । २ । ८९
१७३८	योजनं गच्छति ५ । १ । ७४
१७९७	योपधाद्गुरूपोत्त० ५ ।१।१३२
१७८५	रऋतो हलादेर्ल० ६ ।४।१६१
२१००	रक्ते ५ । ४ । ३२
१५८३	रक्षति ४ । ४ । ३३
३४६७	रक्षोयातूनां ह० ४ ।४।१२१
१३२०	रङ्कोरमनुष्ये० ४ । २ ।१००
१९१९	रजःकृष्यासु० ५ । २ । ११२
२३९७	रञ्जेश्च ६ । ४ । २६
१०२८	रथवदयोश्च ६ । ३ । १०२
१५०१	रथाद्यत् ४ । ३ । १२१
३०१६	रदाभ्यां निष्ठातो नः०८।२।४२
२५१५	रधादिभ्यश्च ७ । २ । ४५
२३०२	रधिजभोरचि ७ । १ । ६१
२५८१	रभेरशब्लिटोः ७ । १ । ६३
२६१७	रलो व्युपधाद्ध० १ । २ ।२६

सूत्राङ्कः	सूत्रम्
३२२८	रश्मौ च ३ । ३ । ५३
२३५	रषाभ्यां नो णः स० ८ ।४।१
१८९५	रसादिभ्यश्च ५ । २ । ९५
९०२	राजदन्तादिषु० २ । २ । ३१
३००५	राजनि युधि० ३ । २ । ९५
३७६८	राजन्यबहुवचन० ६ । २।३४
१२६२	राजन्यादिभ्यो वुञ् ४ ।२।५३
१९०२	राजन्वान्सौराज्ये ८ । २ ।१४
११५३	राजश्वशुराद्यत् ४ । १ ।१३७
२८६५	राजसूयसूर्य० ३ । १ । ११४
३७९३	राजा च ६ । २ । ५९
३७९७	राजा च प्रशंसायाम् ६।२।६३
७८८	राजाहःसखि० ५ । ४ । ९१
१३६४	राज्ञः क च ४ । २ । १४०
८१४	रात्राह्नाहाः पुंसि २ । ४ ।२९
१००८	रात्रेः कृति वि० ६ । ३ । ७२
३४४५	रात्रेश्चाजसौ ४ । १ । ३१
१७५१	रात्र्यहःसंवत्स० ५ । १ ।८७
३८०	रात्सस्य ८ । २ । २४
५७७	राधीक्ष्योर्यस्य० १ । ४ । ३९
२५३२	राधो हिंसायाम् ६ । ४ ।१२३
२८६	रायो हलि ७ । २ । ८५
२६५५	राल्लोपः ६ । ४ । २१
१३१३	राष्ट्रावारपारा० ४ । २ । ९३
३६९६	रिक्ते विभाषा ६ । १ । २०८
२३६७	रिङ् शयग्लिङ्क्षु ७ । ४।२८
२१९२	रि च ७ । ४ । ५१
२६४४	रीगृदुपधस्य च ७ । ४ । ९०
१२३४	रीङृतः ७ । ४ । २७
२६५२	रुग्रिकौ च लुकि ७ । ४ ।९१
५७१	रुच्यर्थानां प्रीयमाणः १।४।३३
६१५	रुजार्थानां भाववृ० २ ।३।५४
२६०९	रुदविदमुषग्रहि० १ । २ । ८
२४७५	रुदश्च पञ्चभ्यः ७ । ३ । ९८
२४७४	रुदादिभ्यः सार्व० ७ ।२ ।७६
२५४३	रुधादिभ्यः श्नम् ३ । १ ।७८
३०६९	रुष्यमत्वरसंघु० ७ । २ । २८
२५९९	रुहः पोऽन्यतरस्याम् ७।३।४३
१९२७	रूपादाहतप्र० ५ । २ ।१२०
३४६८	रेवतीजगती० ४ ।४ ।१२२
११६९	रेवत्यादिभ्यष्ठक् ४ । १।१४६
१५११	रैवतिकादिभ्यश्छः ४ ।३।१३१
३३९	रोः सुपि ८ । ३ । १६

सूत्राङ्कः	सूत्रम्
३२८५	रोगाख्यायां ण्वु० ३ । ३ । १०८
२११६	रोगाच्चापनयने ५ । ४ । ४९
१२९०	रोणी ४ । २ । ७८
११४७	रोपधेतोः प्राचां ४ । २ । १२३
१७३	रो रि ८ । ३ । १४
१७२	रोऽसुपि ८ । २ । ६९
४३३	र्वोरुपधाया० ८ । २ । ७६
२१५६	लः कर्मणि च भावे० ३ । ४ । ६९
२१५५	लः परस्मैपदम् १ । ४ । ९९
३१०३	लक्षणहेत्वोः० ३ । २ । १२६
२९६९	लक्षणे जायापत्योष्टक् ३ । २ । ५२
५५२	लक्षणेत्थंभूताख्यान० १ । ४ । ९०
६६८	लक्षणेनाभिप्रती० २ । १ । १४
२४६३	लङः शाकटायन० ३ । ४ । १११
३१००	लटः शतृशानचा० ३ । २ । १२४
२७७८	लट् स्मे ३ । २ । ११८
३५८२	लभेश्च ७ । १ । ६४
१६०२	लवणाट्ठञ् ४ । ४ । ५२
१५७४	लवणाल्लुक् ४ । ४ । २४
१३५	लशक्वतद्धिते १ । ३ । ८
३१३४	लषपतपदस्था० ३ । २ । १५४
२१५३	लस्य ३ । ४ । ७७
१२०३	लाक्षारोचनाट्ठक् ४ । २ । २
२२११	लिङः सलोपोऽनन्त्य० ७ । २ । ७९
२२५५	लिङः सीयुट् ३ । ४ । १०२
३४२४	लिङर्थे लेट् ३ । ४ । ७
२२१५	लिङाशिषि ३ । ४ । ११६
२८१५	लिङ् च ३ । ३ । १५९
२७८८	लिङ् चोर्ध्वमौहू० ३ । ३ । ९
२८१८	लिङ् चोर्ध्वमौहू० ३ । ३ । १६४
२२२९	लिङ्निमित्ते लृ० ३ । ३ । १३९
२८२१	लिङ् यदि ३ । ३ । १६८
३४३४	लिङ्याशिष्यङ् ३ । १ । ८६
२३००	लिङ्सिचावात्म० १ । २ । ११
२५२८	लिङ्सिचोरात्म० ७ । २ । ४२
३०९४	लिटः कानज्वा ३ । २ । १०६
२२४१	लिटस्तझयोरेशि० ३ । ४ । ८१
२१७७	लिटि धातोरनभ्या० ६ । १ । ८
२४१३	लिटि वयो यः ६ । १ । ३८
२१७२	लिट् च ३ । ४ । ११५
२४२४	लिट्यन्यतरस्याम् २ । ४ । ४०
२४०८	लिट्यभ्यासस्यो० ६ । १ । १७
२३२७	लिड्यङोश्च ६ । १ । २९

सूत्राङ्कः	सूत्रम्
३६७६	लिति ६ । १ । १९३
२४१८	लिपिसिचिह्वश्च ३ । १ । ५३
२७८६	लिप्स्यमानसि० ३ । ३ । ७
२५९२	लियः संमानन० १ । ३ । ७०
२५११	लीलोर्नुग्लुकाव० ७ । ३ । ३९
१४०८	लुक्तद्धितलुकि १ । २ । ४९
११९२	लुक् स्त्रियाम् ४ । १ । १०९
२३६५	लुग्वा दुहदिह० ७ । ३ । ७३
२२१८	लुङ् ३ । २ । ११०
२४३४	लुङि च २ । ४ । ४३
२२०६	लुङ्लङ्लृङ्० ६ । ४ । ७१
२४२७	लुङ्सनोर्घस्लृ २ । ४ । ३७
२१८८	लुटः प्रथमस्य० २ । ४ । ८५
२३५१	लुटि च क्लृपः १ । ३ । ९३
२४३५	लुपसदचरजप० ३ । १ । २४
१२९४	लुपि युक्तवद्व्य० १ । २ । ५१
१५४५	लुप् च ४ । ३ । १६६
१२०५	लुबविशेषे ४ । २ । ४
१२९६	लुब्योगाप्रख्या० १ । २ । ५४
३०४८	लुभो विमोहने ७ । २ । ५४
२०५३	लुम्मनुष्ये ५ । ३ । ९८
३१०७	लृटः सद्वा ३ । ३ । १४
२१९३	लृट् शेषे च ३ । ३ । १३
३४२७	लेटोऽडाटौ ३ । ४ । ९४
१७०७	लोकसर्वलोका० ५ । १ । ४४
२१९८	लोटो लङ्वत् ३ । ४ । ८५
२१९४	लोट् च ३ । ३ । १६२
३९५९	लोट् च ८ । १ । ५२
२७८७	लोडर्थलक्षणे च ३ । ३ । ८
२५८७	लोपः पिबतेरी० ७ । ४ । ४
६७	लोपः शाकल्यस्य ८ । ३ । १९
२३३३	लोपश्चास्यान्यतर० ६ । ४ । १०७
३५६३	लोपस्त आत्मनेप० ७ । १ । ४१
३९५२	लोपे विभाषा ८ । १ । ४५
२५००	लोपो यि ६ । ४ । ११८
८७३	लोपो व्योर्वलि ६ । १ । ६६
१९०७	लोमादिपामादिपि० ५ । २ । १००
२६६८	लोहितादिडाज्भ्यः० ३ । १ । १३
२०९८	लोहितान्मणौ ५ । ४ । ३०
३३३९	ल्यपि च ६ । १ । ४१
३४३६	ल्यपि लघुपूर्वात् ६ । ४ । ५६
३२९०	ल्युट् च ३ । ३ । ११५
३०१८	ल्वादिभ्यः ८ । २ । ४४

सूत्राङ्कः	सूत्रम्
२४५४	वच उम् ७ । ४ । २०
२४०९	वचिस्वपियजादी० ६ । १ । १५
२८८३	वचोऽशब्दसंज्ञायाम् ७ । ३ । ६७
३३२५	वञ्चिलुञ्च्यृतश्च १ । २ । २४
२८७९	वञ्चेर्गतौ ७ । ३ । ६३
११११	वतण्डाच्च ४ । १ । १०८
१६८८	वतोरिड्वा ५ । १ । २३
१८५३	वतोरिथुक् ५ । २ । ५३
३४९३	वत्सरान्ताच्छश्छ० ५ । १ । ९१
१४११	वत्सशालाभिजिद० ४ । ३ । ३६
१९०५	वत्सांसाभ्यां कामबले ५ । २ । ९८
२०४६	वत्सोक्षाश्वर्षभेभ्यश्च० ५ । ३ । ९१
२८५४	वदः सुपि क्यप् च ३ । १ । १०६
२२६७	वदव्रजहलन्तस्याचः ७ । २ । ३
३९१२	वनं समासे ६ । १ । १७८
१०३८	वनगिर्योः संज्ञायां० ६ । ३ । ११७
१०३९	वनं पुरगामिश्रका० ८ । ४ । ४
४५६	वनो र च ४ । १ । ७
८९५	वन्दिते भ्रातुः ५ । ४ । १५७
२४२९	वमोर्वा ८ । ४ । २३
२९२४	वयसि च ३ । २ । १०
८८०	वयसि दन्तस्य दतृ ५ । ४ । १४१
१९३६	वयसि पूरणात् ५ । २ । १३०
४७८	वयसि प्रथमे ४ । १ । २०
३४७३	वयस्यासु मूर्ध्नो म० ४ । ४ । १२७
१३०१	वरणादिभ्यश्च ४ । २ । ८२
१४४२	वर्गान्ताच्च ४ । ३ । ६३
३८६५	वर्ग्यादयश्च ६ । २ । १३१
१०६३	वर्चस्केऽवस्करः ६ । १ । १४८
१७८७	वर्णदृढादिभ्यः ष्यञ्च ५ । १ । १२३
४९६	वर्णादनुदात्तात्तोप० ४ । १ । ३९
१९४०	वर्णाद्ब्रह्मचारिणि ५ । २ । १३४
२०९९	वर्णे चानित्ये ५ । ४ । ३१
७५०	वर्णो वर्णेन २ । १ । ६९
३७३७	वर्णो वर्णेष्वनेते ६ । २ । ३
१३२३	वर्णौ वुक् ४ । २ । १०३
२७८९	वर्तमानसामीप्ये व० ३ । ३ । १३१
२१५१	वर्तमाने लट् ३ । २ । १२३
३३५२	वर्षप्रमाण ऊलोपश्चा० ३ । ४ । ३२
१७५४	वर्षस्याभविष्यति ७ । ३ । १६
१३८९	वर्षाभ्यष्ठक् ४ । ३ । १८
२८२	वर्षाभ्वश्च ६ । ४ । ८४
१७५३	वर्षाल्लुक्च ५ । १ । ८८

सूत्राङ्कः	सूत्रम्
१०४०	वले ६ । ३ । ११८
१६३८	वशं गतः ४ । ४ । ८६
२४१४	वश्चास्यान्यतरस्यां० ६ ।१।३९
३०४६	वसतिक्षुधोरिट् ७ । २ । ५२
३४५१	वसन्ताच्च ४ । ३ । २०
१२७३	वसन्तादिभ्यष्ठक् ४ । २।६३
३३४	वसुस्रंसुध्वंस्वनडुहां० ८ ।२।७२
३४८६	वसोः समूहे च ४ । ४ ।१४०
४३५	वसोः संप्रसारणम् ६।४।१३१
२०५६	वस्तेर्ढञ् ५ । ३ । १०१
१५६३	वस्त्रक्रयविक्रयाट्ठन् ४ । ४।१३
१७१७	वस्त्रद्रव्याभ्यां ठन्कनौ ५।१।५१
३०९६	वस्वेकाजाद्घसाम् ७ । २ ।६७
३४१०	वहश्च ३ । २ । ६४
२९४७	वहाभ्रे लिहः ३ । २ । ३२
२८५०	वह्यं करणम् ३ । १ । १०२
११८२	वाकिनादीनां कुक्च ४।१।१५८
२६६९	वा क्यषः १ । ३ । ९०
९३	वाक्यस्य टेः प्लुत उ० ८।२।८२
२१४३	वाक्यादेरामन्त्रित० ८ । १ ।८
३०८१	वा क्रोशदैन्ययोः ६ । ४ ।६१
२७००	वा गमः १ । २ । १३
९९४	वा घोषमिश्रशब्देषु ६ ।३।५६
२९५७	वाचंयमपुरंदरौ च ६ । ३।६९
२६०५	वा चित्तविरागे ६ । ४ । ९१
२९५६	वाचि यमो व्रते ३ । २ । ४०
१९३०	वाचो ग्मिनिः ५ । २ । १२४
२१०३	वाचो व्याहृतार्थायाम् ५।४।३५
३५५२	वा छन्दसि ३ । ४ । ८८
३५१५	वा छन्दसि ६ । १ । १०७
३९०५	वा जाते ६ । २ । १७१
२३५६	वा जॄभ्रमुत्रसाम् ६ ।४। १२४
१९३५	वातातीसाराभ्यां० ५।२।१२९
३०६८	वा दान्तशान्तपूर्ण० ७।२।२७
३२७	वा द्रुहमुहष्णुहष्णि० ८।२।३३
४४४	वा नपुंसकस्य ७ । १ । ७९
२८३९	वा निंसनिक्षनिन्दाम् ८।४।३३
६३	वान्तो यि प्रत्यये ६ । १।७९
१०९२	वान्यस्मिन्सपिण्डे० ४।१।१६५
२३७८	वान्यस्य संयोगादेः ६ ।४।६८
१२५	वा पदान्तस्य ८ । ४ । ५९
२०४८	वा बहूनां जातिपरि०५।३।९३
१०५४	वा भावकरणयोः ८ । ४ ।१०

सूत्राङ्कः	सूत्रम्
३७५४	वा भुवनम् ६ । २ । २०
२३२१	वा भ्राशभ्लाशभ्रमु० ३।१।७०
१२१०	वामदेवाड्ड्यड्ड्यौ ४ । २ । ९
३०४	वाम्रि १ । ४ । ५
३०२	वाम्शसोः ६ । ४ । ८०
३२९२	वा यौ २ । ४ । ५७
१२३३	वाय्वृतुपित्रुषसो यत् ४।२।३१
५९०	वारणार्थानामीप्सितः १।४।२७
२४३७	वा लिटि २ । ४ । ५५
३३३४	वा ल्यपि ६ । ४ । ३८
२०६	वावसाने ८ । ४ । ५६
१५१	वा शरि ८ । ३ । ३६
९८९	वा शोकष्यञ्रोगेषु ६ ।३।५१
३५४१	वा षपूर्वस्य निगमे ६ । ४।९
८७१	वा संज्ञायाम् ५ । ४ । १३३
२८३०	वासरूपोऽस्त्रियाम् ३ । १।९४
१४७८	वासुदेवार्जुनाभ्यां वुन् ४।३।९८
७७	वा सुप्यापिशलेः ६ । १ ।९२
३२९	वाह ऊठ् ६ । ४ । १३२
५१६	वाहः ४ । १ । ६१
१९६१	वा हृ च छन्दसि ५ । ३ ।१३
१०५२	वाहनमाहितात् ८ । ४ । ८
९००	वाहिताग्न्यादिषु २ । २ । ३७
१३४१	वाहीकग्रामेभ्यश्च ४ ।२।११७
१६९७	विंशतिकात्खः ५ । १ । ३२
१६८९	विंशतित्रिंशद्भ्यां० ५ । १ । २४
१८५६	विंशत्यादिभ्यस्तमड०५।२।५६
११२७	विकर्णकुषीतका० ४ ।१।१२४
११२०	विकर्णशुङ्गच्छग० ४ ।१।११७
३०८५	विकुशमिपरिभ्यः० ८ । ३।९६
३६१६	विचार्यमाणानाम् ८ । २ ।९७
२५३६	विज इट् १ । २ । २
३४१७	विजुपे छन्दसि ३ । २ । ७३
२९८२	विड्वनोरनुनासिक० ६ । ४।४१
३०४१	वित्तो भोगप्रत्यययोः ८।२।५८
२४६५	विदांकुर्वन्त्वित्यन्य० ३।१।४१
३१४२	विदिभिदिच्छिदेः ३ । २।१६२
१४६४	विदूराञ्ञ्यः ४ । ३ । ८४
३१०५	विदेः शतुर्वसुः ७ । १ । ३६
२४६४	विदो लटो वा ३ । ४ । ८३
१४५६	विद्यायोनिसंबन्धे० ४ ।३।७७
२२०८	विधिनिमन्त्रणा० ३ । ३।१६१
१६३५	विध्यत्यधनुषा ४ । ४ । ८३

त्राङ्कः	सूत्रम्
२९५०	विभ्वरुषोस्तुदः ३ । २ । ३५
१८२८	विनञ्भ्यां नानाञौ० ५।२।२७
२१०२	विनयादिभ्यष्ठक् ५ । ४ । ३४
३१४९	विन्दुरिच्छुः ३ । २ । १६९
२०२०	विन्मतोर्लुक् ५ । ३ । ६५
२६८५	विपराभ्यां जेः १ । ३ । १९
२८७८	विपूयविनीयजि० ३ ।१।११७
९१७	विप्रतिषिद्धं चानधि० २।४।१३
१७५	विप्रतिषेधे परं कार्यम् १।४।२
३१६०	विप्रसंभ्यो ड्वसंज्ञा० ३।२।१८०
१८४	विभक्तिश्च १ । ४ । १०४
३५५५	विभाषर्जोश्छन्दसि ६।४।१६२
६६५	विभाषा २ । १ । ११
२८००	विभाषा कथमि० ३ ।३।१४३
२७८४	विभाषा कदाकर्ह्योः ३ ।३ । ५
२७५१	विभाषाकर्मकात् १ । ३ ।८५
१६९४	विभाषाकार्षापणस० ५।१।२९
१३५४	विभाषा कुरुयुगं० ४ ।२।१३०
७७३	विभाषा कृञि १ । ४ । ७२
६४६	विभाषा कृञि १ । ४ । ९८
२८७१	विभाषा कृवृषोः ३ । १।१२०
३२८७	विभाषाख्यानपरि० ३।३।११०
३०९९	विभाषा गमहनवि० ७।२।६८
६०२	विभाषा गुणेऽस्त्रि० २ ।३।२५
२९०५	विभाषा ग्रहः ३ । १ । १४३
३३४५	विभाषाग्रे प्रथमपूर्वेषु ३।४।२४
२३७६	विभाषा घ्राधेट्शा० २।४।७८
३२२५	विभाषा ङि रुप्लुवोः ३।३।५०
२३७	विभाषा ङिश्योः ६ । ४।१३६
८१०	विभाषा चत्वारिंश० ६।३।४९
२७६५	विभाषा चिण्णमुलोः ७।१।६९
२५२५	विभाषा चेः ७ । ३ । ५८
३६६५	विभाषा छन्दसि १ । २ । ३६
३८९८	विभाषा छन्दसि ६ ।२।१६४
३५९३	विभाषा छन्दसि ७ । ४ । ४४
२२५	विभाषा जसि १ । १ । ३२
२०८०	विभाषाञ्चेरदिक्स्त्रि० ५ ।४।८
१८०५	विभाषा तिलमाषो० ५ । २।४
२७८	विभाषा तृतीया० ७ । १।९७
३८९५	विभाषा तृन्नन्ती० ६।२।१६१
२९२	विभाषा दिक्समासे० १।१।२८
२९३	विभाषा द्वितीया० ७।३।१०५
२८१२	विभाषा धातौ सं० ३।३।१५५

सूत्राङ्कः	सूत्रम्
२३७५	विभाषा धेट्श्व्योः ३ । १ । ४९
३८०१	विभाषाध्यक्षे ६ । २ । ६७
३३४२	विभाषापः ६ । ४ । ५७
१९७९	विभाषा परावराभ्याम् ५।३।२९
३३३७	विभाषा परेः ६ । १ । ४४
१०३२	विभाषा पुरुषे ६ । ३ ।१०६
१३९२	विभाषा पूर्वाह्णापरा० ४।३।२४
३६१२	विभाषा पृष्टप्रतिवच० ८।२।९३
१२२५	विभाषा फाल्गुनीश्र० ४।२।२३
२०८८	विभाषा बहोर्धा विप्र० ५।४।२०
३०५४	विभाषा भूवादिक० ७।२।१७
३६८४	विभाषा भाषायाम् ६।६।१८१
३०२३	विभाषाभ्यवपूर्वस्य ६ । १।२६
१३६८	विभाषा मनुष्ये ४ । २ ।१४४
१३८२	विभाषा रोगातपयोः ४।३।१३
२५०९	विभाषा लीयतेः ६ । १ ।५१
२४६०	विभाषा लुङ्लृङोः २ ।४ ।५०
१९७७	विभाषावरस्य ५ । ३ । ४१
९७४	विभाषा वर्षक्षरशर० ६।३।१६
२७२३	विभाषा विप्रलापे १ । ३।५०
१५६७	विभाषा विवधात् ४ ।४। १७
९१६	विभाषा वृक्षमृगतृ० २।४।१२
३७०३	विभाषा वेण्विन्धा० ६।१।२१५
२५८३	विभाषा वेष्टिचेष्ट्योः ७।४।९६
८८२	विभाषा श्यावारो० ५।४।११४
२४२०	विभाषा श्वेः ६ । १ । ३०
४९१	विभाषा सपूर्वस्य ४ । १ ।३४
९२०	विभाषा समीपे २ । ४ । १६
२७७५	विभाषा साकाङ्क्षे ३ । २।११४
२१२२	विभाषा साति का० ५।४।५२
२०२३	विभाषा सुपो बहु० ५।३।६८
२४०४	विभाषा सृजिदृशोः ७ ।२।६५
८२८	विभाषा सेनासुरा० २ ।४।२५
९८२	विभाषा स्वसृपत्योः ६ ।३।२४
१६६४	विभाषा हविरपूपादि० ५।१।४
३३५५	विभाषितं विशेषव० ८।१।७४
३९६०	विभाषितं सोपसर्ग० ८।१।५३
२३६५	विभाषेटः ८ । ३ । ७९
३९३०	विभाषोत्पुच्छे ६ । २ ; १९६
१०१६	विभाषोदरे ६ । ३ । ८८
२७४४	विभाषोपपदेन प्रती० १।३।७७
२७३०	विभाषोपयमने १ । २ । १६
६२०	विभाषोपसर्गे २ । ३ । ५९

सूत्राङ्कः	सूत्रम्
२४४७	विभाषोर्णोः १ । २ । ३
१३४२	विभाषोशीनरेषु ४ । २ ।११८
१०५१	विभाषौषधिवनस्प० ८ । ४ ।६
१६४१	विमुक्तादिभ्योऽण् ५ । २।६१
२७	विरामोऽवसानम् १ ।४।११०
३३८८	विशाखयोश्च १ । २ । ६२
१७७३	विशाखाषाढाद० ५ ।१।१००
३३७८	विशिपतिपदिस्क० ३ । ४।५६
९११	विशिष्टलिङ्गो नदीदे० २ ।४।७
७३६	विशेषणं विशेष्ये० २ । १।५७
१३००	विशेषणानां चाजातेः १।२।५२
३७९	विश्वस्य वसुराटोः ६ ।३।१२८
१२६१	विषयो देशे ४ । २ । ५२
१०६५	विष्किरः शकुनौ० ६ ।१।१५०
४१८	विष्वग्देवयोश्च टेर० ६।३।९२
१३८	विसर्जनीयस्य सः ८ । ३ ।३४
२०८४	विसारिणो मत्स्ये ५ । ४ । १६
३७५८	विस्पष्टादीनिगुणव० ६ ।२।२४
३८५४	वीरवीर्यौ च ६ । २ । १२०
१२९२	वुञ्छण्कठजिलसे० ४ । २।८०
३५०४	वृकज्येष्ठाभ्यां ति० ५।४।४१
२०६८	वृकाट्टेण्यण् ५ । ३ । ११५
३२३३	वृक्षासनयोर्विष्टरः ८ । ३ । ९३
३२२९	वृणोतेराच्छादने ३ । ३ । ५४
२७११	वृत्तिसर्गतायनेषु क्रमः १।३।३८
२०२३	वृद्धस्य च ५ । ३ । ६२
१०९२	वृद्धस्य च पू० ४ । १ । १६८
१३३७	वृद्धाच्छः ४ । २ । ११४
११७२	वृद्धाट्ठक्सौवीरेषु० ४।१।१४८
१३४४	वृद्धात्प्राचाम् ४ । २ । १२०
१३६५	वृद्धादकेकान्तखो० ४।२।१४१
८४०	वृद्धिनिमित्तस्य च० ६ ।३।३९
१६	वृद्धिरादैच् १ । १ । १
७२	वृद्धिरेचि ६ । १ । ८८
१३३५	वृद्धिर्यस्याचामादि० १।१।७३
११८९	वृद्धेत्कोसलाजादा० ४।१।१७१
९३१	वृद्धोयूना तल्लक्षण० १।२।६५
२३४७	वृद्भ्यः स्यसनोः १ । ३ । ९२
७४१	वृन्दारकनागकुञ्ज० २ ।१।६२
४९४	वृषाकप्यग्निकुसि० ४ । १।३७
३६९१	वृषादीनां च ६ । १ । २०३
२३९१	वृतो वा ७ । २ । ३८
२७१४	वेः पादविहरणे १ । ३ । ४१

सूत्राङ्कः	सूत्रम्
२७०७	वेः शब्दकर्मणः १ । ३ । ३४
१८२९	वेः शालच्छङ्कटचौ ५।२।२८
२३९८	वेः स्कन्देरनिष्ठायाम् ८।३।७३
२५५६	वेः स्कभ्नातेर्नित्यम् ८।३।७७
२४१५	वेञः ६ । १। ४०
२४११	वेञो वयिः २ । ४ । ४१
१५६२	वेतनादिभ्यो जीवति ४।४।१२
२७०१	वेत्तेर्विभाषा ७ । १ । ७
३७५	वेरपृक्तस्य ६ । १ । ६७
३४५८	वेशन्तहिमवद्भ्या० ४।४।११२
३४७७	वेशोयशआदेर्भ० ४ ।४।१३१
२२७९	वेश्च स्वनो भोजने ८ । ३ ।६९
३४३०	वैतोऽन्यत्र ३ । ४ । ९६
९६४	वैयाकरणाख्यायां च० ६।३।७
३९७१	वैवावेति च छन्दसि ८।१।६४
२७९८	वोताप्योः ३ । ३ । १४१
५०२	वोतो गुणवचना० ४ ।१। ४४
८४९	वोपसर्जनस्य ६ । ३ । ८२
२५९०	वो विधूनने जुक् ७ । ३ ।३८
३१२३	वौ कषलकत्थ० ३ । २ ।१४३
३१९६	वौ क्षुश्रुवः ३ । ३ । २५
२७२१	व्यक्तवाचां समुच्चारणे १।३।४८
१५७६	व्यञ्जनैरुपसिक्ते ४ । ४ । २६
३४३३	व्यत्ययो बहुलम् ३ । १ । ८५
२३५३	व्यथो लिटि ७ । ४ । ६८
३२३८	व्यधजपोरनुपसर्गे ३ । ३ ।६१
११६८	व्यन्सपत्ने ४ । १ । १४५
३३९२	व्यवहिताश्च १ । ४ । ८२
६१८	व्यवहृपणोः समर्थयोः २।३।५७
३९००	व्यवायिनोऽन्तरम् ६ ।२।१६६
३३४१	व्यश्च ६ । १ । ४३
२७४९	व्याङ्परिभ्यो रमः १ । ३।८३
१४२६	व्याहरति मृगः ४ । ३ । ५१
३२११	व्युपयोः शेतेः पर्याये ३।३।३९
१७६१	व्युष्टादिभ्योऽण् ५ ।१ । ९७
१६८	व्योर्लघुप्रयत्नतरः ८ । ३।१८
३२७५	व्रजयजोर्भावे क्यप् ३। ३।९८
२९९०	व्रते ३ । २ । ८०
२९४	व्रश्चभ्रस्जसृजमृज० ८।२।३६
११००	व्रातच्फञोरस्त्रियाम् ५।३।११३
१८२२	व्रातेन जीवति ५ । २ । २१
१८०३	व्रीहिशाल्योर्ढक् ५ । २ । २
१५२८	व्रीहेः पुरोडाशे ४ । ३ ।१४८

सूत्राङ्कः	सूत्रम्
१९२३	व्रीह्यादिभ्यश्च ५ । २ । ११६
१६३२	शकटादण् ४ । ४ । ८०
३१७७	शकधृषज्ञाग्लाघट० ३ । ४।६५
३४३९	शकि णमुल्कमुलौ ३ । ४।१२
२८३३	शकि लिङ् च ३ । ३ । १७२
२८४७	शकिसहोश्च ३ । १ । ९९
१६०९	शक्तियष्ट्योरीकक् ४ । ४ । ५९
२९७१	शक्तौ हस्तिकवाटयोः ३।२।५४
१४७२	शण्डिकादिभ्यो ञ्यः ४।३।९२
१६९२	शतमानविंशतिकस० ५।१।२७
१९२६	शतसहस्रान्ताच्च० ५ ।२।११९
१६८६	शताच्च ठन्यतावशते ५।१।२१
३७१९	शतुरनुमो नद्यजादी ६।१।१७३
१८४७	शदन्तविंशतेश्च ५ । २ । ४६
२३६२	शदेः शितः १ । ३ । ६०
२५९८	शदेरगतौ तः ७ । ३ । ४२
४४६	शप्श्यनोर्नित्यम् ७ । १ । ८१
१५८४	शब्ददर्दुरं करोति ४ । ४ ।३४
२६७३	शब्दवैरकलहाभ्र० ३ । १।१७
२५१९	शमामष्टानां दीर्घः० ७।३।७४
३५४३	शमिता यज्ञे ६ । ४ । ५४
३१२१	शमित्यष्टाभ्यो घिनुण्३।२।१४१
२९२८	शमि धातोः संज्ञायाम्३।२।१४
१५२२	शम्याः ष्लञ् ४ । ३ । १४२
९७६	शयवासवासिष्वका० ६।३।१८
११०४	शरद्वच्छुनकदर्भा० ४।१।१०२
१०४२	शरादीनां च ६ । ३ । १२०
१४३०	शरीरावयवाच्च ४ । ३ । ५५
१६६६	शरीरावयवाद्यत् ५ । १ । ६
३४०	शरोऽचि ८ । ४ । ४९
२०६२	शर्करादिभ्योऽण् ५ । ३ ।१०७
१३०२	शर्कराया वा ४ । २ । ८३
१५०	शर्परे विसर्जनीयः ८ । ३।३५
२२५९	शर्पूर्वाः खयः ७ । ४ । ६१
२३३६	शल इगुपधादनिटः० ३।१।४५
१६०४	शलालुनोऽन्यतर० ४।४।५४
१२०	शश्छोऽटि ८ । ४ । ६३
३९१	शसो न ७ । १ । २९
१५०८	शाकलाद्वा ४ । ३ । १२८
२०५८	शाखादिभ्यो यः ५ । ३ ।१०३
२५८५	शाच्छासाह्वाव्यावे० ७ । ३।३७
३०७५	शाच्छोरन्यतरस्याम् ७ ।४।४१
१७००	शाणाद्वा ५ । १ । ३५
११२	शात् ८ । ४ । ४४
३७४३	शारदेऽनार्तवे ६ । २ । ९
५२७	शार्ङ्गरवाद्यञो ङीन् ४ ।१।७३
१८२१	शालीनकौपीने अ० ५ ।२।२०
२४८६	शास इदङ्हलोः ६ । ४ । ३४
२४१०	शासिवसिघसीनां० ८ । ३।६०
२४८७	शा हौ ६ । ४ । ३५
१३०८	शिखाया वलच् ४ । २ । ८९
१३३	शि तुक् ८ । ३ । ३१
३८७२	शितेर्नित्याबह्वज्ब० ६।२।१३८
२०५७	शिलाया ढः ५ । ३ । १०२
१६०५	शिल्पम् ४ । ४ । ५५
३८१०	शिल्पिनि चाकृञः ६ । २।७६
२९०७	शिल्पिनि ष्वुन् ३ । १ ।१४५
३४८९	शिवशमरिष्टस्य करे ४।४।१४३
१११५	शिवादिभ्योऽण् ४ । १ ।११२
१६६८	शिशुक्रन्दयमसभ० ४ । ३।८८
३१३	शि सर्वनामस्थानम् १ । १।४२
२४४१	शीङः सार्वधातुके० ७।४।२१
२४४२	शीङो रुट् ७ । १ । ६
१८७२	शीतोष्णाभ्यां कारिणि५।२।७२
३५१४	शीर्षश्छन्दसि ६ । १ । ६०
१७३०	शीर्षच्छेदाद्यच्च ५ । १ । ६५
१६११	शीलम् ४ । ४ । ६१
१२२८	शुक्राद्घन् ४ । २ । २६
१४५५	शुण्डिकादिभ्योऽण् ४।३।७६
११२६	शुभ्रादिभ्यश्च ४ । १ । १२३
३०३०	शुषः कः ८ । २ । ५१
३३५६	शुष्कचूर्णरूक्षेषु पिषः ३।४।३५
३६९४	शुष्कधृष्टौ ६ । १ । २०६
९१४	शूद्राणामनिरवसि० २ । ४।१०
१६९१	शूर्पादञन्यतरस्याम् ५ ।१।२६
२१३६	शूलात्पाके ५ । ४ । ६५
१२१८	शूलोखाद्यत् ४ । २ । १७
१८७९	शृङ्खलमस्य बन्ध० ५ । २।७९
३८४९	शृङ्गमवस्थायां च ६ ।२।११५
३०६७	शृतं पाके ६ । १ । २७
२४९५	शॄदॄप्रां ह्रस्वो वा ७।४।१२
३१५३	शॄवन्द्योरारुः ३ । २ । १७३
१०२	शे १ । १ । १३
२५४२	शे मुचादीनाम् ७ । १ । ५९
२०३८	शेवलसुपरिविशाल० ५।३।८४
३५१६	शेश्छन्दसि बहुलम् ६ ।१।७०
२१५९	शेषात्कर्तरि परस्मै० १।६।७८
८९१	शेषाद्विभाषा ५ । ४ । १५४
१३१२	शेषे ४ । २ । ९२
२१६५	शेषे प्रथमः १ । ४ । १०८
२८०८	शेषे लृडयदौ ३ । ३ । १५१
३८५	शेषे लोपः ७ । २ । ९०
३९४८	शेषे विभाषा ८ । १ । ४१
३९५७	शेषे विभाषा ८ । १ । ५०
२२३२	शेषे विभाषाकखा० ८।४।१८
२४३	शेषो घ्यसखि १ । ४ । ७
८२९	शेषो बहुव्रीहिः २ । २ । २३
५०१	शोणात्प्राचाम् ४ । १ । ४३
१४८६	शौनकादिभ्यश्छ० ४ ।३।१०६
२४६९	श्नसोरल्लोपः ६ । ४ । १११
२५४४	श्नान्नलोपः ६ । ४ । २३
२४८३	श्नाभ्यस्तयोरातः ६ । ४।११२
२९०३	श्याद्व्यधास्रुसं० ३ । १ ।१४१
१२६८	श्येनतिलस्य पाते० ६।३।७१
३०२१	श्योऽस्पर्शे ८ । २ । ४७
३७५९	श्रज्यावमकन्पाप० ६।२।२५
१४०७	श्रविष्ठाफल्गुन्यनु० ४ । ३।३४
१६१८	श्राणामांसौदनाट्टिठन् ४।४।६७
१८८५	श्राद्धमनेन भुक्त० ५ । २ । ८५
१३८२	श्राद्धे शरदः ४ । ३ । १२
३१९५	श्रिणीभुवोऽनु० ३ । ३ । २४
३५७३	श्रीग्रामण्योश्छ० ७ । १ । ५६
२३८६	श्रुवः शृ च ३ । १ । ७४
३५५१	श्रुशृणुपॄकृवृ० ६ । ४ । १०२
७३८	श्रेण्यादयः कृता० २ । १।५९
१८८४	श्रोत्रियंश्छन्दो० ५ । २ । ८४
२३८१	श्र्युकः किति ७ । ४ । ११
५७२	श्लाघह्नुङ्स्थाशा० १ । ४ । ३४
२५१४	श्लिष आलिङ्गने ३ । १ । ४६
२४९०	श्लौ ६ । १ । १०
१५५९	श्वगणाट्ठञ्च ४ । ४ । ११
२४२१	श्वयतेरः ७ । ४ । १८
३६२	श्वयुवमघोनामत० ६।४।१३३
९३७	श्वशुरः श्वश्र्वा १ । २ । ७१
१३८५	श्वसस्तुट् च ४ । ३ । १५
९४८	श्वसोवसीयः श्रे० ५ । ४ । ८०
१५६०	श्वादेरिञि ७ । ३ । ८
३०३९	श्वीदितो निष्ठायाम् ७।२।१४
४७४	षः प्रत्ययस्य १ । ३ । ६

सूत्राङ्कः	सूत्रम्
१८५१	षट्कतिकतिपय० ५ । २ । ५१
३८६९	षट् च काण्डादीनि ६।२।१३५
३३८	षट्चतुर्भ्यश्च ७ । १ । ५५
३७२५	षट्त्रिचतुर्भ्यो० ६ । १ । १७९
२६१	षड्भ्यो लुक् ७ । १ । २२
२९५	षढोः कः सि ८ । २ । ४१
१७४७	षण्मासाण्ण्यच्च ५ । १ । ८३
३३३६	षत्वतुकोरसिद्धः ६ । १ । ८६
११६०	षपूर्वहन्धृत० ६ । ४ । १३५
१७५६	षष्टिकाः षष्टिरा० ५ । १ । ९०
१८५८	षष्ठ्यादेश्चासंख्यादेः ५ । २ । ५८
१९८६	षष्ठाष्टमाभ्यां ञ च ५ । ३ । ५०
७०२	षष्ठी २ । २ । ८
६३५	षष्ठी चानादरे २ । ३ । ३८
३७९४	षष्ठी प्रत्येनसि ६ । २ । ६०
३३८९	षष्ठीयुक्तश्छन्दसि वा १ । ४ । ९
६०६	षष्ठी शेषे २ । ३ । ५०
३८	षष्ठी स्थानेयोगा १ । १ । ४९
६०७	षष्ठी हेतुप्रयोगे २ । ३ । २६
६०९	षष्ठ्यतसर्थप्र० २ । ३ । ३०
९७९	षष्ठ्या आक्रोशे ६ । ३ । २१
३६३८	षष्ठ्याः पतिपुत्रपृ० ८ । ३ । ५३
२०००	षष्ठ्या रूप्य च ५ । ३ । ५४
२११५	षष्ठ्या व्याश्रये ५ । ४ । ४८
३३१०	षात्पदान्तात् ८ । ४ । ३५
४९८	षिद्गौरादिभ्यश्च ४ । १ । ४१
३२८१	षिद्भिदादिभ्योऽङ् ३ । ३ । १०४
११३	ष्टुना ष्टुः ८ । ४ । ४१
२३२०	ष्ठिवुक्लमुचमां शि० ७ । ३ । ७५
३६९	ष्णान्ता षट् १ । १ । २४
१००३	ष्यङः संप्रसारणम्० ६ । १ । १३
३४२८	स उत्तमस्य ३ । ४ । ९८
१८७८	स एषां ग्रामणीः ५ । २ । ७८
२३४२	सः स्यार्धधातुके ७ । ४ । ४९
२६२८	सः स्विदिस्वदिस० ८ । ३ । ६२
२५२२	संयसश्च ३ । १ । ७२
११५६	संयोगादिश्च ६ । ४ । १६६
३०१७	संयोगादेरातो धा० ८ । २ । ४३
५४	संयोगान्तस्य लो० ८ । २ । २३
३२	संयोगे गुरु १ । ४ । ११
१४२५	संवत्सराग्रहा० ४ । ३ । ५०
१७३७	संशयमापन्नः ५ । १ । ७३
१५७२	संसृष्टे ४ । ४ । २२

सूत्राङ्कः	सूत्रम्
१५५१	संस्कृतम् ४ । ४ । ३
१२१७	संस्कृतं भक्षाः ४ । २ । १६
५२५	संहितशफल० ४ । १ । ७०
१४५	संहितायाम् ६ । १ । ७२
१०३५	संहितायाम् ६ । ३ । ११४
३९३२	सक्थं चाक्रां० ६ । २ । १९८
५१७	सख्यशिश्वीति० ४ । १ । ६२
२५३	सख्युरसंबुद्धौ ७ । १ । ९२
१७९१	सख्युर्यः ५ । १ । १२६
३९७५	सगतिरपि तिङ् ८ । १ । ६८
३४६०	सगर्भसयूथस० ४ । ४ । ११४
१२८७	संकलादिभ्यश्च ४ । २ । ७५
८४३	संख्ययाव्ययासन्ना० २ । २ । २५
३७६९	संख्या ६ । २ । ३५
७३०	संख्यापूर्वो द्विगुः २ । १ । ५२
१६८७	संख्याया अति० ५ । १ । २२
१८४३	संख्याया अवयवे० ५ । २ । ४२
२०८५	संख्यायाः क्रिया० ५ । ४ । १७
१७५२	संख्यायाः संवत्सर० ७ । ३ । १५
१७२४	संख्यायाः संज्ञासंघ० ५ । १ । ५८
३८९७	संख्यायाः स्तनः ६ । २ । १६३
१८४८	संख्याया गुणस्य० ५ । २ । ४७
१९८८	संख्याया विधार्थे० ५ । ३ । ४२
२१३०	संख्यायाश्च गुणा० ५ । ४ । ५९
६७३	संख्या वंश्येन २ । १ । १९
२३८	संख्याविसायपूर्व० ६ । ३ । ११०
४८५	संख्याव्ययादेर्ङीप् ४ । १ । २६
८७९	संख्यासुपूर्वस्य ५ । ४ । १४०
२११०	संख्यैकवचना० ५ । ४ । ४३
१२०५	संग्रामे प्रयोजन० ४ । २ । ५६
१५०७	संघाङ्कलक्षणे० ४ । ३ । १२७
३२१४	संघे चानौत्तरा० ३ । ३ । ४२
३२६४	संघोद्धौ गणप्र० ३ । ३ । ८६
८३९	संज्ञापूरण्योश्च ६ । ३ । ३८
७२१	संज्ञायाम् २ । १ । ४४
३२८६	संज्ञायाम् ३ । ३ । १०९
३३६३	संज्ञायाम् ३ । ४ । ४२
५२६	संज्ञायाम् ४ । १ । ७२
१४९७	संज्ञायाम् ४ । ३ । ११७
३८९३	संज्ञायाम् ६ । २ । १५९
१८९९	संज्ञायाम् ८ । २ । ११
१५९६	संज्ञायां लला० ४ । ४ । ४६
१३९५	संज्ञायां शरदो० ४ । ३ । २७

सूत्राङ्कः	सूत्रम्
१२०६	संज्ञायां श्रवणा० ४ । २ । ५
३२७६	संज्ञायां समजनि० ३ । ३ । ९९
१५२७	संज्ञायां कन् ४ । ३ । १४७
२०३०	संज्ञायां कन् ५ । ३ । ७५
२०४२	संज्ञायां कन् ५ । ३ । ८७
८२३	संज्ञायां कन्थोशीनरेषु २ । ४ । २०
३८२८	संज्ञायां गिरिनि० ६ । २ । ९४
२०५२	संज्ञायां च ५ । ३ । ९७
३८१०	संज्ञायां च ६ । २ । ७७
१६३४	संज्ञायां जन्या ४ । ४ । ८२
१६४१	संज्ञायां धेनुष्या ४ । ४ । ८९
३८८०	संज्ञायामनाचिता० ६ । १ । १४६
३६९२	संज्ञायामुपमानम् ६ । १ । २०४
२९६३	संज्ञायां भृतृवृजिधा० ३ । २ । ४६
१९४३	संज्ञायां मन्माभ्यां ५ । २ । १३७
३८९९	संज्ञायां मित्राजिन० ६ । २ । १६५
५६७	संज्ञोऽन्यतरस्यां० २ । ३ । २२
३८४७	संज्ञौपम्ययोश्च ६ । ३ । ११३
३९३९	सत्यं प्रश्ने ८ । १ । ३२
२१३७	सत्यादशपथे ५ । ४ । ६६
२५६३	सत्यापपाशरूपवी० ३ । १ । २५
२९७५	सत्सूद्विषद्रुह० ३ । २ । ६१
२२७१	सदिरप्रतेः ८ । ३ । ६६
३७४५	सदृशप्रतिरूपयो० ६ । २ । ११
२३६१	सदेः परस्य लिटि ८ । ३ । ११८
१९७०	सद्यः परुत्परार्यैषमः ५ । ३ । २२
३५१९	सध मादस्थयोश्छ० ६ । ३ । ९६
३३१५	सनः क्तिचि लो० ६ । ४ । ४५
८२१	स नपुंसकम् २ । ४ । १७
२३०४	सनाद्यन्ता धातवः ३ । १ । ३२
३१४८	सनाशंसभिक्ष उः ३ । २ । १६८
३५८३	सनिंससनिवांसम् ७ । २ । ६९
२६१०	सनि ग्रहगुहोश्च ७ । २ । १२
२६१५	सनि च २ । ४ । ४७
२६२३	सनि मीमाघुरभल० ७ । ४ । ५४
२६१८	सनीवन्तर्धभ्रस्जद० ७ । २ । ४९
३६४५	सनोतेरनः ८ । ३ । १०८
१३८७	संधिवेलाद्यृतुनक्षत्रे० ४ । ३ । १६
७४०	सन्महत्परमोत्तमो० २ । १ । ६१
२३९५	सन्यङोः ६ । १ । ९
२३१७	सन्यतः ७ । ४ । ७९
२३३१	सन्लिटोर्जेः ७ । ३ । ५७
२३१६	सन्वल्लघुनि चङ्परे० ७ । ४ । ९३

सूत्राङ्कः	सूत्रम्
२१३२	सपत्रनिष्पत्रादति. ५।४।६१
१८८७	सपूर्वाच्च ५।२। ८७
४१०	सपूर्वायाः प्रथमाया ८।१। २६
३४९१	सप्तनोऽञ्छन्दसि ५। १। ६१
६४३	सप्तमीपञ्चम्यौ कार०२।३। ७
८९८	सप्तमीविशेषणे बहु २।२। ३५
७१७	सप्तमी शौण्डैः २।१। ४०
३७६६	सप्तमी सिद्धशुष्कप० ६।२।३२
३७९९	सप्तमीहारिणौ धर्म्ये० ६।२।६५
६३३	सप्तम्यधिकरणे च २।३। ३६
३८८६	सप्तम्याः पुण्यम् ६। २। १५२
३३७०	सप्तम्यां चोपपीड० ३।४।४९
३००७	सप्तम्यां जनेर्डः ३।२। ९७
१९५७	सप्तम्यास्त्रल् ५।३। १०
३८३२	सभायां नपुंसके ६।२। ९८
१६५७	सभाया यः ४।४। १०५
८२६	सभा राजामनुष्यपूर्वा २।४।२३
२७३६	समः क्ष्णुवः १।३। ६५
२७२५	समः प्रतिज्ञाने १।३। ५२
४२१	समः समि ६।३।९३
१३५	समः सुटि ८। ३। ५
१७६८	समयस्तदस्य० ५।१। १०४.
२१३१	समयाच्च यापना० ५।४।६०
६४७	समर्थः पदविधिः २। १। १
१०७२	समर्थानां प्रथ० ४। १। ८२
२६८९	समवप्रविभ्यः स्थः १। ३।२२
१५९३	समवायान्समवैति ४।४। ४३
२५५१	स.,वाये च ६। १। १३८
२७२७	समस्तृतीयायुक्तात् १।३। ५४
१८१३	समांसमां विजायते ५।२। १२
३३२०	समानकर्तृकयोः पूर्वं०३।४।२१
३१७६	समानकर्तृकेषु तुमुन् ३।३।१५८
१६५८	समानतीर्थेवासी ४।४। १०७
१०१२	समानस्य छन्दं० ६। ३। ८४
१६५९	समानोदरे श० ४। ४। १०८
१७७५	समापनात्सपूर्वं० ५।१। ११२
१७४९	समायाः खः ५।१।८५
३३७१	समासत्तौ ३। ४। ५०
३७३४	समासस्य ६। १। २२३
२०६१	समासाच्च तद्वि० ५।३।१०६
६७६	समासान्ताः ५। ४। ६८
१०१९	समासेऽङ्गुलेः सङ्गः ८।३।८०
३३३२	समासेऽनञ्पूर्वे० ७। १। ३७

सूत्राङ्कः	सूत्रम्
७	समाहारः स्वरितः१।२। ३१
२९३१	समि ख्यः ३। २। ७
३२०८	समि मुष्टौ ३। ३। ३६
३१९४	समि युद्रुदुवः ३। ३। २३
२८२६	समुच्चयेऽन्यतरस्याम् ३।४।३
२८२८	समुच्चये सामान्यव० ३। ४।५
२७४२	समुदाङ्भ्यो० १। ३। ७५
३२४६	समुदोरजः पशुषु ३। ३। ६९
३४६४	समुद्राभ्राद्घः ४। ४। ११८
३३५७	समूलाकृतजीवे० ३। ४। ३६
२०९०	समूहवच्च बहुषु ५। ४। २२
२६९९	समो गम्यृच्छिभ्याम् १।३।२९
३४९४	संपरिपूर्वात्ख च ५। १। ९२
२५५०	संपरिभ्यां करोतौ ६।१।१३७
१७६३	संपादिनि ५। १। ९९
३१२२	संपृचानुरुधा० ३। २। १४२
२७१९	संप्रतिभ्यामना० १। ३। ४३
१००४	संप्रसारणस्य ६। ३। १३९
३३०	संप्रसारणाच्च ६। १।१०८
१८३०	संप्रोदश्च कटच् ५। २। २९
२८८	संबुद्धौ च ७। ३। १०६
१०५	संबुद्धौ शाक० १। १। १६
५३३	संबोधने च २। ३। ४७
३१०२	संबोधने च ३। २। १२५
१७१८	संभवत्यवहर० ५। १। ५२
२८११	संभावनेऽलमिति० ३।३।१५४
१४१६	संभूते ४। ३। ४१
२७०९	संमाननोत्संजना० १। ३।३६
१८८	सरूपाणामेकशे० १। २।६४
३३८२	सर्तिशास्त्यर्तिभ्य० ३।१।५६
२९५९	सर्वकूलाभ्रकरीषेषु०३।२।४२
३८२७	सर्वं गुणकार्त्स्न्ये ६। २। ९३
१८०६	सर्वचर्मणः कृतः० ५। २।५
४७६	सर्वत्र लोहितादि० ४। १।१८
८७	सर्वत्र विभाषा गोः ६।१।१२२
५७	सर्वत्र शाकल्यस्य ८।४।५१
१३९०	सर्वत्राण् च त० ४। ३। २२
३४८८	सर्वदेवात्तातिल् ४।४। १४२
२५०	सर्वनामस्थाने चासं० ६।४।८
२१५	सर्वनाम्नः स्मै ७। १। १४
२९१	सर्वनाम्नः स्याड्० ७। ३।११४
६०८	सर्वनाम्नस्तृतीया० २।३।२७
१६६२	सर्वपुरुषाभ्यां णढ०५।१।१०

सूत्राङ्कः	सूत्रम्
१७०७	सर्वभूमिपृथि० ५। १। ४१
२१३९	सर्वस्य द्वे ८। १। १
३६८५	सर्वस्य सुपि ६। १। १९१
१९५२	सर्वस्य सोऽन्यत० ५। ३। ६
२१३	सर्वादीनि सर्वना० १। १।२७
१९६४	सर्वैकान्यकिंयत्तदः ५। ३।१५
२२५२	सवाभ्यां वामौ ३। ४। ९१
३७५७	सविधसनीडसमर्या० ६।२।२३
१६२	ससजुषो रुः ८। २। ६६
३५९७	ससूवेति निगमे ७। ४। ७४
२१०८	सस्नौ प्रशंसायाम् ५। ४।४०
१८६८	सस्येन परिजातः ५। २।६८
५१३	सहनञ्विद्यमानपू० ४।१।५७
४६४	सहयुक्तेऽप्रधाने २। ३। १९
६४९	सह सुपा २। १। ४
१००९	सहस्य सः संज्ञायाम् ६।३।७८
४२२	सहस्य सध्रिः ६। ३। ९५
३४८१	सहस्रेण संमितौ घः४।४।१३५
२३५७	सहिवहोरोदवर्णस्य ६।३।११२
३६४६	सहेः पृतनर्ताभ्यां च८।३।१०९
३३५	सहेः साडः सः ८। ३।५६
३००६	सहे च ३। २। ९६
७७५	साक्षात्प्रभृतीनि च १। ४।७४
१८९१	साक्षाद्द्रष्टरि संज्ञायाम् ५।२।९१
३५३१	साढ्यै साढ्वा साढे० ६।३।११३
२१२३	सात्पदाद्योः ८। ३। १११
५६०	साधकतमं करणम् १। ४।४२
६४०	साधुनिपुणाभ्याम० २।३।४३
३१७	सान्तमहतः संयोगस्य६।४।१०
१८२३	साप्तपदीनं सख्यम् ५।२।२२
४००	साम आकम् ७। १। ३३
४११	सामन्त्रितम् २। ३। ४८
६८९	सामि २। १। २७
१३९१	सायंचिरंप्राह्णेप्रगे०४। ३। २३
२२३४	सार्वधातुकमपित् १। २। ४
२१६८	सार्वधातुकार्धधातु० ७।३।८४
२७५६	सार्वधातुके यक् ३। १।६७
११९१	साल्वावयवप्रत्यग्र० ४।२।१७१
११८७	साल्वेयगान्धारि० ४।१।१६७
३३२	सावनडुहः ७। १। ८२
३७१४	सावेकाचस्तृतीया०६।१।१६८
१२२३	सास्मिन्पौर्णमासीति ४।२।२१
१२२६	सास्य देवता ४। २। २४

सूत्राङ्कः	सूत्रम्
१९११	सिकताशर्कराभ्यां च५।२।१०४
२३९२	सिचि च परस्मैपदेषु ७।२।४०
२२९७	सिचि वृद्धिः परस्मै० ७।२।१
२६४०	सिचो यङि ८।३।११२
२२२६	सिजभ्यस्तविदि० ३।४।१०९
१२५२	सिति च १।४।१६
७१८	सिद्धशुष्कपक्वबन्धैश्च २।१।४१
१९०४	सिध्मादिभ्यश्च ५।२।९७
२६०२	सिध्यतेरपारलौकिके ६।१।४९
१४७३	सिन्धुतक्षशिलादि० ४।३।९३
१४०५	सिन्ध्वपकराभ्यां कन्४।३।३२
२४८५	सिपि धातो रुर्वा ८।२।७४
३४२५	सिब्बहुलं लेटि ३।१।३४
२३५९	सिवादिनां वाड्व्य० ८।३।७१
५५५	सुः पूजायाम् १।४।९४
२९९९	सुकर्मपापमन्त्रपुण्ये० ३।२।८९
३७४९	सुखप्रिययोर्हिते ६।२।१५
२१३४	सुखप्रियादानुलोम्ये ५।४।६३
२६७४	सुखादिभ्यः कर्तृवे० ३।१।१८
१९३७	सुखादिभ्यश्च ५।२।१३१
३६४४	सुञः ८।३।१०७
३११२	सुञो यज्ञसंयोगे ३।२।१३२
२५५३	सुट् कात्पूर्वः ६।१।१३५
२२१०	सुट् तिथोः ३।४।१०७
२२९	सुडनपुंसकस्य १।१।४३
१०९७	सुधातुरकङ् च ४।१।९७
३५९४	सुधितवसुधितनेम० ७।४।४५
२५२४	सुनोतेः स्यसनोः ८।३।११७
२६५७	सुप आत्मनः क्यच् ३।१।८
१८५	सुपः १।४।१०३
३५६१	सुपां सुलुक्पूर्वसव० ७।१।३९
२०२	सुपि च ७।३।१०२
२९१६	सुपि स्थः ३।२।४
६५०	सुपो धातुप्रातिप० २।४।७१
२९	सुप्तिङन्तं पदम् १।४।१४
६६३	सुप्प्रतिना मात्रार्थे २।१।९
२९८८	सुप्यजातौ णिनिस्ता०३।२।७८
८६०	सुप्रातसुश्वसुदिव० ५।४।१२०
३५५६	सुबामन्त्रिते पराङ्गव० २।१।२
३०९१	सुयजोर्ङ्वनिप् ३।२।१०३
१२८९	सुवास्त्वादिभ्योऽण् ४।२।७७
२४७७	सुविनिर्दुर्भ्यः सुपि० ८।३।८८

सूत्राङ्कः	सूत्रम्
१०२२	सुषामादिषु च ८।३।९८
१३९८	सुसर्वार्धाज्जनपदस्य ७।३।१२
८८८	सुहृद्दुर्हृदौ मित्रा० ५।४।१५०
३०८३	सूत्रं प्रतिष्णातम् ८।३।९०
१२७७	सूत्राच्च कोपधात् ४।२।६५
३१३३	सूददीपदीक्षश्च ३।२।१५३
३८७९	सूपमानात्क्तः ६।२।१४५
४९९	सूर्यतिष्यागस्त्यम० ६।४।१४९
३१४०	सृघस्यदः क्मरच् ३।२।१६०
२४०५	सृजिदृशोर्झल्यमकिति६।१।५८
३४४४	सृपितृदोः कसुन् ३।४।१७
३१८३	सृ स्थिरे ३।३।१७
२२७८	सेधतेर्गतौ ८।३।११३
११७६	सेनान्तलक्षणका०४।१।१५२
१५९५	सेनाया वा ४।४।४५
२२०१	सेर्ह्यपिच्च ३।४।८७
२५०६	सेऽसिचि कृतचृतछृ०७।२।५७
१७७	सोऽचि लोपे चे० ६।१।१३४
२३५८	सोढः ८।३।११५
१६६०	सोदराद्यः ४।४।१०९
१५२	सोऽपदादौ ८।३।३८
३४८३	सोममर्हति यः ४।४।१३७
१२३२	सोमाट्ट्यण् ४।२।३०
३०००	सोमे सुञः ३।२।९०
३५८१	सोमे ह्वरितः ७।२।३३
३९२९	सोरवक्षेपणे ६।२।१९५
३८५१	सोर्मनसी अलो० ६।२।११७
१४६९	सोऽस्य निवासः ४।३।८९
१७२२	सोऽस्यां शवस्नभृतयः५।१।५६
१२६४	सोऽस्यादिरिति छं० ४।२।५५
३५७	सौ च ६।४।१३
३८०	स्कोः संयोगाद्योर० ८।२।२९
२५५५	स्तम्भुस्तुम्भुस्कम्भु० ३।१।८२
२९२७	स्तम्बकर्णयोरमिजपोः३।२।१३
२९३८	स्तम्बशकृतोरिन् ३।२।६४
३२६०	स्तम्बे क च ३।३।८३
२५८०	स्तम्भुसिवुसहां० ८।३।११६
२२७२	स्तन्भेः ८।३।६७
३६४२	स्तुतस्तोमयोश्छ० ८।३।१०५
२३८५	स्तुसुधूञ्भ्यः परस्मै०७।२।७२
१७९०	स्तेनाद्यन्नलोपश्च ५।१।१२५
१११	स्तोः श्चुना श्चुः ८।४।४०
७०१	स्तोकान्तिकदूरार्थ० २।१।३९

सूत्राङ्कः	सूत्रम्
२६२७	स्तौतिण्योरेव षण्य० ८।३।६१
३०३३	स्त्यः प्रपूर्वस्य ६।१।२३
३०१	स्त्रियाः ६।४।७९
८३१	स्त्रियाः पुंवद्भाषित० ६।३।३४
४५३	स्त्रियाम् ४।१।३
८८१	स्त्रियां संज्ञायाम् ५।४।१४३
३२७२	स्त्रियां क्तिन् ३।३।९४
३०५	स्त्रियां च ७।१।९६
११९५	स्त्रियामवन्तिकु० ४।१।१७४
९३२	स्त्रीपुंवच्च १।२।६६
१०७९	स्त्रीपुंसाभ्यां नञ्स्नञ० ४।१।८७
११२३	स्त्रीभ्यो ढक् ४।१।१२०
१२८८	स्त्रीषु सौवीरसाल्व० ४।२।७६
२९८७	स्थः क च ३।२।७७
१२१६	स्थण्डिलाच्छयि० ४।२।१५
३२७६	स्थागापापचो भावे ३।३।९५
२३८९	स्थाघ्वोरिच्च १।२।१७
२२७७	स्थादिष्वभ्यासेन० ८।३।६४
१४१०	स्थानान्तगोशाल० ४।३।३५
२०८२	स्थानान्ताद्विभाषा० ५।४।१०
४९	स्थानिवदादेशोऽन० १।१।५६
३९	स्थानेऽन्तरतमः १।१।५०
१७३४	स्थालीबिलात् ५।१।७०
२०१५	स्थूलदूरयुवह्रस्व० ६।४।१५६
२०७५	स्थूलादिभ्यः प्रकार० ५।४।३
९७८	स्थे च भाषायाम् ६।३।२०
३१५५	स्थेशभासपिसक० ३।२।१७५
३५७१	स्नात्व्यादयश्च ७।१।४९
२३२३	स्नुक्रमोरनात्मनेपद० ७।२।३६
३३५९	स्नेहने पिषः ३।४।३८
२७०४	स्पर्धायामाङः १।३।३१
४३२	स्पृशोऽनुदके क्विन् ३।२।५८
३१३८	स्पृहिगृहिपतिद० ३।२।१५८
५७४	स्पृहेरीप्सितः १।४।३६
३०४४	स्फायः स्फी निष्ठायाम्६।१।२२
२५९७	स्फायो वः ७।३।४१
३९८१	स्फिगपूतवीणाञ्जो० ६।२।१८७
३१८५	स्फुरतिस्फुलत्योर्घञि ६।१।४७
२५३७	स्फुरतिस्फुलत्योर्निर्नि० ८।३।७६
२६२६	स्मिपूङ्रञ्ज्वशां० ७।२।७४
२८१९	स्मे लोट् ३।३।१६५
२२२०	स्मोत्तरे लङ् च ३।३।१७६
२१८६	स्यतासी लृलुटोः ३।१।३३

सूत्राङ्कः	सूत्रम्
३१८६	स्यदो जवे ६ । ४ । २०
३५२६	स्यश्छन्दसि बहुलम् ६।१।१३३
२७५७	स्यसिच्सीयुट्तासि० ६।४।६२
२५७८	स्रवतिशृणोतिद्रवति० ७।४।८१
३४५९	स्रोतसो विभाषा० ४।४।११३
२५	स्वं रूपं शब्दस्याश० १।१।६८
३७५१	स्वं स्वामिनि ६ । २ । १७
५६९	स्वतन्त्रः कर्ता १ । ४ । ५४
३६३३	स्वतवान्पायौ ८ । ३ । ११
३२३९	स्वनहसोर्वा ३ । ३ । ६२
३६७२	स्वपादिर्हिंसामच्य० ६।१।१८८
३१५२	स्वपितृषोर्नजिङ् ३ । २।१७२
२६४५	स्वपिस्यमिव्येञां० ६ । १।१९
३२६९	स्वपो नन् ३ । ३ । ९१
२१९	स्वमज्ञातिधनाख्या० १।१।३५
३१९	स्वमोर्नपुंसकात् ७ । १ । २३
६८७	स्वयं क्तेन २ । १ । २५
२२७९	स्वरतिसूतिसूयति० ७ ।२।४४
४४७	स्वरादिनिपातमव्ययम् १।१।३७
२१५८	स्वरितञितः कर्त्र० १ ।३।७२
३६२२	स्वरितमाम्रेडिते० ८ ।२।१०३
३६६८	स्वरितात्संहितायाम० १।२।३९
४६	स्वरितेनाधिकारः १।३ । ११
३६५९	स्वरितो वानुदात्ते० ८ । २ ।६
११६६	स्वसुश्छः ४ । १ । १४३
१५४९	स्वागतादीनां च ७ । ३ ३ । ७
८४१	स्वाङ्गाच्चेतः ६ । ३ । ४०
५०९	स्वाङ्गाच्चोपसर्जनाद० ४।१।५४
३३८३	स्वाङ्गे तस्प्रत्यये कृभ्वोः ३।४।६१
३३७६	स्वाङ्गेऽध्रुवे ३ । ४ । ५४
१८६६	स्वाङ्गेभ्यः प्रसिते ५ । २ ।६६
२५२३	स्वादिभ्यः श्नुः ३ । १ । ७३
२३०	स्वादिष्वसर्वनाम० १ । ४।१७
३३४७	स्वादुमि णमुल् ३ । ४ । २६
२५८४	स्वापेश्चङि ६ । १ । १८
१९३२	स्वामिन्नैश्वर्ये ५ । २ । १२६
६३६	स्वामीश्वराधिपति० २ ।३।३९
३३६१	स्वे पुषः ३ । ४ । ४०
१८३	स्वौजसमौट्छष्टाभ्यां० ४।१।२
२२५०	ह एति ७ । ४ । ५२
३२५३	हनश्च वधः ३ । ३ । ७६
२६९७	हनः सिच् १ । २ । १४
२८५६	हनस्त च ३ । १ । १०८
२५७४	हनस्तोऽचिण्णलोः ७ । ३ ।३२
२४३३	हनो वध लिङि २ । ४ । ४२
३९६१	हन्त च ८ । १ । ५४
३५९	हन्तेरत्पूर्वस्य ८ । ४ । २२
२४३१	हन्तेर्जः ६ । ४ । ३६
२९२३	हरतेरनुद्यमनेऽच् ३ । २ । ९
२९३९	हरतेर्दृतिनाथयोः० ३ । २।२५
१५६५	हरत्युत्सङ्गादिभ्यः ४ । ४।१५
११०२	हरितादिभ्योऽञः ४ ।१।१००
१५४६	हरीतक्यादिभ्यश्च ४।३।१६७
२५५९	हलः ६ । ४ । २
२५५७	हलः श्नः शानज्झौ ३ ।१।८३
९६६	हलदन्तात्सप्तम्याः सं० ६।३।९
२६१३	हलन्ताच्च १ । २ । १०
१	हलन्त्यम् १ । ३ । ३
३३००	हलश्च ३ । ३ । १२१
२८३७	हलश्चेजुपधात् ८ । ४ । ३१
१५०४	हलसीराट्ठक् ४ । ३ । १२४
१६३३	हलसीराट्ठक् ४ । ४ । ८१
३१६४	हलसूकरयोः पुवः ३।२।१८३
४७२	हलस्तद्धितस्य ६ । ४ । १५०
२१७९	हलादिः शेषः ७ । ४ । ६०
३५४	हलि च ८ । २ । ७७
३४७	हलि लोपः ७ । २ । ११३
१७१	हलि सर्वेषाम् ८ । ३ । २२
३०	हलोऽनन्तराः संयोगः १।१।७
६०	हलो यमां यमि लोपः ८।४।६४
२५२	हल्ङ्याब्भ्यो दीर्घा० ६।१।६८
३४१२	हव्येऽनन्तःपादम् ३ । २ ।६६
२७७६	हशश्वतोर्लङ् च ३ । २ ।११६
१६६	हशि च ६ । १ । ११४
२९१०	हश्च व्रीहिकालयोः ३।१।१४८
१९३९	हस्ताज्जातौ ५ । २ । १३३
३२१२	हस्तादाने चेरस्तेये ३ । ३।४०
३३६०	हस्ते वर्तिग्रहोः ३ । ४ । ३९
१७९५	हायनान्तयुवा० ५ । १ ।१३०
२५४०	हिंसायां प्रतेश्च ६ । १ ।१४१
३३६९	हिंसार्थानां च समा० ३।४।४८
३९४१	हि च ८ । १ । ३४
१६१६	हितं भक्षाः ४ । ४ । ६५
२५३०	हिनु मीना ८ । ४ । १५
९९२	हिमकाषिहतिषु च ६।३।५४
३७८९	हिरण्यपरिमाणं धने ६ ।२।५५
५५०	हीने १ । ४ । ८६
२११४	हीयमानपापयोगाच्च ५।४।४७
२४२५	हुझल्भ्यो हेर्धिः ६ ।४।१०१
२३८७	हुश्नुवोः सार्वधातुके ६ ।४।८७
५४१	हृक्रोरन्यतरस्याम् १ । ४ ।५३
१६४७	हृदयस्य प्रियः ४ । ४ । ९५
९८८	हृदयस्य हृल्लेखयद० ६ ।३।५०
११३३	हृद्भगसिन्ध्वन्ते पूर्व० ७।३।१९
३०७०	हृषेर्लोमसु ७ । २ । २९
३९६७	हेति क्षियायाम् ८ । १ । ६०
२५७६	हेतुमति च ३ । १ । २६
१४६१	हेतुमनुष्येभ्योऽन्य० ४।३।८१
२८१४	हेतुहेतुमतोर्लिङ् ३ । ३ ।१५६
५६८	हेतौ २ । ३ । २३
३३९९	हेमन्तशिशिराव० २ । ४।२८
३४५२	हेमन्ताच्च ४ । ३ । २१
१२७	हे मपरे वा ८ । ३ । २६
२५३१	हेरचङि ७ । ३ । ५६
१८२४	हैयंगवीनं संज्ञायाम् ५।२।२३
९६	हैहेप्रयोगे हैहयोः ८ । २ । ८५
३२४	हो ढः ८ । २ । ३१
१८००	होत्राभ्यश्छः ५ । १ । १३५
३५८	होहन्तेर्ञ्णिन्नेषु ७ । ३ । ५४
२२९९	ह्म्यन्तक्षणश्वसजा० ७ । २ ।५
२१८०	ह्रस्वः ७ । ४ । ५९
३१	ह्रस्वं लघु १ । ४ । १०
२०८	ह्रस्वनद्यापो नुट् ७ । १ । ५४
३७२२	ह्रस्वनुड्भ्यां मतुप् ६ ।१।१७६
२४२	ह्रस्वस्य गुणः ७ । ३ । १०८
२८५८	ह्रस्वस्य पिति कृति० ६।१।७१
३५२७	ह्रस्वाच्चन्द्रोत्तर० ६ । १ ।१५१
१३२५	ह्रस्वात्तादौ तद्धिते ८।३।१०१
२३६९	ह्रस्वादङ्गात् ८ । २ । २७
३९०८	ह्रस्वान्तेऽन्त्यात्पूर्वं ६।२।१७४
२०४१	ह्रस्वे ५ । ३ । ८६
३१८	ह्रस्वो नपुंसके० १ । २ । ४७
३५७९	ह्वरेश्छन्दसि ७ । २ । ३१
३०७३	ह्लादो निष्ठायाम् ६ । ४ । ९५
२५८६	ह्वः संप्रसारणम् ६ । १ । ३२
३२४९	ह्वः संप्रसारणं च न्य० ३।३।७२
२९१४	ह्वावामश्च ३ । २ । २